Special Thanks to

세상이 아무리 바쁘게 돌아가더라도
책까지 아무렇게나 빨리 만들 수는 없습니다.

길벗은 독자 여러분이
가장 쉽게, 가장 빨리 배울 수 있는 책을
한 권 한 권 정성을 다해 만들겠습니다.

독자의 1초를 아껴주는 정성을
만나보세요.

홈페이지의 '독자광장'에서 책을 함께 만들 수 있습니다.

㈜ 도서출판 길벗 www.gilbut.co.kr
길벗스쿨 www.gilbutschool.co.kr

예제 및 완성 파일 다운로드

이 책에 사용된 예제 파일과 완성 파일은 길벗출판사 홈페이지(www.gilbut.co.kr)에서 다운로드할 수 있습니다.

● **예제 및 완성 파일** : 예제를 따라하면서 꼭 필요한 예제 파일과 완성 파일을 파트별로 담았습니다.

1단계	🔍 인디자인 CC 2023 무작정 따라하기 [검색] 에 찾고자 하는 책 이름을 입력하세요.
2단계	검색한 도서로 이동한 다음 (자료실) 탭을 선택하세요.
3단계	예제 및 완성 파일 등 다양한 실습 자료를 다운로드하세요.

인디자인CC2023
무작정 따라하기

InDesign

이미정 × 유은진 × 앤미디어 지음

인디자인 CC 2023 무작정 따라하기

The Cakewalk Series – InDesign CC 2023

초판 발행 · 2023년 5월 1일

지은이 · 이미정, 유은진, 앤미디어
발행인 · 이종원
발행처 · (주)도서출판 길벗
출판사 등록일 · 1990년 12월 24일
주소 · 서울시 마포구 월드컵로 10길 56(서교동)
대표전화 · 02)332-0931 | **팩스** · 02)323-0586
홈페이지 · www.gilbut.co.kr | **이메일** · gilbut@gilbut.co.kr

기획 및 책임 편집 · 최근혜(kookoo1223@gilbut.co.kr)
디자인 · 장기춘 | **제작** · 이준호, 손일순, 김우식, 이진혁
영업 마케팅 · 전선하, 차명환, 박민영 | **영업관리** · 김명자 | **독자지원** · 윤정아, 최희창

편집 진행 · 앤미디어 | **전산 편집** · 앤미디어
CTP 출력 및 인쇄 · 교보피앤비 | **제본** · 경문제책

ISBN 979-11-407-0418-7 03000
(길벗 도서번호 007164)

정가 28,000원

독자의 1초까지 아껴주는 정성 길벗출판사

길벗 IT교육서, IT단행본, 경제경영서, 어학&실용서, 인문교양서, 자녀교육서 ▶ www.gilbut.co.kr
길벗스쿨 국어학습, 수학학습, 어린이교양, 주니어 어학학습, 학습단행본 ▶ www.gilbutschool.co.kr

페이스북 www.facebook.com/gilbutzigy
네이버 포스트 post.naver.com/gilbutzigy

실습 예제부터 실전 활용까지!
동영상으로 배우는 인디자인 CC 2023

필요한 부분부터 펼쳐서
내 것으로 만드는 알짜배기 튜토리얼!

인디자인은 편집물의 페이지 레이아웃 과정을 빠르게 하기 위해 제작된 다재다능한 도구입니다. 인쇄 광고에서 홍보 브로슈어, 뉴스레터 및 잡지, 웹페이지에 이르기까지 다양한 영역의 프로토타입 레이아웃을 만들 수 있습니다. 페이지를 복제하여 다중 페이지 디자인 과정을 더욱 빠르게 합니다. 멈춰있는 공간에 움직이고 반응하는 대화형 요소를 삽입하여 더 생생하고 기억에 오래 남는 페이지를 만들 수 있습니다. 여러 매체를 넘나드는 통합된 도구들이 제공되면서 주로 인쇄 매체에서 사용되던 인디자인은 디지털 분야로 영역을 넓혀가고 있습니다.

편집 영역과 무관한 디자인 분야를 찾기는 어렵기 때문에 인디자인을 모르면 디자이너 인생이 피곤해집니다. 알면 사용하지 않을 수가 없는 프로그램이라 확신하지만, 편집 디자인에 대한 배경지식이 없는 학생들에게는 인디자인의 복잡한 인터페이스가 초기 걸림돌이 될 수 있습니다. 무엇을 사용해야 할지 확신이 서지 않는 도구로 가득 찬 화면으로 느껴질 수 있지만, 자세히 들여다보면 작은 버튼들이 이미 여러분에게 친숙할 가능성이 높습니다. 겁먹지 마시고, 모르면 나만 손해라는 생각으로 한 스텝씩 따라오시길 바랍니다. 이 책의 목표는 '그대로 따라하기'입니다. 여러 소스를 지면에 차근차근 반영시키는 연습을 통해 편집 디자이너의 작업 과정을 그대로 경험할 수 있습니다. 이 과정이 끝나면 편집 분야에 처음 발을 디딘 사람이든, 취업을 준비하고 있는 졸업생이든 누구나 일상에서 밥 먹듯 인디자인을 사용할 준비가 됩니다.

어도비는 인디자인 프로그램을 사용자 친화적으로 만들기 위해 계속해서 업데이트를 반복하고 있습니다. 특히 인디자인 CC 2023은 머릿속 아이디어를 보다 쉽고 직관적으로 화면에 풀어낼 수 있도록 풍성한 콘텐츠를 제공합니다. 그래서 지금이 인디자인을 다시 시작하기에도 좋은 시점이라 생각합니다.

대부분 늦은 밤과 새벽에 이 책을 펼쳐볼 예비 디자이너들을 위해《인디자인 CC 2023 무작정 따라하기》는 핵심에 집중하고 있습니다. 이 책의 어떤 정보가 늦은 밤 여러분을 구해주길 바라는 마음으로 다양한 팁과 노하우를 담았습니다. 필요한 부분부터 찾아 오늘부터 시작하세요. 전문가를 향한 여정을 시작하는 여러분의 새로운 도전을 응원하겠습니다.

THANKS TO

이 책을 출판하는 데 도움을 주신 모든 분들에게 감사드립니다. 특히 인내심과 전문성을 보여주신 앤미디어 팀께 다시 한번 깊은 감사를 드립니다. 끝으로 저작물 전반에 결정적인 기여를 해주신 임세민, 정은서, 윤은비, 최민혜, 김하늘, 한다현, 양지원, 나지현 님께 감사의 말씀을 올립니다.

이것만 공부하세요!

새롭게 선보이는 CC 2023 버전의 인디자인은 보다 섬세하고 빠르게 고품질의 편집 디자인 작업을 할 수 있도록 기능들이 업그레이드 되었습니다. 섬세하게 페이지를 다듬고 조정이 가능하도록 기능이 향상되어 효율적인 작업이 가능합니다.

❶ 작업 전 숙지사항 : 문제 예시물 세팅을 숙지하라

작업 화면 익히기	파일 다루기

❸ 전단 홍보물 & 카탈로그/브로슈어 제작 단계 : 지면 광고물과 브랜드 홍보자료를 제작하라

파일과 페이지 설정하기	문자 디자인하기

전자 및 지면 신문, 디지털 출판물, 단행본, 정기 간행물을 제작하라

이미지와 페이지 번호 세팅하기	EPUB 제작하기

그래픽기술자격증을 준비하는 분들을 위한 학습법

인디자인을 GTQid 시험을 위해 배우는 분이세요?

GTQid(Graphic Technology Qualification indesign)는 포토샵, 일러스트와의 높은 호환성이 강점인 인디자인 활용 능력을 평가하는 시험입니다. 따라서 다양한 인쇄 및 디지털 출판 제작에 편리하게 사용할 수 있는 강력한 기능들을 꼼꼼하게 학습해야 합니다. 특히 본서에서 예시하는 과제를 동영상으로 배우고 따라하며 제작해 보세요.

❷ **리플릿/팸플릿 디자인 단계**
전시 및 행사 홍보자료를 제작하라

편집 도구 익히기

CMYK/별색(41쪽)
글꼴 설정(43쪽)
단락/문자 스타일(45쪽)
패키지/내보내기(50쪽)

그래픽 소스 활용하기

프레임에 가져오기(163쪽)
단계 및 반복(187쪽)
개체 그룹 설정(201쪽)

❹ **신문 & 전자책/브랜드북 & 단행본/매거진 디자인 단계 :**

그래픽 디자인하기

PSD 이미지(158쪽)
AI 이미지(159쪽)

패스/프레임 다루기

개체 클리핑 패스 가장자리 감지(182쪽)

❺ **동영상으로 배우는 단계 : 추가 도구 및 실전 활용 예제를 연습하라**

활용 예제 따라하기

표지 만들기(142쪽)

실습 예제 따라하기

패키지 저장(90쪽)
페이지 번호(144쪽)
컬러 이미지 전환(250쪽)
텍스트 둘러싸기(352쪽)
단락/문자 스타일(410쪽)
도련, 여백 설정(456쪽)

실력 업! CAPA UP!
체계적인 구성을 따라 쉽고 빠르게 공부하세요.

인디자인 기능을 쉽게 배우기 위해 필수 인디자인 기본 이론과 실습 예제들을 담았습니다. 직접 따라하면서 인디자인을 배워 보세요. 배운 기능을 응용하여 실습 예제를 따라하면서 인디자인 실력을 업그레이드 하세요.

☞ 필수 이론 & 실습 예제 ● ● ●

중요도 표시
중요 표시를 통해 중요도를 확인할 수 있습니다.

시험 대비
GTQid 시험에서 자주 사용되는 기능을 확인할 수 있습니다.

이론
인디자인을 다루기 위해 꼭 알아야 할 필수 기능을 다양한 예시와 함께 설명합니다.

신기능과 인디자인 개념
인디자인 CC 2023의 신기능과 인디자인 작업 개념을 이해할 수 있습니다.

실습
학습 내용을 직접 따라할 수 있도록 감각적인 실습 예제로 구성했습니다. 눈으로만 읽지 말고 꼭 직접 따라해 보세요.

Before/After
원본 이미지와 결과물을 미리 볼 수 있습니다.

Why?
인디자인의 활용 폭을 넓히기 위해 예제에서 사용한 기능을 '왜?' 사용했는지를 친절하게 설명합니다.

TIP
따라하기 쉽도록 예제 관련 기본 팁을 제공합니다. 개념에 대한 부연 설명, 관련 정보, 주의할 점은 무엇인지 등을 설명해 놓았습니다.

볼륨 업! VOLUME UP!
동영상 활용 예제로 시험 대비를 해보세요.

이론과 실습 예제를 이용하여 인디자인의 기본기를 배웠다면 본서에서 제공하는 동영상 활용 예제를 만들어 보세요. 스마트폰이나 태블릿 카메라로 QR 코드를 찍거나 PC에서 유튜브 채널(youtube.com/@nmediabook)에 접속해 인디자인 전문 저자 강의 동영상으로 활용 예제 제작 방법을 배워 보세요.

☞ 활용 예제 & 동영상 직강

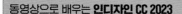

동영상으로 배우는 인디자인 CC 2023

활용 예제
실무 대비 필수 활용 예제를 제공해요. 작업 과정을 이해한 다음 작업해 보고, 동영상으로 확인해 보세요.

작업 과정 영상(QR 코드)
작업 과정을 인디자인 강사의 해설과 함께 동영상을 제공하고 있어요. QR 코드를 이용하거나 PC에서 유튜브 채널 강의 영상을 확인하세요.

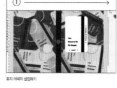

예제 소개 영상(QR 코드)
스마트폰이나 태블릿으로 QR 코드를 촬영하여 예제 작업 과정을 동영상으로 확인할 수 있어요. PC에서 볼륨을 키우고, 동영상 플레이어의 재생 버튼을 눌러 인디자인 강사의 강의를 듣고, 보면서 학습해요.

작업 과정 소개
예제 작업 시 사용 기능과 작업 과정을 소개합니다. 가장 효율적인 작업 과정을 확인해 보세요.

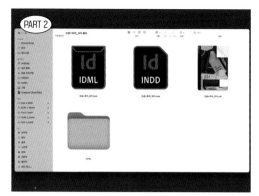

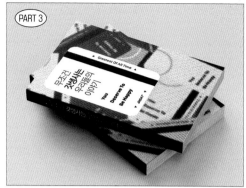

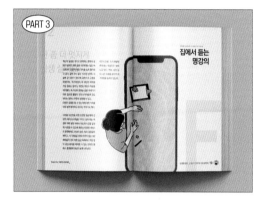

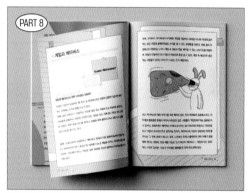

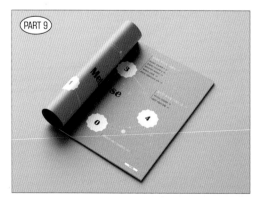

예제 구성

예제 작업에 필요한 포맷과 구성, 소스 파일을 제시합니다. 인디자인 기능을 학습한 후에 먼저 완성 예제를 보고 작업해 보세요.

길벗출판사 홈페이지를 적극 활용하세요!

길벗출판사에서 운영하는 홈페이지(www.gilbut.co.kr)에서는 출간한 도서에 대한 정보뿐 아니라 예제 파일 및 완성 파일, 최신 기능 업로드 등 학습에 필요한 자료를 제공합니다. 또한 책을 읽다 모르는 내용이 있다면 언제든지 홈페이지의 도서 게시판에 문의해 주세요. 저자와 길벗 독자지원센터에서 신속하고 친절하게 답해 드립니다.

활용 01 무엇이든 물어보세요! •••

길벗출판사 홈페이지에 접속한 후 ❶ 검색(🔍) 창에 『인디자인 CC 2023 무작정 따라하기』를 입력해 해당 도서 페이지로 이동하세요. 홈페이지 화면의 오른쪽에 보이는 퀵 메뉴를 이용하면 ❷ 도서 문의를 빠르게 할 수 있습니다.

활용 02 실습 자료 다운로드 •••

이 책에 사용된 모든 예제 파일 및 완성 파일은 자료실에서 다운로드할 수 있습니다. 해당 도서 페이지 아래쪽의 [자료실]을 클릭해 실습 파일을 다운로드하세요. 홈페이지 회원으로 가입하지 않아도 누구나 자료를 다운로드할 수 있습니다.

목차

PART 3 · 마스터 페이지를 활용하여 페이지 제어하기 • • •

PART 5 **실무 현장에서 필요한 다채로운 색상 다루기** ● ● ●

PART 7   편집 디자인의 중심, 문자 다루기   • • •

PART 8 문자 스타일의 이해와 편집 기능 활용하기 • • •

PART 9   **인쇄와 출력을 위해 내보내기 전 마지막 점검하기**   • • •

인디자인 설치하기

어도비 인디자인을 설치한 다음 인증하는 방법을 알아보겠습니다. 어도비 홈페이지에서 인디자인을 다운로드하면 7일간 무료로 사용할 수 있습니다. Creative Cloud를 구매하면 구매 기간 동안 제한 없이 사용할 수 있습니다.

※ 인디자인 CC 2023을 설치하기 위해서는 아래의 최소 사양을 만족해야 합니다.

윈도우	맥
64비트를 지원하는 Intel® 또는 AMD Athlon 64 프로세서	64비트를 지원하는 Intel 프로세서 : SSE 4.2 이상이 설치된 2GHz 이상의 프로세서
Windows 10(64비트) 버전 이상	최소 MacOS Catalina(버전 10.15) 이상 / MacOS Big Sur(버전 11), MacOS Catalina(버전 10.15) 권장
최소 3.6GB의 사용 가능한 하드 디스크 공간(설치 시 추가 공간 필요) 4.5GB의 사용 가능한 하드 디스크 공간(설치 시 추가 공간 필요) 권장	
최소 8GB RAM / 16GB RAM 이상 권장	
최소 100% UI 배율에서 1024×768 디스플레이 / 100% UI 배율에서 1920×1080 디스플레이 이상 권장	

설치 01 | 인디자인 최신 버전(CC 2023) 설치하기 ● ● ●

01 ❶ 어도비 홈페이지(http://adobe.com/kr)에 접속합니다. 메뉴에서 ❷ '도움말 및 지원'을 클릭한 다음 ❸ 〈다운로드 및 설치〉 버튼을 클릭하고 ❹ Indesign의 〈무료 체험판〉 버튼을 클릭합니다.

TIP ✏

❶ 유료 구매의 경우 Adobe ID를 입력합니다(Adobe ID가 없는 경우 새로 만들어야 합니다).

❷ 플랜을 확인합니다(학생일 경우 재학 중인 학교명, 전공 등을 입력합니다).

❸ Visa, Master Card 등 해외 카드 브랜드는 물론 국내 결제 전용 카드로도 구매할 수 있습니다.

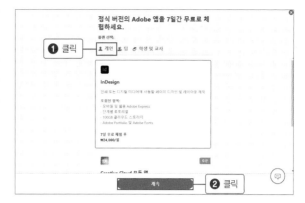

(02) ❶ 사용자 형태, 플랜, 구독 유형을 선택한 다음 ❷ 〈계속〉 버튼을 클릭합니다. 선별된 추가 혜택을 선택하거나 〈아니요〉 버튼을 클릭합니다. 이메일 주소를 입력한 다음 필수 정보에 동의하면 체크 표시하고 〈계속〉 버튼을 클릭합니다. 체험판으로 계속하려면 암호를 입력하고 〈계속〉 버튼을 클릭합니다.

TIP ⬅

7일간의 무료 체험 기간 종료 후 자동 결제가 시작됩니다. 업데이트된 사용 약관을 확인한 다음 〈수락 및 계속〉 버튼을 클릭합니다.

(03) 결제 방법을 추가하기 위해 ❶ 본인의 신용카드 번호와 이름, 국가, 회사명을 입력하고 ❷ 〈무료 체험기간 시작〉 버튼을 클릭합니다.

TIP ⬅

7일 무료 체험 기간에는 무료이며, 7일 이후에는 인디자인의 경우 자동으로 매월 24,000원씩 결제됩니다.

(04) 시험 버전을 시작하기 위해 〈시작하기〉 버튼을 클릭합니다.

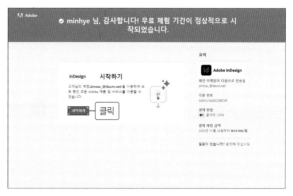

05 Creative Cloud 앱을 열기 위해 〈열기〉 버튼을 클릭합니다.

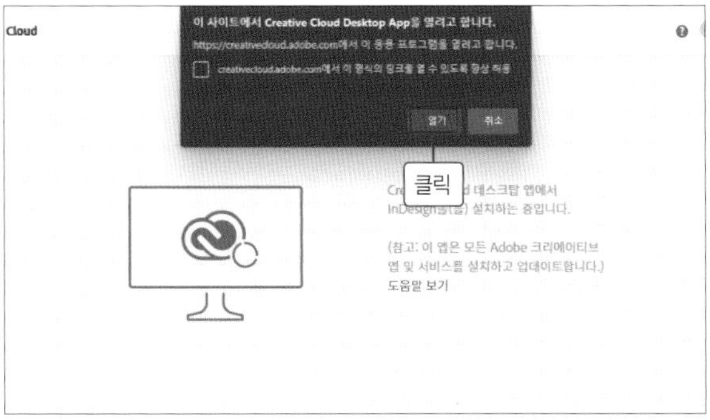

06 한국어 버전 인디자인을 설치하기 위해 Creative Cloud Desktop 앱 화면이 표시되면 ❶ '계정'을 클릭한 다음 ❷ '환경 설정'을 실행합니다.

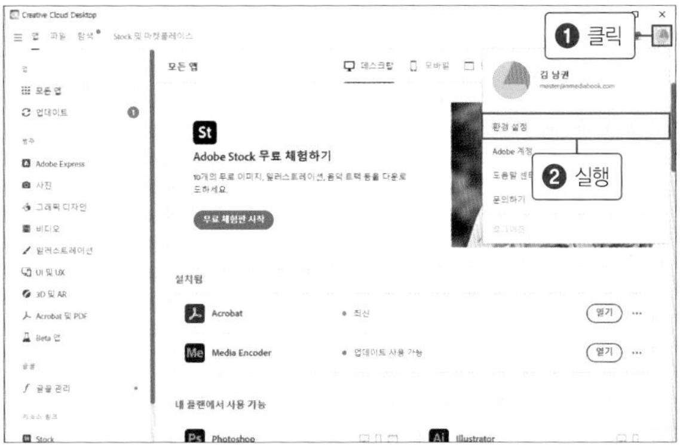

07 ❶ '앱'을 선택하고 ❷ 기본 설치 언어를 '한국어'로 지정한 다음 ❸ 〈완료〉 버튼을 클릭합니다.

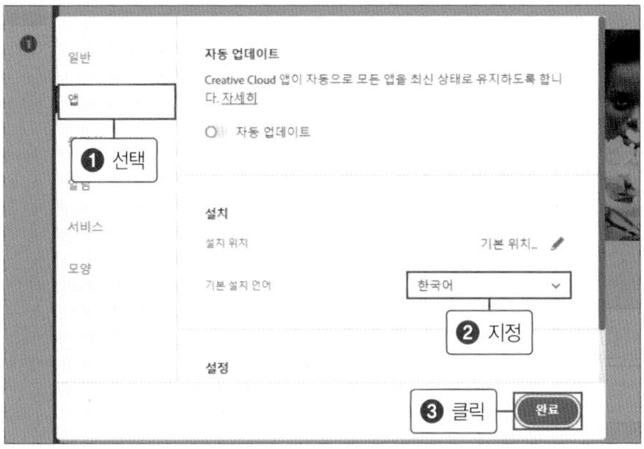

TIP

기본 설치 언어가 다른 언어로 지정되면 자동으로 한글 인디자인이 설치되지 않습니다.

08 Indesign의 〈설치〉 버튼을 클릭합니다.

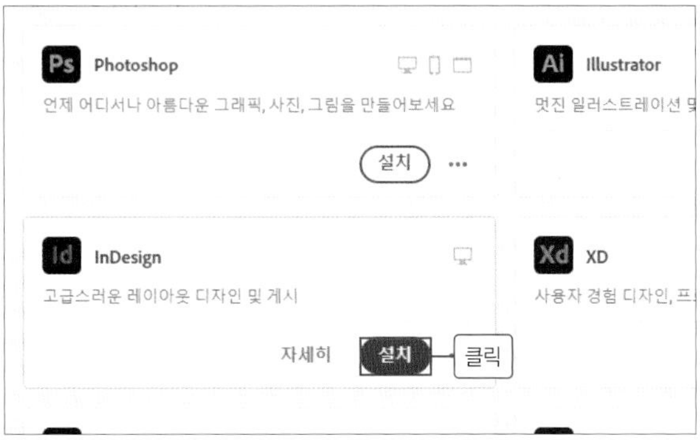

09 인디자인 설치 과정이 진행됩니다.

TIP
인디자인 앱 구입 시 연간 플랜 매월 지불은 월
24,000원, 포토그래피 플랜은 월 11,000원입니다.

10 설치가 완료되면 〈열기〉 버튼을 클릭합니다.

11 로딩 화면이 표시됩니다.

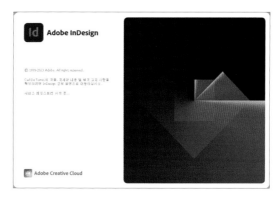

12 인디자인이 실행됩니다.

이전 버전에서 인디자인 최신 버전으로 업데이트하기 • • •

01 이전 버전 사용자가 인디자인 최신 버전으로 업그레이드 하기 위해서는 먼저 Adobe Creative Cloud 앱을 실행합니다.

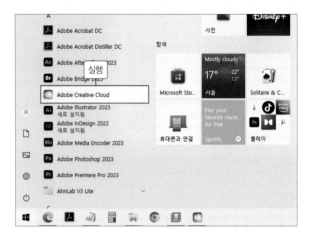

02 Creative Cloud Desktop 앱 화면이 표시되면 Indesign의 '업데이트 사용 가능'을 클릭합니다.

03 신규 업데이트에서 Indesign의 ❶ 〈업데이트〉 버튼을 클릭합니다. 기본 옵션에 대한 선택 사항이 표시되면 ❷ '이전 버전 제거'에 체크 표시한 다음 ❸ 〈계속〉 버튼을 클릭합니다.

TIP ⬳

'이전 버전 제거'를 체크 표시하면 이전 버전은 삭제되면서 인디자인 최신 버전이 설치됩니다. 만약 PC에서 이전 버전과 최신 버전을 같이 사용하려면 '이전 버전 제거' 체크 표시를 해제합니다.

04 이전 버전 인디자인이 최신 버전으로 업데이트됩니다.

인디자인 이전 버전 설치하기 • • •

01 Creative Cloud 앱의 Indesign에서 ❶ '목록' 아이콘(⋯)을 클릭한 다음 ❷ '기타 버전'을 실행합니다.

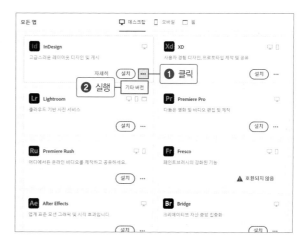

02 이전 버전 Indesign의 〈설치〉 버튼을 클릭하여 이전 버전 인디자인을 설치합니다.

무료 체험판 설치 후 자동 카드 결제 취소하기 • • •

01 무료 체험판 설치 후 자동 결제를 방지하기 위해 ❶ 어도비 홈페이지(http://adobe.com/kr)에 접속합니다. ❷ '계정'을 클릭한 다음 ❸ '계정 보기'를 클릭합니다.

02 내 플랜에서 무료 체험판 이후 결제 플랜을 관리하기 위해 〈플랜 관리〉 버튼을 클릭합니다.

03 플랜 관리 팝업 창이 표시되면 〈플랜 취소〉 버튼을 클릭합니다.

04 취소하려는 이유 항목이 표시되면 해당 ❶ 항목을 체크 표시한 다음 ❷ 〈계속〉 버튼을 클릭합니다.

05 플랜 취소 세부 정보가 표시되면 ❶ 〈계속〉 버튼을 클릭합니다. 혜택 관련 항목을 확인한 다음 ❷ 〈아니요〉 버튼을 클릭합니다.

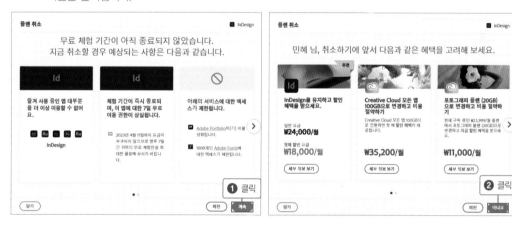

06 최종 플랜 취소 세부 정보를 확인한 다음 ❶ 〈확인〉 버튼을 클릭합니다. 플랜이 취소되면 ❷ 〈완료〉 버튼을 클릭합니다.

인디자인 CC 2023 설치 Q&A

독자 문의 중 설치에 관한 부분은 굉장히 많은 비율을 차지합니다. 여기서는 설치 과정에서 가장 궁금한 사항들을 모아 알아보겠습니다.

에러 01 프로그램 버전 문제 • • •

Q 어도비 홈페이지에 프로그램 최신 버전만 있습니다. 이전 버전의 프로그램을 다운로드하고 싶어요.

A 최신 버전을 다운로드하여 사용하거나 25쪽에서 이전 버전 설치 방법을 참고하여 설치하세요.

Q 이 책에서 다루는 버전이 아닌 프로그램이 이미 컴퓨터에 설치되어 있습니다. 책 내용대로 보고 배우려면 책과 같은 버전을 설치해야 하나요?

A 책과 같은 버전이 아니더라도 일부 기능을 제외하면 충분히 책의 내용을 실습할 수 있습니다. 책에서 사용한 프로그램과 같은 버전을 사용하면 더욱 효과적인 학습이 될 것입니다.

Q 다른 버전의 프로그램이 이미 깔려있는데 책에서 다루는 프로그램 버전을 설치하면 프로그램끼리 충돌하지 않을까요?

A 프로그램은 서로 다른 버전을 하나의 컴퓨터에 설치하여 사용해도 상관 없습니다. 그러나 중복 실행은 안 되므로 사용 중인 프로그램 버전이 아닌 다른 버전을 실행하려면 사용하고 있는 프로그램을 종료한 다음 다른 버전을 실행해야 합니다.

에러 02 프로그램 설치 전 문제 • • •

Q 프로그램 정식판을 사용하지 않는 것은 불법인데, 어도비 홈페이지에서 제공하는 프로그램을 설치해도 되나요?

A 체험판은 무료로 배포되므로 사용해도 불법이 아닙니다. 하지만 불법 프로그램을 이용하여 인증 번호를 만들어 사용하는 것은 불법입니다.

Q 'Dependencies'가 만족스럽지 않다는 오류 메시지가 뜨면서 설치 파일이 실행되지 않습니다.

A 제어판에서 방화벽을 설정하지 않고 설치 폴더를 로컬 디스크로 옮겨 다시 설치합니다.

Q 온라인에서 저렴한 가격으로 판매되는 프로그램 프로그램을 다운로드하여 설치해도 될까요?

A 어도비 사이트(www.adobe.com) 이외의 사이트에서 판매하는 어도비 관련 프로그램은 모두 불법이므로, 설치해서는 안 됩니다. 해당 불법 프로그램을 설치하면 어도비 사에서 불법 프로그램을 인식하여 경고 메시지 창을 표시합니다.

Q 설치 중간에 설치가 되지 않습니다. 왜 그럴까요?

A 프로그램이 설치되지 않는 이유는 주로 다음과 같은 네 가지 이유로 구분할 수 있습니다.

❶ 윈도우 운영체제가 프로그램과 맞지 않을 때 → 설치하는 프로그램에 맞는 운영체제를 사용하거나 운영체제에 맞는 버전의 프로그램을 설치합니다.

❷ 이전에 프로그램을 설치한 적이 있을 때 → 체험판은 체험 기간 동안 이용할 수 있으며 체험 기간이 지난 이후에는 프로그램을 지우고 다시 설치해도 사용할 수 없습니다. 계속 프로그램을 이용하려면 정품을 사용하거나 Creative Cloud를 구독하세요.

❸ 메모리나 시스템 사양이 낮을 때 → 시스템 사양을 프로그램 설치 사양에 맞추어 업그레이드합니다.

❹ 설치 프로그램 외에 응용 프로그램이 실행 중일 때 → 프로그램 설치 프로그램 외에 응용 프로그램과 인터넷은 종료하세요.

Q 이전 설치를 마친 후 다시 설치하라고 합니다.

A 프로그램 외에 다른 프로그램을 설치하고 있을 때 표시되는 내용입니다. 여러 프로그램을 동시에 설치하면 레지스트리가 충돌할 수 있으므로 프로그램을 설치할 때는 하나의 프로그램 설치를 마치고 다른 프로그램의 설치를 시작하는 것이 좋습니다.

Q 'Installation cannot continue until the following applications are closed ~' 메시지가 표시되며 설치되지 않습니다.

A 설치할 때는 다른 프로그램들은 모두 종료한 다음 설치합니다. 만약 〈Ignore〉 버튼이 표시되면 버튼을 클릭합니다. 그래도 설치되지 않으면 열려 있는 응용 프로그램을 모두 닫고 설치를 시도하세요. 다시 설치를 시도할 때 같은 메시지가 표시된다면 컴퓨터를 다시 시작한 다음 설치하기 바랍니다.

Q 설치 중 에러가 나서 종료한 이후로 다시 설치할 수 없습니다.

A '프로그램 추가 제거'에 어도비 프로그램이 설치되어 있다면 제거합니다. 이후에도 설치할 수 없다면 레지스트리까지 말끔하게 정리합니다.

Q 체험판을 설치했는데 만기가 지난건지 인증 번호를 입력하라는 창이 나타납니다.

A 이전에 프로그램을 설치하고 지운 적이 있나요? 정품 프로그램을 사용하려면 인증 번호가 필요하지만 체험판은 인증 번호 없이 설치할 수 있습니다. 사용자 정보를 입력하는 창에서 '이 제품을 체험판 버전으로 설치합니다.'를 선택하고 다음 단계를 진행하세요. 한 번 체험판을 설치하고 체험 기간이 지나면 프로그램을 지우고 새로 설치해도 사용이 제한됩니다.

PART 1.

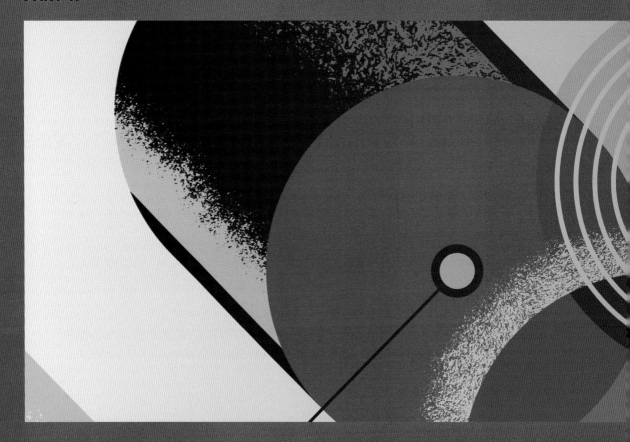

원포인트 레슨!
인디자인 미리 보기

인디자인 작업을 시작하기 전에 알아야 할 인디자인 CC 2023의 신기능과 기본 이론에 대해서 알아봅니다. 작업별로 어떤 명령을 선택할지에 대한 기준을 세울 수 있습니다.

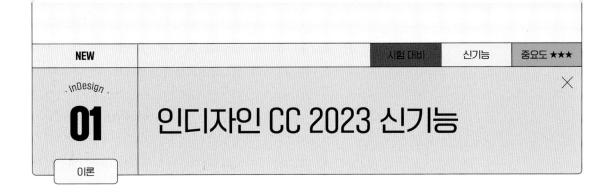
인디자인 CC 2023 신기능

❶ 일러스트레이터와 인디자인 간 효율적인 복사 & 붙여넣기 • • •

인디자인 CC 2023에서는 서식이나 적용된 효과를 유지하면서 일러스트레이터와 인디자인 간에 텍스트를 효율적으로 복사하여 붙여 넣을 수 있습니다. 텍스트만 선택한 경우 넛지에서 기본으로 텍스트만 붙여넣기(서식 없이 붙이기와 동일 Ctrl + Shift + V) T가 표시됩니다. 서식 포함 붙여넣기 T를 선택하려면 넛지를 선택합니다. 텍스트를 기존 텍스트 프레임에 복사하는 경우 마지막 줄 끝에 붙여 넣기 넛지가 나타납니다.

▲ 일러스트레이터에서 텍스트 복사　　　　　　　▲ 인디자인에 서식 포함 붙여 넣기

❷ 선택 항목 뒤 페이지 또는 스프레드 쉽게 복제하기 • • •

인디자인 CC 2023에서는 페이지나 스프레드를 복제하여 원하는 위치에 삽입할 수 있습니다. 페이지 또는 스프레드를 선택하고 페이지 패널의 '패널 메뉴' 아이콘(☰)을 클릭한 다음 스프레드 복제나 문서 끝의 스프레드 복제를 실행하면, 선택한 페이지 바로 뒤나 문서 끝에 스프레드 또는 페이지가 복사됩니다.

❸ 인디자인 문서 미리 보기　　　　　　　　　　　　　• • •

인디자인 문서(.indd)의 미리 보기를 볼 수 있어 문서를 열지 않고도 어떻게 보이는지 확인할 수 있습니다. 미리 보기 페이지 번호 및 크기를 조정할 수도 있습니다. 문서 미리 보기를 설정하려면 먼저 메뉴에서 [편집] → 환경 설정 → 파일 처리를 실행합니다. [환경 설정] 대화상자가 표시되면 '문서와 함께 미리 보기 이미지 항상 저장'을 체크 표시하고 페이지와 미리 보기 크기를 지정한 다음 〈확인〉 버튼을 클릭합니다.

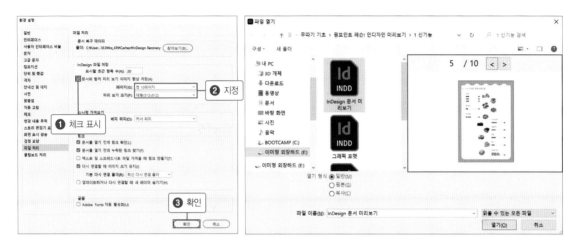

❹ 인디자인에서 지원되는 새로운 그래픽 포맷　　　　　• • •

기존에는 가져오기 명령을 사용하여 PDF, EPS, AI, PSD, PNG, JPG, JPEG, RTF 등의 파일 형식을 인디자인으로 가져올 수 있었습니다. 인디자인 CC 2023에서는 HEIF, HEIC, WEBP 및 JP2K 파일을 손실 없이 기본 포맷으로 가져올 수 있습니다. 이 형식은 이전 버전과 호환되지 않으며 PDF로 내보낸 다음 다시 가져올 수 있습니다.

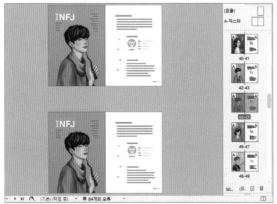

▲ **스프레드 복제**를 실행하여 선택한 페이지 바로 뒤에 복제

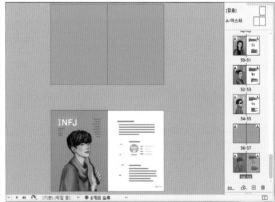

▲ **문서 끝의 스프레드 복제**를 실행하여 문서 끝에 스프레드로 복제

왼쪽부터 시작하는 페이지 만들기

팸플릿이나 브로슈어와 같은 형태의 편집 디자인에서는 홀수로 된 시작 페이지가 필요 없는 경우가 대부분입니다. 인디자인에서는 첫 페이지부터 왼쪽 페이지(스프레드)로 시작하는 세 가지 방법이 있습니다. ❶ [새로운 문서 만들기] 대화상자에서 '시작'을 짝수로 입력하는 방법, ❷ [문서 설정] 대화상자에서 '시작 페이지 번호'를 짝수로 입력하는 방법, ❸ 페이지 패널에서 '문서 페이지 재편성 허용'을 비활성화(체크 표시 해제)한 다음 왼쪽 페이지로 배치하는 방법이 있습니다.

❶ [새로운 문서 만들기] 대화상자에서 짝수 페이지 입력하기　• • •

처음 작업할 문서를 만들 때 왼쪽부터 시작하는 페이지를 만드는 방법을 알아봅니다. 먼저 메뉴에서 〔파일〕→ 새로 만들기 → 문서를 실행합니다. [새로운 문서 만들기] 대화상자가 표시되면 시작에서 첫 페이지를 1페이지로 지정하지 않고, 2페이지로 지정하면 자연스럽게 두 페이지로 된 스프레드 문서가 시작되는 것을 확인할 수 있습니다.

초보 편집자의 경우 '홀·짝 구분 없이 시작하면 어때?'라고 생각할 수 있으나, 인디자인은 자동으로 오른쪽 지면의 페이지 번호를 홀수로 인식합니다. 페이지 번호를 적용할 때 이와 같은 원칙을 무시한다면 인쇄 실수로 연결될 가능성이 있습니다.

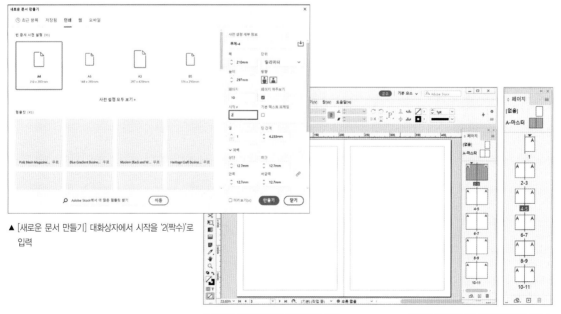

▲ [새로운 문서 만들기] 대화상자에서 시작을 '2(짝수)'로 입력

▲ 페이지 패널에서 왼쪽 페이지부터 생성　　　페이지 패널에서 오른쪽 페이지부터 생성 ▲

❷ [문서 설정] 대화상자에서 짝수 페이지 입력하기 • • •

작업 중인 문서의 첫 페이지 형식을 수정할 수도 있습니다. 현재 첫 페이지가 1페이지로 시작하는 일반적인 스프레드 형태의 편집 화면입니다. 메뉴에서 [파일] → 문서 설정을 실행한 다음 [문서 설정] 대화상자가 표시되면 시작 페이지 번호를 짝수로 변경하여 왼쪽부터 시작하는 문서를 만들 수 있습니다.

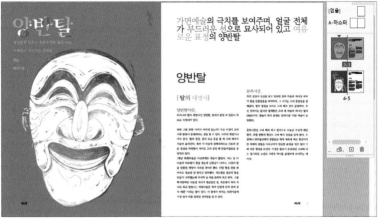

▲ [문서 설정] 대화상자에서 시작 페이지 번호를 ▲ 페이지 패널에서 왼쪽부터 시작 페이지로 수정
'2(짝수)'로 입력

❸ '문서 페이지 재편성 허용'의 비활성화(체크 표시 해제) 후 페이지 배치하기 • • •

페이지 패널 메뉴의 '문서 페이지 재편성 허용'을 비활성화(체크 표시 해제)하는 것은 페이지를 자유롭게 편성하도록 허락한다는 뜻입니다. 특정 페이지가 아닌 문서에 있는 모든 페이지에 '문서 페이지 재편성 허용'이 적용되며 페이지를 원하는 위치에 자유롭게 커서를 이용해 배치할 수 있습니다. 표지의 각 면 너비가 다른 판형을 여러 페이지에 이어 붙여 배치하거나(접지 리플렛 또는 날개 있는 북커버) 내지에 판형이 다른 페이지를 삽입할 때 사용하면 효과적입니다.

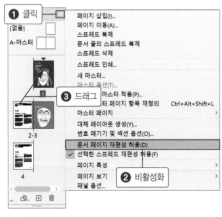
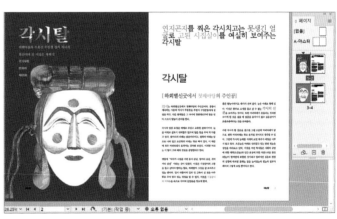

▲ 페이지 패널 메뉴에서 '문서 페이지 재편성 허용'의 체크 ▲ 페이지 패널에서 왼쪽부터 시작 페이지로 수정
표시 해제

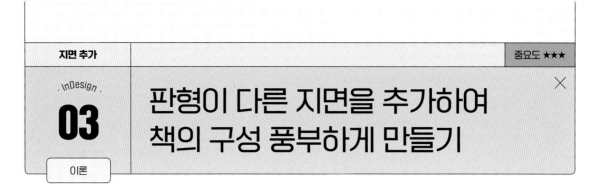

판형이 다른 지면을 추가하여 책의 구성 풍부하게 만들기

멀티 페이지 기능을 이용하면 한 문서에서 판형이 다른 페이지를 삽입할 수 있습니다. 특정 페이지를 강조하거나 이미지를 가로로 길게 연결하여 차별화된 페이지를 삽입하고자 할 때, 판형이 다른 지면을 추가하여 책의 구성을 더욱 풍성하게 합니다. 주의해야 할 점은 인쇄물을 재단할 때 같은 판형으로 제작된 인쇄물끼리 한꺼번에 재단하기 때문에 인쇄소에 보낼 파일은 같은 판형끼리 묶어서 보내야 합니다.

▲ 판형이 다른 스프레드

▲ 오른쪽 판형이 다른 페이지

이미지 또는 텍스트 분량이 많은 상황인데도 불구하고 반드시 같은 페이지에 담아야 하는 경우, 4단 대문 접지 리플릿처럼 내지 스프레드 양쪽에 페이지를 추가할 수 있습니다. 이때 종이 두께에 따라 페이지의 가로 사이즈가 달라져야 한다는 점을 유의해야 합니다. 1페이지와 4페이지는 접어서 안으로 들어가는 페이지이므로 2페이지와 3페이지보다 1mm씩 짧게 문서를 설정합니다. 접지할 때 안쪽으로 접혀 들어가는 면의 경우 지류 두께에 따라 1~3mm 정도 작아야 접히는 면이 구겨지는 것을 방지할 수 있습니다.

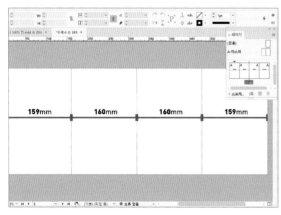

▲ 내지 스프레드 양쪽에 추가된 페이지를 1mm씩 짧게 만든 문서

▲ 내지 스프레드 양쪽에 페이지 추가한 문서에 디자인 적용

쉽고 빠른 작업을 위한 마스터 페이지 활용하기

마스터는 여러 페이지를 같은 포맷으로 디자인할 때 효율적입니다. 마스터 페이지에 삽입된 개체는 모든 페이지에 그대로 복사되듯이 같은 모습으로 적용되며, 개별적으로 변경 및 수정할 수도 있습니다. 마스터는 본문 레이아웃이 확정된 다음 만드는 것이 효과적입니다.

인디자인에서 새 문서를 만들면 기본으로 하나의 'A-마스터' 페이지가 있습니다. 새 마스터를 만들거나 페이지 패널의 'A-마스터' 페이지에서 마스터 페이지를 만들 수 있습니다. 'A-마스터'에 만들어진 마스터를 페이지나 스프레드에 적용할 수 있습니다. 'A-마스터'의 왼쪽 페이지와 오른쪽 페이지를 각각 선택하여 레이아웃 페이지 영역의 1페이지와 2페이지로 드래그하면 빠르게 마스터 페이지를 적용할 수 있습니다. 또는 페이지 패널에서 '패널 메뉴' 아이콘(▤)을 클릭한 다음 페이지에 마스터 적용을 실행하면 한 번에 여러 페이지에 마스터 페이지를 적용할 수 있습니다.

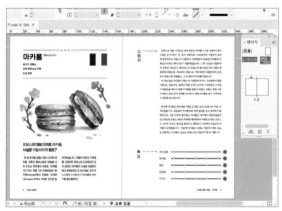

▲ 페이지 패널의 'A-마스터'에서 마스터 생성

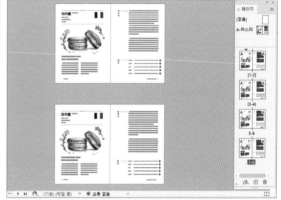

▲ 페이지 패널의 'A-마스터'를 여러 페이지에 적용

작업이 진행 중이거나 마무리되어야 할 시점에서 고정으로 들어가는 배경색이나 그래픽 소스의 위치, 여백 및 단, 오탈자 등을 수정해야 하는 경우가 생기면 당황하게 됩니다. 이때 페이지에 마스터 페이지가 적용되어 있다면 대부분 수정을 한 번에 해결할 수 있습니다.

마스터 페이지를 활용하면 서적, 브로슈어, 잡지, 사진 앨범, 도록 등 수백 장의 편집을 손쉽게 제어할 수 있습니다.

페이지 패널의 패널 메뉴에서 마스터 페이지 → 마스터 페이지 불러오기를 실행하여 다른 문서의 마스터 페이지를 작업 중인 문서로 불러올 수 있습니다. 이전에 작업한 인쇄물과 비슷한 레이아웃의 편집을 반복할 때, 이미 저장된 마스터 페이지를 불러와 언제든지 다시 사용할 수 있다는 장점이 있습니다.

▲ 'A-마스터'가 적용된 원본

▲ 'A-마스터'에서 색상 수정 후 적용

마스터 페이지를 적용한 다음 특정 페이지를 마스터와 다르게 만들어야 하는 경우가 있습니다. 이때 마스터 항목을 재정의(오버라이드)할 수 있습니다. 마스터 페이지가 적용된 페이지의 요소들은 선택되지 않으므로 재정의를 적용하기 위해 Ctrl + Shift를 누른 채 개체를 클릭합니다. 마스터 페이지의 요소들까지 선택되어 수정할 수 있습니다.

▲ 'A-마스터'가 적용된 원본

▲ 이미지 수정을 위해 마스터 항목 재정의

여러 개의 장이나 파트를 나누어 디자인할 경우 장이나 파트별로 서로 다른 마스터 페이지를 적용시킬 수 있습니다.

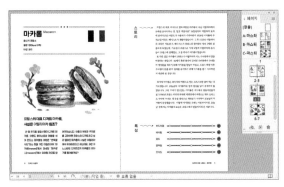

▲ AB-마스터 적용

▲ C-마스터 적용

. InDesign .

05

이론

다양한 방법으로 이미지 가져오기

인디자인에서 이미지를 가져오는 방법은 상황에 따라 다양합니다. 도구 패널의 프레임 도구를 이용하여 프레임을 미리 만들고 이미지를 가져오는 방법과 프레임 없이 폴더에서 드래그하여 가져오는 방법, 여러 이미지를 한 번에 가져오는 방법, 웹 사이트에서 이미지를 복사하여 붙이는 방법 등이 있습니다.

프레임을 만들고 **가져오기** 실행 ▶

▲ 폴더에서 이미지를 드래그하여 바로 삽입

▲ 여러 개의 이미지를 한 번에 가져오기

인디자인은 다양한 이미지의 확장자를 가져올 수 있으며, 이미지 확장자에 따라 불러들이는 방법도 편리해졌습니다. AI, PDF, PSD, PNG, JPG, TIFF, EPS 등 확장자에 따라 필요한 레이어만 가져오거나 필요한 페이지만 가져올 수도 있습니다.

이때 꼭 가져오기 명령을 실행한 다음 '가져오기 옵션 표시'를 체크 표시해야 합니다.

▲ PSD 파일에서 필요한 레이어만 가져오기

▲ PDF 파일에서 필요한 페이지만 가져오기

이미지 프레임에 맞게
효과적인 맞춤 옵션 이해하기

이미지를 프레임에 불러오면 프레임에 맞추거나 프레임을 이미지에 맞추는 등 자유롭게 조정할 수 있습니다. 이때 메뉴에서 다양한 맞춤 명령을 사용하면 효율적이며, 자동 맞춤 명령은 사진이나 이미지가 많이 들어가는 매거진이나 작품 카탈로그 등을 디자인할 때 작업의 속도를 높일 수 있습니다.

▲ 원본 이미지

▲ 비율에 맞게 프레임 채우기

▲ 비율에 맞게 내용 맞추기

▲ 내용 인식 맞춤

▲ 내용에 프레임 맞추기

▲ 프레임에 내용 맞추기

▲ 내용 가운데 배치

꼭 알아야 할 CMYK 색상과 별색 이해하기

실무에서 색상은 매우 중요한 부분이며, 인쇄용인지 웹용인지 원고의 성격에 따라 색상을 명확하게 사용할 줄 알아야 합니다. 디자인을 아무리 잘해도 인쇄용 원고를 RGB 색상으로 작업하거나 별색을 CMYK로 작업했다면 인쇄 환경에 맞지 않기 때문에 처음부터 다시 색상을 적용해야 합니다. 인쇄용 원고의 색상은 모두 CMYK 4원색과 별색만으로 완성해야 합니다.

❶ CMYK 색상 만들어 적용하기 • • •

CMYK 4원색은 사이언(Cyan), 마젠타(Magenta), 옐로(Yellow), 검정(Black) 잉크를 혼합하여 색을 만들어 적용하는 방식입니다. 인디자인에서 색상 견본 패널에서는 색상을 만들어 적용할 수 있고, 색상 피커에서 만든 색상을 견본으로 만들어 보관할 수 있습니다. 여러 가지 색상을 합치거나 기존 색상을 다른 색상으로 변경하기도 합니다. 색상 견본 패널에 보관된 색상은 다시 만들지 않고 바로 적용할 수 있어 편리합니다.

색상 견본 패널에서 4원색으로 인쇄 원고를 제작할 때 CMYK 중 가능한 적은 수의 컬러로 배합하는 것이 좋습니다. 부득이하게 4가지 색상이 배합되어야 가능한 색상도 있지만, 비슷한 색상을 3도 배합으로도 표현할 수 있다면 3도 배합으로 컬러를 만들어 사용하는 것이 좋습니다.

도수를 줄이는 이유는 인쇄 단계에서 핀이 맞지 않을 가능성이 있기 때문입니다. 인쇄 도수가 많을수록 겹쳐진 면의 핀이 맞지 않아 깔끔하지 못한 인쇄물이 나올 수 있습니다.

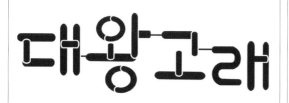

▲ C=40, M=100, Y=40, K=20

▲ C=50, M=100, Y=50, K=0

❷ 별색 만들어 적용하기 ・・・

별색(Spot Color)은 CMYK 조합으로 표현할 수 없는 금색, 은색, 형광색 등을 망점으로 혼합하지 않은 고유한 색을 말합니다. 별색은 인쇄 전에 미리 혼합해 놓은 특수 잉크를 말하며, PANTONE 사와 DIC 사에서 만든 잉크를 사용하거나 직접 만들어 써야 합니다.

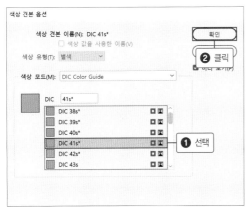

▲ 색상 견본 패널에서 별색 만들기

▲ 타이포그래피에 별색 적용

TIP ⟵

어도비에 따르면 포토샵, 인디자인, 일러스트레이터의 팬톤 컬러 별색 라이브러리는 업데이트를 통해 단계적으로 폐지될 예정입니다. 현재는 팬톤 파스텔과 네온 라이브러리가 삭제되고 CMYK 코팅, 비코팅, 메탈릭 코팅 컬러만이 남아있습니다. 앞으로는 팬톤 별색 라이브러리 사용을 위해 팬톤 커넥트를 이용해야 합니다. (어도비 CC 2019 버전 이상, CS 버전 사용 불가) 현재 수록된 팬톤 컬러의 경우에도 업데이트가 오랫동안 되지 않을 경우 색상 정보가 부정확할 수 있기 때문에 팬톤 커넥트 구독을 준비하시는 것이 좋습니다. 팬톤 커넥트(https://www.pantone.kr/)는 무료 계정인 팬톤 커넥트 베이직과 유료 구독 서비스 팬톤 커넥트 프리미엄으로 서비스가 나뉘어 제공됩니다.

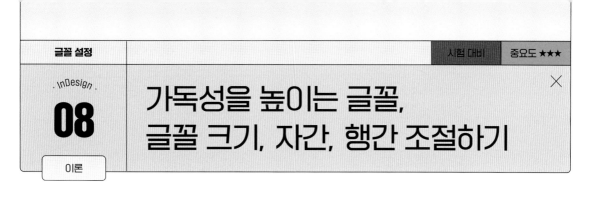

InDesign

08

이론

가독성을 높이는 글꼴,
글꼴 크기, 자간, 행간 조절하기

텍스트, 레이아웃, 이미지 등 지면을 구성하는 다양한 디자인 요소가 있지만, 정보를 직관적으로 나타내는 본문의 구성은 편집 디자인에서 매우 중요한 부분입니다. 본문의 가독성을 좌우하는 텍스트의 글꼴, 글꼴 크기, 자간, 행간 등의 경우 그 모양과 크기에 따라 이미지와의 어울림에 영향을 미치며, 너무 가늘거나 작으면 가독성에 문제가 발생합니다. 자간과 행간의 간격이 멀어지면 단어와 문장이 분산되어 보이고, 과하게 붙어도 글자 간 인식이 어려워집니다. 디자인 작업 시 본문에도 숨 쉴 수 있는 공간이 필요합니다.

인디자인에서 텍스트를 입력하거나 가져왔다면 제일 먼저 글꼴과 글꼴 크기, 자간, 행간을 조절해야 합니다. 컨트롤 패널이나 속성 패널에서 텍스트를 쉽고 빠르게 조절할 수 있습니다.

인디자인에서 입력한 제목 텍스트의 글꼴과 글꼴 크기(Shift + Ctrl + ⟩/⟨)를 조절할 수 있습니다.

▲ 문자 컨트롤 패널

▲ 속성 패널

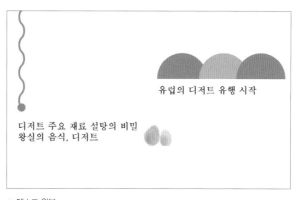

▲ 텍스트 원본

▲ 텍스트에 글꼴과 글꼴 크기 조절

인디자인에서 글꼴을 입력하면 기본으로 글꼴은 'Adobe 명조', 글꼴 크기는 '12pt', 자간은 '0', 행간은 '자동'으로 설정되어 있습니다. 기본 설정된 옵션을 본문의 분위기에 맞게 설정합니다. 본문의 두께, 즉 무게감은 Medium이나 Light를 사용하여 투박해 보이지 않는 글꼴이 좋으며, 글꼴 크기는 판형에 따라 다르지만 8~10pt를 가장 많이 사용합니다. 자간은 글꼴에 따라 다르지만 윤고딕이나 윤명조 계열은 '−75~−100', 행간은 글꼴 크기에서 '+5~+8pt'를 가장 많이 사용하고 있습니다. 예를 들어, 본문 글꼴 크기가 10pt이면 행간은 '15~18pt'를 적용합니다. 판면의 크기와 본문의 양에 따라 변수가 발생하므로 정답이 있을 수는 없습니다.

▲ 본문 텍스트 원본

▲ 본문 텍스트에 글꼴과 글꼴 크기, 자간, 행간 적용

글꼴, 글꼴 크기, 자간, 행간 조정 외에도 가독성을 높일 수 있는 장평과 커닝의 조정이 필요한 경우도 있습니다.

장평은 글자의 가로 비율과 세로 비율을 입력하거나 선택하여 변경할 수 있습니다. 장평을 줄이려면 가로 비율에서 100%보다 낮은 비율, 장평을 늘리려면 100%보다 높은 비율을 선택합니다.

커닝은 자간처럼 글자 사이 간격을 조정하는 것이지만, 문장 전체가 아닌 글자 사이 간격을 의미합니다. 커닝은 주로 제목용 큰 폰트를 사용할 때 시각적 보정을 위해 사용합니다.

▲ 장평 조정하기

▲ 커닝 조정하기

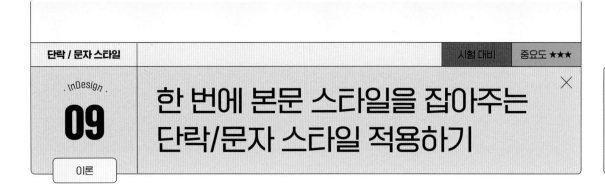

InDesign 09 이론

한 번에 본문 스타일을 잡아주는 단락/문자 스타일 적용하기

단락 스타일은 하나의 단락 안에 있는 모든 글자에 일괄적으로 스타일을 적용하고, 문자 스타일은 지정된 개별 문자에만 스타일을 적용합니다. 따라서 먼저 단락 스타일로 기본 스타일을 만들어 적용하고, 각각 다르게 표시해야 할 개별 사항을 문자 스타일로 만들어 적용하는 것이 좋습니다.

편집 디자인을 하다 보면 몇백 페이지가 넘는 본문을 작업해야 하는 상황을 수없이 만납니다. 수백 페이지의 본문에서 소제목만 글꼴 색상을 바꿔야 하는 경우, 해당 문자만 글꼴 크기를 변경해야 하는 상황에서 본문에 단락 스타일과 문자 스타일이 적용되어 있다면 인디자인에서는 당황하지 않고 빠르게 대처할 수 있습니다.

단락 스타일은 메뉴에서 [창] → 스타일 → 단락 스타일을 실행하여 표시되는 단락 스타일 패널에서 새 단락 스타일을 만들 수 있습니다.

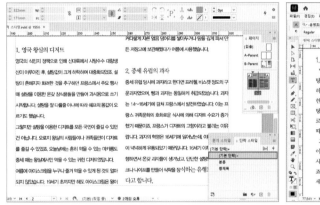

▲ 단락 스타일 적용 전

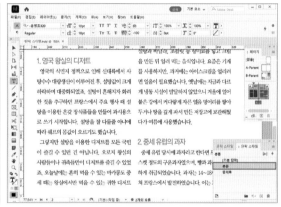

▲ 단락 스타일 적용 후

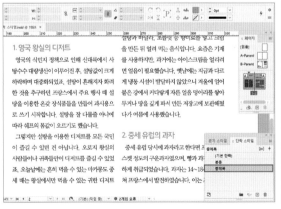

▲ 단락 스타일에서 중제목을 수정하여 한 번에 수정

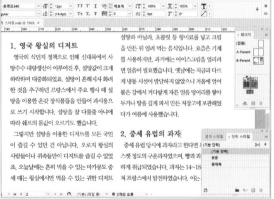

▲ 단락 스타일에서 중제목을 기본 단락으로 스타일 해지

편집 디자인에서 문자를 다양하게 사용하면 디자인 폭이 넓어집니다. 지루하게 표현되는 본문에서 포인트를 주기 위해 일부 문자에 색상이나 밑줄 등을 변경하여 시각적으로 효과적인 본문 디자인을 완성할 수 있습니다.

단락 스타일 위에 부분적으로 변화가 생기면 단락 스타일 항목에 '+' 기호가 표시되기 때문에 불편함을 느끼기도 합니다. 이에 구애받지 않고 부분적으로 자유롭게 수정할 수 있는 항목이 바로 문자 스타일입니다.

문자 스타일은 메뉴에서 〔창〕 → 스타일 → 문자 스타일을 실행하여 표시되는 문자 스타일 패널에서 새 문자 스타일을 만들 수 있습니다. [문자 스타일 옵션] 대화상자의 〔기본 문자 서식〕, 〔문자 색상〕, 〔밑줄 옵션〕 탭에서 텍스트 형식을 설정할 수 있습니다.

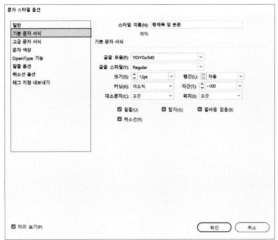

▲ 〔기본 문자 서식〕 탭 설정

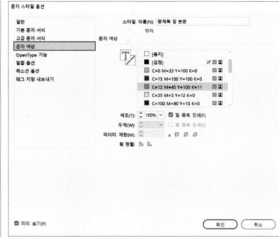

▲ 〔문자 색상〕 탭 설정

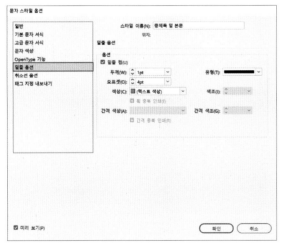

▲ 〔밑줄 옵션〕 탭 설정

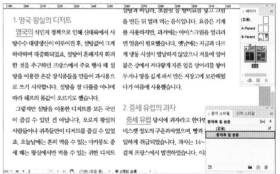

▲ 중제목 밑에 문자 스타일 적용

. InDesign .
10

이론

인쇄와 출력을 위해 내보내기 전 마지막 점검하기

×

인디자인에서 편집 작업이 끝나면 인쇄와 출력을 위해 누락된 글꼴과 이미지, 색상 모드, 분판, 도련 등을 최종 점검하여 인쇄 시 문제가 발생하지 않도록 합니다.

❶ 오류를 실시간으로 보여 주는 프리플라이트 확인하기 • • •

인디자인에서 프리플라이트(Pre-Flight)는 문서에 사용된 모든 항목이 인쇄에 적합하게 설정되어 있는지를 확인하는 역할을 합니다. 출력하거나 인쇄를 맡기기 전 이미지 해상도와 색상 공간이 정확한지, 글꼴 누락, 텍스트 넘침 등이 없는지를 확인합니다. 프리플라이트는 오류가 감지되지 않으면 초록색 원(●), 오류가 감지되면 빨간색 원(●)으로 표시됩니다. 이 표시를 보면서 작업하는 중간에도 오류를 바로잡을 수 있습니다.

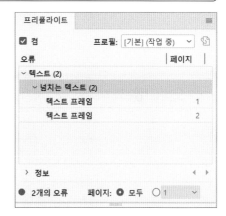

▲ 프리플라이트 패널

❷ 누락된 글꼴 확인하기 • • •

하나의 컴퓨터에서만 작업했다면 설치된 글꼴만 사용하기 때문에 유실된 글꼴이 발생하는 경우가 거의 없지만 작업 환경이 바뀌면 글꼴이 유실될 수 있습니다. 특히 글리프의 경우 특정 글꼴이 지원되지 않는 경우가 있어 프리플라이트에 오류가 표시될 수 있습니다.

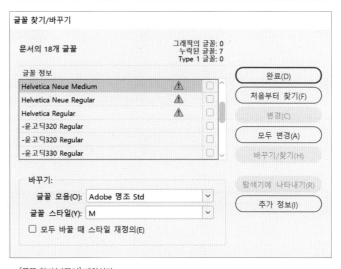

▲ [글꼴 찾기/바꾸기] 대화상자

❸ 유실이나 수정된 이미지 확인하기 • • •

인디자인에서 편집을 시작한다면 이미지와 인디자인 파일을 같은 폴더에 보관하여 디자인해야 합니다. 인디자인에 불러온 원본 이미지가 여러 폴더에 흩어져 있거나 위치가 바뀌거나 이름을 수정해도 링크 패널에 유실(누락)이나 수정의 경고 표시가 나타납니다. 인디자인에서 사용하는 다양한 그래픽은 링크 상태로 별도 파일에 존재합니다. 링크된 개체는 문서에 연결되어 있지만, 문서로부터 독립적인 상태로 유지되기 때문에 문서 크기가 더 작습니다. 링크된 그래픽을 여러 번 사용해도 문서 크기가 크게 늘어나지 않으며 모든 링크를 한 번에 업데이트할 수도 있습니다.

링크 패널에서 이미지가 유실(누락)되었거나 수정되었을 경우 링크 업데이트 없이 내보내기를 진행하면 최저 해상도로 인쇄되거나 내보내기가 안될 수도 있습니다.

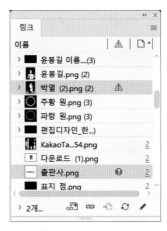

▲ 링크 패널

❹ 오버프린트와 녹아웃 확인하기 • • •

인쇄에서 오버프린트와 녹아웃은 색상 품질을 정확하게 얻기 위해 꼭 확인해야 하는 중요한 부분입니다. 인디자인에서는 기본 색상 견본의 '검정'을 제외한 나머지 색상은 전부 녹아웃으로 설정됩니다.

오버프린트는 색상을 겹쳐찍기 또는 올려찍기라고 하며 인디자인에서는 '중복 인쇄'라고 합니다. 배경색 위에 개체의 전경색이 겹쳐 찍히기 때문에 개체가 여러 개일 경우 다양한 혼합 색상이 표현됩니다.

▲ M은 오버프린트 설정하지 않고, B는 오버프린트 설정

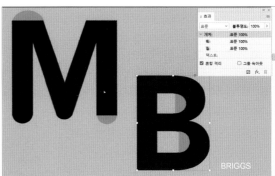

▲ M은 혼합 격리 설정하지 않고, B는 혼합 격리 설정

녹아웃은 배경색 부분에 전경색의 개체 모양대로 구멍을 뚫어 지면 위에 색상이 겹치지 않기 때문에 색이 혼합되지 않으며 '혼합 격리'라고 합니다. 인디자인에서 모든 색상은 녹아웃으로 설정되어 있으며, 색상 견본의 검은색만 오버프린트로 설정되어 겹쳐찍기로 표현됩니다.

❺ 분판 미리 보기와 잉크 관리자를 확인하여 인쇄 사고 줄이기 • • •

분판 미리 보기는 모니터에서 CMYK 색상의 분판 상황을 실시간으로 확인할 수 있으며, 문서에 적용된 오버프린트와 녹아웃, 그림자 및 투명도 효과 등 인쇄에서 발생할 수 있는 문제들을 사전에 파악할 수 있습니다. 또한 별색을 사용했다면 분판 미리 보기 패널의 색상 목록에 별색이 추가 표시되며, 별색을 원색으로 전환하려면 잉크 관리자에서 한 번에 원색으로 변경할 수 있습니다.

▲ 분판 미리 보기 패널에서 4원색과 별색 확인

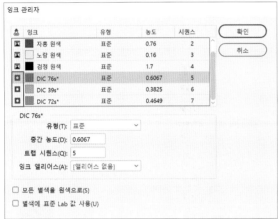

▲ 별색을 원색으로 전환하기 전

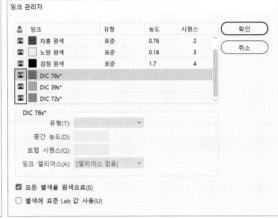

▲ 별색을 원색으로 전환한 후

❻ 재단을 고려하여 도련 설정 확인하기 • • •

재단선 위에 색상이나 이미지가 배치되어 있다면 인쇄물을 재단할 때 중요한 부분이 잘려나가는 것을 방지하기 위해 반드시 도련까지 색상이나 이미지가 채워지도록 설정되었는지 확인합니다. 도련은 재단 시 잘려나가는 여백 공간으로, 도련이 없으면 재단 후 가장자리에 흰색 여백이 생길 수도 있습니다. 따라서 재단이 필요한 모든 작업물에는 도련이 들어가야 하며, 보통 3mm 정도 여유를 줍니다. 문서에서 재단선 밖에 있는 빨간색 선이 도련입니다.

▲ 도련 부분까지 배경을 넣지 않은 디자인

▲ 도련 부분까지 배경을 넣은 디자인

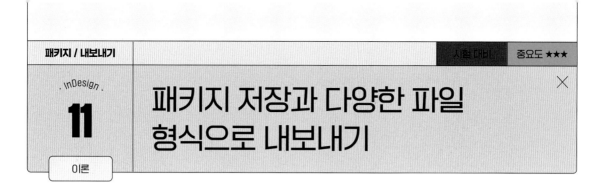

패키지 저장과 다양한 파일 형식으로 내보내기

출력용 파일을 모으기 위해 패키지를 실행하면 인디자인 파일에 사용된 모든 글꼴과 그래픽이 하나의 폴더에 복사되어 패키지로 저장할 수 있습니다. 패키지 저장을 사용하면 파일이나 문서에서 사용한 모든 링크와 글꼴을 수동으로 모으고 분류하지 않아도 됩니다. 파일을 다른 작업자와 주고 받아야 하는 경우에 유용합니다.

패키지는 메뉴에서 [파일] → 패키지를 실행하여 [발행물 패키지] 대화상자가 표시되면 필요한 부분을 체크 표시하여 저장합니다.

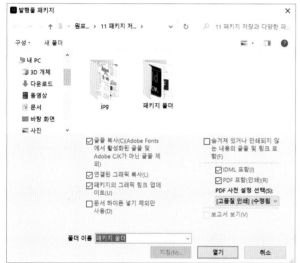

▲ 문서에 사용된 글꼴 복사, 연결된 그래픽 복사, 패키지의 그래픽 링크 업데이트, IDML/PDF 포함 체크 표시

▲ 폴더 하나에 모인 문서에 사용된 모든 글꼴과 그래픽, 인디자인 파일, IDML/PDF 파일

출력 및 인쇄 서비스 업체에 보내기 위해 다양한 파일 형식으로 내보내기 할 수 있습니다. 내보내기는 메뉴에서 [파일] → 내보내기를 실행하여 인쇄나 출력 형식에 맞게 파일 형식을 설정해 결과물을 완성합니다.

인디자인으로 가져오기 한 파일의 위치를 변경할 경우 링크가 누락되어 다시 연결해야 합니다. 번거로운 과정을 피하려면 작업이 진행되는 동안 파일 위치를 옮기지 않아야 합니다. 여러 경로로 소스들을 가져온 경우 작업을 마친 후 한 번에 패키지 저장을 실행하면 모든 소스를 지정한 위치에 모아줍니다.

패키지 저장이 필요한 상황에서 오류가 발생한다면 인디자인으로 가져온 파일의 링크 문제일 경우가 많습니다. 모든 사항을 고려해 볼 때 작업자가 처음부터 끝까지 정확하고 안정적인 방법으로 파일을 저장해서 인디자인으로 불러오고, 링크로 가져온 이미지들을 한 폴더에 잘 정리하며 작업하는 것이 가장 좋은 방법입니다.

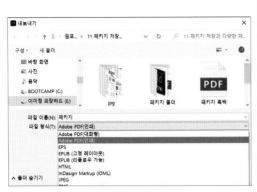

▲ [내보내기] 대화상자에서 파일 형식 지정하기

▲ 인쇄용 PDF 파일로 저장할 때 [표시 및 도련] 탭에서 '재단선 표시'와 '문서 도련 설정 사용'을 꼭 체크 표시합니다. '재단선 표시'의 체크 표시가 해제되었을 경우 재단선 표시가 없어 재단할 수 없습니다.

▲ 인쇄용 PDF 파일로 저장

▲ 컬러 문서를 흑백 PDF 파일로 저장

▲ JPG 파일로 저장

▲ 도련은 생성되어 있으나 재단선이 없는 경우

▲ 재단선은 표시되어 있으나 도련이 없는 경우

▲ 도련을 설정하고 체크도 완료했으나 이미지를 도련선까지 채우지 않은 경우

PART 2.

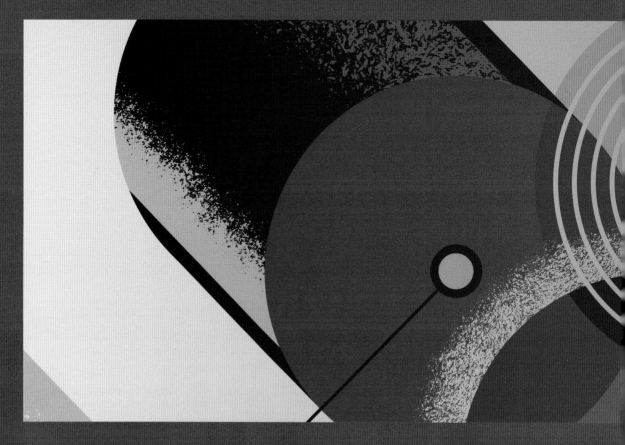

인디자인 CC 2023
처음 시작하기

인디자인에서 제공하는 작업 화면, 작업 영역을 소개합니다. 자주 쓰는 도구와 패널을 꼼꼼히 살펴보고, 편리한 작업을 위한 주요 환경 설정도 참고 하세요.

InDesign
01 인디자인 작업 화면 살펴보기

이론

인디자인에서 새 문서를 열거나 파일을 불러오면 작업할 수 있는 도구와 패널들이 나타납니다. 효율적인 작업을 위해 작업 화면의 구성 요소에 대해 알아보겠습니다.

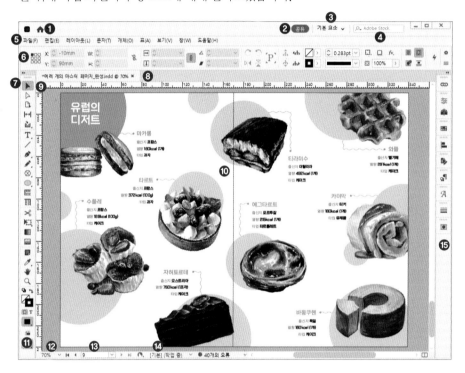

❶ **홈** : 인디자인 시작 화면을 표시합니다.

❷ **공유** : 협업을 위해 PDF 빠른 내보내기, 패키지, 검토용으로 공유, Publish Online, 내보내기를 지정할 수 있습니다.

❸ **작업 영역** : 인디자인에서 제공하는 다양한 형태의 작업 영역으로 간편하게 변경할 수 있습니다.

❹ **Adobe Stock 검색** : 어도비 스톡(Adobe Stock)을 실행하여 원하는 이미지를 찾거나 구매하여 활용할 수 있습니다.

❺ **메뉴 표시줄** : 인디자인의 기본 기능이 여러 가지 명령으로 나뉘어 있습니다.

❻ **컨트롤 패널** : 선택한 개체에 따라 표시되는 내용이 바뀌며, 도구나 일반 패널을 거치지 않고 바로 옵션을 설정할 수 있습니다.

❼ **도구 패널** : 자주 사용하는 기본 도구들을 아이콘으로 표시하여 간편하게 선택할 수 있습니다.

❽ **제목 표시줄** : 탭 형식으로 열리는 문서의 제목 부분입니다. 제목 표시줄을 드래그하여 각각의 작업창을 분리할 수 있습니다.

❾ **눈금자** : 정밀한 작업을 위해 안내선을 만들고 프레임과 개체의 위치를 지정할 수 있습니다.

❿ **문서 / 대지 영역** : 작업에 따라 출판되는 문서 영역과 그 외의 부분인 대지 영역으로 구분됩니다.

⓫ **보기 옵션 / 미리 보기** : 개체 안내선 및 격자의 보기 옵션과 창 보기 설정, 미리 보기 형태를 빠르게 변경할 수 있습니다.

⓬ **화면 보기 배율** : 화면을 배율에 따라 확대 또는 축소할 수 있습니다.

⓭ **페이지 이동** : 페이지를 이동하고, 문서의 다양한 정보를 확인할 수 있습니다.

⓮ **프리플라이트** : 문서의 오류를 실시간으로 알려주며, 오류가 없을 때는 녹색으로 표시됩니다.

⓯ **패널 영역(Dock)** : 그룹별로 분류된 패널들을 표시합니다. 원하는 패널을 드래그하여 그룹에서 분리 및 변경할 수 있습니다.

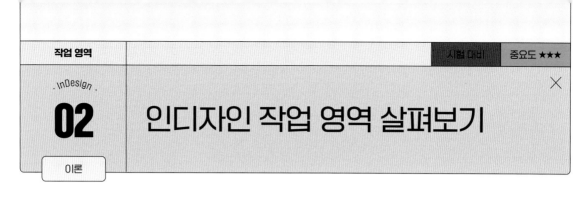

. InDesign .

02 | 인디자인 작업 영역 살펴보기

이론

문서에 표시되는 기본 안내선과 영역에 대해 알아보겠습니다. 여기서는 2단으로 구성된 스프레드(펼침면) 화면을 기준으로 설명합니다.

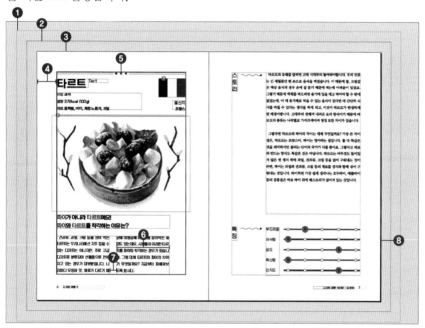

❶ **슬러그** : 도련 이외에 기타 작업이나 개체를 표시할 수 있는 여유 공간으로, 작업의 편의를 위한 것이라 인쇄되지 않는 영역입니다. 기본색은 하늘색입니다.

❷ **도련(Bleed)** : 문서 크기를 넘는 인쇄를 할 때 가장자리에 흰색 여백이 생기지 않도록 재단 여백을 주는 영역으로 인쇄 크기보다 보통 3mm 정도 더 크게 만듭니다.

❸ **문서(Document)** : 실제로 작업하여 출력할 영역이며 설정한 문서 크기대로 나타납니다.

❹ **여백(Margin)** : 문서 외곽에 중요한 요소를 배치할 경우 재단 시 잘리거나 사용자 눈에 띄지 않을 수 있으므로 상황에 따라 설정합니다. 인디자인에서는 상하좌우 20mm로 기본 설정되어 있습니다.

❺ **판면** : 한 페이지 지면에서 상하좌우 및 행간 등과 같은 모든 여백을 제외하고 실제로 문자나 도판이 앉혀지는 부분입니다.

❻ **열(Column)** : 보통 '단'이라고도 하며 단의 개수에 따라 변형 3단, 2단 편집 등으로 말합니다.

❼ **단 간격** : 단 사이의 간격입니다.

❽ **대지** : 문서를 제외한 부분으로 인쇄되지 않아 자유롭게 여러 요소를 두고 사용할 수 있습니다. 최종 작업을 마무리할 때는 삭제하거나 정리하는 것이 좋습니다.

TIP ◁¤

인디자인을 처음 실행하면 어두운 화면이 기본으로 나타납니다. 가독성을 위해 인터페이스의 환경 설정에서 가장 밝은 화면으로 밝기를 조절할 수 있습니다. 인디자인을 실행한 다음 메뉴에서 **(편집) → 환경 설정 → 인터페이스**를 실행합니다. [환경 설정] 대화상자가 표시되면 모양 항목의 색상 테마에서 오른쪽의 '가장 밝은 회색'을 선택한 다음 〈확인〉 버튼을 클릭합니다.

. InDesign .

03 클릭으로 실행하는 도구 알아보기

이론

도구 패널은 자주 사용하는 인디자인 명령을 아이콘 형태로 모은 패널입니다. 도구를 선택하여 원하는 기능을 바로 이용할 수 있습니다. 여기서는 각 도구의 명칭과 활용 방법에 대해 알아보겠습니다.

❶ **선택 도구(▶)** : 프레임이나 개체를 선택하거나 이동합니다. Shift를 누른 채 여러 개체를 한번에 선택하거나 수직 또는 수평으로 드래그하여 이동할 수 있습니다.

❷ **직접 선택 도구(▷)** : 프레임 안에 있는 이미지 원본을 선택하거나 개체의 조절점을 드래그하여 변형할 수 있습니다.

❸ **페이지 도구(▣)** : 다양한 판형의 멀티 페이지를 사용할 경우 특정 페이지의 크기를 바꿀 수 있습니다. 작업 화면 상단 컨트롤 패널에서 원하는 판형을 선택하거나 Alt를 누른 채 페이지 조절점을 드래그하여 직접 조절할 수 있습니다.

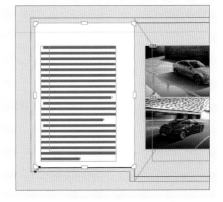

❹ **간격 도구(⊢⊣)** : 여러 개체 사이 간격을 드래그하여 조절할 수 있습니다.

❺ **내용 수집 도구(🖼)** : 문서에 배치된 내용을 컨베이어에 수집할 수 있습니다. 문서가 바뀌어도 수집한 내용은 컨베이어에 보관되어 있습니다.

내용 배치 도구(🖼) : 내용 컨베이어에서 선택한 항목을 페이지로 가져옵니다. 같은 오브젝트와 텍스트를 여러 문서 또는 여러 페이지에 반복해서 사용할 때 편리합니다.

❻ **문자 도구(T.)** : 문자 도구를 선택하고 드래그하면 원하는 위치에 텍스트 프레임을 만들어 문자를 입력할 수 있습니다.

세로 문자 도구(IT) : 세로쓰기로 문자를 입력합니다.

패스에 입력 도구(◁) : 패스 형태대로 문자를 입력합니다.

패스에 세로로 입력 도구(◁) : 패스 형태대로 세로 문자를 입력합니다.

❼ **선 도구(╱)** : 선을 그릴 수 있으며 Shift를 누른 채 드래그하면 수평, 수직, 대각선이 만들어집니다.

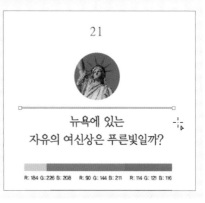

❽ **펜 도구( )** : 패스를 그리고 수정하며, 벡터 형식의 개체를 만듭니다.

기준점 추가 도구( ) : 패스에 기준점을 추가합니다.

기준점 삭제 도구( ) : 선택된 기준점을 삭제합니다.

방향점 전환 도구( ) : 선택된 패스의 방향점을 전환합니다.

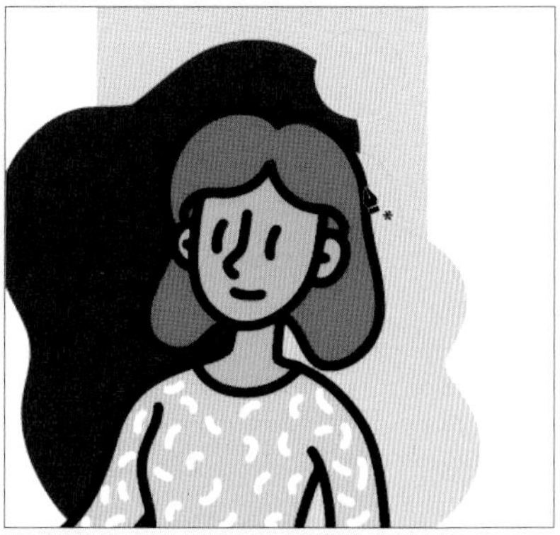

❾ **연필 도구( )** : 드래그하는 대로 그림을 그릴 수 있습니다.

매끄럽게 도구( ) : 패스를 매끄럽게 변형합니다.

지우개 도구( ) : 패스를 자유롭게 지웁니다.

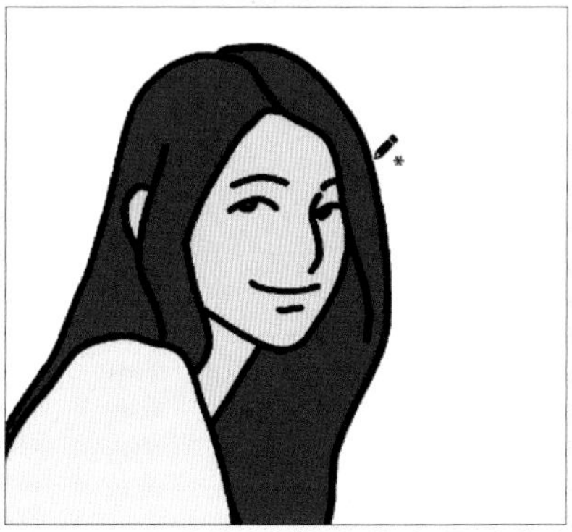

❿ **사각형 프레임 도구( )** : 사각형 형태의 속성이 없는 프레임을 만듭니다. 프레임에는 텍스트나 이미지를 삽입할 수 있습니다.

타원 프레임 도구( ) : 타원 형태의 속성이 없는 프레임을 만듭니다. 프레임에는 텍스트나 이미지를 삽입할 수 있습니다.

다각형 프레임 도구( ) : 다각형 형태의 속성이 없는 프레임을 만듭니다. 프레임에는 텍스트나 이미지를 삽입할 수 있습니다.

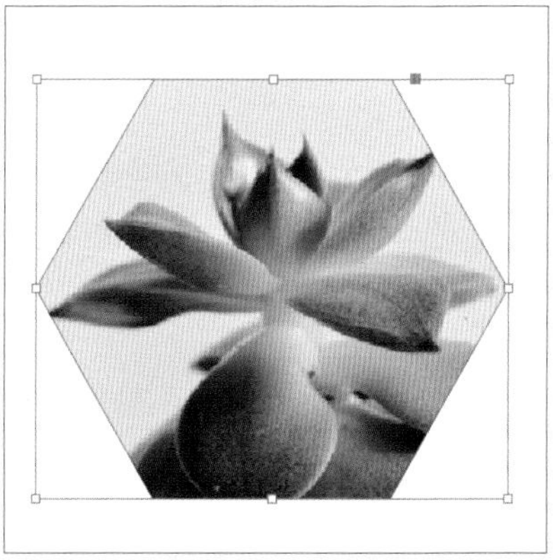

⓫ **사각형 도구( )** : 사각형 형태의 속성이 있는 개체를 만듭니다. 텍스트나 이미지를 삽입할 수 있습니다.

타원 도구( ) : 타원 형태의 속성이 있는 개체를 만듭니다. 텍스트나 이미지를 삽입할 수 있습니다.

다각형 도구( ) : 다각형 형태의 속성이 있는 개체를 만듭니다. 텍스트나 이미지를 삽입할 수 있습니다.

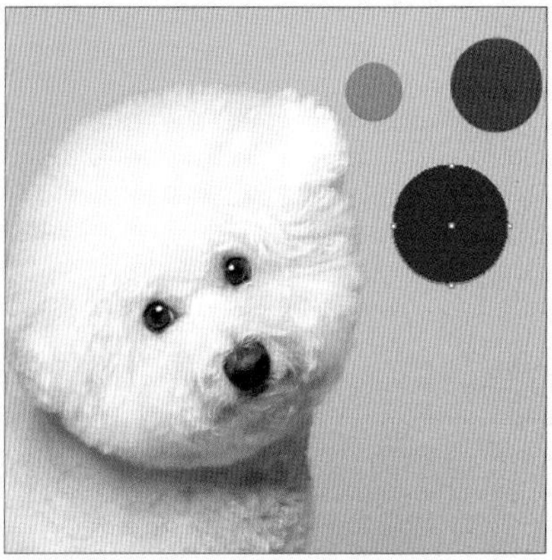

⑫ **가로 격자 도구(▦)** : 글자에 영향을 받는 가로 격자를 그립니다.

⑬ **세로 격자 도구(▥)** : 글자에 영향을 받는 세로 격자를 그립니다.

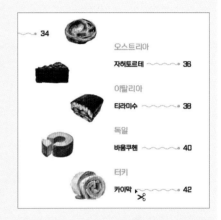

⑭ **가위 도구(✂)** : 패스의 두 지점을 클릭하여 개체를 자릅니다.

⑮ **자유 변형 도구(▦)** : 개체를 자유롭게 회전, 확대, 축소할 수 있으며 [Ctrl]을 누른 채 드래그하면 각 조절점을 조정할 수 있습니다.

회전 도구(↻) : 개체를 회전할 수 있습니다.

크기 조정 도구(▦) : 개체의 크기를 조정할 수 있습니다.

기울이기 도구(▦) : 개체를 기울일 수 있습니다.

⑯ **그레이디언트 색상 견본 도구(▦)** : 그레이디언트 색상을 만들어 적용할 수 있습니다.

⑰ **그레이디언트 페더 도구(▦)** : 한쪽으로 사라지는 형태의 그레이디언트를 적용할 수 있습니다.

❽ 메모 도구(▥) : 텍스트 프레임에 메모를 입력할 수 있습니다.

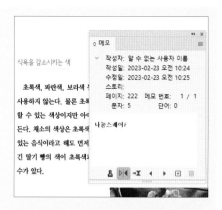

❿ 색상 테마 도구(▨) : 선택한 개체의 색상 테마를 함께 표시합니다.
스포이드 도구(✎) : 선택한 개체의 색상이나 스타일 등의 속성을 다른 개체로 복제합니다.
측정 도구(✎) : 개체의 크기와 위치 및 각도나 색상 정보를 표시합니다.

❷⓿ 손 도구(✋) : 작업 화면을 이동할 때 사용합니다. 다른 작업 중에도 Spacebar를 누르면 손 도구로 바뀌어 자유롭게 이동할 수 있습니다.

TIP ◁
문자 도구를 선택한 상태에서 커서가 활성화되어 있을 때 Spacebar를 누르면 공백이 입력되므로 Alt를 눌러 손 도구를 이용합니다.

❷❶ 확대/축소 도구(🔍) : 작업 영역을 클릭하여 문서를 확대합니다. Alt를 누른 채 클릭하면 화면이 축소됩니다.

㉒ **기본 칠 및 획(**◼️**)** : 칠과 획에 기본색을 지정합니다.

칠과 획 교체(↰**)** : 클릭하거나 (Shift)+(X)를 눌러 칠과 획 색상을 교체할 수 있습니다.

칠/획(◪**)** : 칠이나 획을 더블클릭하여 개체의 칠과 획 색상을 설정할 수 있습니다.

㉓ **컨테이너에 서식 적용(**◻️**)** : 서식을 프레임이나 개체에 적용합니다.

텍스트에 서식 적용(T**)** : 서식을 텍스트에 적용합니다.

㉔ **색상 적용(**◼️**)** : 개체에 색상을 적용하는 방식을 선택합니다. 더블클릭하면 색상 패널이 표시됩니다.

그레이디언트 적용(◼️**)** : 그레이디언트 색상을 적용하며, 더블클릭하면 그레이디언트 패널이 표시됩니다.

적용 안 함(◻**)** : 색상을 적용하지 않습니다.

㉕ **보기 옵션(**▦**)** : 개체 안내선 및 격자의 보기 옵션을 빠르게 변경할 수 있습니다.

✓ 프레임 가장자리	Ctrl+H
✓ 눈금자	
✓ 안내선	Ctrl+;
✓ 스마트 가이드	Ctrl+U
기준선 격자	Ctrl+Alt+'
숨겨진 문자	Ctrl+Alt+I

TIP ◁

'보기 옵션' 아이콘은 인디자인 버전에 따라 화면 맨 위쪽 또는 다른 영역에 표시되기도 합니다.

TIP ◁

눈금자에서 마우스 오른쪽 버튼을 클릭하여 표시되는 메뉴에서 단위를 선택해 변경할 수 있습니다. 메뉴에서 [보기] → 눈금자 표시를 실행하거나 (Ctrl)+(R)을 눌러 표시할 수 있습니다.

㉖ **화면 모드(**▣**)** : 표준, 미리 보기, 도련, 슬러그, 프레젠테이션 중에서 화면 보기 형태를 선택할 수 있습니다.

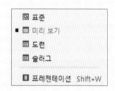

▣ 표준	
■ □ 미리 보기	
▣ 도련	
▣ 슬러그	
▣ 프레젠테이션	Shift+W

InDesign 04 이론
작업별 옵션 설정은 여기에! 주요 패널 알아보기

패널은 주로 도구를 선택하고 해당 도구의 옵션이나 설정 값을 지정할 때 사용합니다. 작업 영역 오른쪽에 위치하며, 패널에 직접 값을 입력하거나 슬라이더를 드래그하는 방식으로 옵션을 설정할 수 있습니다.

작업 화면에서 사용하려는 패널을 찾을 수 없다면 해당 패널의 단축키를 누르거나 메뉴에서 (Window)의 하위 명령을 실행하여 표시합니다.

패널을 드래그하면 패널끼리 묶거나 정렬할 수 있습니다. 아이콘화된 패널은 클릭하면 확장되고, 위쪽 'Expand Panels' 아이콘(《)을 클릭하여 확장해서 사용할 수 있으며, 자주 이용하는 패널은 단축키를 눌러 표시할 수도 있습니다.

❶ 페이지 패널(F12)

페이지 삽입, 이동, 수정 및 마스터 페이지, 대체 레이아웃 생성 작업 등을 할 수 있습니다.

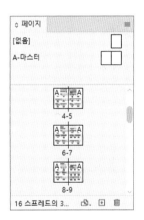

❸ 색상 패널(F6)

칠과 획에 관한 색상 값을 슬라이더로 조정하거나 직접 수치 값을 입력해 설정할 수 있습니다.

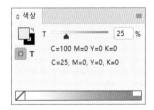

❷ 색상 견본 패널(F5)

색상 패널에서 색상을 만들어 저장할 수 있습니다. 기존 디자인 문서 또는 일러스트레이터, 포토샵 색상 목록 등을 가져와 색상 견본 목록으로 지정할 수도 있습니다.

❹ 레이어 패널(F7)

프레임, 개체, 텍스트 등을 각각 다른 영역으로 구분하여 작업할 수 있습니다.

❺ 문자 패널(Ctrl+T)

입력한 문자를 선택하여 글꼴 크기, 자간, 행간, 굵기, 위 첨자, 아래 첨자 등을 설정할 수 있습니다.

❼ 획 패널(F10)

획에 대한 옵션을 설정 및 변경할 수 있습니다. 두께와 끝모양, 화살표 모양 등을 지정할 수 있고 두께에 따른 정렬 방식도 변경할 수 있습니다.

❾ CC Libraries 패널

어도비 CC에서 제공하는 색상, 스타일, 개체 등을 업데이트하거나 직접 추가, 편집할 수 있습니다.

❻ 링크 패널(Ctrl+Shift+D)

문서에 연결된 개체의 정보를 확인할 수 있습니다. 또한 연결된 개체를 관련 프로그램에서 수정 및 편집할 수 있습니다.

❽ 단락 패널(Ctrl+Alt+T)

단락 정렬, 문단 간격, 들여쓰기, 단락 시작 높이, 문자 높이 등을 설정할 수 있습니다.

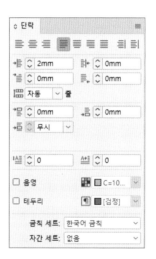

❿ 변형 패널

개체의 크기, 비율, 기울기 등을 조절할 수 있습니다. 개체를 선택한 다음 컨트롤 패널에서도 조절할 수 있습니다.

⑪ 정렬 패널(Shift + F7)

개체를 정렬할 때 사용합니다. 자동 정렬하거나 직접 수치를 입력해 특정 간격으로 정렬할 수 있습니다.

⑫ 패스파인더 패널

겹친 개체를 합치거나 빼서 변형하거나 패스 또는 기준점 형태를 변경할 때 사용할 수 있습니다.

⑬ 속성 패널

문서 또는 선택 항목에 관한 변형, 모양, 정렬, 스타일 등 세부 정보를 표시하여 직접 설정할 수 있습니다.

⑭ 오버레이 패널

하이퍼링크, 오디오 및 비디오 오버레이 등의 대화형 개체를 만들고 편집할 수 있습니다.

⑮ 정보 패널(F8)

작업 영역, 커서 위치나 선택한 개체의 위치, 크기, 색상 값을 정밀하게 확인할 수 있습니다.

⑯ 효과 패널(Ctrl + Shift + F10)

그림자, 내부 광선, 페더, 불투명도 등의 효과 및 세부 옵션을 설정할 수 있습니다.

TIP

'패널 확장/축소' 아이콘을 클릭하면 패널 크기가 최소 탭 크기를 기준으로 확장 또는 축소됩니다. 'ⅹ' 아이콘을 클릭하면 패널이 작업 화면에서 사라집니다.

TIP

여러 패널이 표시되어 작업 화면이 복잡해졌다면 기본 설정으로 되돌릴 수 있습니다. 작업 화면 왼쪽 상단의 '홈' 아이콘을 클릭하거나 메뉴에서 〔창〕 → **작업 영역** → **기본 요소 재설정**을 실행하면 기본 작업 화면으로 되돌아갑니다.

⑰ 텍스트 감싸기 패널

텍스트 주변 여백이나 다른 개체와의 배치를 설정할 수 있습니다.

⑱ 글리프 패널(Alt + Shift + F11)

원 문자나 약물 기호, 특수문자 등을 입력할 때 사용할 수 있습니다.

⑲ 명명된 격자 패널

상황별로 만들어 둔 레이아웃 격자를 불러오거나 적용할 수 있습니다.

⑳ 색인 패널(Shift + F8)

상호 참조 목록과 항목 엔트리를 작성할 수 있습니다.

㉑ 표 패널(Shift + F9)

표의 행과 열을 추가하거나 세부적으로 설정할 수 있습니다.

㉒ 개체 스타일 패널(Ctrl + F7)

개체 스타일을 추가하거나 관리할 수 있습니다.

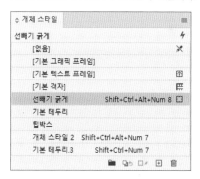

㉓ 단락 스타일 패널(F11)

단락에 적용할 스타일 목록을 만들고 관리할 수 있습니다.

㉔ 문자 스타일 패널(Shift + F11)

문자에 적용할 스타일 목록을 만들고 관리할 수 있습니다.

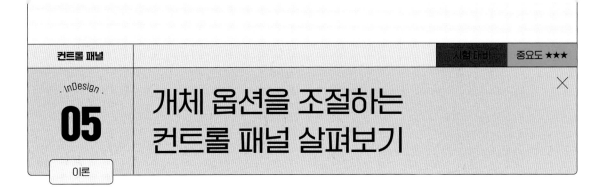

시험 대비 | 중요도 ★★★

· InDesign ·
05

이론

개체 옵션을 조절하는
컨트롤 패널 살펴보기

컨트롤 패널은 선택한 개체에 따라 표시되는 기능이 달라지며, 도구나 패널을 이용하지 않고 바로 옵션을 설정할 수 있어 매우 편리합니다.

❶ 개체 컨트롤 패널 살펴보기 ● ● ●

프레임이나 개체를 선택했을 때 표시됩니다.

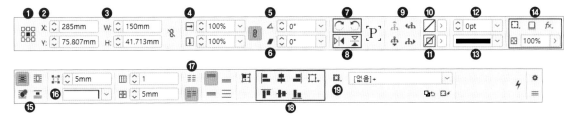

❶ **참조점** : 값이 적용되는 기준점을 지정합니다.

❷ **X/Y 위치** : 눈금자의 원점을 기준으로 선택한 개체의 X, Y 좌표로 위치를 설정합니다.

❸ **W/H** : 폭과 높이를 설정합니다.

❹ **X/Y 비율** : 가로와 세로 비율을 % 단위로 설정합니다.

❺ **회전 각도** : 회전 각도를 설정합니다.

❻ **기울이기×각도** : 기울이기 각도를 설정합니다.

❼ **90° 회전** : 시계 방향 또는 시계 반대 방향으로 90° 회전합니다.

❽ **뒤집기** : 가로 또는 세로로 뒤집습니다. 또한 현재 개체의 뒤집어진 상태를 알려줍니다.

❾ **개체 선택** : 컨테이너 또는 내용, 이전 개체 또는 다음 개체를 선택합니다.

❿ **칠** : 개체의 칠 색상을 지정합니다.

⓫ **획** : 개체의 선 색상을 지정합니다.

⓬ **선 두께** : 선 두께를 설정합니다.

⓭ **선 스타일** : 실선, 점선과 같은 선 모양을 설정합니다.

⓮ **개체에 효과 적용, 그림자, 선택한 대상에 개체 효과 추가, 불투명도** : 그림자, 불투명도와 같은 효과를 바로 적용할 수 있습니다.

⓯ **텍스트 감싸기** : 텍스트 감싸기의 형태를 지정합니다.

⓰ **모퉁이 옵션** : 개체의 모퉁이 모양을 지정합니다. [Alt] (맥 : [Option])를 누른 채 클릭하면 [모퉁이 옵션] 대화상자가 표시됩니다.

⓱ **맞춤** : 프레임과 삽입된 이미지 등을 어떤 방식으로 맞출지 결정할 수 있습니다.

⓲ **정렬** : 다수의 개체를 손쉽게 정렬할 수 있습니다.

⓳ **프레임 속성** : '[없음]'으로 지정하여 프레임 속성을 없애거나 그래픽, 텍스트 또는 격자 속성으로 변경할 수 있습니다. 아이콘을 클릭하여 속성을 없애거나 '재정의 지우기' 아이콘(▣)을 클릭하여 재정의를 빠르게 지웁니다.

❷ 문자 컨트롤 패널 살펴보기 • • •

문자 도구(T.)를 선택한 상태에서 '문자 서식 컨트롤' 아이콘(字)이 활성화되어 있을 때 표시됩니다.

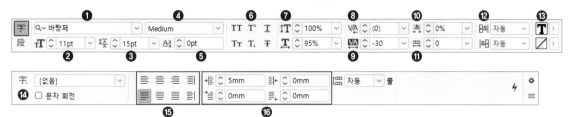

❶ **글꼴** : 글꼴을 지정합니다.

❷ **글꼴 크기** : 글꼴 크기를 설정합니다.

❸ **행간** : 글줄 사이 간격을 설정합니다.

❹ **글꼴 스타일** : 글꼴 스타일이 있는 글꼴의 경우 스타일을 지정합니다.

❺ **기준선 이동** : 선택한 문자를 위, 아래로 이동합니다.

❻ **문자 변경** : 모두 대문자, 작은 대문자, 위 첨자, 아래 첨자, 밑줄, 취소선을 적용합니다.

❼ **세로/가로 비율** : 문자의 세로와 가로 비율을 % 단위로 설정합니다.

❽ **커닝** : 선택된 특정한 글자 사이 간격을 조정합니다.

❾ **자간** : 글자 사이 간격을 일괄적으로 조정합니다. 수치가 클수록 글자 사이 간격이 넓어집니다.

❿ **비율 간격** : CJK 컴포지션 옵션으로 문자에 비율 간격을 적용하면 문자 주변 간격이 비율에 맞게 압축됩니다. 그러나 문자의 세로 비율과 가로 비율은 변경되지 않고 그대로 유지됩니다.

⓫ **셀에 정렬** : CJK 컴포지션 옵션으로 셀을 정렬하여 지정한 격자 문자에 대해 텍스트를 균등 배치할 수 있습니다.

⓬ **문자 앞/뒤 자간** : CJK 컴포지션 옵션으로 문자 앞 또는 뒤에 추가할 간격을 선택합니다.

⓭ **문자의 획/칠** : 획 또는 문자에 색상을 적용합니다.

⓮ **문자 스타일** : 문자 스타일을 선택하거나 문자 회전을 활성화할 수 있습니다.

⓯ **문단 정렬** : 왼쪽 맞춤, 오른쪽 맞춤 등과 같은 문단 정렬을 지정합니다.

⓰ **들여쓰기 옵션** : 들여쓰기, 내어쓰기 등의 수치를 설정합니다.

❸ 단락 컨트롤 패널 살펴보기 • • •

문자 도구(T.)를 선택한 상태에서 '단락 서식 컨트롤' 아이콘(段)이 활성화되어 있을 때 표시됩니다.

❶ **문단 정렬** : 왼쪽 정렬, 오른쪽 정렬 등과 같은 문단 정렬을 지정합니다.

❷ **들여쓰기 옵션** : 들여쓰기, 내어쓰기 등의 수치를 설정합니다.

❸ **줄에 정렬** : 줄 간격을 자동 또는 수치로 설정합니다.

❹ **이전/이후 공백** : 선택한 단락의 앞/뒤 단락 사이 공백을 설정합니다.

❺ **단락 시작표시문자 높이(줄 수)** : 선택한 단락의 첫 번째 문자 높이를 설정합니다.

⑥ 단락 시작표시문자 수 : 선택한 단락 중에 문자 높이(줄 수)를 적용할 문자 수를 설정합니다.

⑦ 글머리 기호/번호 매기기 목록 : 선택된 문자의 단락 앞에 기호/번호를 매깁니다.

⑧ 금칙 세트 : 줄의 처음 또는 끝에 배치할 수 없는 문자를 금칙 문자라고 합니다. 미리 설정된 한국어 금칙 세트를 사용하거나 새로운 금칙을 만들어 적용할 수 있습니다.

⑨ 자간 세트 : 글자나 기호와 글자 간격을 미리 설정한 세트로 지정할 수 있습니다.

⑩ 음영/테두리 : 음영과 테두리를 지정하고 색상을 적용합니다.

⑪ 단락 스타일 : 단락 스타일이나 스토리 방향을 선택할 수 있습니다.

⑫ 열 수/열 확장/간격/가로 커서 위치 : 단의 개수와 단 간격 등을 바로 수정할 수 있습니다.

---

❹ 표 컨트롤 패널 살펴보기　• • •

문자 도구(Ｔ)를 선택한 상태에서 텍스트 프레임에 삽입된 표를 선택했을 때 표시됩니다.

❶ 표 문자 정렬 : 선택된 셀의 문자를 셀 높이에서 위쪽 정렬, 가운데 정렬, 아래쪽 정렬, 세로로 균등 배치를 지정합니다.

❷ 쓰기 방향 : 셀 안에서 입력된 문자 쓰기 방향을 가로 또는 세로로 지정합니다.

❸ 행/열 수 : 선택된 표의 행/열 수를 설정합니다.

❹ 셀 병합/해제 : 셀을 병합하거나 해제합니다.

❺ 획과 칠 : 표나 선의 색상을 지정합니다.

❻ 선 두께 : 선 두께를 설정합니다.

❼ 선 스타일 : 실선, 점선과 같은 선 모양을 지정합니다.

❽ 표의 선 선택 : 표에서 조절하려는 선을 선택할 수 있습니다.

❾ 셀/표 스타일 : 새 셀/표 스타일을 만들거나 셀/표 스타일을 지정할 수 있습니다.

❿ 행 높이 : 셀 높이를 설정합니다.

⓫ 열 폭 : 셀 폭을 설정합니다.

⓬ 셀 속성 : 셀의 내부 여백을 설정합니다.

---

❺ 페이지 컨트롤 패널 살펴보기　• • •

페이지 도구(🖹)를 선택했을 때 표시됩니다.

❶ 페이지 크기 : 페이지를 정해진 판형 크기로 변경하거나 X/Y 위치, 폭과 높이를 설정합니다.

❷ 페이지 방향 : 가로 또는 세로로 페이지 방향을 지정합니다.

❸ 유동적 페이지 규칙 : 페이지 크기를 조절할 때 페이지 내부 개체들의 레이아웃 규칙을 설정할 수 있습니다.

❹ 페이지와 함께 개체 이동 : 페이지의 Y 위치를 변경할 때 그 안의 개체들도 함께 이동할 것인지 선택합니다.

❺ 마스터 페이지 오버레이 표시 : 페이지 크기를 조절할 때 해당 마스터 페이지 크기를 보려면 선택합니다.

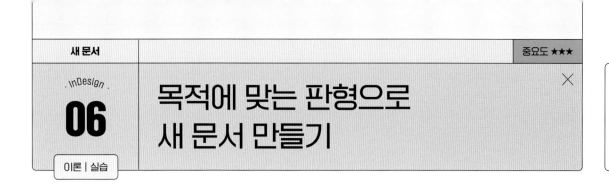

. InDesign .

06

이론 | 실습

목적에 맞는 판형으로 새 문서 만들기

❶ 새로 만들기   • • •

인디자인에서 편집 디자인 작업을 하려면 먼저 새 문서를 만들거나 저장된 문서를 열어야 합니다. 인디자인을 실행한 다음 시작 화면에서 화면 왼쪽 상단의 〈새 파일〉 버튼을 클릭하거나 메뉴에서 [파일] → 새로 만들기 → 문서를 실행합니다. 또는 [Ctrl](맥 : [Option])+[N]을 누르면 [새로운 문서 만들기] 대화상자가 표시되어 새 문서를 설정할 수 있습니다.

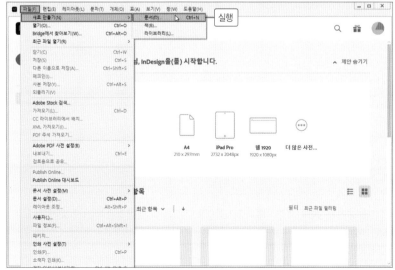

TIP ⬅

인디자인 버전에 따라 〈새 파일〉 버튼이 〈새로 만들기〉 버튼으로 표시되기도 합니다.

❷ 문서 설정하기 ⋯

시작 화면에서 〈새 파일〉 버튼을 클릭하거나 메뉴에서 [파일] → 새로 만들기 → 문서를 실행하면 [새로운 문서 만들기] 대화상자가 표시됩니다. 여기에서 새 문서를 설정할 수 있는 항목들을 살펴봅니다.

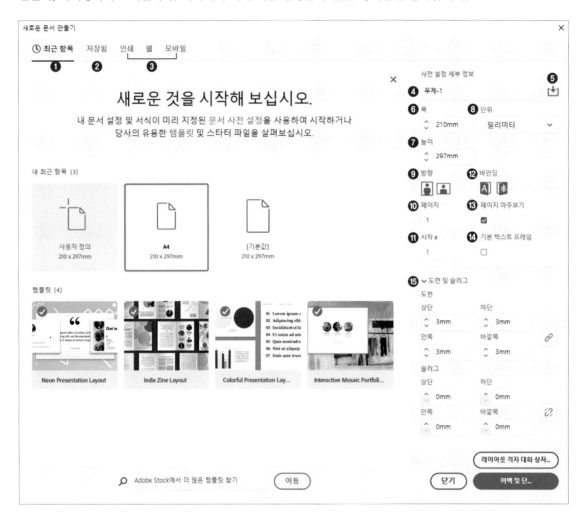

❶ **최근 항목** : 다운로드한 템플릿을 포함하여 최근 사용한 문서 설정대로 새 문서를 만들 수 있습니다.

❷ **저장됨** : 다운로드한 템플릿을 포함하여 저장된 설정으로 새 문서를 만들 수 있습니다.

❸ **인쇄/웹/모바일** : 매체에 따라 기본 설정이 변경되며 알맞은 템플릿이 나타납니다.

❹ **문서 이름** : 문서의 이름을 입력하여 지정합니다.

❺ **문서 사전 설정 저장** : 나중에 사용할 수 있도록 아이콘을 클릭하여 바로 문서 설정을 저장할 수 있습니다.

❻ **폭** : 문서의 가로 크기를 설정합니다. 여기서 문서 크기는 재단 후에 나타나는 최종 크기를 말합니다.

❼ **높이** : 문서의 세로 크기를 설정합니다.

❽ **단위** : 여러 단위 중에서 지정할 수 있습니다. 인쇄용 작업에는 밀리미터(mm), 웹 작업에는 픽셀(px)로 지정합니다.

❾ **방향** : 문서 방향을 가로 또는 세로로 지정합니다. 설정한 문서 크기에 따라 자동으로 지정됩니다. 높이 값을 더 크게 설정하면 세로로 지정됩니다. 폭 값을 더 크게 설정하면 가로로 지정됩니다. 선택되지 않은 아이콘을 클릭하면 높이와 폭이 자동으로 전환됩니다.

❿ **페이지** : 새 문서에서 만들 페이지 수를 설정합니다.

⓫ **시작 #** : 시작 페이지 번호를 설정합니다. '페이지 마주보기'에 체크 표시한 다음 시작 페이지 번호를 짝수로 설정하면 첫 페이지는 두 페이지로 마주보기 설정된 스프레드가 됩니다.

⓬ **바인딩** : 문서의 묶음 방향을 지정합니다. 기본 설정은 '왼쪽에서 오른쪽(🅰)'입니다. 만약 '오른쪽에서 왼쪽(🅱)'으로 지정하면 페이지 패널의 페이지 번호가 오른쪽에서 왼쪽으로 추가됩니다.

⓭ **페이지 마주보기** : 체크 표시하면 책 형태의 양쪽 문서로 설정됩니다. 포스터처럼 한 페이지만 작업하려면 '페이지 마주보기'의 체크 표시를 해제합니다. 문서를 만든 후 페이지 패널을 이용하여 3페이지 이상의 스프레드를 만들 수 있습니다.

⓮ **기본 텍스트 프레임** : 마스터 페이지에서 기본 텍스트 프레임을 추가하려면 체크 표시합니다. 새 마스터 페이지를 적용하려면 기본 텍스트 프레임은 자동으로 새 마스터 페이지의 기본 텍스트 프레임으로 이어집니다.

⓯ **여백** : 팝업 아이콘(☑)을 클릭하여 항목을 나타냅니다.

도련은 인쇄 시 재단할 때 생기는 오차를 막기 위한 여유 작업 안내선으로 보통 3~5mm 정도 설정하기를 권장합니다. 인디자인의 기본 설정에서는 빨간색 안내선이며 3mm로 설정되어 있습니다.

슬러그는 재단 시 잘리는 영역입니다. 도련 또는 슬러그 영역을 모든 면에서 균일하게 확장하려면 '모든 설정 동일하게 만들기' 아이콘(🔗)을 클릭합니다.

TIP ◁

스프레드는 책이나 잡지를 펼치면 표시되는 양쪽처럼 함께 표시되는 페이지 세트입니다. 설정을 기본 값으로 두거나 원하는 대로 설정한 다음 〈여백 및 단〉 버튼을 클릭합니다.

❸ 여백 및 단 설정하기 • • •

[새로운 문서 만들기] 대화상자에서 〈여백 및 단〉 버튼을 클릭하면 설정한 문서가 나타나며 문서 내부의 여백 및 단을 설정할 수 있는 [새 여백 및 단] 대화상자가 표시됩니다. 여백 및 단을 설정하고 〈확인〉 버튼을 클릭하면 새 문서가 만들어집니다.

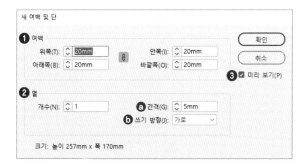

❶ **여백** : 문서 외곽에 중요한 요소를 배치하면 재단할 때 잘리거나 사용자 눈에 띄지 않을 수 있으므로 상황에 따라 조정합니다. 인디자인에서는 상하좌우 여백이 기본 20mm로 설정되어 있습니다. '모든 설정 동일하게 만들기' 아이콘(🔗)을 클릭하여 활성화하면 사방 여백이 같게 지정됩니다.

❷ **열** : 1열, 2열, 3열 등 레이아웃에 따라 설정합니다.

ⓐ **간격** : 열 사이 간격을 설정합니다.

ⓑ **쓰기 방향** : 문자의 쓰기 방향을 가로나 세로로 지정합니다.

❸ **미리 보기** : 체크 표시한 다음 여백이나 열, 간격 등을 설정하면 화면에서 변경된 상태를 바로 확인할 수 있습니다.

❹ 인쇄 / 웹과 모바일 문서 만들기　　　　　• • •

인디자인에서는 인쇄를 위한 모든 편집 디자인 유형뿐 아니라 웹에서 사용하는 다양한 디지털 프로젝트를 디자인할 수 있습니다. 인쇄물에는 편지지, 각종 서적, 브로슈어, 연간 보고서, 포스터 등이 포함되며, 웹과 모바일에는 디지털 잡지, 아이패드 앱, 대화형 PDF나 문서, e-Book 등이 포함됩니다.

인쇄 문서 만들기

[새로운 문서 만들기] 대화상자에서 〔인쇄〕 탭을 선택하면 A4, A3와 같은 국제 규격 용지와 엽서, 브로슈어와 같은 템플릿을 제공합니다. 기본 단위는 밀리미터(mm)로 지정하며 문서를 만들고 문서 의도를 손쉽게 변경할 수 있습니다.

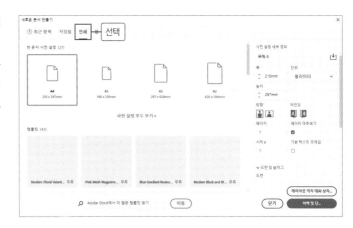

웹과 모바일 문서 만들기

웹용 PDF 또는 SWF로 출력할 문서를 만드는 경우 [새로운 문서 만들기] 대화상자에서 〔웹〕 또는 〔모바일〕 탭을 선택하면 세부 정보에서 '페이지 마주보기'의 체크 표시가 해제되고 방향이 세로에서 가로로 변경되며, 모니터 해상도에 따른 페이지 크기 사용 설정이 변경됩니다. 해당 설정은 각 모니터 화면에 맞는 프레젠테이션 문서나 e-Book 출판을 위한 대화형 문서를 만드는 앱용 문서 사전 설정을 바로 활용할 수 있습니다. 프레젠테이션, 포트폴리오 템플릿이나 디지털 매거진과 같은 템플릿을 선택할 수 있고 기본 단위는 픽셀(px)로 지정합니다.

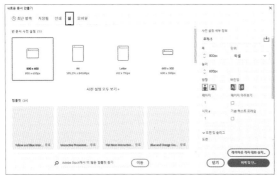 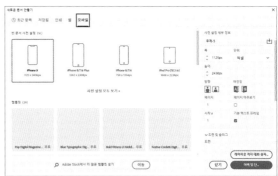

01 [새 문서] 대화상자를 이용해 새로운 문서를 만들 수 있습니다. A4 크기의 인쇄용 문서를 만들어 보겠습니다.

인디자인을 실행하고 시작 화면에서 〈새 파일〉 버튼을 클릭합니다. 또는 메뉴에서 (파일) → 새로 만들기 → 문서((Ctrl)+(N))를 실행합니다.

02 [새로운 문서 만들기] 대화상자가 표시되면 ❶ 상단에서 (인쇄) 탭을 선택한 다음 ❷ 'A4'를 선택합니다. ❸ 도련의 상하단, 안쪽, 바깥쪽이 각각 '3mm'인 것을 확인하고 ❹ 〈여백 및 단〉 버튼을 클릭합니다.

TIP

[새로운 문서 만들기] 대화상자는 인디자인 한글 버전과 영문 버전의 구성이 약간 다릅니다. 영문 버전은 여백(Margins) 및 단(Columns)이 표시되고 도련 및 슬러그(Bleed and Slug) 옵션이 보이지 않는 상태가 [New Document] 대화상자의 초기 상태입니다.

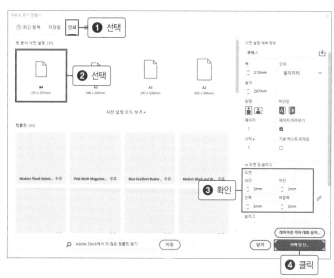

03 [새 여백 및 단] 대화상자가 표시되면 여백 항목을 확인하고 〈확인〉 버튼을 클릭합니다.

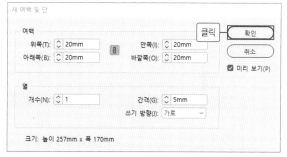

04 A4 크기의 인쇄용 문서가 만들어셨습니다. 문서를 닫으려면 제목 표시줄 오른쪽 '닫기' 아이콘(×)을 클릭합니다. 또는 메뉴에서 (파일) → 종료((Ctrl)+(Q))를 실행합니다.

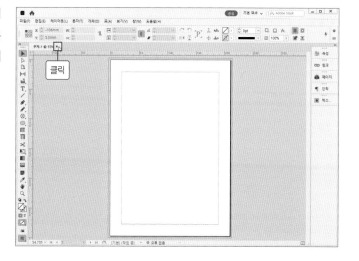

InDesign

07

실습

빠르고 편리하게 디자인하는 템플릿 사용하기

(01) 시작 화면에서 왼쪽의 〈새 파일〉 버튼을 클릭하거나 메뉴에서 (파일) → 새로 만들기 → 문서((Ctrl)+(N))를 실행합니다.
[새로운 문서 만들기] 대화상자가 표시되면 ❶ (모바일) 탭을 선택합니다. ❷ 템플릿 항목에서 'Pop Digital Magazine Layout'을 선택하고 ❸ 문서 크기, 포함된 요소들에 관한 세부 사항을 확인한 다음 〈다운로드〉 버튼을 클릭합니다.

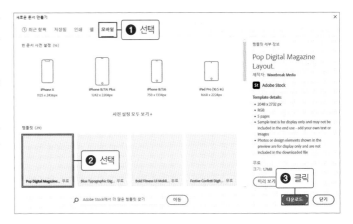

(02) 자동으로 Adobe Stock 템플릿 라이선스가 다운로드됩니다. 다운로드가 완료되면 〈열기〉 버튼을 클릭합니다.

템플릿은 지속해서 업데이트되며, 어도비 정책에 따라 변경 또는 추가될 수 있습니다.

TIP ✍

기본적인 디자인 틀이나 그리드가 만들어진 경우 또는 팀원이 분할해서 반복 작업을 할 경우 템플릿을 사용하면 쉽고 빠르게 전체적인 흐름을 이어 가는 페이지 디자인을 할 수 있습니다.

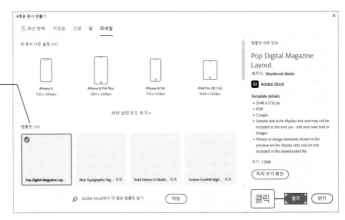

(03) 선택한 템플릿이 새 문서로 열립니다. 원하는 부분을 수정하여 작업을 진행할 수 있습니다.

TIP ✍

템플릿 문서가 열리면서 누락된 글꼴이 있으면 [누락된 글꼴] 대화상자에 표시됩니다. 누락된 글꼴을 그대로 동기화하기 위해서는 〈활성화〉 버튼을 클릭합니다. 글꼴 자동 활성화를 마치고 [글꼴 자동 활성화] 대화상자가 표시되면 〈건너뛰기〉 또는 〈자동 활성화 사용〉 버튼을 클릭하여 지정합니다.

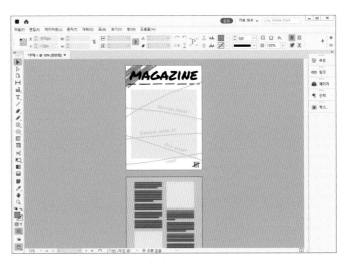

책		중요도 ★★★

InDesign
08
문서를 하나의 책으로 묶기

실습

• 예제파일 : 02\SNS1.indd, SNS2.indd　　• 완성파일 : 02\책1.indb　　　　　　　　　　　　　•••

---

01 메뉴에서 (파일) → 새로 만들기 → 책을 실행합니다.

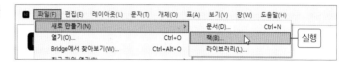

02 [새 책] 대화상자가 표시되면 ❶ 저장 위치를 지정하고 ❷ 파일 이름을 입력한 다음 ❸ 〈저장〉 버튼을 클릭합니다.

Why?

장별로 문서를 나눠 작업하다 보면 페이지 번호가 변경되거나 스타일이 추가되었을 때 책 파일을 이용하여 여러 개의 문서를 엮어 마치 하나의 문서처럼 관리할 수 있습니다.

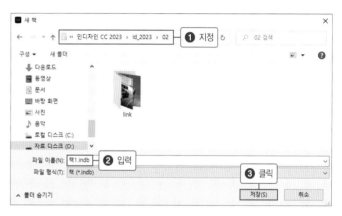

03 책 패널이 표시되면 ❶ '문서 추가' 아이콘(+)을 클릭합니다. [문서 추가] 대화상자가 표시되면 ❷ 02 폴더를 지정한 다음 ❸ 'SNS1.indd', 'SNS2.indd' 파일을 선택하고 ❹ 〈열기〉 버튼을 클릭합니다.

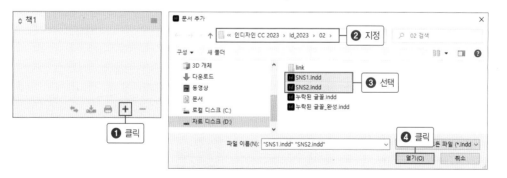

04 책 패널에서 ❶ 불러온 파일을 모두 선택하고 ❷ '책 저장' 아이콘(📥)을 클릭해 저장합니다.

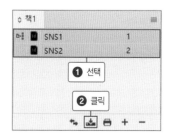

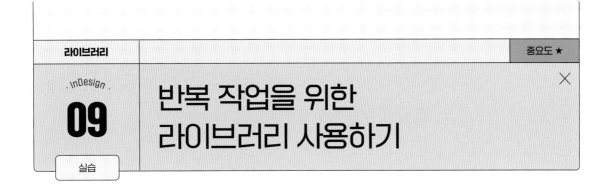
• **예제파일** : 02\라이브러리.indd   • **완성파일** : 02\라이브러리.indl   • • •

01 메뉴에서 (파일) → 열기((Ctrl)+(O))를 실행한 다음 02 폴더에서 '라이브러리.indd' 파일을 불러옵니다.
메뉴에서 (파일) → 새로 만들기 → 라이브러리를 실행합니다.

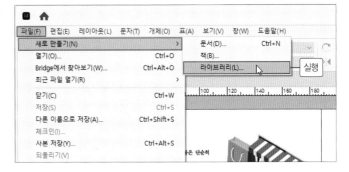

02 [새 라이브러리] 대화상자가 표시되면 ❶ 저장 위치를 지정하고 ❷ 파일 이름을 입력한 다음 ❸ 〈저장〉 버튼을 클릭합니다.

Why?👈

라이브러리는 문서를 편집할 때 반복 사용되는 개체나 텍스트를 저장한 다음 수시로 가져와 사용하는 기능입니다. 여러 사람이 같은 디자인 콘셉트로 작업하거나 분량이 많은 문서를 편집할 때 라이브러리 패널을 활용하면 작업의 효율성을 높일 수 있습니다.

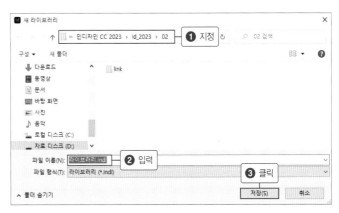

03 라이브러리 패널이 표시됩니다. 원하는 개체를 라이브러리로 드래그하여 바로 등록할 수 있습니다. 문서의 개체들을 라이브러리 패널로 드래그하여 등록하고 파일을 저장합니다.

TIP👈

라이브러리 패널의 '패널 메뉴' 아이콘을 클릭한 다음 메뉴를 실행해서 해당 페이지의 항목을 한꺼번에 추가하거나 개별 개체로도 추가할 수 있습니다.
등록된 개체를 더블클릭해서 이름이나 유형 등을 지정할 수도 있습니다.

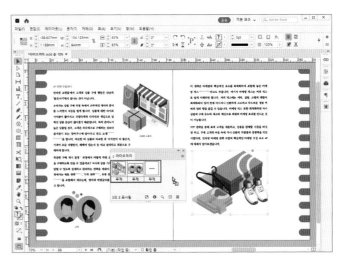

. InDesign .

10

문서를 열고
누락된 글꼴 링크 연결하기

이론 | 실습

---

❶ 링크 패널 이해하기   •••

메뉴에서 [창] → 링크를 실행하거나 Ctrl+Shift+D를 눌러 링크 패널을 표시합니다. 문서에 가져온 모든 파일은 링크 패널에 표시됩니다. 웹 브라우저나 포토샵, 일러스트레이터에서 복사하여 붙여 넣은 파일은 링크 패널에 표시되지 않습니다.

❶ **이름** : 클릭하면 링크 정보가 나타납니다.

❷ **상태** : 각 이미지의 링크 상태에 대해 최신, 누락, 수정으로 표시됩니다.

  ⓐ **최신** : 상태 열이 비어 있으면 최신 상태를 나타냅니다.

  ⓑ **이미지 누락** : 해당 그래픽을 문서로 가져오는 경우 해당 위치에 이미지가 없을 때 나타납니다. 폴더를 이동하거나 파일 이름을 수정해도 누락된 것으로 표시됩니다. 이 아이콘이 표시되어 있을 때 문서를 인쇄하거나 내보내면 파일이 최저 해상도로 인쇄되거나 내보내기가 되지 않을 수 있습니다.

  ⓒ **이미지 수정** : 원본 그래픽이 수정되었음을 알립니다.

❸ **페이지** : 클릭하면 삽입된 페이지 순으로 정렬된 목록이 반전됩니다.

❹ **접기** : 같은 그래픽이 문서에 여러 번 삽입된 경우 클릭하여 확장하면 해당 정보가 제공됩니다.

❺ **삽입 페이지** : 해당 이미지가 삽입된 페이지를 알려줍니다. 클릭하면 해당 페이지로 이동합니다.

❻ **CC 라이브러리에서 다시 연결** : CC 라이브러리에서 수정된 링크를 다시 연결합니다.

❼ **다시 연결** : 누락되거나 수정된 링크를 다시 연결합니다.

❽ **링크로 이동** : 선택한 이미지가 삽입된 페이지로 이동합니다.

❾ **링크 업데이트** : 수정된 링크를 업데이트합니다. 누락된 링크는 업데이트하지 못합니다.

❿ **원본 편집** : 해당 이미지를 원본 프로그램에서 편집할 수 있습니다.

⓫ **링크 정보 표시/숨기기** : 클릭하면 링크 정보가 닫힙니다.

---

❷ 링크 업데이트하기   •••

수정된 이미지를 선택하고 '링크 업데이트' 아이콘(🔄)을 클릭하거나 링크 패널 메뉴에서 링크 업데이트를 실행합니다.

수정된 링크를 모두 업데이트하려면 링크 '패널 메뉴' 아이콘(☰)을 클릭한 다음 모든 링크 업데이트를 실행하거나 수정된 링크를 선택하고 Alt를 누른 채 '링크 업데이트' 아이콘을 클릭합니다.

문서에 여러 번 삽입한 그래픽에 대해 상위 링크를 선택하면 수정된 그래픽에 대한 모든 링크를 업데이트할 수 있습니다. 링크 하나만 업데이트하려면 하위 링크만 선택하고 '링크 업데이트' 아이콘(⟳)을 클릭합니다. 링크 패널의 '이미지 수정' 아이콘(⚠) 표시가 사라집니다.

폴더를 이동하거나 파일 이름을 수정해도 이미지가 유실된 것으로 표시됩니다. '이미지 누락' 아이콘(⊘)이 표시되었을 때 문서를 인쇄하거나 내보내기를 진행하면 최저 해상도로 인쇄되거나 빈 파일로 인쇄될 수 있습니다.

• **예제파일** : 02\유실 이미지 연결하기.indd, 우정총국.psd　　• **완성파일** : 02\유실 이미지 연결하기_완성.indd　　• • •

---

01 유실된 이미지를 다시 연결하는 방법을 알아봅니다. 메뉴에서 (파일) → 열기 (Ctrl+O)를 실행하거나 〈열기〉 버튼을 클릭합니다.

02 [파일 열기] 대화상자가 표시되면 ❶ 02 폴더를 지정한 다음 ❷ '유실 이미지 연결하기.indd' 파일을 선택하고 ❸ 〈열기〉 버튼을 클릭하여 불러옵니다.

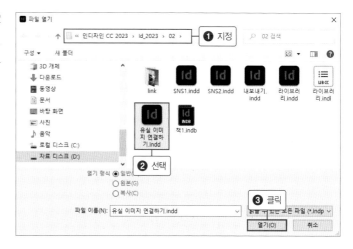

03 Ctrl + Shift + D 를 눌러 링크 패널을 표시합니다. 문서에 가져온 모든 파일이 링크 패널에 표시됩니다. 이미지가 유실되면 링크 패널과 본문 페이지의 이미지 프레임에 '이미지 누락' 아이콘(🔴)이 표시됩니다.

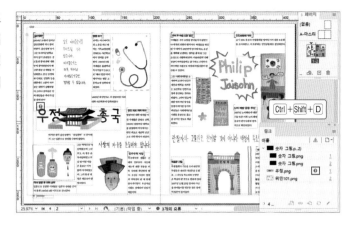

04 링크 패널에서 ❶ '우정.psd'를 선택한 다음 ❷ '다시 연결' 아이콘(🔗)을 클릭합니다.
[찾기] 대화상자가 표시되면 ❸ 02 폴더를 지정하고 ❹ 유실된 이미지인 '우정총국.png' 파일을 선택한 다음 ❺ 〈열기〉 버튼을 클릭합니다.

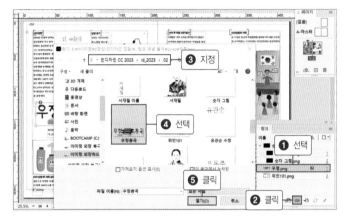

05 유실된 이미지가 복구되면서 이미지 누락 표시가 사라집니다.

TIP 🔶

유실된 이미지는 직접 폴더에서 파일을 드래그하여 삽입해도 이미지가 복구되면서 '이미지 누락' 아이콘(🔴)이 사라집니다.

어도비 브리지로
이미지 미리 보고 검색하기

어도비 브리지는 어도비 프로그램들을 연결하여 파일을 효율적으로 관리합니다. 어도비의 모든 프로그램 파일과 인디자인 파일을 미리 보고 선택하여 불러올 수 있어 편리합니다.

01 어도비 브리지를 이용하여 다양한 형식의 파일을 살펴보기 위해 메뉴에서 (파일) → Bridge에서 찾아보기((Ctrl)+(Alt)+(O))를 실행합니다.

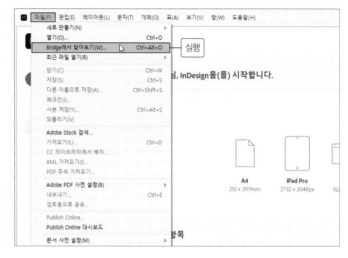

Why? 👈

어도비 브리지가 설치되지 않았다면 **Bridge에서 찾아보기** 명령이 비활성화되며 프로그램이 실행되지 않습니다.

02 어도비 브리지가 실행되고 살펴볼 폴더로 이동한 다음 확인하려는 파일을 선택하면 Preview 항목의 미리 보기 화면에 자세한 정보와 함께 표시됩니다.

작업에 필요한 파일을 더블클릭하면 선택한 파일이 열립니다.

작업에 최적화된 화면 모드 이용하기

인디자인에서는 작업의 효율성을 높이기 위하여 다양한 화면 모드를 제공합니다. 메뉴에서 〔보기〕 → 화면 모드 → 표준을 실행하거나 도구 패널 하단의 '화면 모드' 아이콘(▣)을 클릭하여 화면 보기 형태를 선택합니다. 표준, 미리 보기, 도련, 슬러그, 프레젠테이션과 같은 여러 가지 화면 모드와 그에 따른 옵션을 알아봅니다.

❶ 표준

모든 격자와 안내선이 표시되고, 문서 영역 밖에 있는 인쇄되지 않는 개체도 모두 표시된 상태에서 대지를 바탕으로 창이 표시됩니다. 표준 모드에서는 표시하고자 하는 옵션을 추가로 조정할 수 있습니다. 도구 패널의 보기 옵션에서 프레임 가장자리, 눈금자, 안내선, 기준선 격자, 숨겨진 문자 중 원하는 옵션을 활성화(체크 표시)합니다.

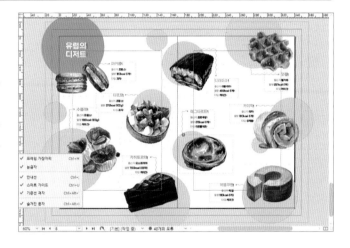

❷ 미리 보기

격자, 안내선, 인쇄되지 않는 개체가 표시되지 않으며 재단선에 맞춰 실제 출력 환경과 같게 표시됩니다. 환경 설정에서 정의한 미리 보기 배경 색상으로 대지가 설정되며, 대지 색상을 변경할 수 없습니다. 보기 옵션에서 눈금자는 모든 모드에서 끄거나 켤 수 있습니다.

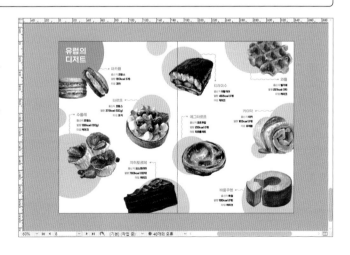

❸ 도련

격자, 안내선, 인쇄되지 않는 개체가 표시되지 않으며, 환경 설정에서 정의한 미리 보기 배경 색상으로 대지가 설정됩니다. 문서 설정에서 정의한 문서의 도련 설정에 맞춰 도련선 안의 모든 인쇄 요소가 표시된 상태에서 출력물과 같은 모양으로 표시됩니다.

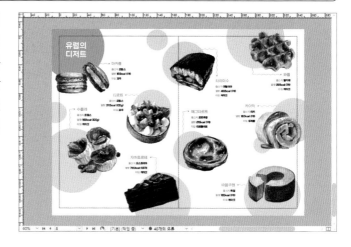

❹ 슬러그

격자, 안내선, 인쇄되지 않는 개체가 표시되지 않으며, 환경 설정에서 정의한 미리 보기 배경 색상으로 대지가 설정됩니다. 문서 설정에서 정의한 문서의 슬러그 영역 안에 있는 모든 인쇄 요소가 표시된 상태에서 출력물과 같은 모양으로 표시됩니다.

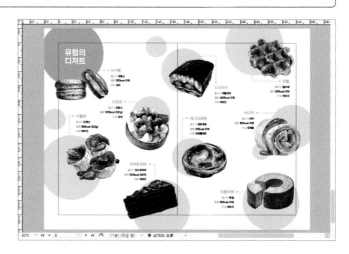

❺ 프레젠테이션

슬라이드쇼 프레젠테이션에서처럼 메뉴, 패널 또는 도구를 표시하지 않고 전체 화면으로 표시합니다. Esc를 눌러 프레젠테이션 모드를 종료합니다.

| 저장 & 파일 형식 | | 시험 대비 | 중요도 ★★★ |

InDesign
13 문서 저장하고 내보내기

이론 | 실습

❶ 기본 저장하기   • • •

❶ 작업 중인 문서를 저장하려면 메뉴에서 (파일) → 저장을 실행하거나 Ctrl + S 를 누릅니다.

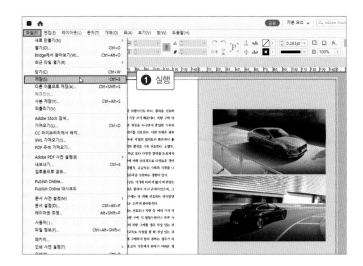

TIP ◁

문서를 저장하면 작업 중인 레이아웃, 소스 파일에 대한 참조, 현재 표시된 페이지 및 확대/축소 비율이 저장됩니다. 작업 내용을 보호하기 위해서는 자주 저장하는 것이 좋습니다.

❷ [다른 이름으로 저장] 대화상자가 표시되면 저장 위치를 지정한 다음 ❸ 파일 이름을 입력하고 ❹ 〈저장〉 버튼을 클릭합니다.

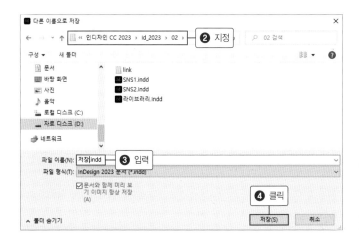

TIP ◁

이때 파일 형식은 'InDesign CC 2023 문서 (*.indd)'로 지정되어 있습니다. 이 형식으로 저장하면 '파일 이름.indd'로 저장됩니다.

❷ 하위 버전으로 저장하기 • • •

최신 버전의 인디자인 파일을 하위 버전으로 저장하면 CS4 이상의 하위 버전에서도 해당 문서를 열 수 있습니다.

메뉴에서 [파일] → 다른 이름으로 저장을 실행한 다음 파일 형식을 'InDesign CS4 이상(IDML) (*.idml)'으로 지정합니다. IDML은 InDesign Markup Language의 약자입니다.

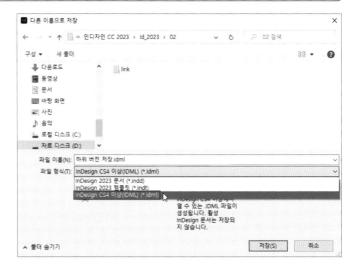

TIP ◁═

버전을 지정하여 저장하는 인디자인의 방식 때문에 최신 버전을 사용하여 작성된 파일은 하위 버전으로 저장된다 하더라도 이전 버전의 인디자인에서 일부 레이아웃이 틀어질 수 있습니다. idml로 강제 저장 하는 경우 indd 원본도 함께 저장하는 것을 추천합니다.

❸ 인디자인 파일 형식 알아보기 • • •

인디자인에서는 인디자인 기본 문서 파일인 INDD와 템플릿 파일인 INDT는 물론 EPS, JPEG 등의 이미지 파일이나 출력, 확인을 위한 PDF 파일로도 저장할 수 있습니다. 또한 웹에서 사용하기 위한 XML 파일, INDL(책), ICML(InCopy), IDML(마크업), IDMS(코드 조각) 파일 등을 내보낼 수도 있습니다.

인디자인은 문서 파일 외에도 라이브러리, 템플릿, 책 파일 등 별도의 확장자로 저장할 수 있습니다. 문서를 다른 컴퓨터로 이동할 때는 연결된 파일도 함께 이동해야 합니다. 주요 인디자인 파일 형식을 알아보겠습니다.

link　SNS1.indd　SNS2.indd　내보내기.indd　내보내기.png　라이브러리.indd　라이브러리.indl　책1.indb　템플릿.indt　~템플릿 ~uz21w9.idlk

❶ **문서 파일(.indd)** : 인디자인의 기본 문서 저장 형식으로, 저장할 때 파일 형식을 'InDesign CC 2023 문서'로 지정합니다. 확장자는 INDD입니다.

❷ **책 파일(.indb)** : 메뉴에서 [파일] → 새로 만들기 → 책을 실행하면 표시되는 책 패널에서 여러 개의 문서로 나눠 작업한 파일을 하나의 문서처럼 관리할 수 있습니다. 확장자는 INDB입니다.

❸ **템플릿 파일(.indt)** : 기본 발행 요소의 레이아웃이 포함된 인디자인 문서를 다른 사람이 사용할 수 있는 템플릿으로 저장할 수 있습니다. [다른 이름으로 저장] 대화상자에서 'InDesign CC 2023 템플릿'으로 저장합니다. 확장자는 INDT입니다.

❹ **임시 파일(.idlk)** : 작업 중에 자동으로 만들어지는 임시 파일입니다. 작업을 마치면 이 파일은 사라지며 확장자는 IDLK입니다.

❺ **스니펫 파일(.idms)** : 오브젝트를 포함하여 링크 경로와 인디자인 문서의 위치 정보, 연결 레이어의 정보가 저장된 파일로, 인디자인 문서에서 작업 중인 오브젝트를 인디자인 밖으로 드래그하면 자동으로 만들어집니다. 확장자는 IDMS입니다.

• 예제파일 : 02\내보내기.indd   • 완성파일 : 02\내보내기.png

---

① 인디자인 파일을 이미지 파일로 내보내겠습니다. 02 폴더에서 '내보내기.indd' 파일을 불러옵니다. 메뉴에서 (파일) → 내보내기를 실행하거나 Ctrl+E를 누릅니다.

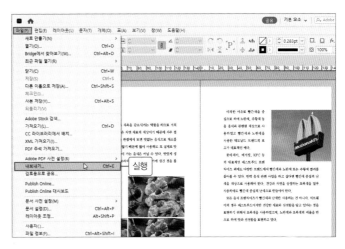

---

② [내보내기] 대화상자가 표시되면 ❶ 저장 위치를 지정합니다. ❷ 파일 이름을 입력한 다음 ❸ 파일 형식을 'PNG (*.png)'로 지정하고 ❹ 〈저장〉 버튼을 클릭합니다.

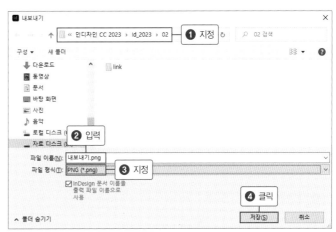

---

③ [PNG 내보내기] 대화상자가 표시되면 ❶ 내보내기 항목에서 '범위'를 선택하고 ❷ 내보낼 문서 범위를 '223'으로 지정합니다. 이미지 및 옵션 항목을 선택하고 ❸ 〈내보내기〉 버튼을 클릭합니다.
저장된 폴더로 이동하여 만들어진 PNG 파일을 확인합니다.

. InDesign .

14 자유롭게 작업 화면 조정하기

이론

❶ 확대/축소 도구로 작업 화면 크기 조절하기 ● ● ●

확대/축소 도구(🔍)를 이용하여 문서를 확대 또는 축소하는 방법을 알아봅니다. 도구 패널에서 확대/축소 도구를 선택한 다음 커서에 확대 도구 아이콘(+)이 표시되면 확대하고자 하는 영역을 클릭 또는 드래그합니다. 기본 기능은 확대이며, Alt 를 누른 채 클릭 또는 드래그하면 축소(−)됩니다.

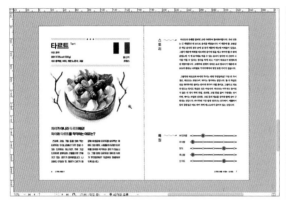

❶ Ctrl + + 나 Ctrl + − 를 눌러 자유롭게 확대 또는 축소할 수 있습니다.

❷ Ctrl + 0 을 눌러 선택 페이지를 화면에 맞춰 표시합니다.

❸ Ctrl + Alt + 0 을 눌러 양쪽 페이지를 화면에 맞춰 표시합니다.

❹ Ctrl + 1 을 눌러 화면을 100% 비율로 표시합니다.

❺ Ctrl + 2 를 눌러 화면을 200% 비율로 표시합니다.

❷ 손 도구로 자유롭게 화면 이동하기 ● ● ●

손 도구(✋)를 이용하여 작업 중 빠르게 화면을 이동할 수 있습니다. 도구 패널에서 손 도구를 선택한 다음 문서를 원하는 방향으로 드래그하여 이동합니다. 또는 작업 중 Spacebar 를 누르면 손 도구가 바로 활성화됩니다.

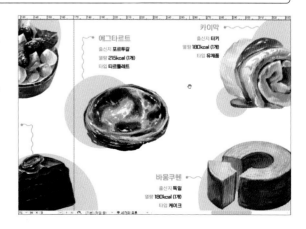

작업 영역		중요도 ★★

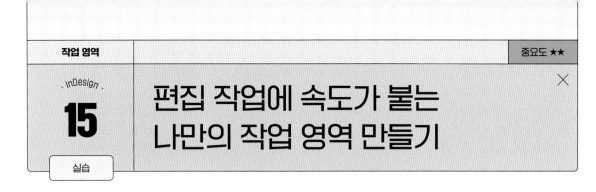

. InDesign .
15
실습

편집 작업에 속도가 붙는
나만의 작업 영역 만들기

작업별로 표시되는 기본 패널을 변경하여 편리하게 작업할 수 있도록 준비합니다. 작업 영역은 인디자인 오른쪽 상단에서 다음과 같이 다양한 패널 그룹 중 원하는 형태를 선택합니다.

01 메뉴에서 (창) → 작업 영역 → [디지털 출판]을 실행합니다.

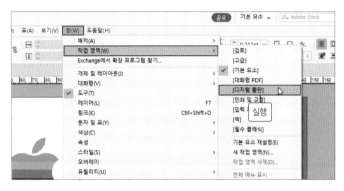

02 디지털 출판에 알맞은 속성/애니메이션/타이밍/미디어 등의 패널들이 표시됩니다. 이번에는 ❶ 오른쪽 상단 〈공유〉 버튼 옆 작업 영역을 클릭한 다음 ❷ 인쇄 및 교정을 실행합니다.

03 인쇄 및 교정 작업에 편리한 페이지/정보/레이어 등의 패널들이 표시됩니다. 이처럼 인디자인에서 제공하는 작업 영역을 지정하여 편리하게 작업할 수 있습니다.

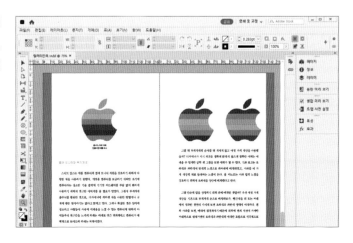

인디자인 기본 화면을 그대로 사용할 수 있지만, 작업에 따라 패널 등을 설정하고 최적화된 작업 영역으로 조정한 다음 저장하여 나만의 작업 영역으로 이용할 수도 있습니다.

01 ❶ 작업에 필요한 패널들을 표시하고 알맞게 배치합니다. ❷ 작업 영역으로 저장하기 위해 메뉴에서 (창) → 작업 영역 → 새 작업 영역을 실행합니다.

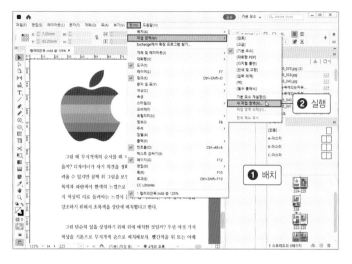

02 [새 작업 영역] 대화상자가 표시되면 이름을 ❶ 입력한 다음 ❷ 〈확인〉 버튼을 클릭합니다.

기본으로 캡처 항목의 '패널 위치'와 '메뉴 사용자 정의'에 체크 표시되어 있습니다.

03 메뉴의 (창) → 작업 영역 또는 오른쪽 상단에 직접 저장한 작업 영역이 만들어 집니다.

TIP
패널의 위치가 달라져도 언제든지 이 명령을 실행하여 저장된 작업 영역을 불러올 수 있습니다.

단축키		중요도 ★

InDesign

16

실습

나만의 단축키 만들기

반복되는 작업에 필요한 단축키가 없을 때 직접 단축키를 만들어 활용하면 효과적입니다.

01 메뉴에서 (편집) → 단축키를 실행합니다.

02 [단축키] 대화상자가 표시되면 ❶ 제품 영역을 재정의할 명령이 포함된 '파일 메뉴'로 지정합니다. ❷ 명령에서 '가져오기'를 선택하고 ❸ 새 단축키 입력창을 클릭한 다음 ❹ Ctrl + W를 누릅니다. ❺ 컨텍스트에서 단축 키를 작동할 '기본값'을 선택합니다. ❻ 〈할당〉 버튼을 클릭하고 ❼ 〈저장〉 버튼을 클릭합니다.

03 〈확인〉 버튼을 클릭하면 할당한 단축키 가 저장됩니다.

TIP

이미 지정된 단축키를 누르면 현재 단축키 항목에 해 당 명령이 표시됩니다. 여기서 원래 단축키를 변경할 것인지, 다른 단축키를 지정할 것인지를 선택할 수 있습니다.

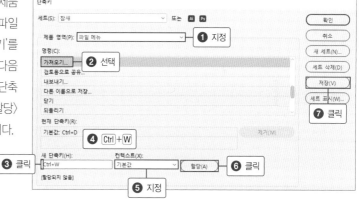

동영상으로 배우는 **인디자인 CC 2023**

모든 소스를 하나의 파일로 정리하는 패키지 저장하기 ● ○ ●

출력용 파일을 모으기 위해 패키지를 실행하면 파일에 사용된 모든 글꼴과 그래픽이 한 폴더에 복사되어 패키지로 저장할 수 있습니다. 패키지를 사용하여 파일이나 문서에서 사용한 모든 링크와 글꼴을 자동으로 모아봅니다.

(**소스 파일**) 02\패키지\패키지로 저장하기.indd

(**완성 파일**) 02\패키지 폴더

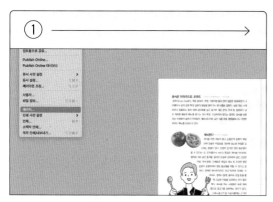

① 메뉴에서 (파일) → 패키지 실행하기

② [패키지] 대화상자 오류 여부 확인하기

③ '문제만 표시'를 체크 표시하여 신속하게 오류만 확인하기

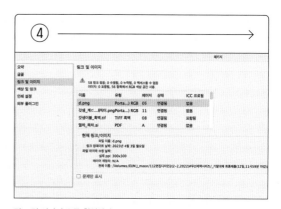

④ 링크 및 이미지 오류 확인하기

⑤ 저장할 항목에 체크 표시하고 패키지 저장하기

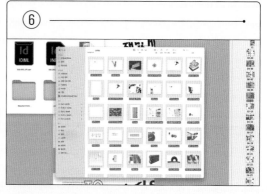

⑥ 지정한 위치에 저장된 하나의 파일에 사용된 모든 소스 확인하기

PART 3.

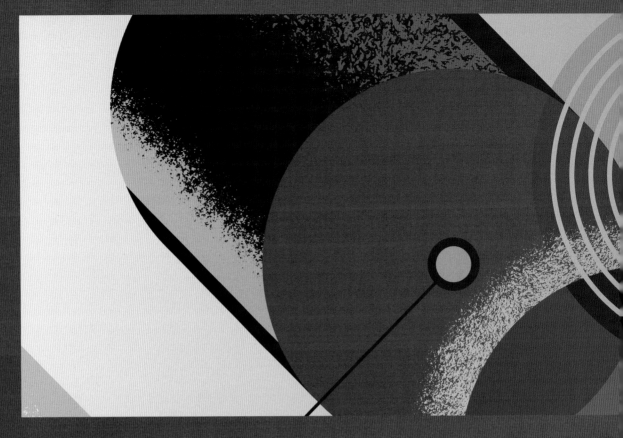

마스터 페이지를 활용하여
페이지 세팅하기

페이지가 많은 도서를 편집하거나 하나의 문서를 여러 사람이 작업하는 경우 페이지마다 같은 디자인이 들어간다고 해도 계속해서 디자인을 반복하거나 통일하기는 어렵습니다. 인디자인은 디자인의 통일성을 줄 수 있도록 많은 페이지를 관리하고 효과적으로 사용할 수 있는 기능들을 제공합니다. 편집 작업을 할 때 페이지를 만들고 관리하는 방법을 알아보겠습니다.

. InDesign .

01 페이지 설정 및 관리하기

이론

❶ 페이지 패널 살펴보기　　　　　　　　　　•••

페이지 패널을 이용하면 페이지 삽입, 삭제, 이동 및 수정, 마스터 페이지 만들기 등을 할 수 있으며, 페이지 번호와 스프레드 보기 회전 등의 기능을 적용할 수 있습니다. 많은 페이지를 다룰 수 있는 페이지 패널의 사용과 관리에 대해 알아보겠습니다. 페이지 패널은 메뉴에서 〔창〕 → 페이지(F12)를 실행하여 표시할 수 있습니다.

TIP ◁
마스터 영역에서 여러 개의 마스터 페이지가 모두 보이지 않는 경우 마스터 영역과 페이지 영역의 회색 경계선을 클릭하면 위아래로 이동할 수 있습니다.

❶ **패널 메뉴 아이콘** : 페이지 삽입, 페이지 이동, 새 마스터 페이지 등 페이지와 관련된 기능을 실행하는 메뉴를 표시할 수 있습니다.

❷ **마스터 페이지 영역** : 마스터 페이지를 표시하는 영역으로, 하단의 페이지 영역으로 드래그해서 마스터 페이지 디자인을 적용할 수 있습니다. '[없음]'을 적용하면 해당 페이지에서 마스터 페이지 적용을 해제합니다.

❸ **페이지 영역** : 실제로 인쇄물이나 결과물을 만들기 위해 페이지를 구성하는 영역입니다. 페이지를 드래그하여 자유롭게 배치할 수 있습니다.

❹ **페이지 알파벳** : 마스터 페이지가 적용되었다는 표시입니다. 'A'라고 표시된 페이지는 'A-마스터 디자인'을 적용한 페이지이며, 'B'라고 표시된 페이지는 'B-마스터 디자인'을 적용한 페이지입니다.

❺ **페이지 번호** : 문서에 설정된 페이지 번호를 표시합니다.

❻ **전체 페이지 정보** : 전체 문서에서 펼침면 페이지 개수와 단면 페이지 개수가 표시됩니다.

❼ **페이지 크기 편집** : 선택한 페이지 크기를 편집할 수 있습니다. 미리 설정된 다양한 크기를 선택할 수 있으며, '사용자 정의'를 선택하여 원하는 크기를 설정할 수 있습니다.

❽ **새 페이지 만들기** : 새로운 페이지를 만드는 아이콘으로 클릭할 때마다 새로운 페이지가 만들어집니다.

❾ **선택한 페이지 삭제** : 선택한 페이지를 삭제합니다.

❷ 페이지 패널의 [패널 옵션] 대화상자 살펴보기　　　•••

페이지 패널 오른쪽 상단의 '패널 메뉴' 아이콘(▤)을 클릭한 다음 패널 옵션을 실행하면 [패널 옵션] 대화상자가 표시됩니다.

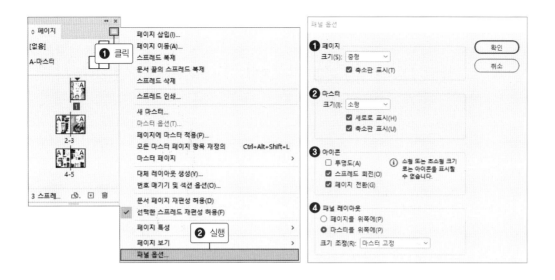

❶ **페이지** : 페이지 패널에서 페이지 아이콘의 섬네일 크기를 지정합니다. '축소판 표시'에 체크 표시하면 각 페이지 디자인을 미리 볼 수 있으며, 체크 표시를 해제하면 페이지가 흰색으로 표시되어 디자인을 미리 볼 수 없습니다.

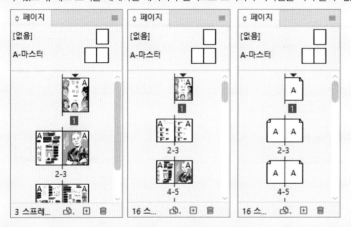

❷ **마스터** : 마스터 페이지 영역의 섬네일 크기와 축소판을 지정합니다. '세로로 표시'의 체크 표시를 해제하면 페이지가 가로로 표시됩니다.

❸ **아이콘** : 페이지에 투명도나 스프레드 회전, 페이지 전환이 사용되면 적용한 페이지에 아이콘이 표시됩니다.

❹ **패널 레이아웃** : 페이지 영역과 마스터 페이지 영역의 위치를 지정합니다. 크기 조정에서는 페이지 패널의 길이를 조정할 때 마스터 영역과 페이지 영역을 비율로 조정할지, 고정할지를 선택할 수 있습니다.

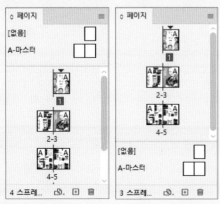

TIP ◁
패널 레이아웃에서 크기 조정은 페이지 분량이 많은 경우 '마스터 고정'을 선택하고, 마스터 페이지가 많은 경우 '비율에 맞게 조정'을 선택하면 페이지 패널 관리가 편리합니다.

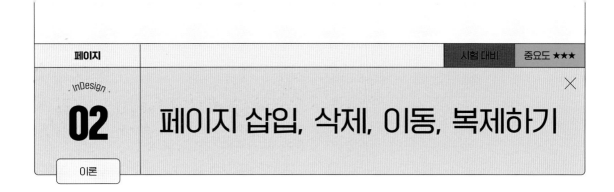

페이지 삽입, 삭제, 이동, 복제하기

❶ 페이지 삽입하기

메뉴에서 〔창〕 → 페이지를 실행하거나 [F12]를 눌러 페이지 패널을 표시합니다. 페이지를 삽입하려면 ❶ 삽입할 페이지 번호를 선택하고 ❷ 페이지 패널의 '패널 메뉴' 아이콘(▤)을 클릭하거나 페이지 패널의 여백에서 마우스 오른쪽 버튼을 클릭한 다음 ❸ 페이지 삽입을 실행합니다.

[페이지 삽입] 대화상자가 표시되면 ❹ 페이지, 삽입, 마스터를 지정한 다음 ❺ 〈확인〉 버튼을 클릭합니다.

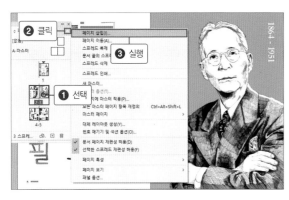

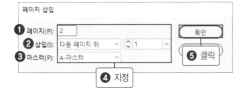

❶ **페이지** : 추가할 페이지 수를 설정합니다.

❷ **삽입** : 추가될 페이지 위치를 지정합니다. 오른쪽 숫자는 삽입 옵션 기준입니다.

❸ **마스터** : 페이지에 적용할 마스터를 지정합니다.

TIP ⟵

페이지 패널 아래의 '새 페이지 만들기' 아이콘(▣)을 클릭하여 페이지를 삽입할 때는 [페이지 삽입] 대화상자가 표시되지 않고 선택된 페이지 다음에 바로 페이지가 삽입됩니다. [Alt]를 누른 채 '새 페이지 만들기' 아이콘(▣)을 클릭하면 [페이지 삽입] 대화상자가 표시됩니다.

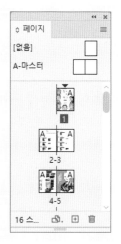

❷ 페이지 삭제하기 • • •

❶ 삭제할 페이지를 선택하고 페이지 패널에서 ❷ '패널 메뉴' 아이콘(▤)을 클릭하거나 해당 페이지에서 마우스 오른쪽 버튼을 클릭한 다음 ❸ 페이지 삭제 또는 스프레드 삭제를 실행합니다.

또는 삭제할 페이지를 선택하고 페이지 패널 하단의 '선택한 페이지 삭제' 아이콘(🗑)을 클릭합니다.

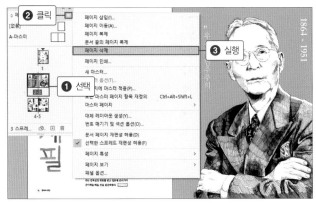

▲ 페이지 삭제

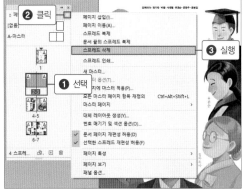

▲ 스프레드 삭제

TIP ◁

예를 들어, 스프레드에서 왼쪽 4페이지를 삭제할 경우 페이지 패널에서 '패널 메뉴' 아이콘(▤)을 클릭한 다음 **문서 페이지 재편성 허용**이 활성화(체크 표시)되어 있으면 삭제한 4페이지의 디자인이 삭제되고, 5페이지의 디자인이 4페이지로 배치됩니다. 비활성화(체크 표시가 해제)되어 있으면 4페이지의 모든 디자인이 삭제되고 빈 곳으로 표시되어 왼쪽 페이지를 삽입하거나 이동해야 합니다.

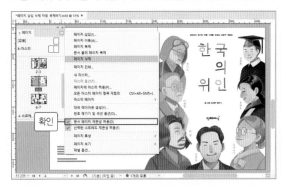

TIP ◁

스프레드를 삭제하기 위해서는 먼저 페이지 패널에서 페이지 번호를 선택하거나 4페이지를 선택한 다음 Shift를 누른 채 5페이지를 클릭하여 선택합니다. 이후 페이지 패널 하단의 '선택한 페이지 삭제' 아이콘(🗑)을 클릭합니다.

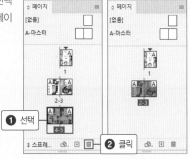

▲ 스프레드 선택   ▲ 선택한 스프레드 삭제

❸ 페이지 이동하기 • • •

❶ 페이지 패널에서 이동할 페이지를 선택한 다음 ❷ '패널 메뉴' 아이콘(▤)을 클릭하거나 여백에서 마우스 오른쪽 버튼을 클릭하고 ❸ 페이지 이동을 실행합니다.

[페이지 이동] 대화상자가 표시되면 ❹ 페이지 이동에서 이동할 페이지 번호를 수정하거나, 대상에서 '다음 페이지 뒤', '다음 페이지 앞', '문서 시작 위치', '문서 끝 위치'를 선택할 수 있습니다. 이동에서 현재 문서 또는 열려있는 다른 인디자인 문서를 선택하여 이동할 수도 있습니다. 옵션을 지정하고 ❺ 〈확인〉 버튼을 클릭합니다. 또한 이동할 페이지를 선택한 다음 선택한 페이지를 드래그하여 이동할 수 있습니다.

TIP

페이지 이동은 연결되어 있는 여러 페이지를 한 번에 이동할 수도 있습니다.

▲ 이동할 페이지를 선택한 다음 선택한 페이지를 드래그하여 이동

스프레드로 이동하지 않고 페이지로 이동할 경우 페이지 패널에서 '패널 메뉴' 아이콘(▤)을 클릭한 다음 **문서 페이지 재편성 허용**이 활성화(체크 표시)되어 있어야 합니다. 비활성화(체크 표시가 해제)되어 있으면 스프레드로 표시되지 않고 페이지로 표시됩니다. 또한 페이지 패널에서 이동할 페이지를 드래그하여 이동할 때는 **문서 페이지 재편성 허용**이 활성화(체크 표시)되어 있거나 비활성화(체크 표시가 해제) 되어도 영향을 받지 않습니다.

❹ 페이지 복제하기 • • •

복제할 페이지를 선택하고 페이지 패널에서 '패널 메뉴' 아이콘(▤)을 클릭하거나 페이지에서 마우스 오른쪽 버튼을 클릭한 다음 복제된 페이지의 위치에 따라 페이지 복제를 실행하거나 문서 끝의 페이지 복제를 실행합니다. '페이지 복제'는 복제한 페이지의 다음 페이지에 만들어지며, '문서 끝의 페이지 복제'는 문서 끝에 만들어집니다. 또는 페이지 패널에서 복제할 페이지를 '새 페이지 만들기' 아이콘(⊞)으로 드래그하면 문서 끝에 복제됩니다.

▲ 페이지 복제

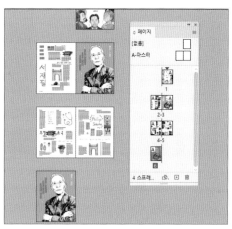

▲ 문서 끝의 페이지 복제

스프레드로 복제할 경우 복제할 스프레드 페이지를 선택하고 페이지 패널에서 '패널 메뉴' 아이콘(▤)을 클릭한 다음 **페이지 복제**를 실행합니다. 또한 페이지 패널에서 복제할 페이지를 선택한 다음 Alt 를 누른 채 필요한 위치에 이동하면 복제됩니다.

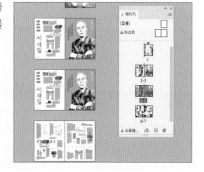

. InDesign .

03

실습

문서에 다른 판형의
페이지 삽입하기

페이지를 강조하거나 이미지를 연결하여 가로로 긴 차별화된 페이지를 삽입하거나 판형이 다른 지면을
추가해서 책의 구성을 더욱 풍성하게 하기 위해 문서에 판형이 다른 페이지를 삽입하는 방법을 알아봅
니다.

Before

After

• **예제파일** : 03\다른 판형 삽입.indd   • **완성파일** : 03\다른 판형 삽입_완성.indd

---

01 메뉴에서 〔파일〕 → 열기(Ctrl+O)를
실행하고 03 폴더에서 '다른 판형 삽
입.indd' 파일을 불러옵니다.

페이지 패널을 표시하고 3페이지 다음에 2개의
페이지를 삽입하기 위해 ❶ '패널 메뉴' 아이콘
(▤)을 클릭한 다음 ❷ 페이지 삽입을 실행합
니다.

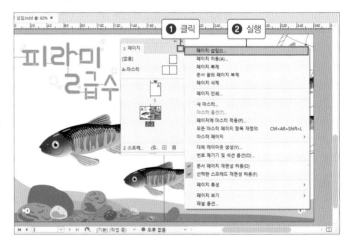

---

02 [페이지 삽입] 대화상자가 표시되면 ❶ 페이지를 '2', 삽입
을 '다음 페이지 뒤'로 지정한 다음 ❷ 〈확인〉 버튼을 클릭
하여 새 페이지를 삽입합니다.

(03) 스프레드로 4페이지와 5페이지가 삽입됩니다.

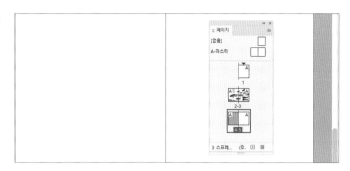

(04) 도구 패널에서 ❶ 페이지 도구(□)를 선택한 다음 ❷ 4페이지를 선택합니다. ❸ 컨트롤 패널에서 W를 '144mm', H를 '176mm'로 설정합니다.

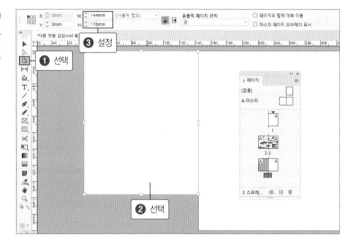

TIP ⟨⟩

페이지 패널 하단의 '페이지 크기 편집' 아이콘(□)을 클릭한 다음 **사용자 정의**를 실행해서 [사용자 정의 페이지 크기] 대화상자가 표시되면 폭과 높이를 입력하여 판형을 변경할 수도 있습니다.

(05) 4페이지와 같은 방법으로 5페이지 판형을 변경하면 2–3페이지보다 작은 다른 판형이 삽입됩니다.

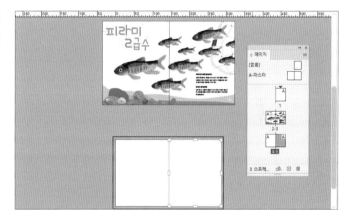

(06) 축소된 다른 판형을 디자인합니다. 인쇄물을 재단할 때 같은 판형으로 제작된 인쇄물끼리 한꺼번에 재단하기 때문에 인쇄소에 보낼 파일은 같은 판형끼리 묶어서 보내야 합니다.

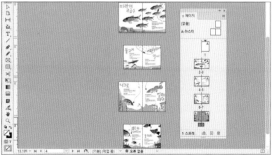

· InDesign ·

04 문서 크기 한 번에 변경하기

이론 | 실습

작업 중인 문서를 '레이아웃 조정' 기능으로 문서 그대로 이미지와 개체를 한 번에 변경할 수 있습니다. 문서 크기를 변경하려면 메뉴에서 [파일] → 레이아웃 조정을 실행하거나 Alt + Shift + P 를 누릅니다. [레이아웃 조정] 대화상자에서 설정을 변경하면 문서의 모든 페이지에 변경된 내용이 적용됩니다.

❶ **페이지 크기** : 메뉴에서 페이지 크기를 선택하거나 폭 및 높이에 값을 입력합니다. 문서 방향을 선택할 수도 있습니다.

❷ **여백** : '페이지 크기 변경에 따른 여백 자동 조정'에 체크 표시하여 페이지 크기에 적용한 변경 사항과 함께 여백을 자동으로 조정하거나 직접 여백 값을 입력합니다. '모든 설정 동일하게 만들기' 아이콘(⬚)을 클릭하여 활성화하면 사방 여백이 같게 지정됩니다.

▲ 페이지 크기와 여백 고정   ▲ 페이지 크기와 여백 수정

❸ **도련** : 문서의 도련 영역에 대한 값을 설정합니다.

❹ **글꼴 크기 조정** : 페이지 크기 및 여백 변경 사항에 따라 문서의 글꼴 크기를 수정합니다. '글꼴 크기 제한 설정'을 체크 표시하고 최소 및 최대 글꼴 크기 값을 설정하여 자동 조정에 대한 글꼴 크기 제한 사항을 정의할 수도 있습니다.

▲ '글꼴 크기 조정' 체크 표시 해제

▲ '글꼴 크기 조정' 체크 표시

❺ **잠긴 내용 조정** : 레이아웃에서 잠긴 내용을 조정합니다.

· **예제파일** : 03\레이아웃 조정.indd   · **완성파일** : 03\레이아웃 조정_완성.indd   • • •

---

01 03 폴더에서 '레이아웃 조정.indd' 파일을 불러옵니다.
메뉴에서 (파일) → 레이아웃 조정을 실행하거나 Alt + Shift + P 를 누릅니다.

02 [레이아웃 조정] 대화상자가 표시되면 ❶ 페이지 크기를 'A4', ❷ 옵션 항목에서 '글꼴 크기 조정'을 체크 표시하고 ❸ 〈확인〉 버튼을 클릭합니다.

03 A4 문서 크기에 맞게 이미지와 개체, 글꼴 크기 모두 변경됩니다.

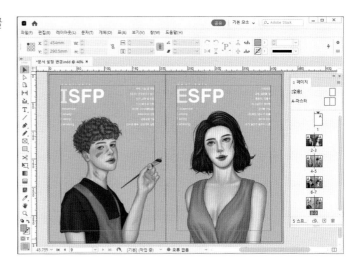

04 ❶ 메뉴에서 (파일) → 문서 설정((Ctrl) +(Alt)+(P))을 실행한 다음 ❷ [문서 설정] 대화상자가 표시되면 변경된 문서 크기 변경을 확인합니다. ❸ 〈확인〉 버튼을 클릭합니다.

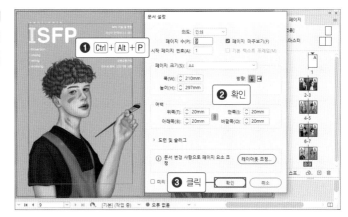

TIP

이미 만들어진 문서 크기를 변경할 때 '문서 설정'과 '레이아웃 조정'의 차이점을 알아보겠습니다. '문서 설정'은 스프레드 문서를 페이지 문서로 변경하거나 페이지 문서를 스프레드로 변경할 수 있습니다. 문서에 있는 이미지나 개체, 글꼴 크기, 마스터 페이지 등에는 변화가 없으며 문서 크기만 변경됩니다. '레이아웃 조정'은 문서 크기에 맞게 이미지나 개체, 글꼴 크기, 마스터 페이지 등을 자동으로 변경할 수 있습니다.

▲ '문서 설정' 기능으로 문서 크기를 A4로 변경

▲ '레이아웃 조정' 기능으로 문서 크기를 A4로 변경

| 스프레드 | | 중요도 ★★ |

. InDesign .
05
실습

왼쪽부터 시작하는
페이지(스프레드) 만들기

×

팸플릿이나 브로슈어와 같은 형태의 편집 디자인에서는 오른쪽에서 시작하는 페이지가 필요 없는 경우가 있습니다. 작업 중인 문서를 왼쪽부터 시작하는 문서로 만들기 위해 '문서 페이지 재편성 허용'을 이용하여 오른쪽 시작 페이지를 삭제하는 방법을 알아봅니다.

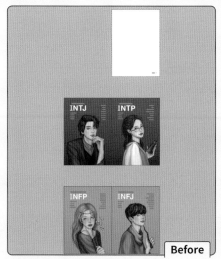

• **예제파일** : 03\왼쪽부터 시작하기.indd

• **완성파일** : 03\왼쪽부터 시작하기_완성.indd

Before / After

01 03 폴더에서 '왼쪽부터 시작하기.indd' 파일을 불러옵니다.

02 빈 페이지인 오른쪽 1페이지를 삭제하기 위해 먼저 페이지 패널에서 ❶ '패널 메뉴' 아이콘(▤)을 클릭한 다음 ❷ 문서 페이지 재편성 허용을 실행하여 비활성화(체크 표시 해제)합니다.

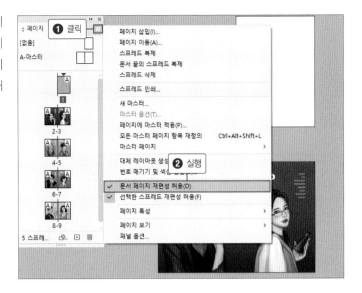

03 페이지 패널의 ❶ 1페이지를 선택하고 ❷ '패널 메뉴' 아이콘(▤)을 클릭한 다음 ❸ 스프레드 삭제를 실행합니다.

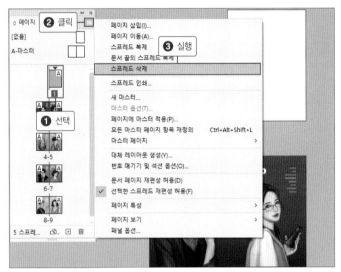

04 1페이지가 삭제되어 왼쪽부터 페이지가 설정됩니다.

TIP ⟨⇦

새 문서를 만들 때 첫 페이지를 1페이지부터 시작하는 것이 아니라 2페이지부터 설정하여 왼쪽부터 시작하는 문서를 만들 수도 있습니다.

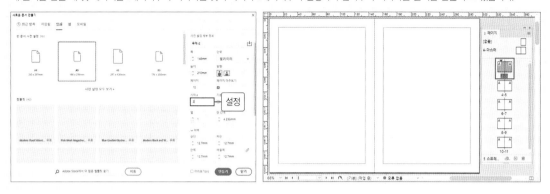

TIP ⟨⇦

[문서 설정] 대화상자에서 페이지 번호를 변경하여 왼쪽부터 시작하는 문서 만드는 방법을 알아봅니다.

❶ 페이지 패널의 1페이지를 삭제합니다.

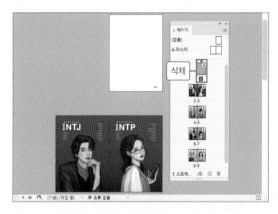

❷ 마주보기로 작업해둔 페이지는 서로 떨어집니다.
페이지 번호를 지정하기 위해 메뉴에서 **[파일] → 문서 설정**(Ctrl
+Alt+P)을 실행합니다.

❸ [문서 설정] 대화상자에서 시작 페이지 번호를 '2'로 설정한 다음
'페이지 마주보기'에 체크 표시하고 〈확인〉 버튼을 클릭합니다.

❹ 시작 페이지 번호를 짝수로 설정하면 왼쪽부터 페이지가 지정됩
니다.

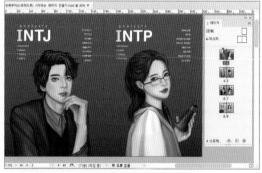

. InDesign .

06

실습

자동으로 텍스트를 흘려 페이지 추가하기

텍스트 프레임은 단독으로 배치할 수 있고, 프레임끼리 연결하여 텍스트 흐름을 만들 수도 있습니다. 이 때 텍스트를 연결하는 과정을 텍스트 스레드라고 합니다. 자동 텍스트 흐름을 만들어 페이지를 추가하는 방법을 알아봅니다.

Before

After

• 예제파일 : 03\자동 텍스트로 페이지 추가하기.indd   • 완성파일 : 03\자동 텍스트로 페이지 추가하기_완성.indd

01 03 폴더에서 '자동 텍스트로 페이지 추가하기.indd' 파일을 불러옵니다.

도구 패널에서 ❶ 선택 도구(▶)를 선택하고 ❷ 1페이지의 텍스트 프레임을 클릭해 선택합니다. 텍스트가 넘치는 상태를 나타내는 ❸ 끝 포트(⊞)를 클릭합니다.

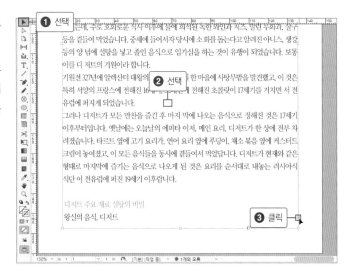

02 페이지 패널에서 ❶ 2-3페이지를 더블 클릭하여 이동한 다음 ❷ 텍스트를 배치하려는 위치를 클릭하면 텍스트 프레임이 자동으로 만들어집니다. ❸ 2페이지에서 넘치는 상태임을 나타내는 끝 포트(⊞)를 클릭합니다.

TIP ◁

클릭한 위치에 새로 만들어지는 텍스트 프레임은 문서에 설정된 단의 폭을 사용하여 만들어집니다.

03 3페이지에서 Shift를 누르면 커서의 텍스트 아이콘이 자동 흐름 형태로 바뀝니다. 이때 텍스트 프레임을 만들려는 부분의 왼쪽 상단을 클릭합니다.

TIP ◁

연결된 표시가 보이지 않으면 메뉴에서 (**보기**) → **기타** → **텍스트 스레드 표시**를 실행합니다.

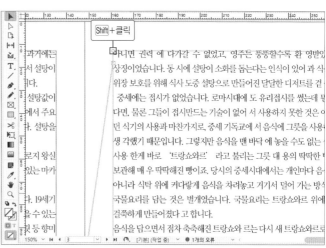

04 3페이지부터 넘친 텍스트가 자동으로 프레임을 만들며 모든 텍스트가 흐를 때까지 페이지가 추가됩니다.

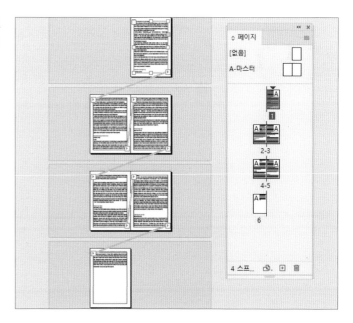

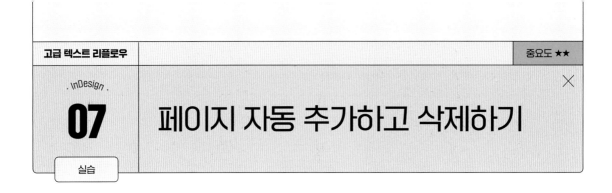

. InDesign .

07

실습

페이지 자동 추가하고 삭제하기

• **예제파일** : 03\고급 텍스트 리플로우.indd　　• **완성파일** : 03\고급 텍스트 리플로우_완성.indd　　• • •

---

01 03 폴더의 '고급 텍스트 리플로우.indd'
파일을 불러옵니다.

메뉴에서 (편집) → 환경 설정 → 문자를 실행합
니다.

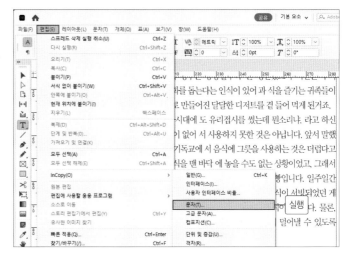

---

02 [환경 설정] 대화상자의 (문자) 탭에서
고급 텍스트 리플로우 항목을 변경합니
다. ❶ '기본 텍스트 프레임으로 제한'의 체크
표시를 해제하여 텍스트 양에 따라 페이지가 자
동으로 조절되도록 지정하고 ❷ 〈확인〉 버튼을
클릭합니다.

TIP ◁┐

새 문서를 만들 때 '기본 텍스트 프레임으로 제한'을
체크 표시하면 자동으로 텍스트 양만큼 페이지가 만
들어집니다. 자동으로 삭제할 때 (문자) 탭에서 '빈 페
이지 삭제'를 체크 표시하면 글꼴 크기나 행간에 따
라 페이지가 자동으로 삭제됩니다.

(03) ❶ 도구 패널의 문자 도구(T.)를 선택한 다음 텍스트를 드래그하거나 Ctrl+A를 눌러 전체 선택합니다. ❷ 문자 컨트롤 패널에서 글꼴 크기를 클릭하고 ❸ '12pt'를 선택합니다.

(04) 글꼴 크기가 커진 만큼 새로운 페이지가 만들어집니다. ❶ 다시 텍스트를 전체 선택하고 문자 컨트롤 패널에서 ❷ 글꼴 크기를 클릭한 다음 ❸ '9pt'를 선택합니다.

 TIP

'고급 텍스트 리플로우'는 텍스트의 양이 많고 적음에 따라 자동으로 페이지를 생성하거나 삭제해 주는 유용한 기능입니다. 이 기능을 사용하면 페이지가 늘거나 줄어들 때마다 남는 페이지를 삭제하여 새 페이지를 추가할 때 유용합니다.

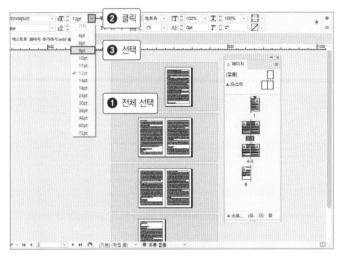

(05) 글꼴 크기가 작아진 만큼 텍스트 길이가 줄어들어 빈 페이지가 자동으로 삭제됩니다.

Why?

[환경 설정] 대화상자에서 (문자) 탭의 고급 텍스트 리플로우 항목에서 '빈 페이지 삭제'가 체크 표시되어야 빈 페이지가 자동으로 삭제됩니다.

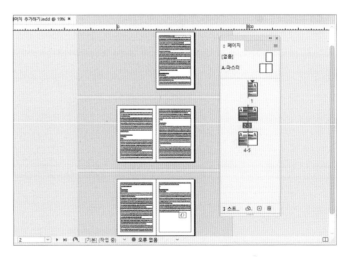

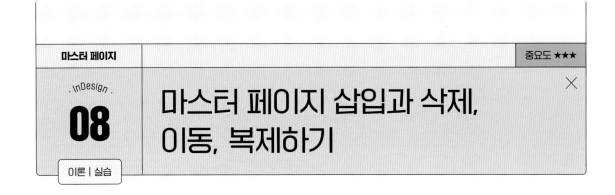

. InDesign .

08

이론 | 실습

마스터 페이지 삽입과 삭제, 이동, 복제하기

❶ 마스터 페이지 삽입하기 • • •

페이지 패널의 마스터 영역에서 스프레드로 삽입할 경우 ❶ 'B-마스터' 글자를 선택하거나 왼쪽 페이지를 클릭한 다음 Shift를 누른 채 오른쪽 페이지를 클릭하여 선택하고 ❷ 삽입할 위치에 드래그하여 세로 선이 표시되었을 때 마우스 버튼에서 손을 떼면 마스터가 스프레드로 삽입됩니다. 페이지에 'B'가 표시됩니다. 마스터 페이지를 스프레드가 아닌 페이지로도 삽입할 수 있습니다.

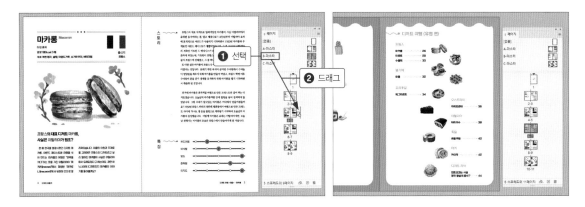

❷ 마스터 페이지 삭제하기 • • •

페이지 패널의 마스터 영역에서 ❶ 삭제할 마스터 페이지를 스프레드로 선택하고 ❷ '패널 메뉴' 아이콘(▤)을 클릭하거나 마우스 오른쪽 버튼을 클릭한 다음 ❸ 마스터 스프레드 "B-마스터" 삭제를 실행합니다.

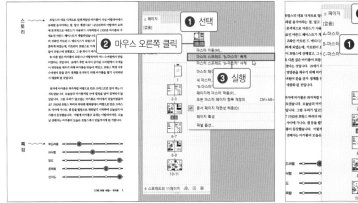

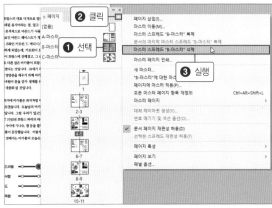

B-마스터에 적용된 페이지가 있다면 다음과 같은 경고 메시지 대화상자가 표시됩니다. 〈확인〉 버튼을 클릭하면 B-마스터 페이지가 삭제되고, B-마스터가 적용되었던 페이지에는 B-마스터 페이지에 있던 모든 개체가 삭제되며, 페이지에는 마스터 '[없음]'이 됩니다. 마스터 페이지가 하나밖에 없을 때는 삭제할 수 없습니다.

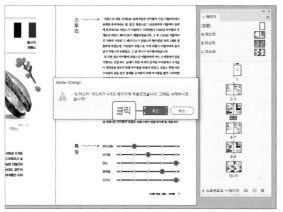
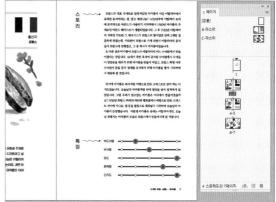

❸ 마스터 페이지 이동하기

페이지 패널의 마스터 영역에서 ❶ 이동할 마스터를 선택한 다음 ❷ 원하는 위치에 드래그하여 가로 선이 표시될 때 마우스 버튼에서 손을 떼면 이동합니다.

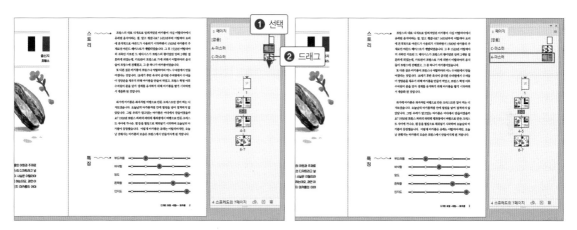

❹ 마스터 페이지 복제하기

페이지 패널의 마스터 영역에서 ❶ 복제할 마스터 페이지를 스프레드로 선택하고 ❷ '패널 메뉴' 아이콘(▤)을 클릭하거나 마우스 오른쪽 버튼을 클릭한 다음 ❸ 마스터 스프레드 "A-마스터" 복제를 실행합니다. 이때 페이지를 스프레드로 선택하지 않으면 해당 명령을 실행할 수 없습니다.

TIP ☜

마스터 페이지 이름 변경하기

마스터 페이지 이름을 변경하려면 변경할 마스터 페이지를 선택하고 마우스 오른쪽 버튼을 클릭하거나 페이지 패널의 패널 메뉴에서 **"A-마스터"에 대한 마스터 옵션**을 실행합니다. [마스터 옵션] 대화상자가 표시되면 접두어와 이름을 입력한 다음 〈확인〉 버튼을 클릭합니다.

이때 접두어는 최대 4자까지 입력할 수 있으며, 페이지 번호에 한글 글꼴을 사용하지 않으면 접두어를 숫자나 영문으로 표기하는 것이 좋습니다. 페이지 번호에 영문 글꼴을 사용하고 접두어를 한글로 표기하면 마스터 페이지에서 페이지 번호 기호가 알 수 없는 문자로 표시됩니다.

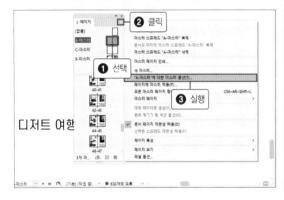

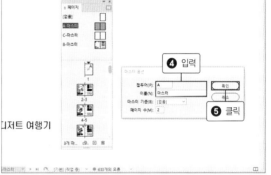

(01) 메뉴에서 [파일] → 새로 만들기 → 문서를 실행하거나 Ctrl+N을 누릅니다.

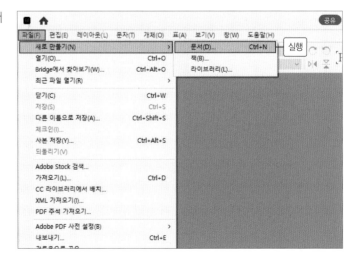

02 [새로운 문서 만들기] 대화상자가 표시되면 ❶ (인쇄) 탭을 선택합니다. ❷ 폭을 '210mm', 높이를 '270mm'로 설정하고 ❸ '페이지 마주보기'를 체크 표시합니다. ❹ 여백을 모두 '20mm'로 설정하고 ❺ 〈만들기〉 버튼을 클릭합니다.

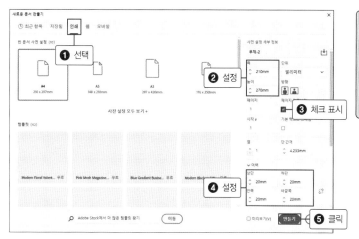

03 새 문서가 만들어지면 페이지 패널의 마스터 영역에 기본으로 마스터 페이지 하나가 생성됩니다.

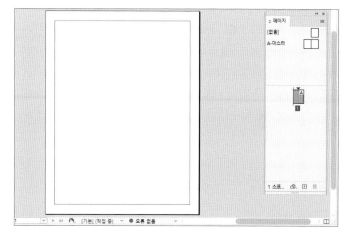

TIP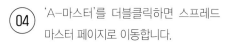

새 문서를 만들면 기본으로 생성되는 하나의 마스터 페이지에 새 마스터를 추가하여 만들거나 기본 마스터 페이지를 활용하여 마스터 페이지를 만들 수 있습니다.

04 'A-마스터'를 더블클릭하면 스프레드 마스터 페이지로 이동합니다.

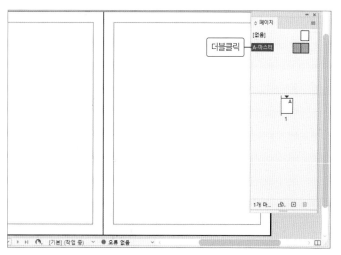

05 'A-마스터' 페이지에 반복되는 텍스트나 이미지를 디자인합니다.

Why?

마스터 페이지에서 오른쪽 페이지에 디자인된 텍스트가 페이지 패널의 오른쪽 페이지인 1페이지에 자동으로 적용됩니다. 새 문서를 만들면 기본으로 1페이지와 마스터 페이지가 자동으로 생성되어 A-마스터에 디자인된 텍스트가 그대로 적용됩니다.

06 페이지 패널의 ❶ 마스터 영역에서 '[없음]'을 선택하고 ❷ 페이지 영역으로 드래그하여 원하는 위치에 세로 선이 표시되면 마우스 버튼에서 손을 뗍니다. 마스터 페이지가 적용되지 않은 빈 페이지가 삽입됩니다.

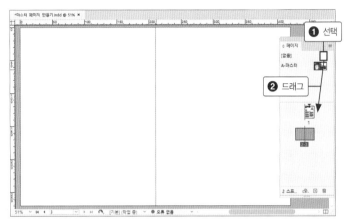

07 페이지 패널의 ❶ 2-3페이지를 더블클릭한 다음 ❷ '패널 메뉴' 아이콘(▤)을 클릭하거나 마우스 오른쪽 버튼을 클릭하고 ❸ 페이지에 마스터 적용을 실행합니다.

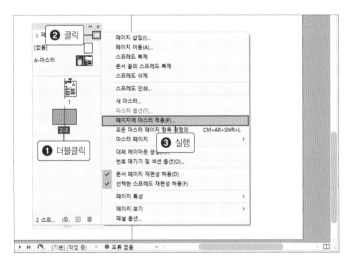

08 [마스터 적용] 대화상자가 표시되면 ❶ 마스터 적용에 'A-마스터', 적용 페이지에 '2-3'을 입력한 다음 ❷ 〈확인〉 버튼을 클릭합니다.

09 페이지 패널의 2-3페이지에 'A-마스터' 가 적용됩니다.

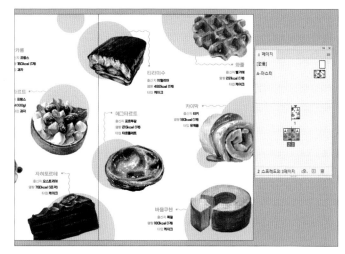

TIP
페이지 패널의 마스터 영역에서 'A-마스터'의 왼쪽 페이지를 2페이지로 드래그하여 적용할 수 있습니다. 드래그하여 적용할 경우 스프레드로 적용되지 않고 한 페이지씩 적용됩니다.

10 마스터 페이지가 적용된 페이지를 해제하기 위해 먼저 ❶ 페이지 패널에서 2-3페이지를 더블클릭해 선택합니다. ❷ '패널 메뉴' 아이콘(☰)을 클릭하거나 마우스 오른쪽 버튼을 클릭한 다음 페이지에 마스터 적용을 실행합니다. [마스터 적용] 대화상자가 표시되면 ❸ 마스터 적용을 '[없음]'으로 지정하고 ❹ 〈확인〉 버튼을 클릭합니다.

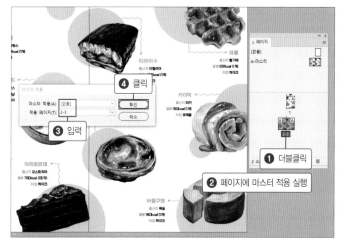

11 2-3페이지에 A-마스터 적용이 해제되어 빈 페이지로 남습니다.

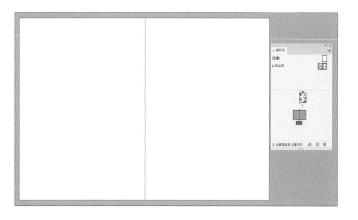

TIP
전체 페이지에서 일부 페이지만 마스터 페이지 적용을 해제할 수도 있습니다. 연결되는 여러 페이지가 아닌 경우에 해제하는 가장 간단한 방법은 페이지 패널에서 '[없음]' 페이지를 해제하려는 페이지로 드래그합니다.

09

실습

하나의 문서에서 여러 개의 마스터 페이지 적용하기

여러 개의 장이나 파트를 나누어 디자인할 경우 장이나 파트별로 서로 다른 마스터 페이지를 적용시킬 수 있습니다. 하나의 문서에서 챕터나 형식을 구분지어야 할 경우 여러 개의 마스터 페이지를 사용하면 효율적입니다. 기존 문서에서 여러 개의 마스터 페이지를 만들어 적용해 봅니다.

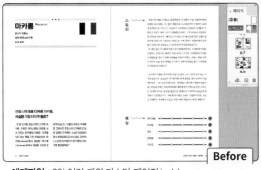

Before

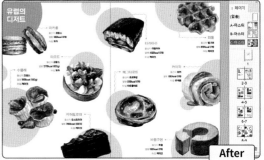

After

• 예제파일 : 03\여러 개의 마스터 페이지.indd

• 완성파일 : 03\여러 개의 마스터 페이지_완성.indd

---

01 03 폴더에서 '여러 개의 미스터 페이지 .indd' 파일을 불러옵니다.

페이지 패널에서 ❶ '패널 메뉴' 아이콘(☰)을 클릭하거나 마스터 영역에서 마우스 오른쪽 버튼을 클릭한 다음 ❷ 새 마스터를 실행합니다.

02 [새 마스터] 대화상자가 표시되면 ❶ 접두어에 'B'가 입력되었는지 확인하고 ❷ 〈확인〉 버튼을 클릭합니다.

TIP
접두어와 이름은 자유롭게 입력할 수 있습니다.

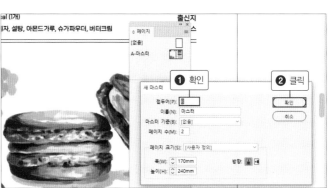

03 페이지 패널에 새 마스터인 'B-마스터'가 생성됩니다. ❶ 'B-마스터'를 더블클릭하고 ❷ 마스터 페이지를 디자인합니다.

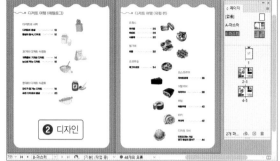

04 'B-마스터'와 같은 방법으로 'C-마스터'를 만들어 디자인합니다.

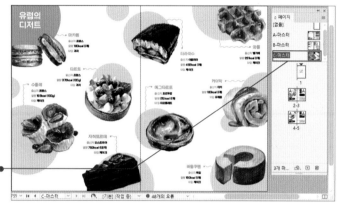

페이지 패널에서 마스터 페이지 영역이 좁아 'B-마스터'와 'C-마스터'가 보이지 않으면 'A-마스터' 하단의 회색 경계선을 아래로 드래그하여 확장합니다.

05 2개의 마스터 페이지를 적용하기 위해 페이지를 추가하겠습니다. 페이지 패널에서 ❶ '패널 메뉴' 아이콘(☰)을 클릭한 다음 ❷ 페이지 삽입을 실행합니다.

06 [페이지 삽입] 대화상자에서 ❶ 페이지에 '2'를 입력하고, 삽입에 '다음 페이지 뒤'와 '1'을 입력합니다. 마스터를 'B-마스터'로 지정한 다음 ❷ 〈확인〉 버튼을 클릭합니다.

07 페이지 패널의 2–3페이지에 새 페이지가 추가되면서 B–마스터 페이지가 삽입됩니다.

TIP ◁▭
빈 페이지를 여러 개 만들어 놓고 여러 페이지에 마스터를 적용할 경우 '패널 메뉴' 아이콘(≡)을 클릭하거나 마우스 오른쪽 버튼을 클릭한 다음 **페이지에 마스터 적용**을 실행하여 한 번에 적용할 수 있습니다. 또한 빈 페이지에 적용할 마스터 페이지를 드래그하여 하나씩 적용할 수도 있습니다.

08 B–마스터와 같은 방법으로 8–9페이지에 C–마스터를 삽입하여 적용하기 위해 페이지 패널에서 '패널 메뉴' 아이콘(≡)을 클릭한 다음 페이지 삽입을 실행합니다.
[페이지 삽입] 대화상자가 표시되면 **❶** 페이지에 '2'를 입력하고, 삽입에 '다음 페이지 뒤'와 '7'을 입력합니다. 마스터를 'C–마스터'로 지정한 다음 **❷** 〈확인〉 버튼을 클릭합니다.

09 페이지 패널의 8–9페이지에 새 페이지가 추가되면서 'C–마스터' 페이지가 삽입됩니다.

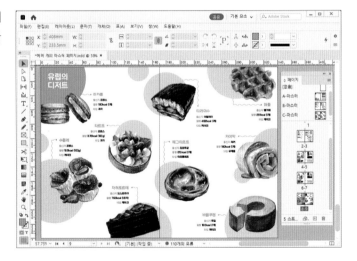

중요도 ★★

. InDesign .

10
실습

작업 중인 페이지를
마스터 페이지로 만들기

책에서 반복적으로 들어가야 할 이미지와 텍스트, 도형, 페이지 번호 등을 본문 페이지에서 설정한 다음 마스터 페이지로 등록시켜 봅니다. 본문에 사용된 글꼴, 자간, 레이아웃 등을 모든 페이지에 적용시키고 자 할 때 유용합니다.

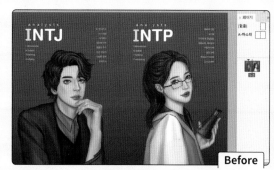

Before

After

• 예제파일 : 03\작업 중인 페이지 마스터 페이지 만들기.indd   • 완성파일 : 03\작업 중인 페이지 마스터 페이지 만들기_완성.indd

---

01 03 폴더의 '작업 중인 페이지 마스터 페 이지 만들기.indd' 파일을 불러옵니다. 페이지 패널에서 레이아웃이 완성된 ❶ 1–2페 이지를 선택합니다. ❷ '패널 메뉴' 아이콘(☰) 을 클릭한 다음 ❸ 마스터 페이지 → 마스터로 저장을 실행합니다.

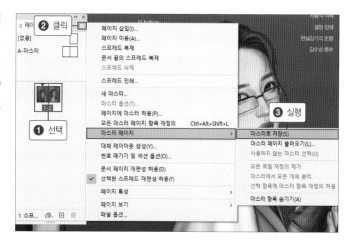

02 페이지 패널에 'B–마스터'로 새로운 마 스터 페이지가 만들어집니다.

· InDesign ·

11

실습

다른 문서에서 마스터 페이지 불러오기

• **예제파일** : 03\마스터 페이지 불러오기(원본).indd   • **완성파일** : 03\마스터 페이지 불러오기_완성.indd   • • •

---

01 메뉴에서 (파일) → 새로 만들기 → 문서
를 실행하거나 Ctrl+N을 누릅니다.
[새로운 문서 만들기] 대화상자에서 ❶ (인쇄)
탭을 선택한 다음 ❷ 폭을 '210mm', 높이를
'270mm'로 설정합니다. ❸ '페이지 마주보기'를
체크 표시하고 ❹ 〈만들기〉 버튼을 클릭합니다.

TIP ☞

기존 마스터 페이지를 불러오면 여백 및 단 부분도
같이 들어오기 때문에 따로 설정하지 않습니다.

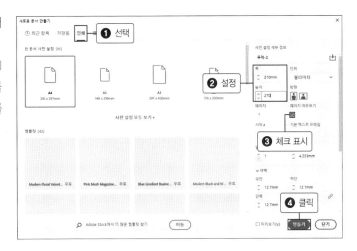

02 기존 마스터 페이지를 불러오기 위해 페
이지 패널에서 ❶ '패널 메뉴' 아이콘
(≡)을 클릭한 다음 ❷ 마스터 페이지 → 마스
터 페이지 불러오기를 실행합니다.

Why? ☞

다른 문서의 마스터 페이지가 판형이 같거나 달라도
비슷하게 디자인한다면 기존 마스터 페이지를 불러
와 작업의 능률과 효율성을 높일 수 있습니다.

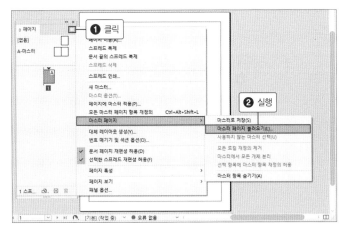

03 [파일 열기] 대화상자가 표시되면 ❶ 03 폴더에서 ❷ '마스터 페이지 불러오기 (원본).indd' 파일을 선택하고 ❸ 〈열기〉 버튼을 클릭합니다.

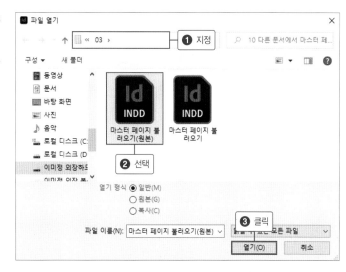

04 [마스터 페이지 경고 불러오기] 대화상자가 표시되면 〈마스터 페이지 바꾸기〉 버튼을 클릭합니다.

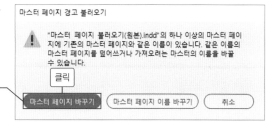

〈마스터 페이지 바꾸기〉 버튼을 클릭하면 기존 'A–마스터'에 덮어쓰기의 형태로 불러 들여지고, 〈마스터 페이지 이름 바꾸기〉 버튼을 클릭하면 새로운 마스터 페이지인 'B–마스터'로 생성됩니다.

05 경고 대화상자가 표시되면 내용을 확인하고 〈확인〉 버튼을 클릭합니다.

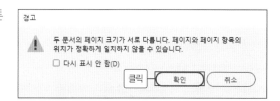

06 설정이 끝나면 'A–마스터'에 덮어쓰기 되어 마스터 페이지가 적용됩니다.

. InDesign .

12
실습

마스터 페이지를 재정의하여 마스터 항목 수정하기

마스터 페이지가 적용된 페이지라 해도 필요에 따라 색상이나 글꼴 변경, 사진 교체 등 수정이 필요한 경우가 생깁니다. 이때 마스터 항목을 재정의(오버라이드)하거나 분리(연결 해제)해 수정할 수 있습니다.

Before

After

• **예제파일** : 03\마스터 페이지 재정의.indd   • **완성파일** : 03\마스터 페이지 재정의_완성.indd

01 03 폴더 '마스터 페이지 재정의.indd' 파일을 불러옵니다.

페이지 패널에서 ❶ 'A-마스터'를 더블클릭해 마스터 페이지로 이동한 다음 ❷ 배경 개체를 클릭하여 선택합니다. ❸ '패널 메뉴' 아이콘(▤)을 클릭한 다음 ❹ 마스터 페이지 → 선택 항목에 마스터 항목 재정의 허용을 실행하여 활성화(체크 표시)합니다.

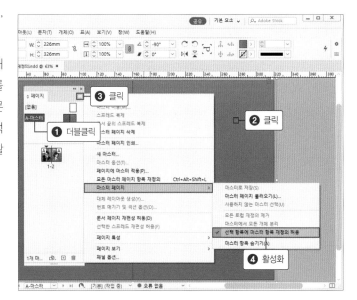

02 본문으로 이동하면 선택 항목에 마스터 항목 재정의가 허용된 배경 개체는 점선으로 표시됩니다. 선택 항목에 마스터 항목 재정의 허용이 활성화된 경우에만 마스터 항목을 재정의할 수 있습니다. 활성화된 경우 이 명령을 다시 실행할 필요는 없습니다.

TIP ◁
마스터 페이지에 디자인된 모든 개체는 기본으로 선택 항목에 '마스터 항목 재정의 허용'이 활성화되어 있습니다.

03 배경 색상을 변경하기 위해 마스터 항목 재정의가 허용된 개체를 재정의하겠습니다. 먼저 [Ctrl]+[Shift]를 누른 채 사각형 배경을 클릭합니다.

TIP ◁
마스터 항목 재정의가 허용된 여러 개체를 재정의하려면 [Ctrl]+[Shift]를 누른 상태로 드래그합니다.

04 컨트롤 패널에서 ❶ 칠을 클릭한 다음 ❷ 'C=0, M=70, Y=20, K=0'으로 선택하면 배경 색상이 바뀝니다.

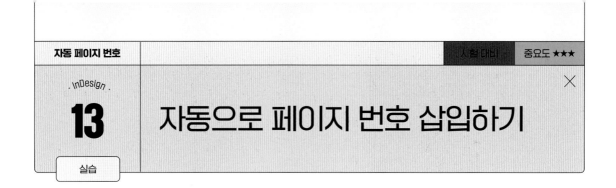

. InDesign .

13

실습

자동으로 페이지 번호 삽입하기

일반적으로 페이지 번호는 양쪽 같은 위치에 반복해서 들어갑니다. 마스터 페이지를 이용하여 양쪽에 자동으로 페이지 번호를 삽입하는 방법을 알아봅니다.

외국인들에게도 친숙하게 다가갈 수 있는 열쇠로, 한국 디저트의 해외 시장 진출 에도 열을 가하고 있습니다.

Before

• **예제파일** : 03\자동으로 페이지 번호 생성.indd

외국인들에게도 친숙하게 다가갈 수 있는 열쇠로, 한국 디저트의 해외 시장 진출 에도 열을 가하고 있습니다.

12

After

• **완성파일** : 03\자동으로 페이지 번호 생성_완성.indd

(01) 03 폴더에서 '자동으로 페이지 번호 생성.indd' 파일을 불러옵니다.

페이지 패널에서 ❶ 'A-마스터'를 더블클릭하여 마스터 페이지로 이동합니다. 도구 패널의 ❷ 확대/축소 도구(🔍)를 이용하거나 Ctrl +Spacebar를 누르며 페이지 번호를 넣을 부분을 드래그하여 화면을 확대합니다.

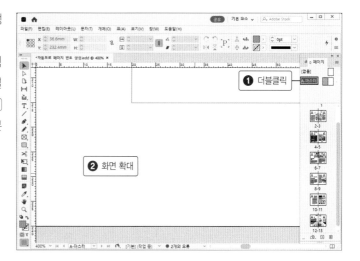

02 왼쪽 페이지부터 페이지 번호를 삽입하기 위해 먼저 도구 패널에서 ❶ 문자 도구(T̲.)를 선택한 다음 ❷ 페이지 번호가 들어갈 왼쪽 페이지에 그림과 같이 드래그하여 텍스트 프레임을 만듭니다.

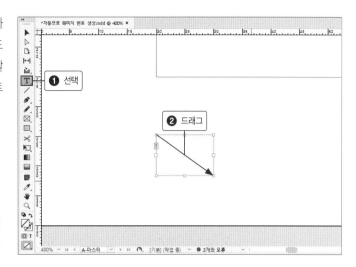

TIP

마스터 페이지에서 텍스트 프레임이나 도형을 만들면 점선으로 표시됩니다. 인디자인 작업 시 프레임이나 도형이 점선으로 표시되면 마스터 페이지에서 작업하고 있음을 꼭 알아야 합니다.

03 텍스트 프레임에 커서가 활성화된 상태로 메뉴에서 (문자) → 특수 문자 삽입 → 표시자 → 현재 페이지 번호를 실행하거나 Ctrl+Alt+Shift+N을 누르면 'A' 텍스트가 표시됩니다.

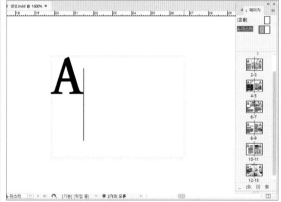

04 ❶ 'A' 텍스트를 드래그해 선택하고 디자인에 맞게 ❷ 글꼴을 지정합니다. 예제에서는 글꼴을 'DIN Medium', 글꼴 크기를 '10pt'로 지정했습니다.

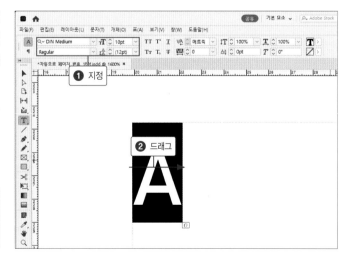

Why?

'A' 텍스트가 표시되는 이유는 A 마스터에서 작업하고 있기 때문입니다. B 마스터에서 작업할 경우 'B' 텍스트가 표시됩니다.

05 ❶ 선택 도구(▶)로 왼쪽 페이지의 완성된 페이지 번호를 선택한 다음 Alt +Shift를 누른 채 페이지 번호가 들어갈 위치(오른쪽)로 드래그하여 복제 및 배치합니다. ❷ 복제된 오른쪽 페이지의 페이지 번호를 드래그하여 선택하고 ❸ 속성 패널에서 '오른쪽 정렬' 아이콘(▤)을 클릭하여 정렬합니다.

TIP ◁〓

복사할 개체를 선택한 다음 Ctrl+C를 눌러 복사하고 Ctrl+V를 눌러 붙여 넣을 수도 있습니다.

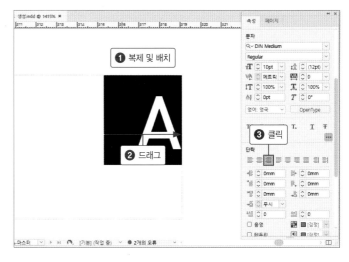

06 마스터 페이지에서 양쪽에 페이지 번호를 생성하였습니다.

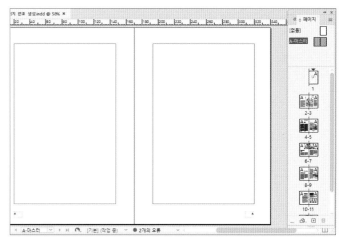

07 본문에서 페이지 번호가 표시되는 것을 확인할 수 있습니다.

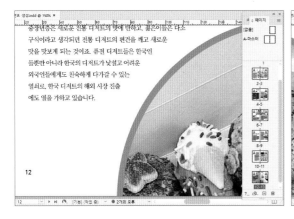
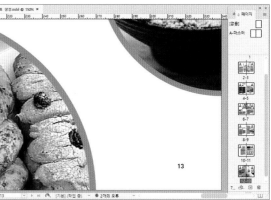

. InDesign .

14

실습

한쪽 페이지에 양쪽 페이지 번호 자동 생성하기

스프레드 판형은 대부분 양쪽에 페이지 번호를 삽입하여 디자인합니다. 디자인에 차별화를 주기 위해 오른쪽 페이지의 텍스트 프레임에 양쪽 페이지 번호를 자동으로 만들어 봅니다.

많았다. 어느 날 이
ㅣ 나타나, 12점의 탈
. 다만 탈을 만들 때
ㅣ도령은 열심히 탈을
하며 죽고 만다. 그를
l. 허도령이 죽자 처
안전에 안씨 전에 류
허씨는 하회마을에
있다.

문하시중은 고려 때의 최고 관직으로 오늘날 수상에 해당한다. 또한 중탈의 형상도 고려 때의 것임을 알게 한다. 오광대나 양주별산대의 중탈들은 대개 세속에 찌든 형상이지만 하회의 중탈은 이목구비가 반듯한 표정을 짓고 있어 그와 다른 형상을 보인다. 이것은 불교가 숭상되던 고려와 다소 멸시되던 조선의 시대적 차이를 분명하게 보여주는 예이다.

Before

많았다. 어느 날 이
ㅣ 나타나, 12점의 탈
. 다만 탈을 만들 때
ㅣ도령은 열심히 탈을
하며 죽고 만다. 그를
l. 허도령이 죽자 처
안전에 안씨 전에 류
허씨는 하회마을에
있다.

문하시중은 고려 때의 최고 관직으로 오늘날 수상에 해당한다. 또한 중탈의 형상도 고려 때의 것임을 알게 한다. 오광대나 양주별산대의 중탈들은 대개 세속에 찌든 형상이지만 하회의 중탈은 이목구비가 반듯한 표정을 짓고 있어 그와 다른 형상을 보인다. 이것은 불교가 숭상되던 고려와 다소 멸시되던 조선의 시대적 차이를 분명하게 보여주는 예이다.

3__4

After

• **예제파일** : 03\한 페이지에 양쪽 페이지 번호 생성.indd

• **완성파일** : 03\한 페이지에 양쪽 페이지 번호 생성_완성.indd

(01) 03 폴더에서 '한 페이지에 양쪽 페이지 번호 생성.indd' 파일을 불러옵니다. 오른쪽 페이지 하단에 양쪽 페이지 번호를 생성해 봅니다. 페이지 패널에서 ❶ 'A-마스터'를 더블클릭하여 마스터 페이지로 이동한 다음 도구 패널에서 ❷ 확대/축소 도구(🔍)를 이용하거나 Ctrl+Spacebar를 누르며 오른쪽 페이지에서 페이지 번호를 넣을 부분을 드래그해 화면을 확대합니다.

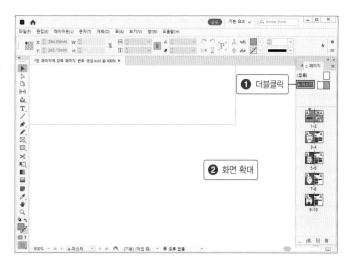

02 도구 패널에서 ❶ 문자 도구(T.)를 선택하고 ❷ 페이지 번호가 들어갈 위치에 드래그하여 텍스트 프레임을 만듭니다.

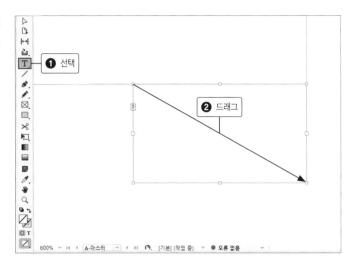

03 도구 패널의 ❶ 선택 도구(▶)를 선택한 다음 ❷ 텍스트 프레임을 선택하고 ❸ Alt+Shift를 누른 채 왼쪽으로 드래그하여 텍스트 프레임을 복제합니다.

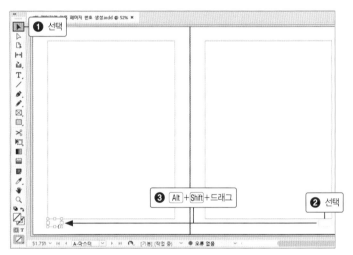

04 왼쪽 페이지의 ❶ 텍스트 프레임을 선택합니다. 프레임 오른쪽 아래의 '연결 흐름' 아이콘(▶)을 클릭하고 ❷ 오른쪽 페이지의 텍스트 프레임을 클릭하면 텍스트 프레임이 서로 연결됩니다.

TIP

좌우 연결 표시가 나타나지 않을 경우 메뉴에서 (**보기**) → **기타** → **텍스트 스레드 표시**를 실행하면 텍스트 프레임 연결이 표시됩니다.

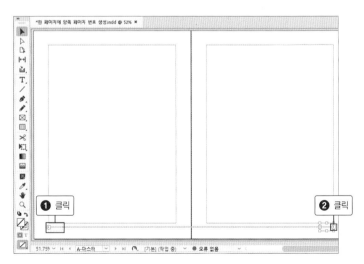

05 도구 패널의 ❶ 문자 도구(T.)를 선택한 다음 오른쪽 페이지 텍스트 프레임의 커서가 활성화된 상태로 ❷ 메뉴에서 (문자) → 특수 문자 삽입 → 표시자 → 다음 페이지 번호를 실행합니다. ❸ 'A' 텍스트가 표시되면 왼쪽(다음) 페이지와 번호를 구분하기 위해 ❹ 'A'를 선택한 다음 칠을 '초록색'으로 지정합니다.

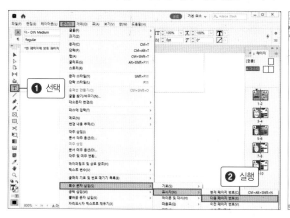

06 왼쪽과 오른쪽을 구분하기 위해 ❶ '_ _'를 입력하고 ❷ 메뉴에서 (문자) → 특수 문자 삽입 → 표시자 → 현재 페이지 번호를 실행하거나 Ctrl+Alt+Shift+N을 누릅니다. 'A' 텍스트가 추가됩니다. ❸ 오른쪽(현재) 페이지 번호의 글자 색을 '자주색'으로 변경합니다.

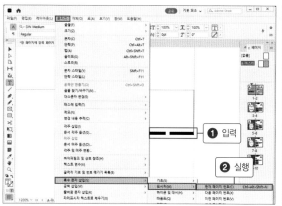

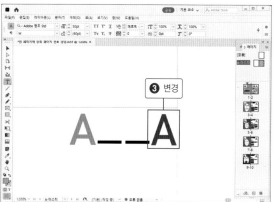

07 본문에서 오른쪽 페이지에 양쪽 페이지 번호가 자동으로 생성된 것을 확인합니다.

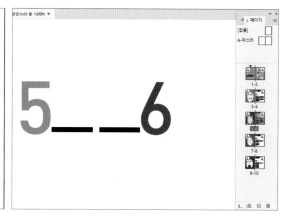

. InDesign .

15

실습

개체에 가려진
마스터 페이지 번호 나타내기

마스터 페이지에 적용한 페이지 번호가 본문에서 이미지나 도형에 가려져 보이지 않는 경우가 있습니다. 그 이유는 마스터 페이지 위에 본문 페이지가 위치하기 때문입니다. 따라서 본문에서 마스터 페이지 항목을 오버라이드하여 페이지 번호를 이미지나 도형 위로 올려 나타내거나 마스터 페이지에서 레이어를 이용하여 페이지 번호를 나타냅니다.

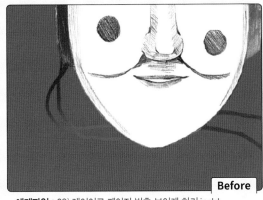

Before

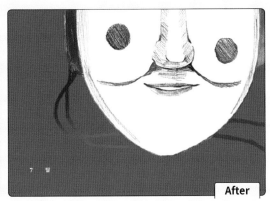

After

· 예제파일 : 03\레이어로 페이지 번호 보이게 하기.indd

· 완성파일 : 03\레이어로 페이지 번호 보이게 하기_완성.indd

01 03 폴더에서 '레이어로 페이지 번호 보이게 하기.indd' 파일을 불러옵니다.

❶ 페이지 패널의 'A-마스터'를 더블클릭하여 마스터 페이지로 이동하면 양쪽에 페이지 번호가 삽입되어 있습니다.

❷ 본문 페이지를 더블클릭하면 오른쪽 페이지에는 페이지 번호가 보이고, 왼쪽 페이지에는 배경 프레임이 있어 페이지 번호가 가려져 보이지 않습니다.

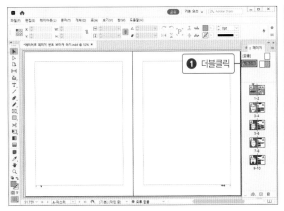

02 페이지 패널에서 ❶ 'A-마스터'를 더블 클릭하여 마스터 페이지로 이동합니다. 도구 패널에서 ❷ 선택 도구(▶)를 선택하고 ❸ 페이지 번호가 입력된 양쪽의 텍스트 프레임 을 드래그하여 선택한 다음 ❹ 메뉴에서 (편집) → 오리기를 실행하거나 Ctrl+X 를 누릅니다.

03 마스터 페이지에서 ❶ 페이지 번호 텍스트 프레임이 사라진 것을 확인할 수 있습니다. ❷ 메뉴에서 (창) → 레이어를 실행하거나 F7 을 눌러 레이어 패널을 표시합니다.

04 레이어 패널에서 ❶ '패널 메뉴' 아이콘(▤)을 클릭한 다음 ❷ 새 레이어를 실행합니다. [새 레이어] 대화상자가 표 시되면 ❸ 〈확인〉 버튼을 클릭합니다.

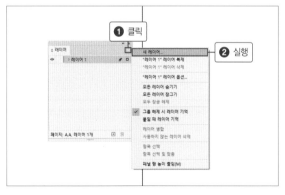
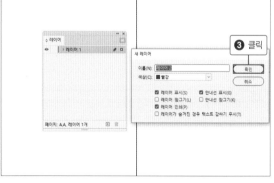

TIP ◁
레이어를 더블클릭하여 표시되는 [레이어 옵션] 대화상자에서 레이어 이름을 변경할 수 있습니다.

05 '레이어 2'가 새로 만들어졌습니다. ❶ '레이어 2'를 선택하고 ❷ 메뉴에서 (편집) → 현재 위치에 붙이기를 실행하면 오려두었던 페이지 번호 텍스트 프레임이 기존 위치에 그대로 붙여 넣어집니다.

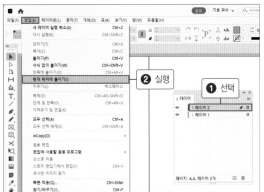
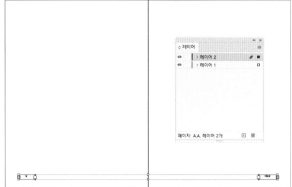

06 본문의 배경 프레임 색상이 진하기 때문에 페이지 번호 색상을 밝게 변경합니다. ❶ 문자 도구(T,)를 선택하고 ❷ 왼쪽 페이지 번호와 제목을 드래그하여 선택합니다. ❸ 컨트롤 패널에서 칠을 클릭한 다음 ❹ '(용지)' 색상으로 선택합니다.

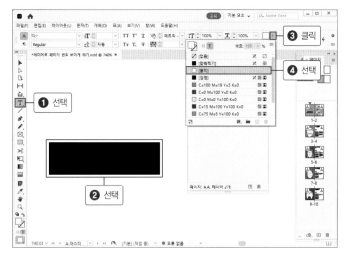

07 본문으로 이동하여 페이지 번호를 확인합니다. 레이어 패널에서 도형은 '레이어 1', 페이지 번호는 '레이어 2'에 위치해 페이지 번호가 가려지지 않고 나타납니다.

TIP ◁
본문 페이지에서 작업하다 보면 '레이어 2'에서 도형이나 이미지를 사용하여 페이지 번호가 다시 보이지 않을 수 있습니다. 따라서 '레이어 2'는 잠금 설정하는 것이 좋습니다.

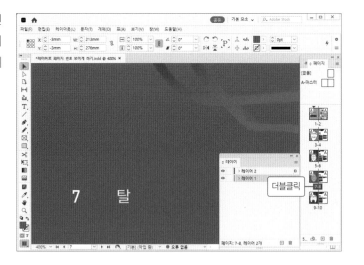

TIP ◁
레이어를 사용하지 않고 가려진 페이지 번호가 많지 않을 때는 (Ctrl)+(Shift)를 누른 채 페이지 번호 텍스트 프레임을 클릭해서 오버라이드하여 풀어 준 다음 페이지 번호 텍스트 프레임을 선택하고 메뉴에서 (개체) → **배치 → 맨 앞으로 가져오기**를 실행하여 맨 앞으로 가져옵니다.

. InDesign .

16

실습

모든 페이지의 레이아웃 변경하기

마스터 페이지에서 여백 및 단을 적용하여 반복되는 전체 페이지에 일괄적으로 변화를 줄 수 있습니다. 기존 마스터 페이지에서 여백과 단을 활용하여 본문 전체 페이지의 레이아웃을 변경해 봅니다.

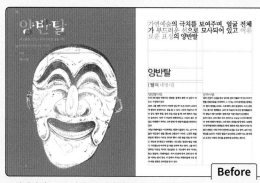

Before

• 예제파일 : 03\여백 및 단 활용.indd

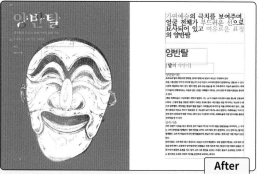

After

• 완성파일 : 03\여백 및 단 활용_완성.indd

01 03 폴더에서 '여백 및 단 활용.indd' 파일을 불러옵니다.

전체 페이지의 여백 및 단을 변경하기 위해 먼저 페이지 패널에서 'A-마스터'를 더블클릭하여 마스터 페이지로 이동합니다.

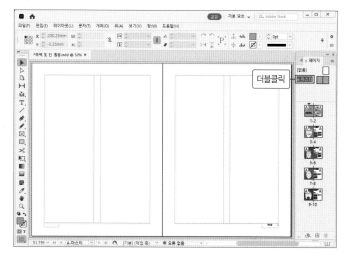

02 메뉴에서 (레이아웃) → 여백 및 단을 실행합니다.

TIP ⟨⫞

여백 및 단이나 사각형 프레임이 보이지 않으면 메뉴에서 (보기) → 화면 모드 → 표준을 실행하거나 W를 누릅니다.

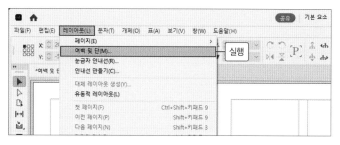

03 [여백 및 단] 대화상자가 표시되면 여백에서 위쪽, 아래쪽, 바깥쪽은 기존 여백 그대로 두고 ❶ 안쪽을 '60mm'로 설정합니다. ❷ 열에서 개수를 '1'로 입력한 다음 ❸ 〈확인〉 버튼을 클릭합니다.

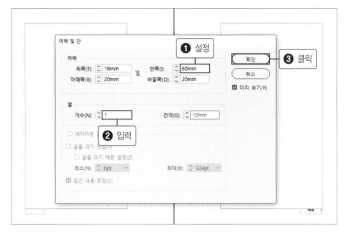

04 마스터 페이지에서 여백 및 단이 변경됩니다.

05 본문 페이지를 더블클릭하여 여백 및 단에 맞게 레이아웃을 수정합니다.

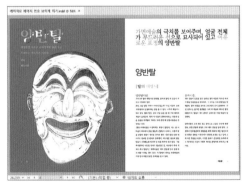
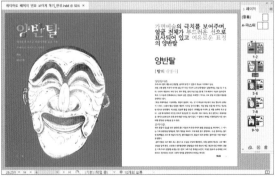

TIP

마스터 페이지에서 여백 및 단을 변경하려면 디자인에 따라 스프레드나 페이지 모두 변경할 수 있습니다.

쪽표제		중요도 ★★

17

마스터 페이지와 섹션 표시자를 활용하여 쪽표제 만들기

실습

상위 개념(책 제목)의 쪽표제에는 마스터 페이지를 적용하고 하위 개념(장 제목)의 쪽표제에는 섹션 표시자를 적용하면 번거로운 쪽표제 작업을 상당 부분 줄일 수 있습니다. 섹션 표시자는 다음 섹션 표시자가 나오기 전까지 쪽표제 내용이 바뀌지 않고, 페이지 패널에서 섹션 표시자를 수정하면 자동으로 전체 페이지에 쪽표제가 변경되어 효율적입니다.

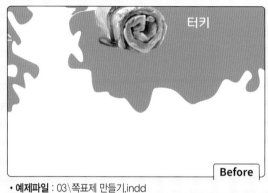

Before

After

• 예제파일 : 03\쪽표제 만들기.indd
• 완성파일 : 03\쪽표제 만들기_완성.indd

01 03 폴더에서 '쪽표제 만들기.indd' 파일을 불러옵니다.

페이지 패널에서 ❶ 'A-마스터'를 더블클릭한 다음 ❷ 페이지 번호와 쪽표제가 들어갈 부분을 확대합니다.

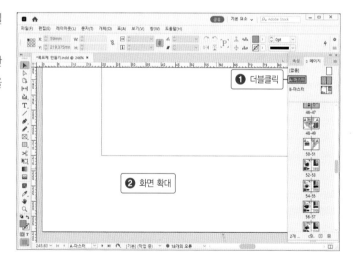

❶ 더블클릭

❷ 화면 확대

02 책 제목이 들어갈 왼쪽 페이지부터 페이지 번호와 쪽표제를 디자인해 봅니다. 먼저 페이지 번호를 만들기 위해 도구 패널에서 ❶ 문자 도구(T.)를 선택하고 ❷ 페이지 번호가 들어갈 위치에 드래그하여 텍스트 프레임을 만듭니다.

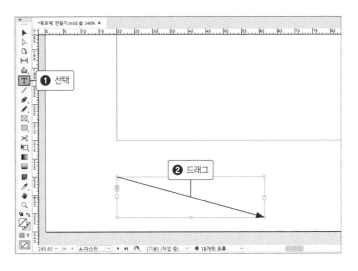

03 텍스트 프레임에 커서가 활성화된 상태로 메뉴에서 (문자) → 특수 문자 삽입 → 표시자 → 현재 페이지 번호((Ctrl)+(Alt)+(Shift)+(N))를 실행합니다.

04 ❶ 'A' 텍스트가 표시되면 드래그하여 선택한 다음 ❷ 컨트롤 패널에서 글꼴, 글꼴 크기, 색상 등을 지정합니다. 예제에서는 글꼴을 'DIN Medium', 글꼴 크기를 '18pt', 글자색을 'C=0 M=33 Y=100 K=0'으로 지정했습니다.

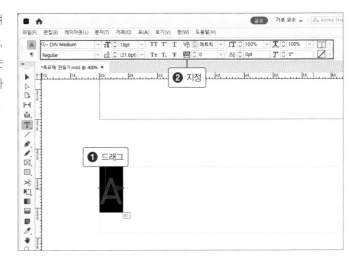

05 왼쪽 페이지에 책 제목을 넣기 위해 도구 패널에서 ❶ 문자 도구(T)를 선택한 다음 ❷ 쪽표제가 들어갈 위치에 드래그하여 텍스트 프레임을 만듭니다. ❸ 제목을 입력한 다음 ❹ 선택하고 ❺ 글꼴, 글꼴 크기, 자간 등을 지정합니다. 예제에서는 글꼴을 'YDIYGo520', 글꼴 크기를 '10pt', 글자 색을 '검정'으로 지정했습니다.

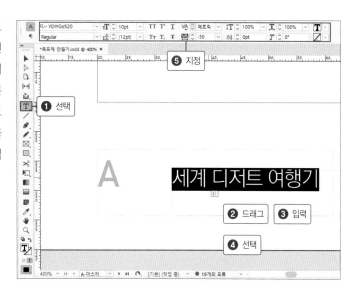

06 왼쪽에 완성된 2개의 텍스트 프레임을 오른쪽 페이지에 그대로 복제해 봅니다. 도구 패널에서 선택 도구(▶)를 선택하고 텍스트 프레임을 선택한 다음 Alt+Shift를 누른 채 드래그하여 오른쪽 페이지에 복제합니다. 텍스트 프레임의 텍스트는 모두 속성 패널에서 '오른쪽 정렬' 아이콘(≡)을 클릭해 정렬합니다.

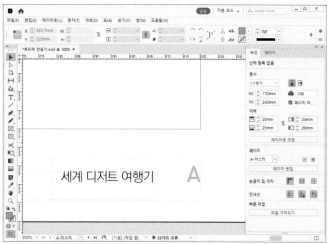

07 쪽표제의 ❶ '세계 디저트 여행기' 텍스트를 삭제합니다. ❷ 메뉴에서 (문자) → 특수 문자 삽입 → 표시자 → 섹션 표시자를 실행하면 '섹션' 텍스트가 표시됩니다.

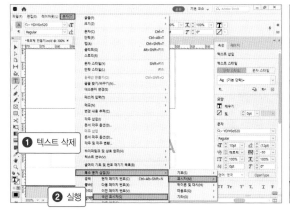

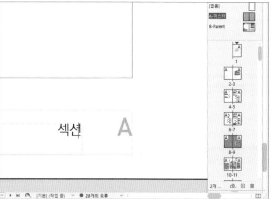

08 본문 페이지를 더블클릭하면 왼쪽 페이지는 마스터 페이지에서 쪽표제를 만들었기 때문에 책 제목이 나타나며, 오른쪽 페이지는 섹션 표시자에 사용될 텍스트가 아직 입력되지 않아 페이지 번호만 표시됩니다.

09 쪽표제를 입력하기 위해 먼저 ❶ 3페이지를 선택하고 페이지 패널에서 ❷ '패널 메뉴' 아이콘(☰)을 클릭한 다음 ❸ 번호 매기기 및 섹션 옵션을 실행합니다.

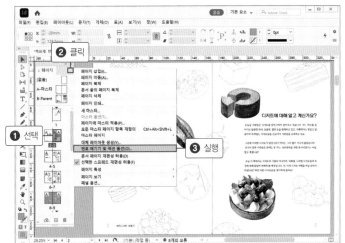

10 [새 섹션] 대화상자가 표시되면 ❶ 섹션 표시자에 '디저트에 대하여~'를 입력한 다음 ❷ 〈확인〉 버튼을 클릭합니다. ❸ 양쪽 페이지의 쪽표제 부분을 확대하여 쪽표제를 확인합니다. ❹ 페이지 패널의 3페이지 상단에 '▾'가 표시되어 쉽게 확인할 수 있습니다.

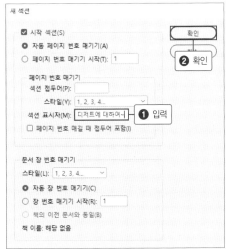

11 3페이지와 같은 방법으로 25페이지에 섹션 표시자를 추가하여 다른 내용의 쪽표제를 만들어 봅니다. 페이지 패널에서 **①** 25페이지를 선택하고 **②** '패널 메뉴' 아이콘(▤)을 클릭한 다음 번호 매기기 및 섹션 옵션을 실행합니다. [새 섹션] 대화상자가 표시되면 **③** 섹션 표시자에 '디저트의 탄생'을 입력한 다음 **④** 〈확인〉 버튼을 클릭합니다.

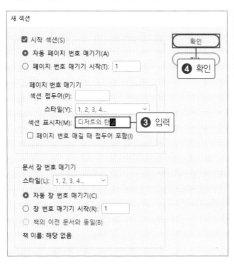

TIP ◁▷

섹션 표시자를 이용하여 쪽표제를 삭제할 경우 페이지 패널에서 '패널 메뉴' 아이콘(▤)을 클릭한 다음 **번호 매기기 및 섹션 옵션**을 실행합니다. [새 섹션] 대화상자가 표시되면 '시작 섹션'의 체크 표시를 해제한 다음 〈확인〉 버튼을 클릭합니다. 수정하려면 섹션 표시자에서 내용을 수정한 다음 〈확인〉 버튼을 클릭합니다.

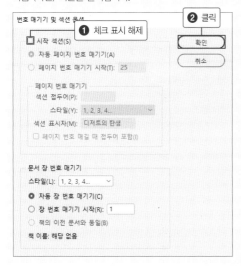

동영상으로 배우는 **인디자인 CC 2023**

페이지를 자유롭게 붙여서 표지 만들기

예제 소개 영상

문서 페이지 재편성 허용을 실행하면 책등과 날개를 포함한 스프레드를 만들수 있습니다. 작업창은 평면적인 화면이지만, 입체적인 책의 구조를 고려하며책 표지를 만들어 봅니다.

이미지 크기 148×210mm

소스 파일 03\표지\표지 만들기.indd

완성 파일 03\표지\표지 만들기_완성.indd, 표지 만들기_완성.pdf, 표지만들기_완성.idml

①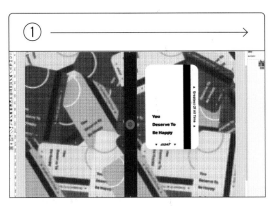

표지 이미지 삽입하기

②

표지 제목(타이틀) 삽입하기

③

책등 제목(타이틀) 삽입하기

④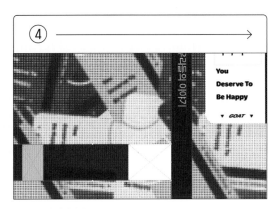

뒤표지 도형 삽입하기

⑤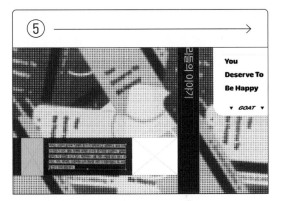

뒤표지 텍스트 삽입하기

⑥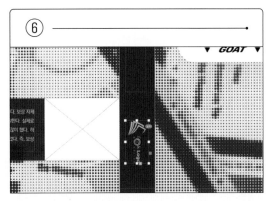

책등 로고 삽입하여 완성하기

동영상으로 배우는 **인디자인 CC 2023**

마스터 페이지를 활용하여 페이지 번호 삽입하기

전체 페이지에 반복적으로 들어가야 할 이미지와 텍스트, 도형, 페이지 번호 등을 마스터 페이지에서 제어할 수 있습니다. 페이지 번호를 삽입한 다음 개체에 가려진 페이지 번호를 레이어를 사용하여 보이도록 합니다.

(이미지 크기) 148×210mm

(소스 파일) 03\페이지 번호\페이지 번호 삽입하기.indd

(완성 파일) 03\페이지 번호\페이지 번호 삽입하기_완성.indd, 페이지 번호 삽입하기_완성.pdf, 페이지 번호 삽입하기_완성.idml

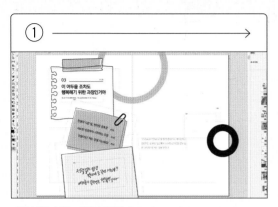

페이지 번호가 없는 페이지 확인하기

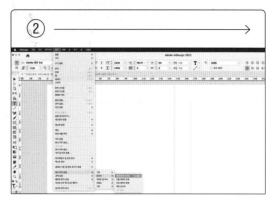

메뉴에서 (문자) → 특수 문자 삽입 → 표시자 → 현재 페이지 번호 실행하기

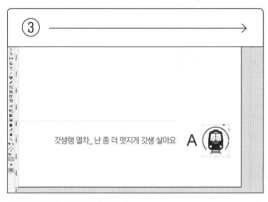

마스터 페이지에 그래픽 삽입하기

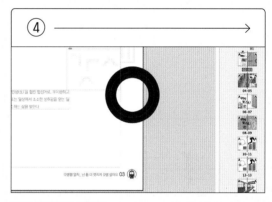

적용된 페이지 번호 확인하기

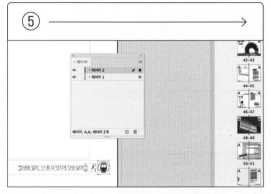

새로운 레이어를 생성하여 면주에 위치한 소스들을 같은 위치로 복사하기

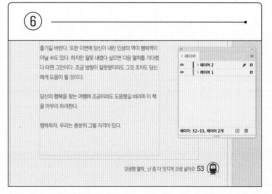

배경이 있는 페이지에서도 보이는 페이지 번호 확인하기

PART 4.

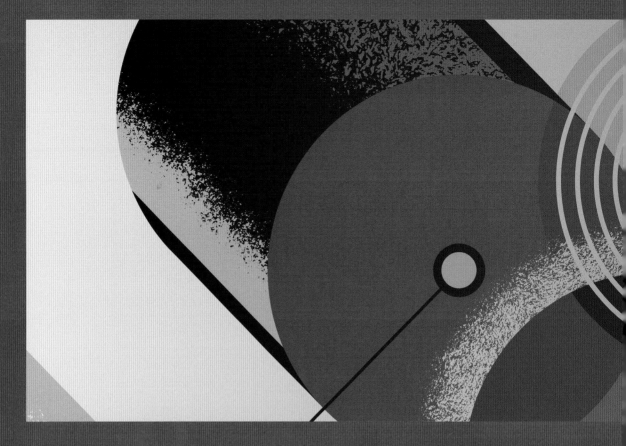

다양한 그래픽 소스
사용하기

인디자인은 포토샵(비트맵)과 일러스트레이터(벡터)에서 디자인한 이미지를 사용하여 멋진 그래픽 디자인을 만들 수 있으며, 어도비 계열 간 호환성이 뛰어나 이미지를 손쉽게 관리할 수 있습니다. 인디자인에서 개체를 복제, 이동하거나 개체 스타일을 제작하는 등 다양한 그래픽 기능을 이해해 봅니다.

. InDesign .

01

이론

이미지 해상도와
비트맵/벡터 이미지 이해하기

❶ 이미지 해상도　　　　• • •

해상도는 이미지를 표현할 때 몇 개의 픽셀(pixel) 또는 도트(dot)로 이루어졌는지 나타내는 것으로 선명도 또는 화질과도 같습니다. 보통 1인치(25.4mm) 안에 표현되는 픽셀이나 점의 수로 해상도를 표현하는데 주로 dpi(dots per inch)는 인쇄 출력물, ppi(pixels per inch)는 디지털 출력물에서 사용됩니다.

고해상도 이미지에는 저해상도에서 같은 크기로 이미지를 인쇄했을 때보다 더 작은 픽셀들이 훨씬 많이 들어 있습니다. 예를 들어, 해상도가 72ppi인 1×1인치 이미지에는 총 5,184픽셀(가로 72×세로 72)이 있습니다. 그러나 같은 1×1인치 크기의 이미지라도 해상도가 300ppi이면 총 90,000픽셀이 있습니다. 고해상도 이미지는 그만큼 용량도 늘어나므로 사용할 이미지 해상도를 결정할 때는 최종 사용할 매체를 고려해야 합니다.

컬러 이미지를 기준으로 상업적인 인쇄용 문서에서는 인쇄기(dpi)와 스크린 빈도(lpi)에 따라 150~300dpi 이미지가 권장되며, 웹용 문서에서는 72~150dpi 범위의 이미지를 권장합니다. 이미지 중에 단색(1비트) 이미지가 있다면 그래픽 해상도와 프린터 해상도가 같도록 인쇄용이더라도 800~1,200dpi 해상도가 권장됩니다.

매체별로 권장하는 해상도는 전문적인 출판을 위한 컬러 이미지 300dpi, 컬러 슬라이드 300dpi, 오버헤드 프로젝트용 컬러 이미지 180dpi, 컴퓨터 모니터용 컬러 이미지 72dpi, 출판용 흑백 이미지 180dpi, 일반 레이지 프린팅을 위한 흑백 이미지는 120dpi입니다.

▲ 고해상도 이미지(300dpi)

▲ 저해상도 이미지(72dpi)

❷ 비트맵과 벡터 이미지　　　　　　　　　　　　　　　　　　　• • •

비트맵 이미지(Bitmap Image)

픽셀(pixels, 화소)을 모아 이미지를 표현하는 방식입니다. 일반 사진 이미지는 픽셀로 구현됩니다. 크기가 같은 화면이라면 픽셀 수가 많을수록 섬세하게 표현되며 화질이 좋다고 말합니다. 따라서 화면에서 이미지를 확대하거나 이미지를 만들었을 때보다 더 낮은 해상도로 인쇄하면 선명하지 않고 경계선이 고르지 않게 나타나기도 합니다. 비트맵 파일 형식에는 JPEG, PSD, Photoshop-EPS, PNG, TIFF 등이 있습니다.

벡터 이미지(Vector Image)

비트맵과 달리 점이 아닌 선으로 표현하는 방식이라 해상도라는 개념에 얽매이지 않습니다. 일러스트레이터나 인디자인에서 직접 만든 오브젝트들이 여기에 해당합니다. 벡터 그래픽은 해상도의 영향을 받지 않으므로 선명도를 유지하면서 자유롭게 이동하거나 수정할 수 있습니다. 따라서 로고처럼 다양한 크기 및 여러 출력 매체에서 사용될 작업에 적합합니다. 벡터 파일 형식은 일러스트레이터에서 작성하는 AI 파일이나 EPS 파일 등이 있습니다.

▲ 150% 확대한 벡터 이미지　　　　　　　　▲ 150% 확대한 비트맵 이미지

▲ 원본 이미지

. InDesign .
02

이론

이미지 파일 포맷 알아두기

❶ PSD 파일(.psd)　　　　　　•••

PSD(PhotoShop Data format)는 어도비 포토샵에서 사용되는 기본 형식이지만 다른 여러 편집 앱에서도 지원됩니다. PSD는 무손실 압축으로 저장하며 문자, 레이어, 투명 레이어, 알파 채널, 패스, 도형, 텍스트 등을 함께 저장해서 용량이 큰 편입니다. 레이어를 지원하므로 이미지 조정, 그래픽 요소, 텍스트를 하나의 문서에 저장되는 별도의 레이어에 배치할 수 있습니다. 인디자인에서는 포토샵에서 만든 그래픽을 인디자인으로 직접 가져올 수 있으며 패스, 마스크 또는 알파 채널이 포함된 그래픽은 투명 개체로 사용됩니다. 이러한 요소를 사용하여 배경을 없애거나 그래픽 주변을 텍스트로 감쌀 수 있습니다.

❷ JPEG 파일(.jpg)　　　　　　•••

JPEG(Joint Photographic Experts Group)는 넓은 범위의 색을 지원하면서도 용량이 크지 않아 가장 널리 사용되는 형식으로 CMYK, RGB 및 회색 음영 색상 모드를 지원합니다. JPEG는 이미지를 표시하는 데 꼭 필요하지 않은 데이터를 찾아 삭제하여 파일 크기를 효과적으로 줄이는데, 이러한 압축 방식으로 파일 용량을 효과적으로 관리할 수 있습니다. 그러나 여러 번 편집하고 저장할 경우 저장할 때마다 이미지 손실이 일어나는 것을 주의해야 합니다. JPG 파일 자체는 배경의 투명도를 포함하지 않지만, 인디자인에서는 포토샵에서 만든 JPEG 파일의 클리핑 패스를 인식하고 지원합니다. JPEG는 온라인 문서나 상업용 인쇄 문서 모두에 사용할 수 있습니다.

❸ TIFF 파일(.tif)　　　　　　•••

TIFF(Tagged Image File Format)는 거의 모든 종류의 시스템에서 호환할 수 있는 뛰어난 파일 형식이며 메타 정보를 함께 저장합니다. 특히 TIFF 파일 포맷은 LZW라고 하는 무손실 압축 방식을 사용하면서도 파일 용량을 최대한 줄입니다. TIFF는 픽셀당 RGB 각각 8비트의 색상 정보를 가지므로 고품질 출력이 가능하고, CMYK, RGB, Grayscale 모드를 지원하며 하나의 알파 채널을 추가할 수 있습니다. 또 별색 채널은 인디자인의 색상 견본 패널에 별색으로 표시됩니다. 그러나 파일 용량이 JPG 등보다 8~10배 정도 크기 때문에 메모리 효율성이 떨어지고, 전송 시간이 오래 걸리는 단점을 가지고 있습니다.

❹ GIF 파일(.gif) • • •

GIF(Graphics Interchange Format) 포맷 또한 LZW를 활용한 무손실 압축 방식이지만 최대 256색까지만 표현할 수 있는 인덱스 컬러로 저장됩니다. 따라서 GIF 압축은 로고 및 차트처럼 제한된 수의 단색을 사용하는 그래픽에 적합합니다. 투명도를 포함할 수 있으며 하나의 파일에 여러 이미지를 저장할 수 있어 애니메이션을 제작할 수 있습니다. 웹 게시용 이미지로는 제한된 단색으로 사용이 편리하지만 상업용 인쇄에는 GIF를 사용하지 않는 것이 좋습니다.

❺ BMP 파일(.bmp) • • •

BMP(Bitmap)는 윈도우 표준 비트맵 이미지 형식입니다. 그러나 CMYK를 지원하지 않으며 1, 4, 8 또는 24비트 색상만 지원합니다. 이 형식은 상업용 인쇄 문서나 온라인 문서에는 그다지 적합하지 않으며 일부 웹 브라우저에서는 지원되지 않습니다.

❻ EPS 파일(.eps) • • •

EPS(Encapsulated PostScript)는 인쇄 목적으로 사용하는 파일 포맷으로 용량이 큰 고품질의 출력 전용 파일입니다. HTML 형식의 온라인 게시물에는 적합하지 않지만 PDF 형식의 온라인 게시물에는 적합합니다. EPS 파일은 포스트스크립트 언어를 기반으로 하기 때문에 텍스트와 벡터 그래픽 및 비트맵 그래픽을 포함할 수 있습니다. 또한 인디자인에서는 포토샵에서 만든 EPS 파일의 클리핑 패스를 인식하며, EPS 파일에 포함된 모든 별색이 색상 견본 패널에 추가됩니다.

❼ PNG 파일(.png) • • •

PNG(Portable Network Graphics)는 GIF 파일 형식의 대안으로 개발되었으며 GIF 파일보다 10~30% 정도의 압축 효과를 얻을 수 있습니다. JPEG보다 압축률이 떨어지지만 무손실 압축 방식이며, JPEG처럼 사진을 표현하는 데 풍부한 색감과 다양한 톤을 지원합니다. PNG-8 비트와 PNG-24 비트의 두 가지 형태가 있는데 PNG-24는 더 많은 색을 지원하고 알파 채널 또는 지정된 색상의 투명도를 지원합니다. PNG 그래픽 이미지는 RGB 색상 모드로 표현되기 때문에 인쇄용으로는 적합하지 않습니다.

❽ PDF 파일(.pdf) • • •

PDF(Portable Document Format)는 단일 또는 다중 페이지 문서를 보거나 인쇄하는 용도로 광범위하게 사용하는 형식입니다. 파일의 모든 글꼴, 이미지, 비디오가 포함되므로 원본 파일을 만든 소프트웨어가 없어도 원본과 똑같이 볼 수 있으며 대부분의 컴퓨터에서 PDF 파일 형식을 열고 인쇄할 수 있다는 장점이 있습니다. PDF 파일은 온라인 문서뿐 아니라 초대장, 명함, 엽서, 브로슈어 등의 인쇄용으로도 적합합니다.

❾ AI 파일(.ai)

AI(Adobe Illustrator)는 어도비 일러스트레이터에서 저장하는 벡터 형식의 파일입니다. 색상 보존력이 뛰어나고 다른 프로그램들과 호환이 쉬운 것이 장점입니다. 일러스트레이터 그래픽은 해당 기본 형식(.ai)으로 인디자인에 가져올 수 있으며 인쇄할 때 선명하게 출력할 수 있습니다.

❿ SVG 파일(.svg)

SVG(Scalable Vector Graphic)는 벡터 파일 포맷의 XML 기반으로 작성되기 때문에 텍스트 편집기에서 열고 편집할 수 있습니다. 이미지 모양이 복잡해 패스가 많아지면 용량이 커질 수 있지만 단순한 모양의 벡터 파일은 용량도 적합할 뿐 아니라 웹 환경에서 CSS를 활용하여 색상이나 크기 변경이 자유롭고, 자바스크립트를 이용하여 이벤트 적용도 할 수 있어 온라인 게시용으로 매우 적합합니다.

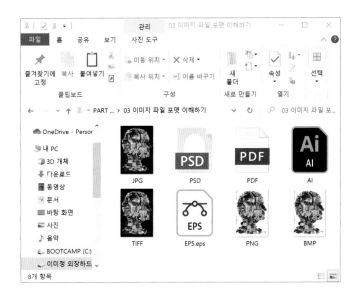

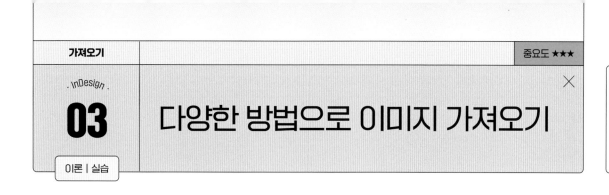

다양한 방법으로 이미지 가져오기

❶ 프레임 안에 이미지 가져오기 ⋯

❶ 도구 패널에서 사각형 프레임 도구(⊠)를 선택한 다음 ❷ 이미지를 삽입하고자 하는 부분에 드래그하여 사각형 프레임을 만듭니다. ❸ 메뉴에서 (파일) → 가져오기를 실행하거나 Ctrl+D를 누릅니다.

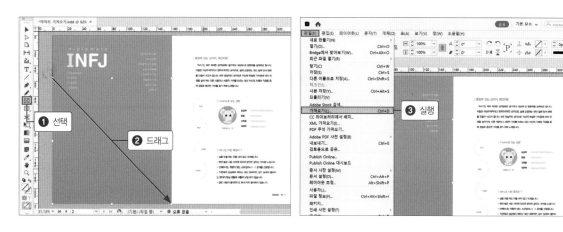

❹ [가져오기] 대화상자가 표시되면 저장 위치를 지정한 다음 ❺ 원하는 이미지 파일을 선택하고 ❻〈열기〉버튼을 클릭합니다. 프레임에 이미지가 삽입됩니다.

이미지 비율을 드래그해 조정하거나 이동하려면 ❼ 직접 선택 도구(▷)를 선택하고 ❽ 이미지를 선택하거나 이미지를 더블클릭한 후 이미지 프레임을 클릭하여 컨테이너 프레임을 선택합니다. ❾ 커서가 손 모양으로 변경되면 이미지를 이동하거나 컨트롤 패널에서 이미지 비율을 설정하여 크기를 보기 좋게 조정합니다.

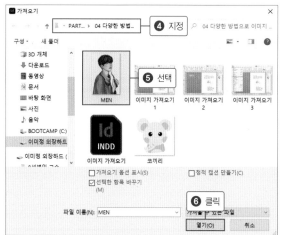

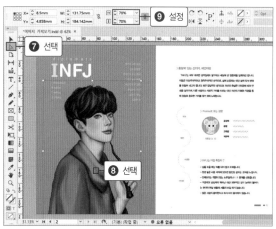

❷ 폴더에서 이미지를 프레임으로 드래그하여 바로 삽입하기 • • •

❶ 도구 패널에서 사각형 프레임 도구(⊠)를 선택한 다음 ❷ 이미지를 삽입하고자 하는 부분에 드래그하여 사각형 프레임을 만듭니다. ❸ 이미지가 저장된 폴더에서 이미지 파일을 사각형 프레임으로 드래그하면 프레임에 이미지가 삽입됩니다.

이미지 비율을 드래그해 조정하거나 이동하려면 ❹ 직접 선택 도구(▷)를 선택하고 ❺ 이미지를 클릭하거나 이미지를 더블클릭한 후 이미지 프레임을 클릭하여 컨테이너 프레임을 선택합니다. ❻ 커서가 손 모양으로 변경되면 이미지를 이동하거나 컨트롤 패널에서 이미지 비율을 설정하여 크기를 보기 좋게 조정합니다.

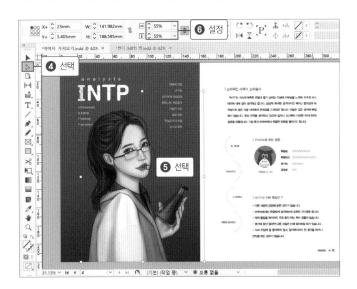

TIP ◁⫿

사각형 프레임은 그대로 두고 컨테이너 프레임만 삭제하려면 직접 선택 도구(▷)로 컨테이너 프레임을 선택한 다음 [Delete]를 누르면 이미지가 삭제됩니다.

TIP ◁⫿

❶ **이미지 프레임** : 파란색으로 표시되며 이미지가 해당 프레임 크기에 맞춰 가려질 수 있습니다.

❷ **컨테이너 프레임** : 갈색으로 표시되며 이미지 크기를 보여줍니다.

❸ 프레임 없이 폴더에서 이미지를 바로 드래그하여 가져오기 • • •

❶ 문서에 이미지를 가져올 프레임이 없는 경우 이미지가 저장된 폴더에서 이미지 파일을 문서로 드래그합니다. 문서에 프레임이 없어도 이미지를 가져올 수 있습니다.

TIP 👈

이미지 프레임이 선택 도구(▶)로 선택된 경우 커서를 프레임 가운데로 움직여 내용 선택 도구인 디스크 모양의 원 아이콘(◎)이 나타날 때 드래그하면 이미지를 이동하거나 축소, 확대할 수 있습니다.

이미지 비율을 드래그하여 조정하거나 이동하려면 ❷ 직접 선택 도구(▷)를 선택하고 ❸ 이미지를 더블클릭하거나 이미지 프레임을 클릭하여 컨테이너 프레임을 선택합니다. ❹ 커서가 손 모양으로 변경되면 이미지를 이동하거나 컨트롤 패널에서 이미지 비율을 설정하여 크기를 보기 좋게 조정합니다.

TIP 👈

이미지 프레임이나 컨테이너 프레임의 크기를 임의로 조절하는 방법은 다음과 같습니다.

❶ 이미지 프레임과 컨테이너 프레임의 크기를 동시에 조절하려면 이미지 프레임을 선택한 다음 Ctrl을 누른 상태로 조절점을 드래그합니다. 이때 비율은 드래그한 방향에 따라 달라집니다. ❷ 같은 비율을 유지하며 크기를 조절하려면 Ctrl+Shift를 누른 상태로 드래그합니다. ❸ 이미지 중심을 기준으로 크기를 조절하려면 Ctrl+Shift+Alt를 누른 상태로 드래그합니다.

같은 크기인 여러 개의 프레임이나 프레임 없이도 여러 개의 이미지를 한 번에 가져오는 방법을 알아봅니다.

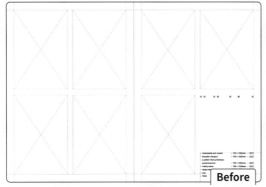

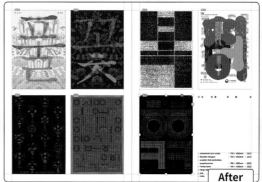

Before

After

• **예제파일** : 04\여러 개의 이미지 가져오기.indd, 1.jpg~7.jpg

• **완성파일** : 04\여러 개의 이미지 가져오기_완성.indd

---

01 04 폴더에서 '여러 개의 이미지 가져오기.indd' 파일을 불러옵니다.
도구 패널에서 ❶ 선택 도구(▶)를 선택하고 ❷ 7개의 사각형 프레임을 선택합니다.

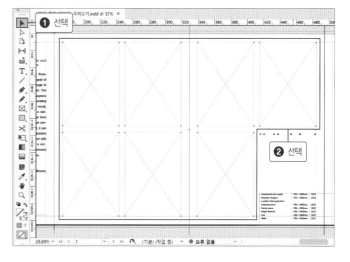

TIP ◁

여러 개의 사각형 프레임을 선택할 때 도구 패널에서 선택 도구(▶)를 선택한 다음 Shift를 누른 채 프레임을 하나씩 추가하여 선택할 수 있습니다.

02 메뉴에서 (파일) → 가져오기를 실행하거나 Ctrl+D를 누릅니다.

(03) [가져오기] 대화상자가 표시되면 ❶ 찾는 위치를 04 폴더로 지정하고 ❷ '1.jpg'~'7.jpg' 이미지를 드래그하여 선택한 다음 ❸ 〈열기〉 버튼을 클릭합니다.

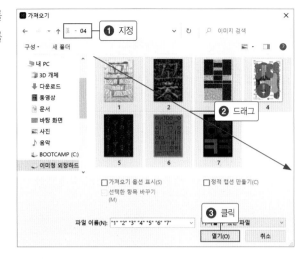

Why? 👈

마우스 커서에 나타나는 미리 보기 이미지는 파일명 순서대로 나타나기 때문에 순서대로 이미지 프레임에 삽입하지 않으면 키보드의 방향키를 이용하여 미리 보기를 하나씩 확인하면서 이미지 프레임에 삽입할 수 있습니다. 이미지를 잘못 가져왔거나 제외하고 싶은 이미지가 있을 때 Esc를 누르면 제외할 수 있습니다.

(04) 커서에 삽입할 이미지가 나타납니다. 각각의 이미지 프레임을 선택하면 이미지가 알맞게 삽입됩니다.

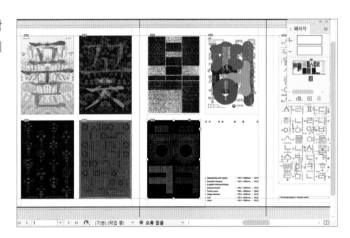

TIP 👈

이미지 프레임이나 컨테이너 프레임을 기존과 같은 비율로 손쉽게 크기를 조절하는 방법은 다음과 같습니다.
속성 패널의 변형 항목에서 참조점이 지정된 상태에 따라 크기 조절 기준이 달라집니다. 참조점이 중앙으로 지정되면 이미지 가운데를 기준으로 크기가 조절됩니다. Ctrl+Alt+, 는 축소, Ctrl+Alt+. 은 확대, Ctrl+, 는 조금씩 축소, Ctrl+. 은 조금씩 확대할 수 있는 단축키입니다.

. InDesign .

04

실습

포토샵(PSD) 파일에서
필요한 레이어 가져오기

×

포토샵에서 여러 개의 레이어로 작업한 PSD 파일을 인디자인으로 가져올 때 필요한 레이어만 선택하여
가져오는 방법을 알아봅니다.

Before

After

• **예제파일** : 04\PSD 파일의 레이어 가져오기.indd, 소컷 이미지.
psd

• **완성파일** : 04\PSD 파일의 레이어 가져오기_완성.indd

01 04 폴더에서 'PSD 파일의 레이어 가져
오기.indd' 파일을 불러옵니다.

도구 패널에서 ❶ 사각형 프레임 도구(⊠)를
선택한 다음 ❷ 이미지를 삽입하려는 부분에 드
래그하여 사각형 프레임을 만듭니다.

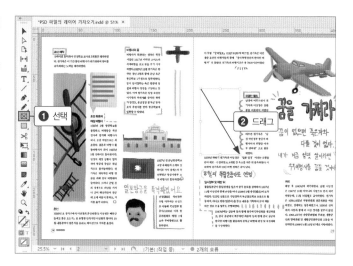

❶ 선택

❷ 드래그

02 ❶ Ctrl+D를 눌러 [가져오기] 대화상자가 표시되면 ❷ 04 폴더에서 ❸ '소컷 이미지.psd' 파일을 선택하고 ❹ '가져오기 옵션 표시'를 체크 표시한 다음 ❺ 〈열기〉 버튼을 클릭합니다.

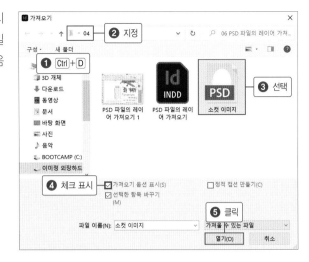

03 [이미지 가져오기 옵션] 대화상자가 표시되면 ❶ [레이어] 탭을 선택한 다음 ❷ '비행기', '소컷들' 레이어의 '눈' 아이콘(👁)을 클릭하여 비활성화합니다. 미리 보기 표시에 '권기옥' 이미지만 표시되면 ❸ 〈확인〉 버튼을 클릭합니다.

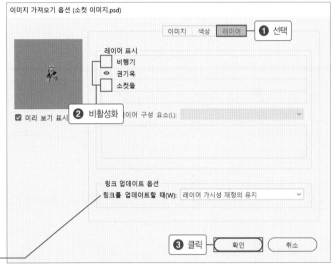

[이미지 가져오기 옵션] 대화상자의 링크 업데이트 옵션 항목에서 링크를 업데이트할 때를 '레이어 가시성 재정의 유지'로 지정해야 이미지 누락 또는 수정할 때, 링크 업데이트 실행 때도 같은 레이어로 링크가 연결됩니다.

04 가져온 이미지를 레이아웃에 맞게 배치합니다.

TIP ✂

PSD 파일이나 AI 파일에서 레이어 이미지를 가져올 경우 폴더에서 드래그하여 이미지를 삽입한 다음 메뉴에서 (개체) → 개체 레이어 옵션을 실행합니다. [개체 레이어 옵션] 대화상자가 표시되면 각 레이어의 '눈' 아이콘(👁)을 활성화 또는 비활성화하여 가져올 수 있습니다.

. InDesign .

05

실습

AI 파일과 PDF 파일 가져오기

2개의 레이어를 이용하여 저장한 AI 파일에서 레이어를 각각 가져오고, PDF 파일에서 여러 페이지 중 필요한 페이지만 선택하여 가져오기 해 봅니다.

Before

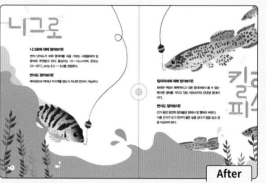

After

• **예제파일** : 04\AI 파일과 PDF 파일 가져오기.indd, 물고기.pdf, 물고기.ai

• **완성파일** : 04\AI 파일과 PDF 파일 가져오기_완성.indd

---

01 04 폴더의 'AI 파일과 PDF 파일 가져오기.indd' 파일을 불러옵니다.

❶ Ctrl+D를 눌러 [가져오기] 대화상자가 표시되면 ❷ 04 폴더에서 ❸ '물고기.ai' 파일을 선택하고 ❹ '가져오기 옵션 표시'를 체크 표시한 다음 ❺ 〈열기〉 버튼을 클릭합니다.

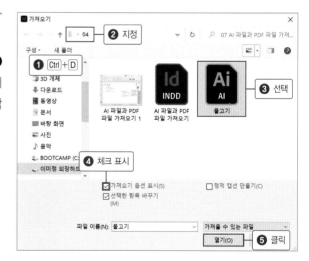

TIP ⇦

일러스트레이터의 벡터 이미지는 일러스트레이터에서 개체를 선택하여 복사한 다음 인디자인 문서에 붙여 넣을 수도 있습니다. 또한 일러스트 레이터에서 인디자인으로 넘어올 때 일정량 이상의 패스, 점, 선, 면, 그러데이션 등이 초과되면 편집할 수 없는 단일 이미지로 변경되거나 인디 자인으로 붙여 넣어지지 않거나 일부만 붙여 넣어지는 경우가 있습니다. 이때 AI 파일로 저장하여 가져옵니다.

02 [PDF 가져오기] 대화상자가 표시되면 ❶ (일반) 탭을 선택한 다음 ❷ 옵션 항목에서 자르기를 '테두리 상자(표시된 레이어만)'으로 지정합니다. ❸ (레이어) 탭을 선택한 다음 ❹ '이름'의 '눈' 아이콘(👁)을 클릭하여 비활성화하면 미리 보기에 '물', '물고기' 이미지만 표시됩니다. ❺ ⟨확인⟩ 버튼을 클릭하여 선택한 레이어를 가져옵니다.

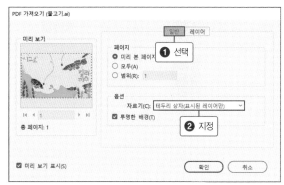 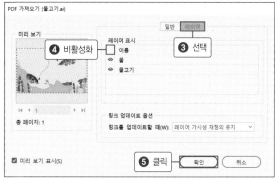

Why? 👈

(일반) 탭의 링크 업데이트 옵션 항목에서 링크를 업데이트할 때의 '투명한 배경'을 체크 표시하면 일러스트레이터의 벡터 이미지만 가져올 수 있으며, 체크 표시를 해제하면 흰색 배경이 만들어지므로 작업 상황에 맞게 선택합니다.

03 가져온 이미지가 고품질 표시로 적용되지 않아 깨져 보이는 현상이 생깁니다. 메뉴에서 (보기) → 화면 표시 성능 → 고품질 표시를 실행하거나 ❶ 이미지에서 마우스 오른쪽 버튼을 클릭하고 ❷ 화면 표시 성능 → 고품질 표시를 실행하여 고품질로 확인합니다.

TIP 👈

고품질로 이미지를 표시하면 화면에서는 보기 좋지만, 하드웨어적으로 부담이 커서 작업 속도가 느려지는 문제가 생기므로 마무리할 때 확인용으로 사용하는 것이 좋습니다.

04 3–4페이지에 PDF 파일을 가져오기 위해 먼저 ❶
[Ctrl]+[D]를 누릅니다. [가져오기] 대화상자가 표시
되면 ❷ 04 폴더에서 ❸ '물고기.pdf' 파일을 선택한 다음
❹ '가져오기 옵션 표시'를 체크 표시하고 ❺ 〈열기〉 버튼
을 클릭합니다.

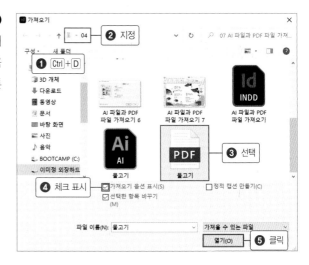

TIP 👉

다양한 확장자 파일을 가져오기 위해서는 '가져오기 옵션 표시'를 반드시 체크 표시해야 합니다. 이 옵션을 체크 표시하기 위해서는 반드시 **가져오기** 명령을 실행해야 합니다. 폴더에서 바로 본문 페이지로 이미지를 드래그하면 PDF 파일의 여러 페이지 중 한 페이지만 삽입되어 필요한 페이지를 이미지로 가져올 수 없습니다.

05 [PDF 가져오기] 대화상자가 표시되면
〔일반〕 탭의 페이지 항목에서 ❶ 범위를
선택하고 ❷ '1–2'로 지정합니다. 옵션 항목에서
❸ 자르기를 '재단'으로 지정한 다음 ❹ 〈확인〉
버튼을 클릭합니다.

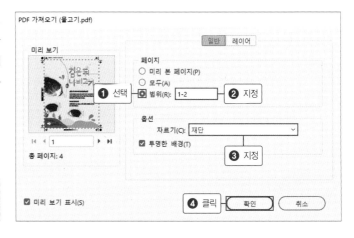

Why? 👉

자르기를 '재단'으로 지정하면 실제로 재단될 크기,
즉 실제 문서 크기로 이미지를 가져옵니다.

06 페이지 패널의 3–4페이지에 PDF 파일
인 1–2페이지가 삽입됩니다.

. InDesign .

06 이미지 가져오기와 복사, 붙이기

이론 | 실습

❶ 이미지 가져오기와 복사하기, 붙이기 방식의 차이점 ···

이미지 가져오기

다양한 확장자의 이미지 파일을 가져올 때 가져오기 명령을 실행하면 인디자인 파일 용량이 적어서 작업 시 편리하고, 큰 이미지를 가져와도 프로그램이 무리 없이 진행됩니다.

메뉴에서 [파일] → 가져오기를 실행하거나 [Ctrl]
+[D]를 눌러 모든 이미지를 가져옵니다. 링크 패널
에 가져온 이미지들이 모두 포함되어 있습니다.

이미지를 복사, 붙이기로 가져오기

❶ 포토샵에서 [Ctrl]+[A]를 눌러 이미지를 전체 선택한 다음 ❷ [Ctrl]+[C]를 눌러 복사합니다. ❸ 인디자인 문서
에서 이미지가 들어갈 페이지를 엽니다.

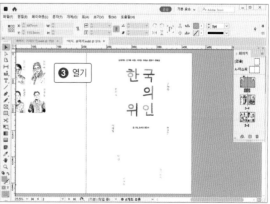

❹ Ctrl + V 를 눌러 붙입니다. 이미지를 맨 뒤로 보내기 위해 ❺ 메뉴에서 〔개체〕→ 배치 → 맨 뒤로 보내기를 실행합니다. ❻ 같은 방법으로 6페이지까지 모두 포토샵에서 복사하여 인디자인에 붙여 넣습니다. 링크 패널에 이미지가 표시되지 않습니다.

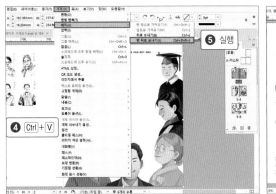

TIP

가져오기 명령을 실행하면 포토샵에서 배경 없이 PSD, PNG 파일을 가져올 수 있습니다. 복사, 붙여 넣기 방식으로 이미지를 가져오면 배경 없이 투명한 이미지라 하더라도 인디자인에 붙여 넣었을 때 흰색 배경이 채워집니다.

이미지를 가져온 파일과 복사, 붙이기한 파일을 확인하면 불러오는 방법에 따라 파일의 용량 차이가 큰 것을 알 수 있습니다.

Why?

일러스트레이터나 포토샵에서 이미지를 복사/붙이기 하여 가져오면 파일 용량이 커져 프로그램이 다운될 가능성이 높습니다. 작은 크기의 이미지나 페이지 수가 적고 이미지가 적게 들어가는 문서라면 복사/붙이기로 이미지를 가져오는 방법이 이미지 파일을 관리하지 않아도 되기 때문에 효과적입니다. 그러나 복사/붙이기 방식으로 가져온 단점은 이미지를 수정할 경우 해당 파일을 찾기가 불편하고, 수정한 이미지는 자동으로 인디자인에서 변경되지 않아 다시 복사/붙이기를 해야 하는 번거로움이 있습니다.

❷ 개체 복사하고 붙이기 • • •

텍스트 프레임을 복사하여 붙이는 것과 도구 패널에서 문자 도구(T.)를 선택하고 텍스트를 드래그한 다음 붙이는 것은 같습니다.

복사한 개체 붙이기

❶ 복사할 개체를 선택하고 ❷ 메뉴에서 (편집) → 복사를 실행하여 개체를 복사한 다음 붙여 넣을 부분을 선택하거나 다른 페이지 또는 문서로 이동하고 ❸ 메뉴에서 (편집) → 붙이기를 실행하면 개체가 복사됩니다.

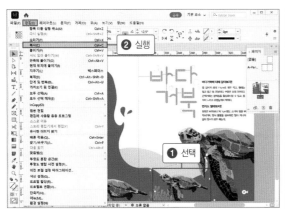

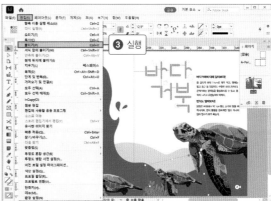

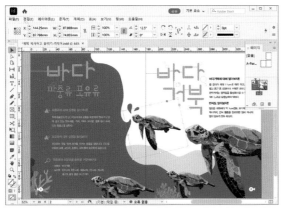

TIP ☞

복사는 개체를 선택하거나 텍스트를 드래그한 다음 메뉴에서 (편집) → 복사를 실행하거나 개체에서 마우스 오른쪽 버튼을 클릭하고 복사((Ctrl)+(C))를 실행하여 복사할 수 있습니다.

붙이기는 개체를 붙여 넣을 부분을 선택한 다음 메뉴에서 (편집) → 붙이기를 실행하거나 개체에서 마우스 오른쪽 버튼을 클릭하고 붙이기((Ctrl)+(V))를 실행하여 붙여 넣을 수 있습니다.

서식 없이 붙이기

❶ 도구 패널에서 문자 도구(T)를 선택하고 ❷ 복사할 텍스트를 드래그하여 선택한 다음 ❸ 메뉴에서 [편집] → 복사를 실행하거나 Ctrl+C를 눌러 복사합니다.

❹ 문자 도구(T)를 선택한 상태에서 문서에 드래그하여 텍스트 프레임을 만들고 ❺ 메뉴에서 [편집] → 서식 없이 붙이기를 실행하거나 Ctrl+Shift+V를 누릅니다.

서식 없이 붙이기는 텍스트의 글꼴 크기, 글꼴, 색상 등과 같은 서식 그대로 붙여 넣을 수 없고 텍스트 내용만 붙여 넣어집니다.

실수로 만들어진 와플,
고기 망치로 팬케이크를 굽다?

▲ 서식 없이 붙이기

실수로 만들어진 와플,
고기 망치로 팬케이크를 굽다?

▲ 일반 붙이기

도형을 이용하여 프레임이 만들어진 개체나 텍스트의 윤곽선을 만들어 변환한 개체 안에 이미지 등을 붙여 넣을 때 편리한 안쪽에 붙이기 명령을 활용해 봅니다.

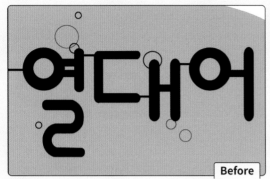
Before

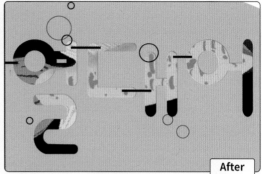
After

• **예제파일** : 04\안쪽에 붙이기.indd

• **완성파일** : 04\안쪽에 붙이기_완성.indd

---

01 04 폴더에서 '안쪽에 붙이기.indd' 파일을 불러옵니다.

도구 패널에서 ❶ 선택 도구(▶)를 선택하고 ❷ 가운데 물고기를 클릭하여 선택합니다.

02 ❶ 선택된 개체에서 마우스 오른쪽 버튼을 클릭하고 ❷ 복사를 실행하거나 Ctrl+C를 누릅니다.

03 도구 패널에서 **①** 직접 선택 도구(▷)를 선택하고 **②** '열대어' 텍스트를 선택한 다음 **③** 메뉴에서 (편집) → 안쪽에 붙이기를 실행하거나 Ctrl+Alt+V를 누릅니다.

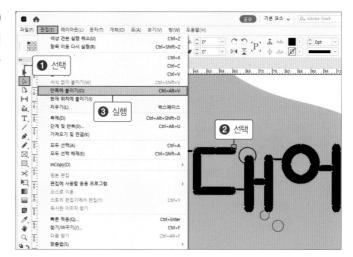

04 개체에 적용된 물고기 이미지를 보기 좋게 개체 컨트롤 패널에서 칠을 [없음]으로 지정합니다.

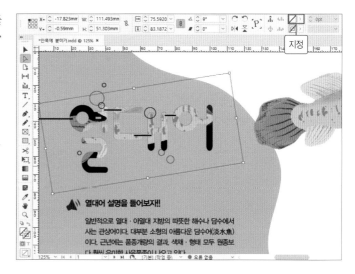

TIP ◁

개체 크기를 조정할 때 참조점을 원하는 방향으로 지정할 수 있습니다. 크기 조정은 개체 컨트롤 패널에서도 비율을 입력하여 조정 가능합니다.

선택 도구(▶)로 개체를 선택하고 컨트롤 패널에서 비율을 축소나 확대하면 설정한 %만큼 축소나 확대된 다음 100%로 표기됩니다. 직접 선택 도구(▷)로 컨테이너 프레임을 선택하여 비율을 축소나 확대하면 축소나 확대한 %의 숫자가 표기됩니다.

01　04 폴더에서 '현재 위치에 붙이기.indd' 파일을 불러옵니다.

도구 패널에서 ❶ 선택 도구(▶)를 선택한 다음 ❷ 복사할 이미지를 드래그하여 선택합니다.

TIP ⬅

선택할 개체가 많을 때 선택 도구(▶)로 드래그하여 선택하거나 Shift를 누른 채 개체를 하나씩 선택하면 여러 개체를 선택할 수 있습니다.

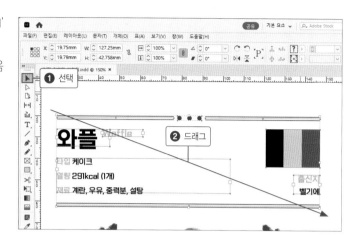

02　메뉴에서 (편집) → 복사를 실행하거나 Ctrl+C를 눌러 복사합니다.

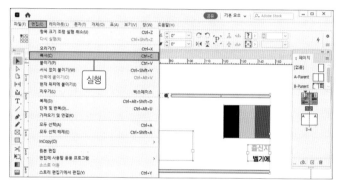

03　페이지 패널의 ❶ 3페이지를 더블클릭하여 이동합니다. ❷ 메뉴에서 (편집) → 현재 위치에 붙이기를 실행합니다.

Why? 👈

개체를 복사하여 같은 문서나 다른 문서에 붙여 넣을 때 현재 위치에 그대로 붙이는 방법을 알아봅니다.

04　1페이지에서 복사한 개체들이 3페이지의 같은 위치에 복제됩니다.

Why? 👈

드래그한 텍스트는 현재 위치에 붙이기가 어렵지만, 텍스트 프레임은 현재 위치에 붙여집니다.

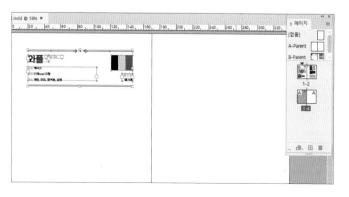

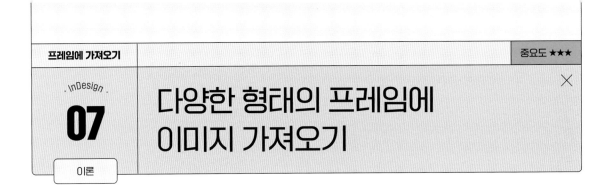

. InDesign .

07

이론

다양한 형태의 프레임에 이미지 가져오기

❶ 타원 프레임에 이미지 가져오기 ● ● ●

❶ 도구 패널의 타원 프레임 도구(⊗)를 선택하고 ❷ Shift를 누른 채 드래그해 정원을 만듭니다. ❸ Ctrl+D를 눌러 [가져오기] 대화상자가 표시되면 원하는 이미지를 선택하거나 이미지 파일을 프레임에 드래그해 삽입합니다. ❹ Ctrl+Alt+Shift+E를 눌러 비율에 맞게 내용 맞추기를 실행해 프레임에 맞게 이미지를 채웁니다.

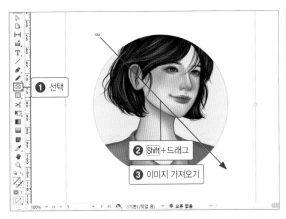

❷ 다각형 프레임에 이미지 가져오기 ● ● ●

❶ 도구 패널에서 다각형 프레임 도구(⊗)를 선택한 다음 ❷ 문서에 클릭하여 [다각형] 대화상자가 표시되면 ❸ 원하는 형태의 다각형을 설정하고 ❹ 〈확인〉 버튼을 클릭합니다. ❺ 다각형에 이미지를 삽입하고 크기를 조정합니다.

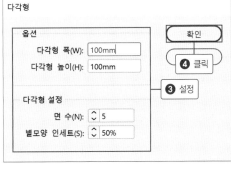

❸ 패스에 이미지 가져오기 ● ● ●

❶ 도구 패널의 펜 도구(펜 아이콘)를 선택한 다음 ❷ 문서에 클릭 또는 드래그하여 나비 모양을 만듭니다. ❸ 나비 모양에 이미지를 삽입하고 크기를 조정합니다.

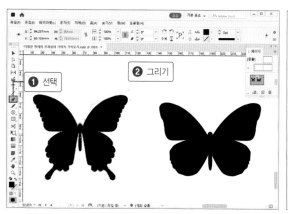

❹ 텍스트에 이미지 가져오기 ● ● ●

❶ 문자 도구(T)를 선택하고 ❷ 텍스트를 입력합니다. ❸ 선택 도구를 선택하고 ❹ 작성된 텍스트를 선택한 다음 ❺ 메뉴에서 〔문자〕 → 윤곽선 만들기를 실행하거나 Ctrl+Shift+O를 눌러 문자의 윤곽선을 만듭니다. ❻ 텍스트에 이미지를 삽입한 다음 조정합니다.

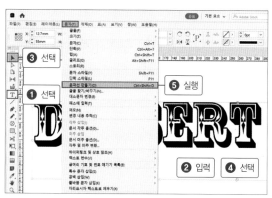

TIP

도구 패널의 사각형, 타원, 다각형 프레임 도구를 이용해 이미지 프레임을 만들 수 있습니다. 또한 펜 도구로 만든 프레임이나 문자에 **윤곽선 만들기**를 실행하여 다양한 형태에 이미지를 삽입할 수도 있습니다.

TIP

문자 도구가 텍스트 프레임에 활성화되어 있으면 **(문자) → 윤곽선 만들기**가 비활성화되어 있습니다. 선택 도구나 직접 선택 도구로 텍스트 프레임이 선택되어 있어야 윤곽선 만들기를 실행할 수 있습니다.

. InDesign .
08
실습

여러 개의 프레임에
한 개의 이미지 넣기

×

컴파운드 패스를 이용하여 2개 이상의 사각형 프레임을 하나의 개체로 인식시켜 한 개의 이미지만 삽입
하는 방법을 알아봅니다.

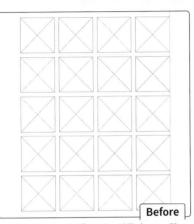
Before

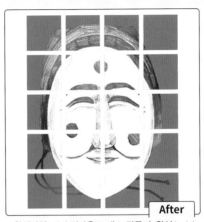
After

• 예제파일 : 04\컴파운드 패스 만들기.indd, 탈.png • 완성파일 : 04\컴파운드 패스 만들기_완성.indd

(01) 04 폴더의 '컴파운드 패스 만들기.indd'
파일을 불러옵니다.

도구 패널에서 ❶ 선택 도구(▶)를 선택하고
❷ 드래그하여 사각형 프레임을 모두 선택한 다
음 ❸ 메뉴에서 〔개체〕 → 패스 → 컴파운드 패
스 만들기를 실행하거나 Ctrl + 8 을 누릅니다.

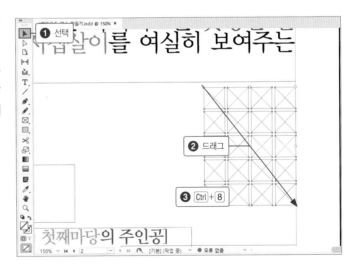

02 20개의 사각형 프레임이 1개의 프레임 으로 만들어집니다. ❶ 선택 도구(▶) 를 선택하고 ❷ 사각형 프레임을 선택합니다.

TIP ◁￫
컴파운드 패스 만들기가 적용되면 사각형 프레임 하 나하나의 × 표시가 사라지고 20개의 프레임에 하나 에 × 표시가 나타납니다.

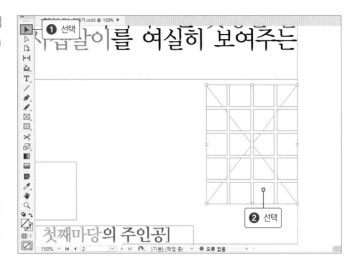

03 ❶ Ctrl + D 를 눌러 [가져오기] 대화상자 가 표시되면 ❷ 04 폴더에서 ❸ '탈.png' 파일을 선택한 다음 ❹ 〈열기〉 버튼을 클릭합니다.

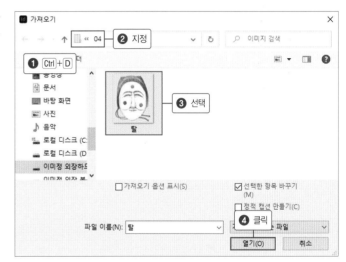

04 20개의 사각형 프레임에 하나의 탈 이 미지가 삽입됩니다.

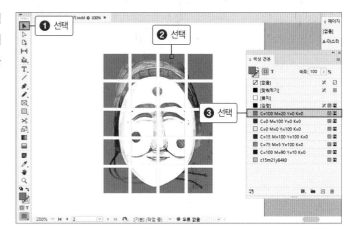

05 ① 선택 도구(▶)로 ② 사각형 프레임을 선택한 다음 ③ 색상 견본 패널에서 'C=100 M=20 Y=0 K=0'을 선택하여 배경색을 적용합니다.

TIP ⟵

여러 개의 개체를 하나의 개체로 적용하여 하나의 이미지를 가져올 경우 **컴파운드 패스 만들기**를 실행하거나 패스파인더 패널에서 '더하기' 아이콘(▣)을 클릭합니다. 같은 방법으로 인식됩니다.

개체 축소와 확대, 회전하기

이론

❶ 개체 축소와 확대하기 • • •

❶ 도구 패널에서 선택 도구(▶)를 선택하고 ❷ 축소할 개체를 선택합니다. ❸ 도구 패널에서 크기 조정 도구(🔲)를 더블클릭하거나 메뉴에서 [개체] → 변형 → 크기 조정을 실행합니다.

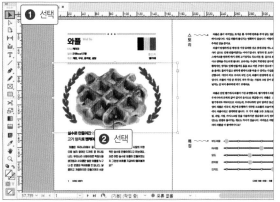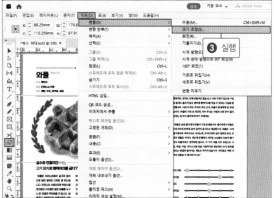

TIP ◁▷

개체를 축소하거나 확대할 때 선택 도구(▶)로 개체를 선택한 다음 개체 외곽 모서리에 커서를 가져갔을 때 축소나 확대 형태가 나타나면 Ctrl을 누른 채 드래그하는 경우 이미지가 비례에 맞지 않게 자유롭게 축소나 확대됩니다. Ctrl+Shift를 누른 채 드래그하면 이미지가 비례에 맞게 축소나 확대되며, Ctrl+Alt+Shift를 누른 채 드래그하면 개체 중앙에서 비례에 맞게 축소나 확대됩니다.

❹ [크기 조정] 대화상자가 표시되면 변경할 X/Y 비율을 설정합니다. ❺ 〈확인〉 버튼을 클릭하면 선택한 개체의 크기가 변경됩니다.

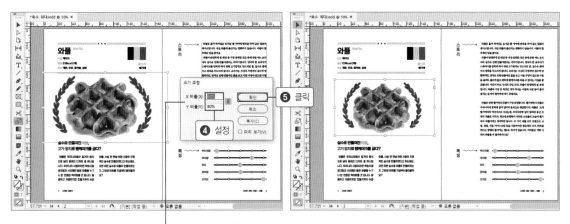

[크기 조정] 대화상자에서 X/Y 비율을 100% 이상 입력하면 확대되고, 100% 이하로 입력하면 축소됩니다.

❷ 개체 회전하기 • • •

❶ 도구 패널에서 선택 도구(▶)를 선택하고 ❷ 'B' 텍스트를 선택합니다.

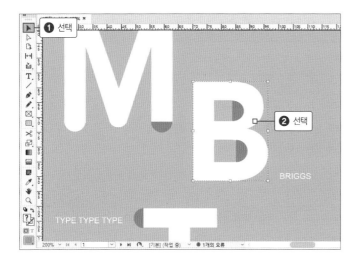

TIP

개체 외곽에 커서를 가져갔을 때 회전 형태가 나타나면 자유롭게 회전할 수 있으며, Shift를 누른 채 드래그하여 회전하면 45° 단위로 회전할 수 있습니다.

❸ 도구 패널에서 회전 도구(↻)를 더블클릭합니다. [회전] 대화상자가 표시되면 ❹ 각도를 '−45°'로 입력한 다음 ❺ '미리 보기'를 체크 표시하여 각도를 확인하고 ❻ 〈확인〉 버튼을 클릭합니다.

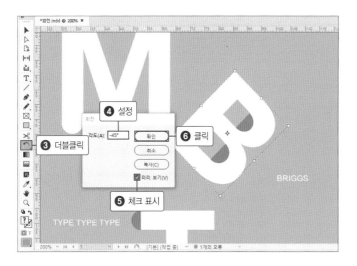

TIP

회전할 때 기준점은 개체 컨트롤 패널의 참조점을 지정하여 변경할 수 있으며, 개체 컨트롤 패널에서 회전 각도를 설정하여 변경할 수도 있습니다. 개체를 좌우로 뒤집으려면 개체 컨트롤 패널에서 '가로로 뒤집기', 상하로 뒤집으려면 '세로로 뒤집기' 아이콘을 클릭합니다. 메뉴에서 (**창**) → **개체 및 레이아웃** → **변형**을 실행하여 표시되는 변형 패널에서도 변경할 수 있습니다.

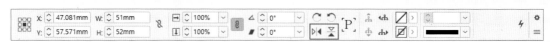

10

이미지 프레임에 자동 맞춤 설정해 작업 속도 높이기

이론 | 실습

---

❶ 이미지 선택 후 개체 컨트롤 패널과 속성 패널 살펴보기 　　　•••

이미지를 선택하면 컨트롤 패널이 개체 컨트롤 패널로 변경되며 프레임 맞추기 옵션 아이콘이나 속성 패널에서 프레임 맞춤을 활용할 수 있습니다.

---

❷ 맞춤 명령 살펴보기 　　　•••

❶ 이미지를 선택한 다음 ❷ 메뉴에서 〔개체〕→ 맞춤의 하위 명령을 실행하거나 마우스 오른쪽 버튼을 클릭한 다음 맞춤의 하위 명령을 실행하여 다양한 프레임 맞춤 명령들을 살펴봅니다.

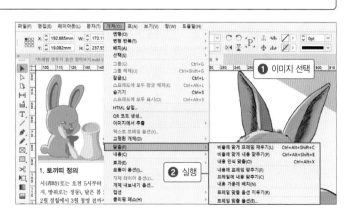

❶ 비율에 맞게 프레임 채우기(⎡Ctrl⎤+⎡Alt⎤+⎡Shift⎤+⎡C⎤) : 프레임을 모두 채울 수 있는 상태로 이미지를 조정합니다. 이미지의 원본 비율은 유지되고 프레임과 이미지 비율이 맞지 않으면 가려지는 이미지 영역이 생깁니다.

❷ 비율에 맞게 내용 맞추기(⎡Ctrl⎤+⎡Alt⎤+⎡Shift⎤+⎡E⎤) : 프레임 비율에 맞춰 이미지를 조절하므로 이미지의 원본 비율은 유지되지만 프레임과 이미지 비율이 맞지 않으면 프레임에 여백이 생깁니다.

❸ 내용 인식 맞춤(⎡Ctrl⎤+⎡Alt⎤+⎡X⎤) : '비율에 맞게 프레임 채우기'와 유사한 기능인데, 차이점은 이미지 내용을 인식해서 중요한 부분이라고 생각되는 부분을 더 보여줍니다.

❹ 내용에 프레임 맞추기 : 이미지에 맞춰 프레임을 변경합니다. 지정한 프레임이 줄어들거나 늘어날 수 있습니다.

❺ 프레임에 내용 맞추기 : 프레임을 기준으로 이미지를 늘이거나 축소하여 맞춥니다. 이미지 비율이 프레임에 따라 변경될 수 있습니다.

❻ 내용 가운데 배치 : 프레임 가운데에 이미지를 배치합니다. 프레임과 내용의 가로/세로 비율이 유지되며 크기도 변경되지 않습니다.

❸ 정확한 위치와 이미지 크기 조정하기 ● ● ●

문서에서 이미지의 위치와 크기를 확인하려면 ❶ 도구 패널에서 선택 도구(▶)를 선택하고 ❷ 이미지 프레임을 선택한 다음 ❸ 컨트롤 패널이나 속성 패널 또는 변형 패널에서 확인할 수 있습니다. 이미지 크기를 정확한수치로 수정해야 한다면 ❹ 컨트롤 패널이나 변형 패널에서 직접 수치를 설정합니다. ❺ 삽입된 이미지가 원본과 비교해 어떤 비율인지 살펴보려면 컨테이너 프레임을 더블클릭해서 선택하고 ❻ X/Y 비율을 확인합니다.

❹ 임의로 이미지 크기 조정하기 ● ● ●

이미지 프레임이나 컨테이너 프레임에서 임의로 크기를 조절하는 방법은 다음과 같습니다.

이미지 프레임과 컨테이너 프레임 크기를 동시에 조절하려면 이미지 프레임을 선택한 다음 Ctrl을 누른 상태로 조절점을 드래그합니다. 이때 이미지 비율은 드래그 방향에 따라 달라집니다. 같은 비율을 유지하며 크기를 조절하려면 Ctrl+Shift를 누른 상태로 드래그합니다. 이미지 가운데를 기준으로 크기를 조절하려면 Ctrl+Shift+Alt를 누른 상태로 드래그합니다.

자동 맞춤 기능을 활성화하면 이미지 크기와 프레임이 함께 조정됩니다. 프레임 크기를 조정하면서 이미지 크기를 자동으로 조정하는 방법을 알아봅니다.

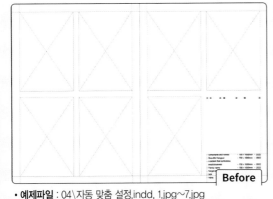
Before

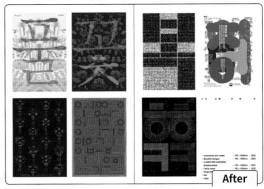
After

• **예제파일** : 04\자동 맞춤 설정.indd, 1.jpg~7.jpg

• **완성파일** : 04\자동 맞춤 설정_완성.indd

01 04 폴더에서 '자동 맞춤 설정.indd' 파일을 불러옵니다.

❶ 선택 도구(▶)로 ❷ 7개의 사각형 프레임을 선택한 다음 ❸ 메뉴에서 (개체) → 맞춤 → 프레임 맞춤 옵션을 실행하거나 속성 패널에서 프레임 맞춤의 〈옵션〉 버튼을 클릭합니다.

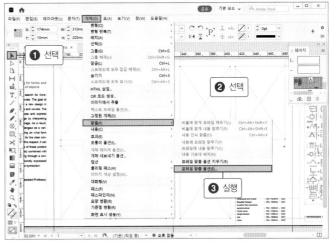

02 [프레임 맞춤 옵션] 대화상자가 표시되면 ❶ '자동 맞춤'을 체크 표시하고 ❷ 맞춤을 '비율에 맞게 내용 맞추기', 정렬 시작을 '중앙'으로 지정한 다음 ❸ 〈확인〉 버튼을 클릭합니다.

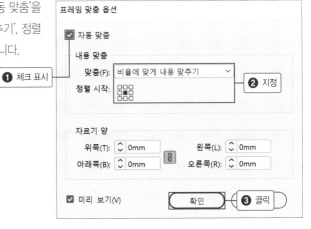

03 ❶ Ctrl+D를 눌러 [가져오기] 대화상자가 표시되면 ❷ 04 폴더에서 ❸ 7개의 '1.jpg'~'7.jpg' 이미지 파일을 드래그하여 선택하고 ❹ 〈열기〉 버튼을 클릭합니다.

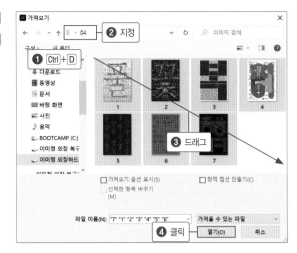

04 순서대로 사각형 프레임을 클릭하여 7개의 빈 프레임에 이미지를 삽입합니다.

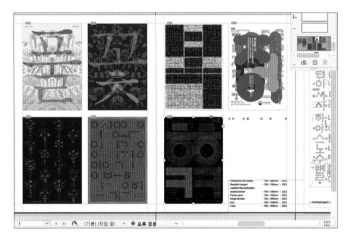

TIP

❶의 이미지 프레임은 자동 맞춤을 설정하지 않았으며, ❷의 이미지 프레임은 자동 맞춤을 설정하였습니다. 이미지 프레임을 자동 맞춤으로 설정하면 다른 파일에서 이미지를 복사하여 안쪽에 붙여 넣거나 이미지를 다시 가져와도 자동 맞춤이 실행됩니다.

. InDesign .

11

실습

가장자리 감지 기능을 활용하여 텍스트 감싸기

이미지 배경을 빠르게 지우고, 이미지 형태에 따라 텍스트를 자연스럽게 배치하기 위해 클리핑 패스의 가장자리 감지 기능을 활용해 봅니다.

• **예제파일** : 04\클리핑 패스.indd

• **완성파일** : 04\클리핑 패스_완성.indd

01 04 폴더에서 '클리핑 패스.indd' 파일을 불러옵니다.

❶ 가운데의 컵케이크 이미지를 선택한 다음

❷ 메뉴에서 (개체) → 클리핑 패스 → 옵션을 실행하거나 Ctrl + Alt + Shift + K를 누릅니다.

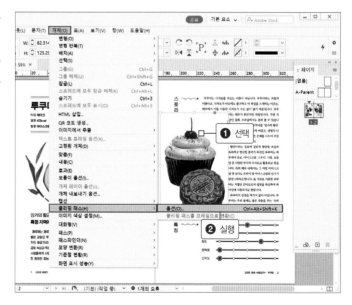

02 [클리핑 패스] 대화상자가 표시되면 ❶ 유형을 '가장자리 감지'로 지정합니다. 패스가 표시되면 ❷ 한계값과 허용치를 가장자리 유형에 알맞게 설정하고 ❸ 〈확인〉 버튼을 클릭합니다.

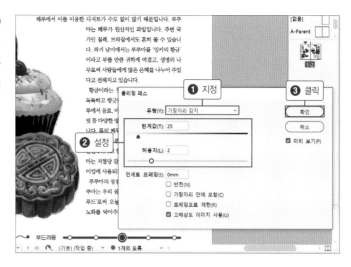

03 이미지 외곽에 패스가 만들어집니다. 패스가 부자연스럽거나 정교하지 않으면 수정합니다.

TIP ◁┈

패스는 작업 화면을 확대한 다음 직접 선택 도구(▷)나 펜 도구(✐)를 이용하여 좀 더 세밀하게 다듬을 수 있습니다.

04 메뉴에서 (창) → 텍스트 감싸기를 실행합니다.

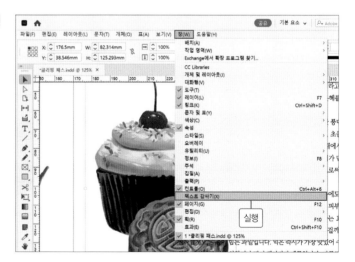

05 텍스트 감싸기 패널이 표시되면 ❶ '개체 모양 감싸기' 아이콘(▣)을 클릭한 다음 ❷ 감싸기를 '오른쪽 면'으로 지정하고 ❸ 활성화된 위쪽 오프셋을 '5mm'로 설정합니다. 개체 주변에 오프셋이 표시되며 텍스트가 밀려납니다.

06 클리핑 패스를 이미지 프레임으로 활용하기 위해서는 메뉴에서 [개체] → 클리핑 패스 → 클리핑 패스를 프레임으로 변환을 실행합니다.

07 클리핑 패스의 가장자리 감지 기능을 활용해 텍스트 감싸기가 적용되었습니다.

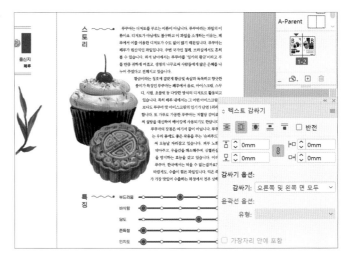

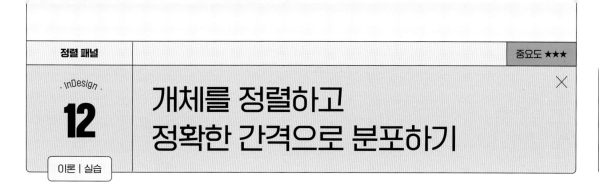

① **개체 정렬** : 여러 개체를 왼쪽 가장자리 정렬, 수평 가운데 정렬, 오른쪽 가장자리 정렬, 위쪽 가장자리 정렬, 수직 가운데 정렬, 아래쪽 가장자리 정렬 중에서 선택하여 정렬할 수 있습니다.

② **개체 분포** : 선택한 여러 개체를 위쪽 가장자리 분포, 수직 가운데 분포, 아래쪽 가장자리 분포, 왼쪽 가장자리 분포, 수평 가운데 분포, 오른쪽 가장자리 분포 중에서 선택하여 분포할 수 있습니다.

③ **분포 간격** : 개체의 간격을 조절할 수 있습니다. 간격 값에는 개체의 크기가 포함됩니다. 맞춤 대상을 지정하여 여백에 맞추거나 페이지 또는 선택한 개체 등으로 지정할 수 있습니다. 두 개 이상의 개체를 수직 공간 분포와 수평 공간 분포 중에서 선택하여 간격을 지정할 수 있습니다. 간격 값은 개체 간의 간격만 포함됩니다.

여러 개의 개체를 일관된 규칙으로 정렬하거나 분포하기 위한 효과적인 방법을 알아봅니다.

• 예제파일 : 04\개체 정렬.indd
• 완성파일 : 04\개체 정렬_완성.indd

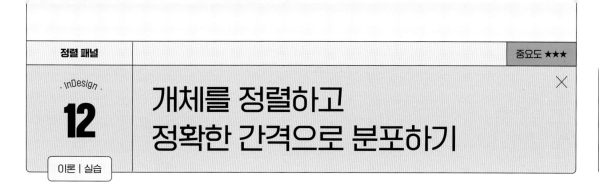

① 04 폴더에서 '개체 정렬.indd' 파일을 불러옵니다.

도구 패널에서 ❶ 선택 도구(▶)를 선택하고 ❷ 정렬하고자 하는 'E, S, T, J'를 선택합니다.

TIP ⇦

'E, S, T, J'를 모두 선택하기 위해서는 Shift를 누른 채 하나씩 클릭하여 추가합니다.

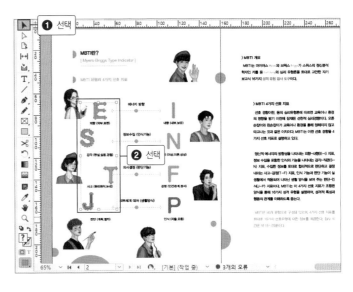

② 'E'를 기준으로 정렬하기 위해 ❶ 다시 한 번 'E'를 선택하면 테두리가 두 꺼운 파란색으로 강조됩니다. ❷ 메뉴에서 (창) → 개체 및 레이아웃 → 정렬을 실행하거나 Shift +F7을 누릅니다. 정렬 패널이 표시되면 ❸ '수평 가운데 정렬' 아이콘(▣)을 클릭하여 가운데 정렬합니다.

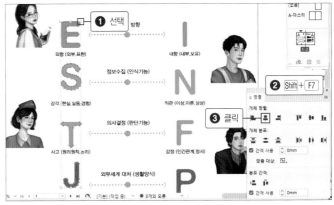

③ 왼쪽 텍스트가 가운데 정렬되면 정렬 패널에서 ❶ 분포 간격의 간격 사용에 '14'를 입력하고 ❷ '수직 공간 분포' 아이콘(▤)을 클릭하여 마무리합니다.

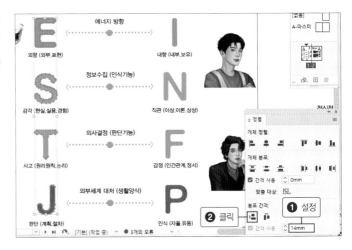

반복 요소를 쉽게 넣는 다단 복제하기

개체를 다단 복제하는 기능으로 복제와 단계 및 반복을 이용해 빙고 배경을 만들어 봅니다.

Before	After
• **예제파일** : 04\다단 복제.indd	• **완성파일** : 04\다단 복제_완성.indd

01 04 폴더에서 '다단 복제.indd' 파일을 불러옵니다.

도구 패널에서 ❶ 선택 도구(▶)를 선택한 다음 ❷ 선을 선택합니다.

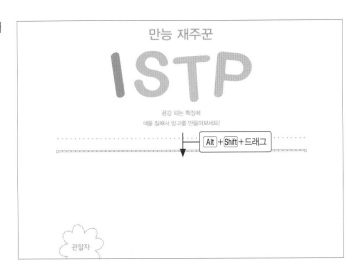

02 Alt + Shift 를 누른 채 선택된 선을 아래
로 드래그하여 복제합니다.

TIP ◁⋹
Shift 를 누른 채 드래그하면 개체를 수직, 수평 방향으
로 이동할 수 있습니다.

03 메뉴에서 〔편집〕 → 복제를 실행하거나
Ctrl + Alt + Shift + D 를 여러 번(5번 정
도) 누르면 드래그하여 복제했던 간격대로 개체
가 반복해서 복제됩니다.

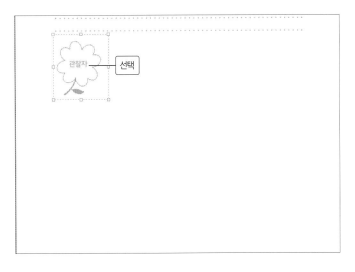

04 이번에는 선택 도구(▶)로 다단 복제할
개체를 선택합니다.

(05) 메뉴에서 (편집) → 단계 및 반복을 실행하거나 Ctrl+Alt+U를 누릅니다.

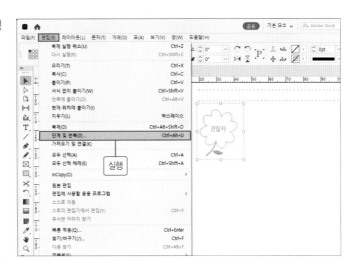

(06) [단계 및 반복] 대화상자가 표시되면 ❶ 격자 항목에서 '격자로 만들기'에 체크 표시하고 ❷ 행을 '3', 단을 '4'로 설정합니다. ❸ 오프셋 항목에서 세로를 '33mm', 가로를 '32mm'로 설정한 다음 ❹ '미리 보기'에 체크 표시하면 간격을 확인할 수 있습니다. ❺ 〈확인〉 버튼을 클릭하면 원하는 간격으로 개체가 복제됩니다.

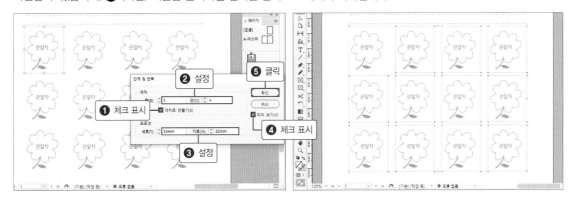

TIP

[단계 및 반복] 대화상자 살펴보기

❶ **행** : 세로 방향으로 복제할 개체 수를 설정합니다.
❷ **단** : 가로 방향으로 복제할 개체 수를 설정합니다.
❸ **격자로 만들기** : 가로 및 세로 방향으로 복제합니다.
❹ **오프셋** : 복제할 때의 간격 설정으로 개체의 가로, 세로 크기를 포함하여 설정합니다.
❺ **미리 보기** : 복제된 상태를 확인할 수 있습니다.

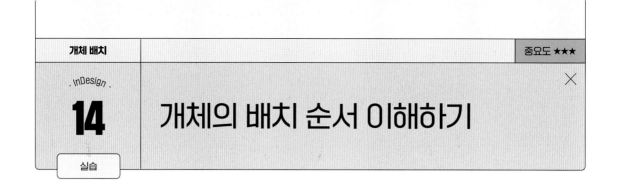

. InDesign .
14 개체의 배치 순서 이해하기

실습

배치 명령을 사용하여 개체의 순서를 바꿔봅니다. 레이어를 사용하지 않은 채 개체를 알맞게 배열하는 방법을 알아봅니다.

Before

After

- **예제파일** : 04\배치 순서.indd
- **완성파일** : 04\배치 순서_완성.indd

01 04 폴더에서 '배치 순서.indd' 파일을 불러옵니다.
도구 패널에서 ① 선택 도구(▶)를 선택한 다음 ② 주황색 개체를 선택합니다.

02 메뉴에서 (개체) → 배치 → 맨 뒤로 보내기를 실행하거나 Ctrl + Shift + [를 누릅니다.

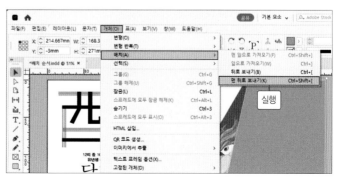

03 주황색 개체가 모든 개체의 맨 뒤에 배치되어 닭이 나타납니다.

Why? 👉

맨 뒤로 보내기(Ctrl+Shift+[)와 **맨 앞으로 가져오기**(Ctrl+Shift+]) 명령은 다른 개체의 순서와 상관없이 선택한 개체를 맨 뒤에 배치하거나 맨 앞으로 배치합니다. 사용 빈도가 상당히 높은 단축키입니다.

04 ❶ 닭 이미지를 선택하고 ❷ 메뉴에서 〔개체〕 → 배치 → 맨 앞으로 가져오기를 실행하거나 Ctrl+Shift+]를 누릅니다.

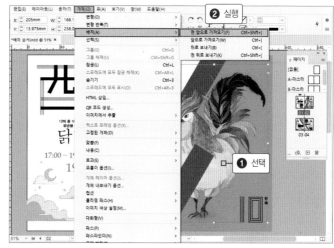

TIP 👈

앞으로 가져오기(Ctrl+])는 여러 개체가 겹쳐 있을 때 개체 사이에서 한 단계씩 앞으로 보내며, **뒤로 보내기**(Ctrl+[)는 여러 개체가 겹쳐 있을 때 개체 사이에 한 단계씩 뒤로 보내는 기능입니다.

05 아래에 있는 다홍색 사각형 프레임에 가려진 닭 이미지가 맨 앞으로 배치됩니다.

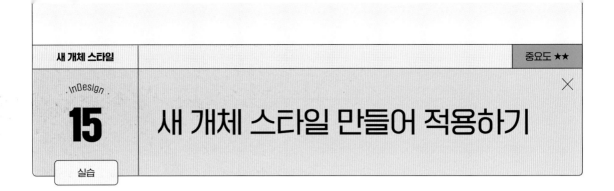

InDesign

15 새 개체 스타일 만들어 적용하기

실습

같은 개체를 여러 페이지에 일관되게 사용할 때 개체에 적용된 효과나 칠, 획 등을 스타일로 만들면 클릭 한 번에 적용할 수 있어 매우 편리합니다.

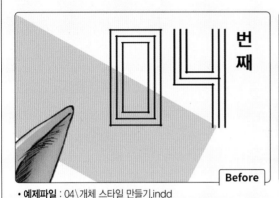

Before

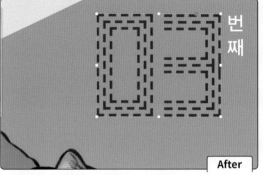

After

• 예제파일 : 04\개체 스타일 만들기.indd   • 완성파일 : 04\개체 스타일 만들기_완성.indd

---

01 04 폴더에서 '개체 스타일 만들기.indd' 파일을 불러옵니다.

도구 패널에서 ❶ 선택 도구(▶)를 선택한 다음 ❷ 선으로 표시된 '04'를 선택합니다.

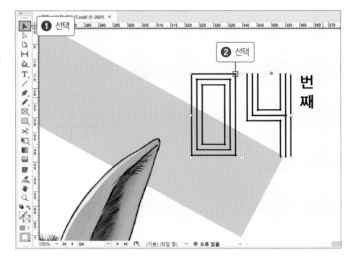

02 획 패널을 표시하기 위해 메뉴에서 (창)
→ 획((F10))을 실행합니다.

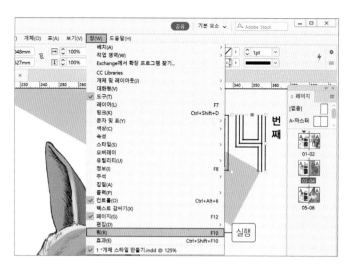

03 획 패널에서 **❶** 두께를 '2pt'로 설정한
다음 **❷** 유형을 '파선(3:2)'으로 지정해
선 모양을 변경합니다.

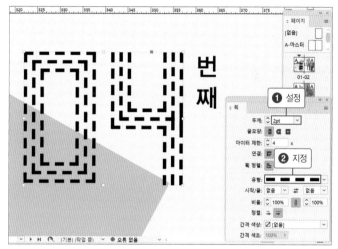

04 변경한 선 스타일을 개체 스타일에 저장
하기 위해 먼저 메뉴에서 (창) → 스타일
→ 개체 스타일을 실행하거나 (Ctrl)+(F7)을 눌러
개체 스타일 패널을 표시합니다.

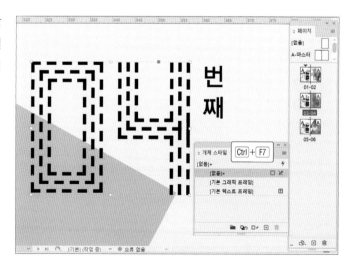

개체 스타일 패널에서 ❶ '패널 메뉴'
아이콘(▤)을 클릭한 다음 ❷ 새 개체
스타일을 실행하거나 '새 스타일 만들기' 아이콘
(▣)을 클릭합니다.

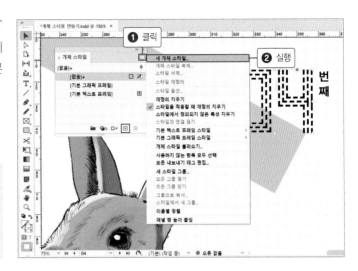

Why?👉

개체 스타일 패널에서 '새 스타일 만들기' 아이콘(▣)
을 클릭하면 개체 스타일 패널에 획의 속성이 '개체
스타일 1'로 저장됩니다. 스타일을 변경하려면 '개체
스타일 1'을 더블클릭해 표시되는 [개체 스타일 옵션]
대화상자에서 설정합니다.

(06) [새 개체 스타일] 대화상자가 표시되면 ❶ 스타
일 이름에 '숫자 점선'을 입력한 다음 ❷ 기본 특
성 항목에서 '획'을 선택합니다. ❸ 오른쪽 획 항목에서
'C=100 M=90 Y=10 K=0'을 선택합니다. ❹ 두께를 '2pt'
로 설정하고 유형을 확인한 다음 ❺ 〈확인〉 버튼을 클릭
하면 이름 등의 변경 사항이 저장됩니다.

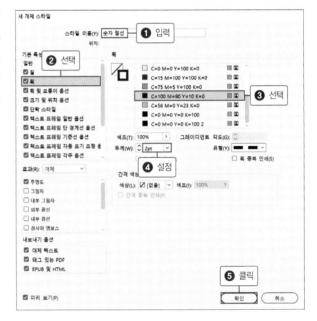

(07) ❶ 페이지 패널에서 2페이지를 더블클릭하여 이동합니다. ❷ 선으로 표시된 '03'을 선택하고 개체 스타일 패널에서
❸ '숫자 점선'을 선택해 개체 스타일을 적용합니다.

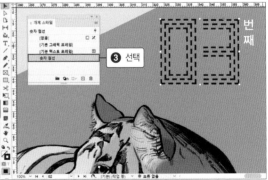

. InDesign .

16

실습

개체 스타일 중에서
일부만 변경하기

개체에 적용된 스타일 중 일부분을 변경하여 적용하는 경우를 '재정의'라고 합니다. 기존 스타일을 재정
의하는 방법을 알아봅니다.

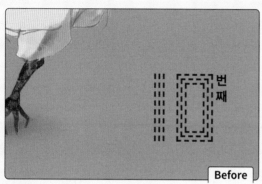

Before

• **예제파일** : 04\개체 스타일 재정의하기.indd

After

• **완성파일** : 04\개체 스타일 재정의하기_완성.indd

01 　04 폴더에서 '개체 스타일 재정의하기
.indd' 파일을 불러옵니다.

도구 패널에서 ❶ 선택 도구(▶)를 선택하고
❷ 선으로 표시된 '10'을 선택합니다. ❸ 메뉴에
서 [창] → 스타일 → 개체 스타일([Ctrl]+[F7])을
실행하여 개체 스타일 패널을 표시합니다.

선으로 표시된 '10'에는 이미 개체 스타일이 적용되어
개체 스타일 패널의 '숫자 점선'이 선택됩니다.

02 스타일이 적용된 개체를 선택한 채 ❶ 개체 컨트롤 패널에서 두께를 '1pt', ❷ 칠은 [검정]으로 변경합니다. 개체 스타일 패널의 '숫자 점선' 옆에 기호(+)가 나타납니다. 지정된 스타일에서 벗어났다는 의미입니다.

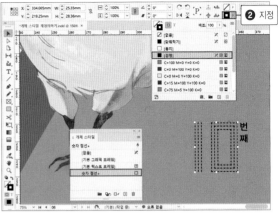

03 개체 스타일 패널에서 ❶ '패널 메뉴' 아이콘(☰)을 클릭한 다음 ❷ 스타일 재정의를 실행합니다.

적용한 재정의 설정에 따라 개체 스타일 정의가 실행되어 변경됩니다.

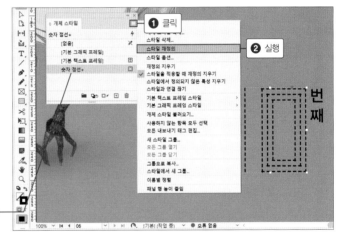

04 문서에서 개체 스타일이 적용된 모든 개체가 업데이트되어 자동으로 새로운 설정으로 변경됩니다.

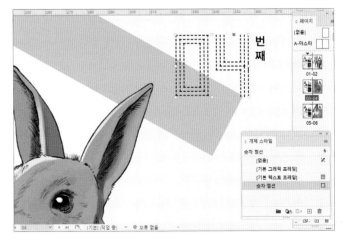

레이어의 다양한 기능 이해하기

레이어 순서대로 개체가 표시되므로 문서에서 레이어 패널의 위쪽 레이어는 아래쪽 레이어보다 위에 표시됩니다. 레이어를 이동 및 편집하거나 잠그고 작업하는 방법을 알아봅니다.

Before   **After**

• 예제파일 : 04\레이어 기능 이해하기.indd   • 완성파일 : 04\레이어 기능 이해하기_완성.indd

01 04 폴더의 '레이어 기능 이해하기.indd' 파일을 불러옵니다.

❶ 메뉴에서 [창] → 레이어를 실행하거나 F7을 누릅니다. 레이어 패널이 표시되면 ❷ '레이어 1'의 '펼침' 아이콘(>)을 클릭하여 문서에 포함된 이미지, 텍스트 또는 개체들을 확인할 수 있습니다.

02 레이어 패널 아래의 '새 레이어 만들기' 아이콘(⊡)을 클릭하거나 ❶ '패널 메뉴' 아이콘(☰)을 클릭한 다음 ❷ 새 레이어를 실행합니다.

TIP ⟨⇦

레이어 패널에서 '레이어 1'의 '닫힘' 아이콘(⌄)을 클릭하면 '레이어 1'에 있는 레이어들이 숨겨집니다.

03 [새 레이어] 대화상자가 표시되면 ❶ 이름에 '배경'을 입력한 다음 ❷ 〈확인〉 버튼을 클릭합니다.

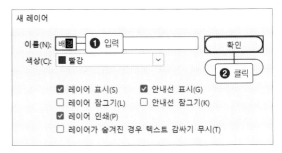

TIP ⟨⇦

[레이어 옵션] 대화상자를 이용하여 레이어를 잠그거나 레이어 색상을 변경할 수도 있습니다. 또한 레이어 패널에서 '눈' 아이콘(◉) 오른쪽의 '레이어 잠금 켜기/끄기' 아이콘(🔒)을 클릭하여 레이어를 잠금 설정할 수도 있습니다.

04 도구 패널에서 ❶ 사각형 프레임 도구(⊠)를 선택하고 레이어 패널의 ❷ '배경' 레이어를 선택합니다.

Why? ⟨👆

레이어 패널에서 '배경' 레이어 색상은 '빨강'이기 때문에 '배경' 레이어에 있는 모든 프레임은 빨강으로 표시됩니다.

(05) ❶ 문서 전체에 드래그하여 사각형 프레임을 그립니다. ❷ 칠 색상을 'DIC 419s'로 적용합니다.

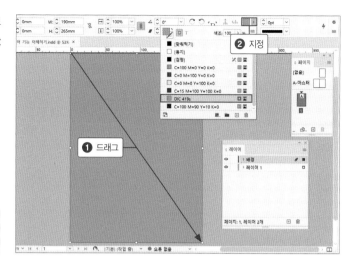

Why? 🖐
레이어 패널에서 '배경' 레이어가 '레이어 1' 레이어보다 위에 있어 이미지들이 모두 가려집니다.

(06) 레이어 패널에서 '배경' 레이어를 선택한 다음 '레이어 1' 레이어 아래로 드래그하면서 가로로 굵은 선이 나타날 때 마우스 버튼에서 손을 떼 순서를 변경합니다.

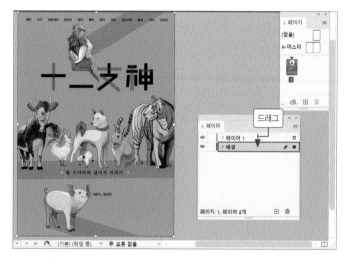

Why? 🖐
'배경' 레이어가 아래로 이동되어 '레이어 1'에 있는 이미지와 텍스트, 개체가 모두 보입니다.

(07) 레이어 패널 아래의 '새 레이어 만들기' 아이콘(回)을 클릭하여 새 레이어를 추가하면 '레이어 3'이 추가됩니다.

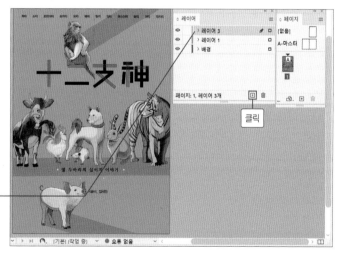

'레이어 3'에 포함된 모든 개체들은 초록색 프레임으로 선택됩니다. 편집 중인 이미지의 레이어 위치를 파악할 수 있습니다.

08 레이어 패널에서 '레이어 1'의 '펼침' 아이콘(▷)을 클릭하고 3개의 〈사각형〉 레이어를 선택한 다음 '레이어 3'으로 드래그합니다. '레이어 1'에 있었던 3개의 〈사각형〉 레이어가 '레이어 3'으로 이동됩니다. '레이어 3'의 '눈' 아이콘(◉)을 클릭하면 '레이어 3'에 있는 사각형 프레임이 보이지 않습니다. 레이어를 표시하려면 다시 '눈' 아이콘 영역을 클릭합니다.

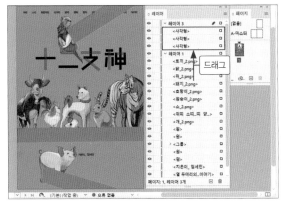 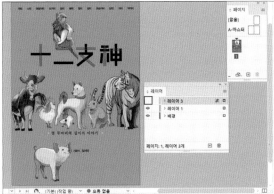

Why? 👉

3개의 〈사각형〉 레이어가 '레이어 3'으로 이동되었기 때문에 주황색 사각형 프레임들이 동물 이미지 위로 올라옵니다.

TIP 👈

선택된 레이어 이름의 오른쪽 사각형을 클릭하면 해당 레이어에 포함된 모든 개체가 선택됩니다.
레이어 이름을 변경하려면 레이어 패널에서 레이어를 더블클릭하거나 선택된 레이어를 클릭하면 바로 이름을 변경할 수 있습니다.

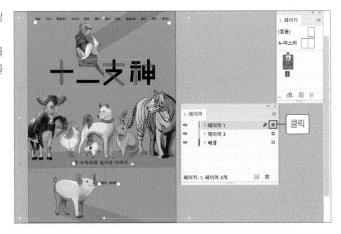

09 레이어 패널에서 '레이어 3'을 선택한 다음 '레이어 1' 아래로 드래그하여 이동합니다. '레이어 3'이 아래로 이동되어 '레이어 1'에 있는 이미지와 텍스트, 개체 모두 보입니다.

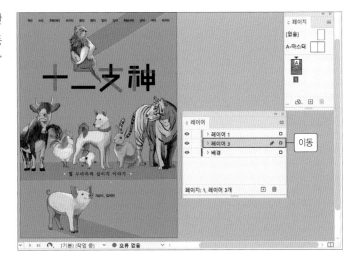

❶ 그룹 지정하기　•••

❶ 그룹으로 만들어 관리하려면 도구 패널에서 선택 도구(▶)를 선택한 다음 두 개 이상의 개체를 모두 드래그하여 선택하거나 Shift를 누른 채 한 개씩 추가해서 선택합니다. ❷ 메뉴에서 (개체) → 그룹을 실행하거나 Ctrl +G를 누릅니다. 선택한 개체가 그룹으로 묶이며 ❸ 프레임에 점선이 표시됩니다.

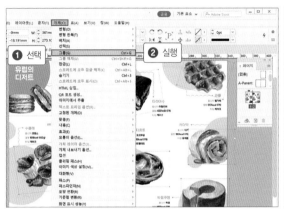

❹ 그룹으로 묶인 개체 중에서 하나만 선택하려면 선택하려는 개체를 더블클릭하거나 도구 패널의 직접 선택 도구(▷)를 선택한 다음 개체를 선택합니다. 또는 개체 컨트롤 패널의 개체 선택 아이콘을 이용하여 선택할 수 있습니다.

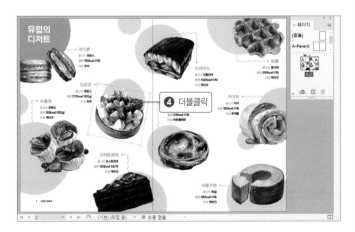

Why? 👉
그룹화된 개체 중 하나만 선택한 다음 Esc를 누르면 다시 개체의 그룹이 선택됩니다.

❷ 그룹 해제하기 • • •

❶ 그룹을 해제하려면 먼저 그룹을 선택하고 ❷ 메뉴에서 〔개체〕 → 그룹 해제를 실행하거나 [Ctrl]+[Shift]+[G]를 누릅니다. ❸ 하나로 묶인 개체가 해제된 것을 확인합니다.

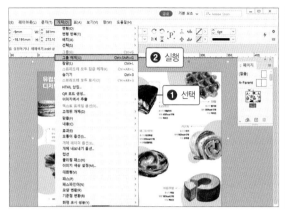 

❸ 그룹 컨트롤 패널 살펴보기 • • •

❶ **컨테이너 선택** : 그룹의 개체 중 하나가 선택되었을 때 해당 아이콘을 클릭하면 그룹을 선택합니다.

❷ **내용 선택** : 그룹이 선택되었을 때 해당 아이콘을 클릭하면 그룹 중 하나의 개체를 선택합니다. 이 아이콘이 선택된 상태에서는 자유롭게 그룹의 개체를 선택할 수 있습니다.

❸ **이전 개체를 선택** : 그룹으로 묶인 개체 중에서 배치된 순서대로 선택할 수 있습니다. 클릭할 때마다 뒤쪽 개체가 선택되며 [Shift]를 누르면 5개씩 이동됩니다. [Ctrl]을 누르면 맨 뒤 개체를 선택합니다.

❹ **다음 개체를 선택** : 클릭할 때마다 앞쪽 개체가 선택되며, [Shift]를 누르면 5개씩 이동됩니다. [Ctrl]을 누르면 맨 앞쪽 개체를 선택합니다.

개체를 잠그거나 잠금 설정 해제하기

❶ 개체 잠그기 ●●●

❶ 도구 패널에서 선택 도구(▶)를 선택한 다음 잠그려는 개체를 선택합니다. ❷ 메뉴에서 (개체) → 잠금을 실행하거나 Ctrl+L을 누릅니다. '잠금' 아이콘(🔒)이 프레임 가장자리에 표시됩니다. ❸ 잠금 설정할 개체가 레이어에 분리되어 있다면 레이어 패널에서도 '잠금' 아이콘(🔒)을 클릭하여 레이어 전체 또는 개체별로 잠금 설정을 할 수 있습니다. 개체가 잠겨 있을 때는 이동할 수 없습니다.

TIP 👈

문서에서 잠금 설정되었는지를 확인하려면 메뉴에서 (보기) → 화면 모드 → 표준을 실행하거나 W를 눌러 프레임에서 '잠금' 아이콘(🔒)을 확인합니다.

Why? 👈

잠긴 개체는 문서를 저장하고 닫은 다음 다시 열어도 계속 잠겨 있습니다. (환경 설정) 대화상자의 (일반) 탭에서 '잠긴 개체 선택 방지'의 체크 표시를 해제하면 잠긴 개체를 선택할 수 있습니다.

❷ 개체 잠금 해제하기 ●●●

개체의 잠금 설정을 해제하려면 메뉴에서 (개체) → 스프레드에 모두 잠금 해제를 실행하거나 Ctrl+Alt+L을 누릅니다. 또는 도구 패널에서 선택 도구(▶)나 직접 선택 도구(▷)를 선택한 다음 문서에서 개체별로 '잠금' 아이콘(🔒)을 클릭하여 잠금 설정을 해제할 수도 있습니다. 레이어 패널에서도 '잠금' 아이콘(🔒)을 클릭하면 아이콘이 사라지며, 잠금 설정을 해제할 수 있습니다.

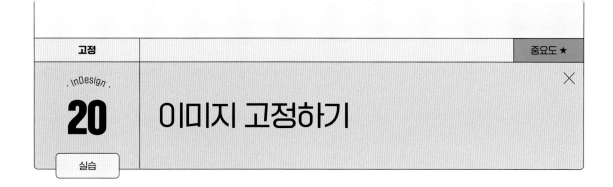

. InDesign .

20 이미지 고정하기

실습

• **예제파일** : 04\이미지 고정.indd   • **완성파일** : 04\이미지 고정_완성.indd   • • •

01 04 폴더에서 '이미지 고정.indd' 파일을 불러옵니다.

텍스트 프레임 왼쪽에 이미지들이 나열되어 있습니다. 텍스트 정렬이 바뀌어도 이미지들이 해당 텍스트 옆에 위치하게 하는 방법을 알아봅니다.

Why? 👉

여러 페이지의 본문 디자인은 텍스트 프레임의 위치나 크기가 변경되면 뒷페이지까지 자동으로 변경됩니다. 특정 콘텐츠에 종속된 이미지를 해당 텍스트에 고정시키지 않을 경우에는 본문 양과 위치의 변화에 따라 매번 이미지를 이동시켜야 합니다

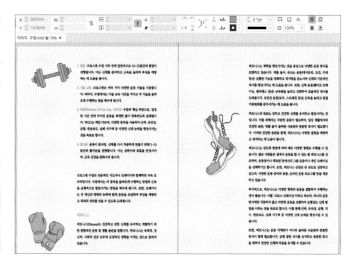

02 ❶ 선택 도구(▶)로 ❷ 권투 글러브 이미지를 선택하고 ❸ 이미지 프레임의 고정점을 클릭한 다음 '피트니스' 문자 왼쪽으로 드래그하여 연결합니다.

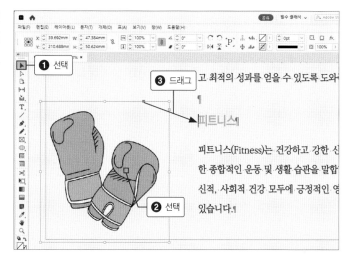

03 오른쪽 페이지의 '신발' 이미지도 같은 방법을 사용하여 '피트니스의 목표는~' 왼쪽에 고정점을 드래그하여 연결합니다. 이미지가 고정되면 해당 지점에 '고정된 개체' 아이콘이 추가됩니다.

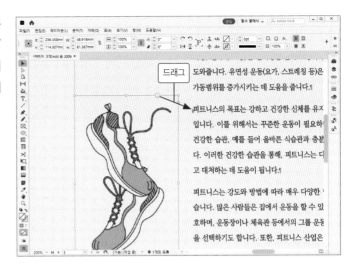

04 ❶ 문자 도구(T.)를 선택하고 ❷ 왼쪽 페이지 '피트니스' 소제목 상단을 클릭하여 커서를 위치한 다음 ❸ Enter를 누르면 해당 지점 다음부터 다음 페이지로 이동합니다. ❹ 권투 글러브 이미지는 고정했기 때문에 텍스트에 따라 이동하는 것을 볼 수 있습니다.

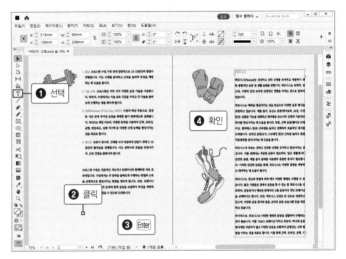

TIP ◁┐
미리 보기 상태에서는 '고정된 개체' 아이콘이 보이지 않아 텍스트를 수정하거나 삭제할 때 고정점을 삭제하면 이미지도 같이 삭제되므로 주의합니다.

TIP ◁┐
이미지 모양이나 위치에 따라 감싼 개체 옆의 텍스트 균등 배치가 필요할 수 있습니다. 메뉴에서 (편집) → 환경 설정 → 컴포지션을 실행하고 텍스트 열을 분리하는 감싼 개체 옆의 텍스트를 균등 배치합니다. 감싼 개체 옆 텍스트를 균등 배치하는 방법을 지정하면 전체 문서에 해당 변경 내용이 적용됩니다.

효과 패널과 효과의 종류 살펴보기

❶ 효과 패널 살펴보기   •••

메뉴에서 〔창〕 → 효과를 실행하면 효과 패널이 표시됩니다. 개체를 선택한 다음 효과 패널에서 '선택한 대상에 개체 효과 추가' 아이콘(fx.)을 클릭하여 적용하려는 효과를 선택하면 효과를 적용할 수 있습니다.

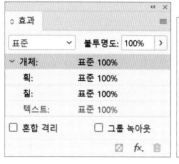 

❶ **투명도** : 개체를 투명하게 만듭니다. 합성 모드와 불투명도를 지정할 수 있습니다.

❷ **그림자** : 개체에 그림자를 추가합니다. 그림자의 혼합 모드, 색상, 불투명도, 거리, 각도, 크기를 다양하게 설정할 수 있습니다.

❸ **내부 그림자** : 개체가 음각 형태로 나타나도록 개체의 가장자리 바로 안쪽에 그림자를 추가합니다. 내부 그림자의 혼합 모드, 불투명도, 거리, 각도, 크기, 노이즈를 설정할 수 있습니다.

❹ **외부 광선** : 개체 가장자리 내·외부에 광선을 추가합니다. 혼합 모드, 불투명도, 기교, 노이즈, 경계 감소, 색상을 설정할 수 있습니다.

❺ **내부 광선** : 개체 안쪽에서 빛이 발산하는 효과를 추가합니다. 혼합 모드, 불투명도, 기교, 노이즈, 경계 감소, 소스 등을 설정할 수 있습니다. 내부 광선은 외부 광선과 방향만 반대이며 기능은 같습니다.

❻ **경사와 엠보스** : 입체적인 양각 형태를 나타냅니다. 안쪽에 밝은 영역 및 그림자를 추가하여 입체적인 3차원 효과를 적용할 수 있습니다.

❼ **새틴** : 매끈하게 윤이 나는 음영을 레이어 안쪽에 적용하는 기능으로 혼합 모드, 불투명도, 거리, 각도, 크기, 색상 및 투명도 반전 여부를 설정할 수 있습니다.

❽ **기본 페더** : 기본 이미지 페더로서 지정한 거리만큼 개체의 가장자리를 점차 사라지게 하는 효과입니다. 페더 폭, 경계 감소, 모퉁이, 노이즈를 설정할 수 있습니다.

❾ **방향 페더** : 사용자가 지정한 방향부터 페더를 적용하여 일반 페더보다 각도와 양에 대해 효과적으로 적용됩니다.

❿ **그레이디언트 페더** : 개체를 점차 투명하게 하여 부드러운 느낌을 만들 수 있습니다. 불투명도와 위치, 유형, 각도를 설정하여 적용할 수 있습니다.

TIP ◁

효과 패널을 사용하는 다양한 방법

개체를 선택한 다음 개체 컨트롤 패널의 '선택한 대상에 개체 효과 추가' 아이콘(fx.)을 클릭하거나, 개체에서 마우스 오른쪽을 클릭하고 명령 또는 효과 패널 메뉴의 효과를 실행하거나 메뉴에서 〔개체〕 → **효과**를 실행하면 효과 목록이 표시됩니다.

❷ 다양한 효과 살펴보기　　　　● ● ●

투명도

그림자

내부 그림자

외부 광선

내부 광선

경사와 엠보스

새틴

기본 페더

방향 페더

그레이디언트 페더

PART 5.

실무 현장에서 필요한
다채로운 색상 사용하기

디자인 요소 중 시각적으로 매우 중요한 요소인 색상에 대해 알아봅니다. 미디어에 최적화된 색상 모드를 선택하고, 이를 활용하는 방법과 색상 견본, 색상 패널 등 색상 관련 기능을 활용하는 방법을 익힙니다.

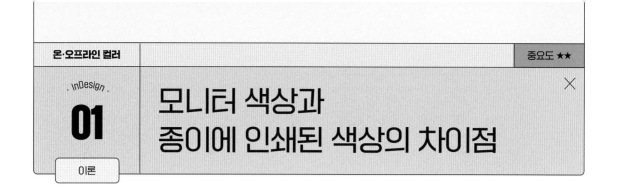

모니터 색상과 종이에 인쇄된 색상의 차이점

❶ 모니터와 인쇄물 색상 차이가 생기는 이유 • • •

모니터 색상과 인쇄물의 색상은 표현하는 방법이 다르기 때문에 모니터 색상에만 의지하여 디자인 작업을 할 경우 인쇄 사고가 발생할 수 있습니다. 작업한 색상과 출력된 결과물의 색상 차이가 커서 문제가 생기는 경우입니다. 빛의 삼원색으로 표현되는 RGB 모니터와 CMYK 4가지 색상으로 인쇄되는 출력물 색상 차이는 필연적으로 발생합니다. 아무리 좋은 모니터라 해도 인쇄물 색상을 정확하게 보여 줄 수 없으며, 뛰어난 기술을 보유한 인쇄 업체라 해도 모니터에서 보여지는 색상을 그대로 구현할 방법은 없습니다.

RGB와 CMYK의 차이

색상 차이가 발생하는 이유는 첫째, RGB와 CMYK의 차이입니다. CMYK가 표현할 수 있는 색상 범위는 RGB로 표현할 수 있는 색상 범위보다 적습니다. 즉, RGB로 색을 표현하는 모니터에서는 제대로 표현된 색상이라 하더라도 CMYK로는 구현할 수 없는 색상일 가능성이 높습니다. 작업 시 CMYK로 작성된 데이터값의 색은 모니터에서 표현될 때 망점을 통해 재현되지 않습니다. 결국 모니터는 CMYK를 혼합하여 구현해야 하는 모든 색상을 모니터 위에 RGB로 보여주는 것뿐입니다.

모니터 감마값 차이

둘째, 모니터 감마 값을 어떻게 설정하느냐에 따라 같은 색상도 다르게 보일 수 있습니다. 개인에 따라, 모니터 종류에 따라 기본 설정값이 다르기 때문에 데이터 색상과 실제 인쇄물의 색상 차이를 줄일 수 있는 설정값을 기준으로 조정해야 합니다. 이때 기준이 되는 색은 '빨간색(M=100, Y=100)'입니다.

인쇄용 잉크 차이

셋째, 인쇄에 사용되는 잉크는 색 대비 현상이 강해서 색상이 생각했던 색보다 쨍하고 진해 보이는 경향이 있습니다. 흐리고 옅은 색으로 인쇄하고 싶은 경우 이를 감안하여 예상보다 약한 색으로 데이터를 설정하는 것이 작업자의 노련함입니다.

그 밖에 종이의 재질, 온도, 날씨, 습도, 잉크, 기계, 롤러 등 인쇄에 영향을 주는 요소들은 상당히 많습니다. 이런 이유로 인쇄에 같은 색상은 존재하지 않는다고 보는 것이 바람직합니다. 두 매체 간 색상 차이를 줄이려는 지속적인 노력이 디자인 전 과정에 필요합니다.

❷ 색상 차이를 줄일 수 있는 방법 ● ● ●

일반적으로 RGB 이미지는 형광색을 많이 띠기 때문에 CMYK로 변환할 때 탁해지는 느낌을 받습니다. 두 색상을 변환할 때 그 차이를 최소화하고 싶은 경우 RGB → Lab → CMYK 순으로 변환하면 완벽하진 않지만 탁해지는 느낌을 줄일 수 있습니다.

모니터 특성 파악하기

색상 차이를 줄일 방법은 다음과 같습니다. 첫째, 모니터의 특성을 파악합니다. 인쇄 데이터 작업 시 CMYK로 설정하고 작업하는 과정에서 해당 설정값이 인쇄했을 때 어떻게 표현되는지 어느 정도의 감을 익혀 두는 것이 좋습니다.

CMYK 컬러 차트 이용하기

둘째, CMYK 데이터값을 표기한 컬러 차트를 이용합니다. 컬러 차트를 참고하여 원하는 색상을 직접 지정하는 방법입니다. 모니터에서 보여지는 색상을 무시하고 컬러 차트의 색상을 신뢰하며 인쇄를 진행합니다.

인쇄 감리하기

셋째, 인쇄 감리를 통해 색상의 데이터값을 임의로 조정합니다. 별색이 사용되었거나 색상에 예민한 고급 인쇄물일 경우 마지막 단계에서 인쇄 감리를 보는 것이 사고를 줄이는 가장 좋은 방법입니다. 인쇄 원고에서 색상이 바뀌었거나 별색이 4원색으로 설정된 경우 데이터를 수정하는 것이 원칙이지만, 미세하게 수정해야 할 상황이라면 비용과 시간을 효율적으로 사용하기 위해 데이터를 수정하지 않고도 현장에서 CMYK 각각 잉크의 양을 조절하여 색상을 수정할 수 있습니다. 하지만, 인쇄기 롤러의 수직 방향에 놓여진 CMYK 잉크가 동일하게 조절되므로 수정을 원치 않았던 부분에 변화가 있을 수 있습니다. 따라서 감리 과정에서 색상을 조정하는 것은 주요 색상의 색감을 맞추는 단계로 생각하는 것이 좋습니다.

인쇄 전문가와 상의하기

넷째, 인쇄 전문가와 충분히 상의합니다. 인쇄물에 영향을 줄 수 있는 요소는 종이의 성질에 따라, 인쇄 잉크에 따라, 계절과 습도 등 주변 환경에 따라서 변수가 많습니다. 그렇기 때문에 경험이 많은 인쇄 전문가와 충분히 상담하고 일어날 수 있는 상황에 대비하는 것이 가장 좋습니다.

▲ 모니터 색상　　　　　　　　　　　▲ 인쇄 색상

RGB와 CMYK, 별색의 차이점

❶ RGB 색상 • • •

RGB는 빛의 삼원색인 빨강(Red), 초록(Green), 파랑(Blue)을 섞어 색을 표현하는 가산 혼합 방식입니다. 영상이나 이미지를 표현하기 때문에 컴퓨터 모니터나 TV, 휴대폰 화면 등 디지털 매체에서 사용하는 색상 모드입니다.

RGB는 색을 혼합할수록 밝아지기 때문에 빛의 강약으로 색 농도를 설정합니다. 예를 들어, 빨강(Red)과 초록(Green)을 혼합하면 본래의 두 빛보다 밝은 노랑(Yellow)이 되고, 초록(Green)과 파랑(Blue)을 혼합하면 그보다 밝은 사이언(Cyan)이 됩니다. 또 파랑(Blue)과 빨강(Red)을 혼합하면 마찬가지로 더 밝은 마젠타(Magenta)가 되며 RGB를 모두 섞으면 제일 밝은 흰색(White)이 됩니다. 이것은 눈에 들어오는 빛의 양이 혼합되어 증가하기 때문이며 세 종류의 광원을 모두 없애면 검정(Black)이 나타납니다.

주변에서 흔히 접하는 모니터 색상은 RGB로 이루어져 있어 인디자인에서 작업하는 e-Book이나 웹 페이지는 RGB 모드에서 만든 색상을 사용해야 합니다.

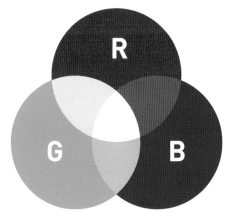

▲ RGB(가산 혼합) : 모니터, 조명 등에 사용되는 색상 혼합 방식

❷ CMYK 색상 • • •

CMYK는 인쇄, 출력에서 사용하는 색상으로 색의 삼원색인 사이언(Cyan), 마젠타(Magenta), 옐로(Yellow)에 검정(Black)을 더한 감산 혼합 방식입니다. 빛의 삼원색을 이용한 RGB의 가산 혼합과 달리 물감 또는 잉크와 같은 안료를 섞을 때 일어나는 혼합 방식으로, 색을 혼합하면 혼합할수록 어두워집니다.

RGB가 CMYK보다 표현할 수 있는 색상 수가 훨씬 많기 때문에 RGB로 작업한 결과물을 인쇄하면 색상 차이가 크게 나타납니다.

인쇄, 출판을 목적으로 하는 작업이라면 반드시 CMYK 모드로 변환 후 작업해야 합니다. 일반적으로 원색 인쇄는 CMYK 4가지 색을 혼합해 만들기 때문에 4도 인쇄라고 합니다.

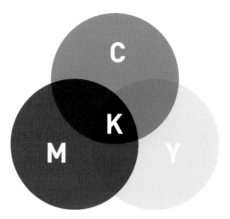

▲ CMYK(감산 혼합) : 인쇄에 사용되는 색상 혼합 방식

❸ 별색 ● ● ●

별색(Spot Color)은 CMYK의 조합으로 표현할 수 없는 금색, 은색, 형광색 등을 망점으로 혼합하지 않고 구현되는 고유한 색을 말합니다. 별색은 인쇄 전에 미리 혼합해 놓은 특수 잉크를 말하며, PANTONE 사와 DIC 사에서 만든 잉크를 사용하거나 직접 만들어 써야 합니다.

별색을 사용하는 이유는 첫째, 4원색보다 채도가 높아 상대적으로 부드러운 발색과 선명한 색상을 얻을 수 있습니다. 둘째, 인쇄 핀을 맞추기가 쉽기 때문에 깔끔한 결과물을 얻을 수 있습니다. 셋째, 재제작 시 인쇄 색상 차이를 줄일 수 있습니다.

하지만 별색은 인쇄 도수를 추가하는 것이므로 비용이 추가되고 시간이 더 필요하기 때문에 꼭 필요한 경우 신중하게 사용해야 합니다. 일반적으로 흑백 1도보다 별색 1도의 가격이 2~3배 정도 비싸며, 컬러보다 금색, 은색, 형광 별색이 더 비쌉니다. 다음은 각각 CMYK와 별색으로 인쇄하여 확대한 이미지입니다.

▲ CMYK로 인쇄한 경우(M=80, Y=50)

▲ 별색으로 인쇄한 경우(1도)

. InDesign .
03

이론

인디자인에서 검정에 대한 오해 해결하기

✕

❶ 모니터에 검정으로 보인다고 모두 같은 검정이 아닌 이유 ● ● ●

모니터에서만 보는 디자인은 모니터 환경에 가장 알맞은 색상을 적용하면 되지만 인쇄용 디자인 원고는 CMYK 색상을 반드시 확인해야 합니다. 특히 1도 흑백 디자인 원고의 경우, 모니터상에서 검정을 구별하기 쉽지 않습니다. 아래의 3가지 색 모두 눈으로 보기에는 검정으로 보이지만 첫 번째 색만 검정 100%이고 다른 두 개는 여러 색상이 혼합되어 있습니다. '징'와 '어'처럼 다른 색이 섞여 있으면 1도로 인쇄할 수 없으며, 분판 미리 보기로 꼭 확인해야 합니다. 분판 미리 보기 패널은 메뉴에서 (창) → 출력 → 분판 미리 보기를 실행하거나 Shift +F6 을 눌러 표시합니다.

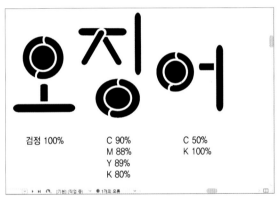

검정 100%   C 90%   C 50%
                M 88%   K 100%
                Y 89%
                K 80%

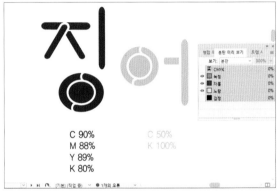

C 90%   C 50%
M 88%   K 100%
Y 89%
K 80%

❷ 색상 견본 패널의 [맞춰찍기]를 검정으로 생각하면 안 되는 이유 ● ● ●

색상을 적용하다 보면 색상 견본 패널의 [검정]과 [맞춰찍기]를 혼동하여 사용하는 경우가 종종 있습니다. [검정]은 K=100%이고, [맞춰찍기]는 C=100%, M=100%, Y=100%, K=100%입니다. 모니터에서는 식별하기 어려우며, [맞춰찍기]의 개념을 알면 적절하게 사용할 수 있습니다. [맞춰찍기]는 주로 재단선 표시나 맞춰찍기 표시에 사용하며, 책 표지나 포스터의 넓은 배경에 일반 검정보다 깊고 풍부한 검정을 표현하고자 할 때 효과적입니다. 1도로 인쇄된 [검정]보다 선명한 결과물을 얻기가 힘들기 때문에 작은 글씨나 얇은 선에는 사용하지 않는 것이 좋습니다. [없음], [맞춰찍기], [용지], [검정]은 기본값으로 설정되어 있기 때문에 색상 견본 패널에서 삭제할 수 없습니다.

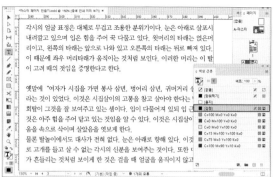

▲ 색상 견본에서 [검정] 적용

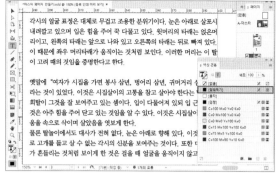

▲ 색상 견본에서 [맞춰찍기] 적용

TIP

인쇄물 작업의 경우 CMYK 색상을 3가지 이상 섞지 않아야 인쇄가 깔끔하고 핀이 어긋나지 않습니다. 특히 작은 글씨나 얇은 선의 경우 검정 100%를 사용하면 깔끔하게 인쇄됩니다.

❸ 색상 피커의 검정을 일반 검정으로 생각하면 안 되는 이유

색상 견본 패널을 사용하지 않고 색상 피커에서 드래그하여 검정을 선택하면 C=75, M=68, Y=67, K=90의 4도 검정이 적용됩니다. 인디자인 초급자의 경우 일반 검정으로 알고 사용하는 경우가 많으며, 일반 검정보다 진하게 사용해야 하는 이미지 작업이나 배경에 사용하면 깊고 풍부한 검정을 표현할 수 있습니다.

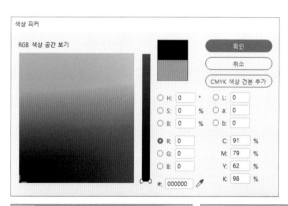

▲ 색상 피커에서 검정 'C=91 M=79 Y=62 K=98' 적용   ▲ 'K=100%' 적용

. InDesign .

04   색상 견본에 없는 새 색상 만들기

이론 | 실습

❶ 색상 패널 알아보기   • • •

칠과 획에 관한 색상 값을 정지점을 조정하거나 입력하여 직접 설정할 수 있습니다. 이렇게 만든 색상은 색상 패널 메뉴에서 색상 견본에 추가를 실행하거나 칠/획에서 마우스 오른쪽 버튼을 클릭하고 색상 견본에 추가를 실행하여 견본으로 추가할 수 있습니다. 색상 견본에 추가하지 않으면 저장되지 않아 작업할 때 매번 색상을 만들어 사용해야 하는 번거로움이 있습니다.

색상 패널에서 '패널 메뉴' 아이콘(▤)을 클릭하면 옵션을 숨기거나 색상 모드 선택, 해당 색상을 색상 견본에 추가할 수 있는 다양한 메뉴가 표시됩니다.

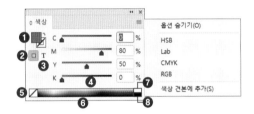

- ❶ **칠/획** : 색상을 면에 적용할지, 선에 적용할지 정합니다.
- ❷ **컨테이너에 서식 적용** : 프레임이나 개체에 색상을 적용합니다.
- ❸ **텍스트에 서식 적용** : 프레임 안의 텍스트에 색상을 적용합니다.
- ❹ **색상 값** : HSB, Lab, CMYK, RGB 색상 모드를 선택하여 각 색상의 수치를 설정할 수 있습니다.
- ❺ **없음** : 선택한 개체의 색상을 없앱니다.
- ❻ **스펙트럼** : HSB, Lab, CMYK, RGB 색상 모드별 스펙트럼을 표시합니다.
- ❼ **흰색** : 선택한 개체에 용지 색(흰색)을 적용합니다.
- ❽ **검정** : 선택한 개체에 검정(K=100)을 적용합니다.

❷ 색상 견본 패널 알아보기   • • •

색상 견본 패널에서는 직접 만들어 저장한 색상을 필요할 때 선택하여 반복적으로 사용할 수 있습니다. 연결되는 페이지에 같은 색을 적용시켜 일관된 디자인을 만들어내는 데 용이합니다. 여러 가지 색상을 합치거나 기존 색상을 다른 색상으로 변경할 수도 있습니다. 색상 패널에서는 직접 색을 선택하면 C, M, Y, K로 표시되는 반면 색상 견본에서는 색을 선택하면 색상 패널에 T가 표시됩니다.

색상 견본 패널에서 '패널 메뉴' 아이콘(▤)을 클릭하면 색상 견본에 관해 상세하게 설정할 수 있는 다양한 명령이 표시됩니다.

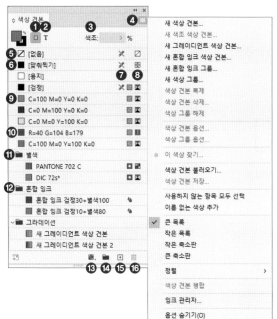

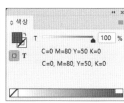

① **컨테이너에 서식 적용** : 프레임이나 개체에 색상을 적용하고 변경할 수 있습니다.

② **텍스트에 서식 적용** : 텍스트 색상을 적용하고 변경할 수 있습니다.

③ **색조** : 색상의 농도 값을 비율로 조절합니다.

④ **메뉴** : 색상 견본 패널에 추가 기능이나 세부 기능을 선택하여 사용할 수 있습니다.

⑤ **없음** : 색상 없음을 표시합니다.

⑥ **맞춰찍기** : CMYK가 각각 '100%'로 모든 판에 인쇄됩니다. 재단선 표시나 맞춰찍기 표시에 이용합니다.

⑦ **수정 불가** : 기본 설정값이라서 수정할 수 없는 고정 색상입니다.

⑧ **원색** : 회색 사각형 아이콘은 원색 표시로, 분판할 수 있는 필름의 잉크 형식입니다.

⑨ **CMYK** : 4색 아이콘으로, 색상 모드가 인쇄 출판용으로 적합한 'CMYK'로 지정되어 있을 때 나타납니다.

⑩ **RGB** : 3색 아이콘으로, 색상 모드가 디지털 매체에 적합한 'RGB'로 지정되어 있을 때 나타납니다.

⑪ **별색** : 사각형 안의 동그라미 아이콘은 별색 표시로, 별도의 추가 필름에 출력됩니다.

⑫ **혼합 잉크** : 별색과 원색을 혼합했을 때 표시되는 아이콘입니다.

⑬ **견본 보기** : 모든 색상, 그레이디언트, 색상 그룹 등을 지정합니다.

⑭ **새 색상 그룹** : 색상을 그룹으로 묶습니다.

⑮ **새 색상 견본** : 새로운 색상 견본이나 별색을 만듭니다.

⑯ **선택한 견본/그룹 삭제** : 색상 견본 목록에 있는 색상과 그룹을 삭제합니다.

인디자인 작업은 많은 페이지의 통일성을 위하여 같은 색을 여러 페이지에 들어가도록 작업하는 경우가 많습니다. 일일이 페이지를 찾아가며 오브젝트 색을 바꾸기에는 시간이 많이 걸리기 때문에 색상 견본의 색을 사용하면 한 번에 모든 페이지의 색을 바꿀 수 있습니다. 새 색상 견본을 만들어 색상 견본에 저장해 봅니다.

01 ❶ 메뉴에서 [창] → 색상 → 색상 견본
([F5])을 실행합니다. 색상 견본 패널이
표시되면 ❷ '패널 메뉴' 아이콘(☰)을 클릭한
다음 ❸ 새 색상 견본을 실행합니다.

02 [새 색상 견본] 대화상자가 표시되면 ❶ 녹청을 '100%,'
노랑을 '50%'로 설정하여 청녹색을 만들고 ❷ 〈추가〉
버튼을 클릭한 다음 ❸ 〈확인〉 버튼을 클릭합니다.

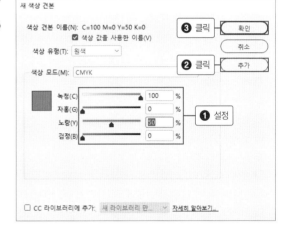

TIP ⬅
색상 견본 패널의 색상 이름을 변경하거나 직접 입력하려면 [새 색상
견본] 대화상자에서 '색상 값을 사용한 이름'의 체크 표시를 해제하고
입력합니다.

03 색상 견본 패널에 새로운 청녹색이 추가
됩니다.

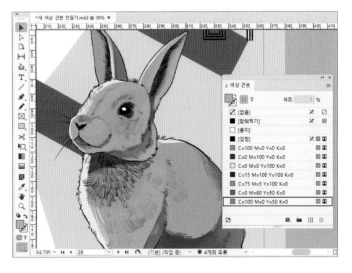

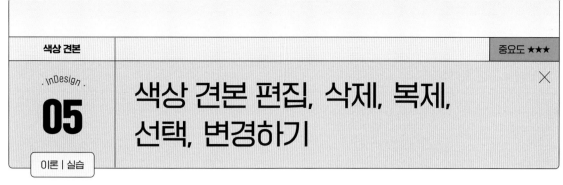

색상 견본

InDesign

05

이론 | 실습

색상 견본 편집, 삭제, 복제, 선택, 변경하기

중요도 ★★★

❶ 색상 견본 편집하기

❶ 색상 견본 패널에서 편집하고자 하는 색상 견본을 더블클릭합니다. ❷ [색상 견본 옵션] 대화상자가 표시되면 색상 견본 이름, 색상 유형, 색상 모드와 색을 설정한 다음 ❸ 〈확인〉 버튼을 클릭합니다.

❷ 색상 견본 삭제하기

❶ 삭제할 색상 견본을 선택한 다음 ❷ 색상 견본 패널 아래의 '선택한 견본/그룹 삭제' 아이콘(🗑)을 클릭하거나, 마우스 오른쪽 버튼을 클릭하고 ❸ 색상 견본 삭제를 실행합니다. [색상 견본 삭제] 대화상자의 ❹ 〈확인〉 버튼을 클릭합니다. 삭제하려는 색상이 문서에서 사용된 색상이었다면 대체할 색상 견본을 선택합니다. 또는 색상 견본 패널에서 '패널 메뉴' 아이콘(☰)을 클릭한 다음 색상 견본 삭제를 실행할 수도 있습니다.

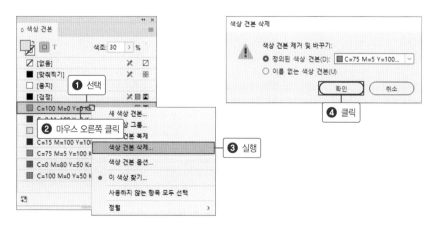

❸ 색상 견본 복제하기 •••

❶ 색상 견본 패널에서 복제하고자 하는 색상 견본을 선택하고 ❷ 마우스 오른쪽 버튼을 클릭한 다음 ❸ 색상 견본 복제를 실행합니다.

또는 ❶ 색상 견본 패널에서 복제하고자 하는 색상 견본을 선택하고 ❷ '패널 메뉴' 아이콘(☰)을 클릭한 다음 ❸ 색상 견본 복제를 실행합니다.

❹ 여러 색상을 선택하고 이동하기 •••

여러 색상을 선택할 때 Shift를 누른 채 원하는 색상을 클릭하여 위아래로 연속되는 색상을 여러 개 선택할 수 있으며, Ctrl을 누른 채 원하는 색상만을 클릭하여 선택할 수도 있습니다. 또한 이동하려는 색상을 선택한 다음 이동할 위치로 드래그할 때 가로로 짙은 선이 나타나면 마우스 버튼에서 손을 떼어 이동합니다.

▲ Shift를 눌러 여러 개 선택   ▲ Ctrl을 눌러 여러 개 선택   ▲ 색상 이동 전   ▲ 색상 이동 후

❺ 색상 이름 변경하기　•••

❶ 색상 견본 패널에서 이름을 변경할 색상 이름을 클릭한 다음 ❷ 다시 한번 클릭하면 이름을 변경할 수 있습니다.

또는 ❶ 색상을 더블클릭하여 [색상 견본 옵션] 대화상자가 표시되면 ❷ 색상 견본 이름에 이름을 입력한 다음 ❸ 〈확인〉 버튼을 클릭합니다.

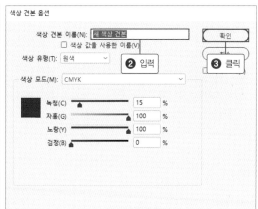

❻ 여러 방식의 색상 견본 보기　•••

색상 견본 패널에서 '견본 보기' 아이콘(▦)을 클릭하면 모든 색상 견본 표시, 색상 견본 표시, 그레이디언트 색상 견본 표시, 색상 그룹 표시를 선택하여 지정할 수 있습니다.

▲ 모든 색상 견본 표시　　▲ 색상 견본 표시　　▲ 그레이디언트 색상 견본 표시　　▲ 색상 그룹 표시

[색상 피커] 대화상자를 이용하여 CMYK나 RGB, Lab 값으로 원하는 색상을 설정하여 색상 견본에 추가한 다음 문서의 개체에 적용하는 방법을 알아봅니다.

Before

After

• **예제파일** : 05\색상 피커 이용하기.indd

• **완성파일** : 05\색상 피커 이용하기_완성.indd

01 05 폴더에서 '색상 피커 이용하기.indd' 파일을 불러옵니다.

배경색을 변경하기 위해 ❶ 사각형 프레임을 선택한 다음 도구/색상/컨트롤 패널에서 ❷ '칠(🖼)'을 더블클릭합니다. [색상 피커] 대화상자가 표시되면 ❸ 'C:0%, M:70%, Y:20%, K:0%'으로 입력하고 ❹ 〈CMYK 색상 견본 추가〉 버튼을 클릭한 다음 ❺ 〈확인〉 버튼을 클릭합니다.

TIP ⬅

[색상 피커] 대화상자에서 색상을 설정한 다음 〈확인〉 버튼만 클릭하면 문서의 배경색만 변경되고 색상 견본 패널에는 추가되지 않습니다.

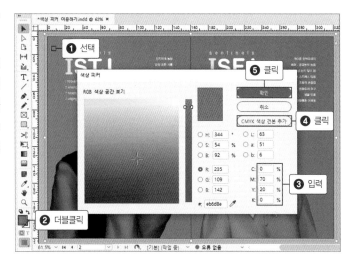

02 배경색이 변경되고 색상 견본 패널에 'C=0 M=70 Y=20 K=0' 색상이 추가됩니다.

222

스포이드 도구를 이용하면 손쉽게 색상을 추출할 수 있습니다. 문자뿐만 아니라 이미지에서도 색상을 추출하여 적용할 수도 있습니다. 추출한 색상을 색상 견본 패널에 저장하는 방법을 알아봅니다.

• 예제파일 : 05\스포이드로 색상 추출.indd

• 완성파일 : 05\스포이드로 색상 추출_완성.indd

01 05 폴더의 '스포이드로 색상 추출.indd' 파일을 불러옵니다.

텍스트 색상을 변경하기 위해 도구 패널에서 ❶ 문자 도구(T)를 선택하고 ❷ '흰동가리에 대해 알아보자!!' 텍스트를 드래그하여 선택합니다.

02 이미지 색상을 추출하기 위해 도구 패널에서 ❶ 스포이드 도구(🖊)를 선택한 다음 ❷ 왼쪽 핑크색 산호를 클릭합니다. 스포이드 아이콘이 전체 스포이드로 변경됩니다. 선택한 텍스트가 지정한 색상으로 변경됩니다.

전체 스포이드를 사용하여 방금 복사한 색상을 적용할
단어 또는 문장(번식도 알아보재!)을 드래그하면 똑같이
적용됩니다. 텍스트뿐만 아니라 개체에도 스포이드로
색상을 추출하여 적용할 수 있습니다.

03 스포이드로 지정한 색상은 색상 견본
패널에 나타나지 않아 추가하겠습니다.
❶ 색상 견본 패널을 표시한 다음 ❷ '새 색상
견본' 아이콘(⊞)을 클릭하면 핑크색이 색상 견
본에 추가됩니다.

색상 견본 패널은 메뉴에서 (창) → 색상 → 색상 견
본을 실행하거나 F5 를 누르면 표시됩니다.

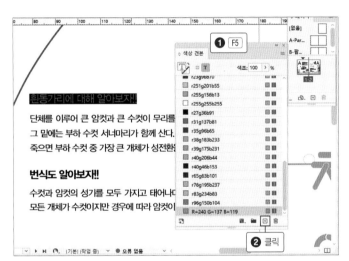

'견본 보기' 아이콘을 클릭했을 때

> ✓❶모든 색상 견본 표시
> ❷색상 견본 표시
> ❸그레이디언트 색상 견본 표시
> ❹색상 그룹 표시

❶ **모든 색상 견본 표시** : 그레이디언트와 단색, 그룹 안에 있는 모든 색상을 표시합니다.

❷ **색상 견본 표시** : 그레이디언트 색상을 제외한 새로 만든 색상과 기본 색상이 표시됩니다.

❸ **그레이디언트 색상 견본 표시** : 그레이디언트로 만들어진 색상 견본이 표시됩니다.

❹ **색상 그룹 표시** : 그룹으로 묶은 색상 그룹들이 모두 표시됩니다.

01 　05 폴더에서 '사용하지 않는 색상 삭제
하기.indd' 파일을 불러옵니다.
색상 견본 패널의 ❶ '패널 메뉴' 아이콘(▤)을
클릭하고 ❷ 사용하지 않는 항목 모두 선택을
실행합니다.

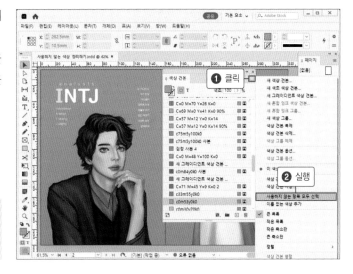

Why? 👇

작업이 마무리되면 사용하지 않은 색상을 정리하는
것이 좋습니다. 사용하지 않는 색상만 삭제하는 방법
을 알아봅니다.

02 　색상 견본 패널에서 사용하지 않은 색상이 모두
선택되면 오른쪽 아래의 '선택한 견본/그룹 삭제'
아이콘(🗑)을 클릭하여 삭제합니다. 또는 색상 견본 패
널의 '패널 메뉴' 아이콘(▤)을 클릭하고 색상 견본 삭제
를 실행하여 삭제합니다.

TIP 👈

색상을 잘못 삭제했다면 Ctrl+Z를 눌러 작업을 취소할 수 있
습니다.

. InDesign .

06

이론

새 색상 그룹 만들기

❶ 빠르게 새 색상 그룹 만들기 • • •

❶ 색상 견본 패널 아래의 '새 색상 그룹' 아이콘
(📁)을 클릭하면 새로운 '색상 그룹 1'이 만들어
집니다. ❷ 새 색상 견본을 추가하거나 기존 색상
견본을 이동하여 그룹으로 지정합니다.

TIP ⟨┐

색상 견본 패널에서 색상 그룹의 이름을 변경하려면 색상 그
룹을 더블클릭하여 [색상 그룹 편집] 대화상자에서 변경하거
나 클릭한 다음 이름 부분을 다시 한 번 클릭하여 변경할 수
있습니다.

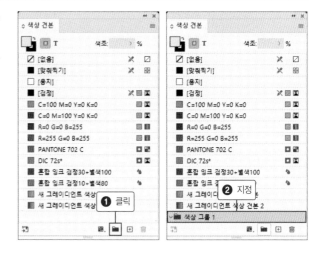

❷ 색상 견본 패널 메뉴를 이용하여 색상 그룹 만들기 • • •

❶ 색상 견본 패널에서 '패널 메뉴' 아이콘(▤)을 클릭하고 ❷ 새 색상 그룹을 실행합니다. [새 색상 그룹] 대
화상자가 표시되면 ❸ 이름에 그룹 이름을 입력한 다음 ❹ 〈확인〉 버튼을 클릭해 새 색상 그룹을 만듭니다.

❸ 선택한 색상만 그룹 만들기 ● ● ●

❶ 색상 견본 패널에서 여러 개의 색상을 선택한 다음 ❷ '새 색상 그룹' 아이콘(📁)을 클릭하면 선택한 색상을 포함한 그룹이 만들어집니다.

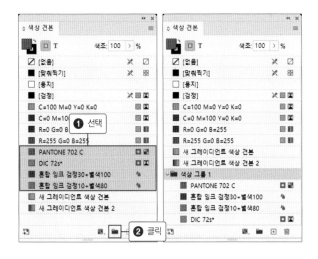

TIP ◁⬝

Shift나 Ctrl을 눌러 여러 개의 색상을 한꺼번에 선택할 수 있습니다.

❹ 문서의 개체에서 추출한 색상을 색상 그룹에 추가하기 ● ● ●

❶ 문서에서 개체를 선택한 다음 ❷ 색상 견본 패널에서 '새 색상 그룹' 아이콘(📁)을 클릭합니다. [새 색상 그룹] 대화상자가 표시되면 ❸ 옵션을 지정한 다음 ❹ 〈확인〉 버튼을 클릭하여 개체에 적용된 색상을 묶어 그룹으로 만듭니다.

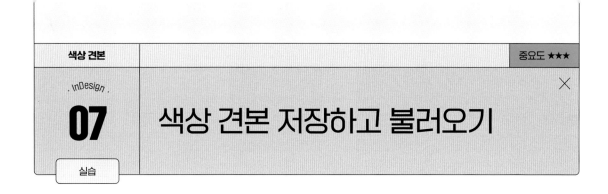

. InDesign .

07 색상 견본 저장하고 불러오기

실습

• **예제파일** : 05\색상 견본 저장하고 불러오기.indd, 색상 견본.indd　• **완성파일** : 05\색상 견본 저장하고 불러오기_완성.indd ● ● ●

---

01 05 폴더에서 '색상 견본 저장하고 불러오기.indd' 파일을 불러옵니다.

색상 견본 패널에서 ❶ 견본으로 만들 색상을 선택합니다. ❷ '패널 메뉴' 아이콘(▤)을 클릭하고 ❸ 색상 견본 저장을 실행한 다음 ❹ Ctrl +Shift+S를 눌러 저장합니다.

Why? 👈

문서에서 사용한 필요한 색상만 선택하여 저장할 수 있습니다. 색상 견본을 저장한 다음 불러와 이용해 봅니다.

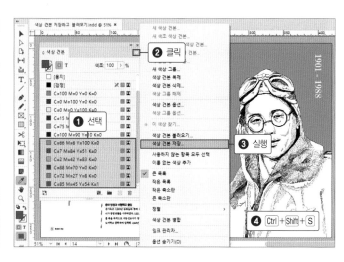

---

02 [다른 이름으로 저장] 대화상자가 표시되면 ❶ 저장 위치를 지정합니다. ❷ 파일 이름을 '색상 견본 저장'으로 입력한 다음 ❸ 〈저장〉 버튼을 클릭합니다. 지정한 위치에 ASE 파일이 저장됩니다.

ASE
색상 견본 저장

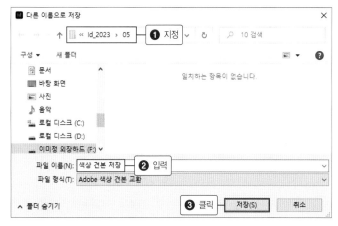

TIP 👈

색상 견본 패널에서 **색상 견본 저장**을 실행하면 색조와 혼합 잉크가 포함된 색상은 저장되지 않습니다. [경고] 대화상자가 표시되어 〈확인〉 버튼을 클릭하면 저장할 수 없는 색상을 제외한 나머지 색상만 저장됩니다.

03 ❶ 새 문서를 만들고 색상 견본 패널의 ❷ '패널 메뉴' 아이콘(▤)을 클릭한 다음 ❸ 색상 견본 불러오기를 실행합니다.

04 [파일 열기] 대화상자가 표시되면 ❶ 찾는 위치를 지정하고 ❷ 저장한 '색상 견본 저장.ase' 파일을 선택한 다음 ❸ 〈열기〉 버튼을 클릭합니다.

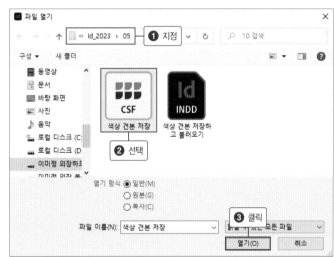

05 불러온 색상이 색상 견본 패널에 추가됩니다.

TIP ◁

색상 견본 불러오기를 실행하면 이름순으로만 정렬되기 때문에 원하는 정렬 상태를 유지할 수 없습니다. 따라서 자주 사용하는 색상 견본이 포함된 문서를 템플릿으로 사용하는 것도 유용합니다.

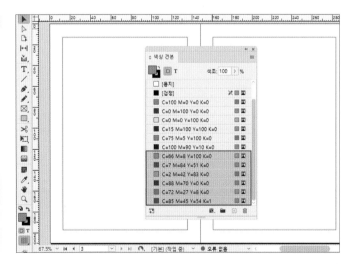

06 기존 문서에 이미 만들어진 색상 견본을 불러오기 위해 색상 견본 패널에서 ❶ '패널 메뉴' 아이콘(▤)을 클릭한 다음 ❷ 색상 견본 불러오기를 실행합니다.

07 [파일 열기] 대화상자가 표시되면 ❶ 05 폴더에서 ❷ '색상 견본.indd' 파일을 선택한 다음 ❸ 〈열기〉 버튼을 클릭합니다.

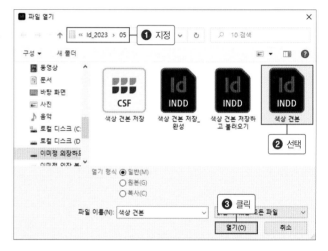

08 기존 문서에 선택한 문서의 색상 견본이 모두 표시됩니다. 색조 또는 혼합 잉크가 포함된 색상 견본도 표시되며 사용자가 원하는 정렬 상태도 유지됩니다.

. InDesign .

08 새 그레이디언트 만들어 적용하기

실습

그레이디언트는 색끼리 부드럽게 연결되는 효과를 말합니다. 문서에서 똑같은 그레이디언트를 계속 사용해야 한다면 새 그레이디언트 색상 견본을 만들어 색상 견본 패널에 추가합니다.

Before

After

· 예제파일 : 05\새 그레이디언트 만들기.indd   · 완성파일 : 05\새 그레이디언트 만들기_완성.indd

01 05 폴더에서 '새 그레이디언트 만들기.indd' 파일을 불러옵니다.
색상 견본 패널의 ❶ '패널 메뉴' 아이콘(☰)을 클릭한 다음 ❷ 새 그레이디언트 색상 견본을 실행합니다.

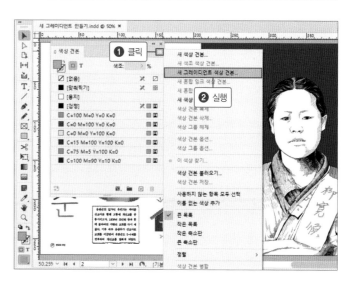

02 [새 그레이디언트 색상 견본] 대화상자가 표시되면 ❶ 색상 견본 이름을 '유관순 배경', 유형을 '선형', 지점 색상을 'CMYK'로 지정합니다. ❷ 그레이디언트 경사의 오른쪽 정지점을 선택하고 ❸ 녹청을 '100%', 자홍을 '90%'로 지정합니다. ❹ 왼쪽 정지점을 선택하고 ❺ 녹청을 '100%'로 설정한 다음 ❻ 〈확인〉 버튼을 클릭합니다.

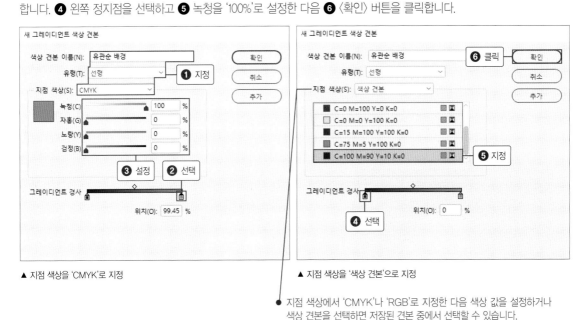

▲ 지점 색상을 'CMYK'로 지정   ▲ 지점 색상을 '색상 견본'으로 지정

● 지점 색상에서 'CMYK'나 'RGB'로 지정한 다음 색상 값을 설정하거나 색상 견본을 선택하면 저장된 견본 중에서 선택할 수 있습니다.

TIP
[새 그레이디언트 색상 견본] 대화상자에서 지점 색상이 회색으로 비활성되어 있을 경우 그레이디언트 경사를 클릭하면 활성화됩니다.

TIP
그레이디언트 색상 설정하기
❶ 그레이디언트 경사에 있는 정지점을 양쪽으로 드래그하거나 위치를 지정하여 색상을 적용하거나 위치를 조절합니다.
❷ 새로운 색상을 추가하려면 슬라이더를 클릭하고, 색상을 삭제하려면 정지점을 슬라이더 아래로 드래그합니다.
❸ 그레이디언트의 두 색상 사이 중간점(색상이 50%인 지점)을 조정하려면 슬라이더 위에 있는 정지점(◆)을 양쪽으로 드래그하거나 정지점을 선택한 다음 위치를 지정합니다. 위치는 이전 색상과 다음 색상 사이의 거리를 비율로 나타냅니다.

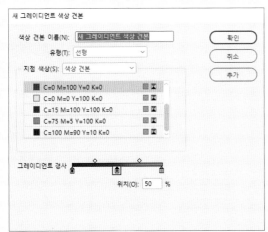
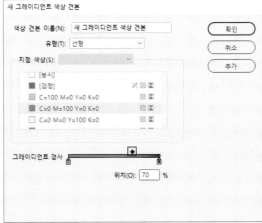

03 색상 견본 패널에 '유관순 배경'이 추가
됩니다. ❶ 본문 페이지의 사각형 배경
프레임을 선택한 다음 ❷ 추가한 그레이디언트
를 선택하여 적용합니다.

04 배경 그레이디언트에 각도를 적용하기
위해 도구 패널에서 ❶ 그레이디언트
색상 견본 도구(■)를 더블클릭합니다. 그레이
디언트 패널이 표시되면 ❷ 각도를 '90°'로 설정
합니다.

05 색상 견본 패널에서 '유관순 배경'을 더
블클릭합니다.

06 [그레이디언트 옵션] 대화상자가 표시되면 ❶ 유형을 '방사형'으로 지정한 다음 ❷ 〈확인〉 버튼을 클릭합니다.

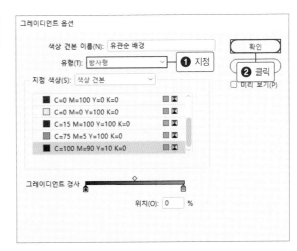

07 방사형으로 저장된 '유관순 배경'을 다시 한 번 선택하여 배경에 적용합니다.

08 도구 패널에서 ❶ 그레이디언트 색상 견본 도구(▨)를 선택하고 ❷ 사각형 프레임 배경에 드래그하여 그레이디언트 방향을 자유롭게 지정할 수 있습니다.

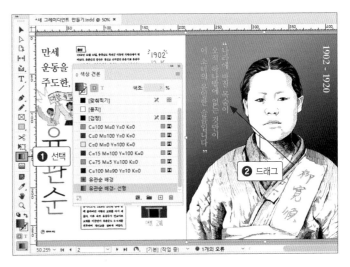

별색		중요도 ★★★

. InDesign .
09

실습

별색 만들어 적용하기

별색은 인쇄에 적합하도록 미리 혼합한 특수 잉크를 말하며, CMYK 조합으로 표현하기 어려운 금색이나 은색, 형광색 등을 사용할 수 있습니다. 별색을 만들어 이미지에 적용하는 방법을 알아봅니다.

Before

• **예제파일** : 05\별색 만들기.indd

After

• **완성파일** : 05\별색 만들기_완성.indd

---

01 05 폴더에서 '별색 만들기.indd' 파일을 불러옵니다.

색상 견본 패널에서 ❶ '패널 메뉴' 아이콘(☰)을 클릭한 다음 ❷ 새 색상 견본을 실행합니다.

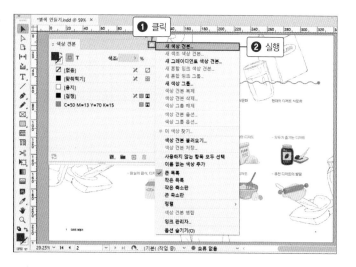

02 [새 색상 견본] 대화상자가 표시되면 ❶ 색상 유형을 '별색', 색상 모드를 'DIC Color Guide' 로 지정하고 ❷ 'DIC 76s*'를 선택한 다음 ❸ 〈확인〉 버튼을 클릭합니다.

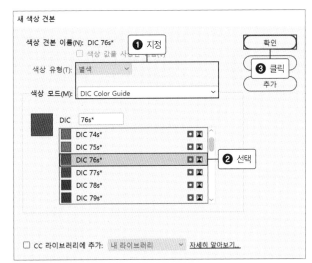

03 색상 견본 패널에 지정한 별색 'DIC 76s*'이 추가됩니다. 도구 패널에서 ❶ 직접 선택 도구(▷)를 선택한 다음 ❷ 이미지를 클릭하여 선택합니다.

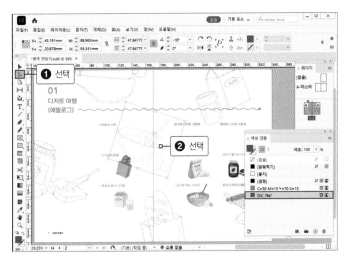

04 색상 견본에서 추가된 별색을 선택하면 이미지 색상이 바뀝니다. 흑백 라인을 모두 별색으로 지정합니다.

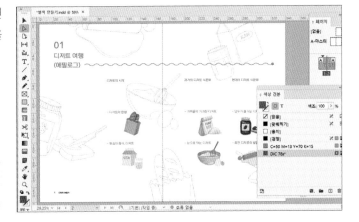

TIP ◁┼
직접 선택 도구(▷)를 선택한 다음 커서가 이미지 위로 이동했을 때 손바닥 모양으로 바뀌면 컨테이너 프레임을 선택할 수 있습니다.

TIP ◁┼
문서의 라인 이미지는 포토샵에서 그레이스케일(흑백) 모드로 전환하여 JPG나 TIFF로 저장한 다음 인디자인으로 불러오면 색상 견본의 모든 색상을 쉽게 적용할 수 있습니다.

CMYK 혼합 색상도 별색으로 지정하여 분판 시 하나의 필름으로 출력할 수 있습니다. 텍스트의 원색을
별색으로 만드는 방법을 알아봅니다.

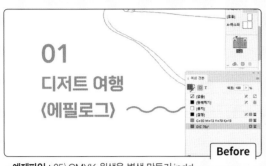

• **예제파일** : 05\CMYK 원색을 별색 만들기.indd   • **완성파일** : 05\CMYK 원색을 별색 만들기_완성.indd

---

01 05 폴더에서 'CMYK 원색을 별색 만들기.indd' 파일을 불러옵니다.
도구 패널의 ❶ 문자 도구(T.)를 선택한 다음 ❷ 텍스트를 드래그하여 선택합니다. 색상 견본 패널에 텍스트 색상이 표시되면 ❸ 해당 색상을 더블클릭합니다.

---

02 [새 색상 견본] 대화상자가 표시되면 ❶ 색상 유형을 '별색', 색상 모드를 'DIC Color Guide'로 지정하고 ❷ 'DIC 413s'를 선택한 다음 ❸ 〈확인〉 버튼을 클릭합니다.

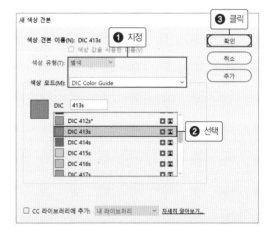

---

03 색상이 CMYK 원색에서 별색으로 변경되었습니다.

Why? 👉

별색 인쇄 시 DIC나 PANTONE과 같은 컬러 가이드북을 참고하여 색상 번호를 지정해야 정확한 색상으로 인쇄할 수 있습니다. 별색은 별도의 잉크를 섞어야 하므로 일반 인쇄보다 비용이 더 듭니다.

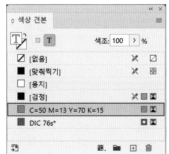
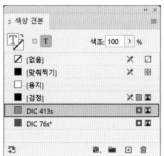

01 05 폴더에서 '별색을 CMYK 원색으로 만들기.indd' 파일을 불러옵니다.
색상 견본 패널에서 ❶ '패널 메뉴' 아이콘(▤)을 클릭한 다음 ❷ 잉크 관리자를 실행합니다.

Why? ☞

원색과 별색을 여러 개 사용하다가 최종으로 색상을 정리할 때는 원색을 별색으로 또는 별색을 원색으로 바꿔야 하는 일이 생깁니다. 하나씩 색상 견본을 선택해 별색을 원색으로 바꿀수 있습니다. 모든 별색을 한 번에 분해하기 위해 색상 견본 패널 메뉴에서 **잉크 관리자**를 실행하여 활용하는 방법을 알아봅니다.

02 [잉크 관리자] 대화상자가 표시되면 ❶ '모든 별색을 원색으로'를 체크 표시하고 ❷ 〈확인〉 버튼을 클릭합니다.

TIP ☜

별색을 하나씩 원색으로 전환하려면 'DIC 576s' 별색 또는 별색 앨리어스 왼쪽에 있는 '잉크 유형' 아이콘(▣)을 클릭합니다. 원색 아이콘이 표시되며, 다시 별색으로 변경하려면 다시 해당 아이콘을 클릭합니다.

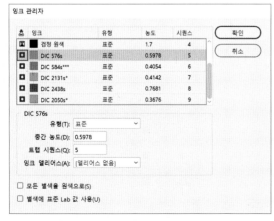

▲ 'DIC 576s' 별색 선택 전   ▲ 'DIC 576s' 별색 선택 후

03 색상이 별색에서 CMYK 원색으로 변경
되었습니다. 색상 견본 패널에는 별색이
원색으로 표시되지 않습니다.

Why? 👉

[잉크 관리자] 대화상자는 출력할 때 잉크를 제어하므로 [잉크 관리자] 대화상자를 사용하여 변경한 내용은 문서에서 정의한 색상에 영향을 주지
않고 출력에만 영향을 주어 색상 견본 패널은 변경되지 않습니다.

TIP 👉

별색을 복원하려면 [잉크 관리자] 대화상자에서 '모든 별색을 원색으로'의 체크 표시를 해제합니다.

04 ❶ 메뉴에서 (창) → 출력 → 분판 미리 보기(Shift+F6)를 실행합니다.
[분판 미리 보기] 대화상자가 표시되면 ❷ 보기에서 '분판'으로 지정한
다음 ❸ 확인합니다.

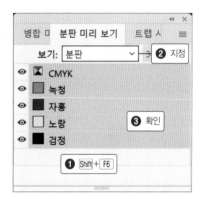

. InDesign .

10

새 혼합 잉크 만들어 적용하기

실습

별색 잉크 두 가지를 혼합하거나 별색과 하나 이상의 원색 잉크를 혼합하여 새 혼합 잉크 색상 견본을 만들 수 있습니다. 본문에서 2도 인쇄는 검정에 별색 한 가지 색상을 추가하는 방법으로 쓰이는 경우가 많습니다. 2도를 2도처럼 보이지 않게 색조를 조절하여 단계별로 여러 색상으로 만드는 방법에 대해 알아봅니다.

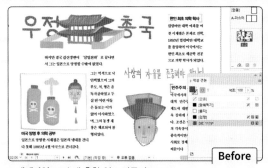

Before

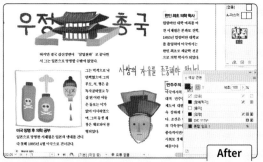

After

• 예제파일 : 05\새 혼합 잉크 만들기.indd

• 완성파일 : 05\새 혼합 잉크 만들기_완성.indd

---

01 05 폴더의 '새 혼합 잉크 만들기.indd' 파일을 불러옵니다.

색상 견본 패널의 ❶ '패널 메뉴' 아이콘(☰)을 클릭한 다음 ❷ 새 혼합 잉크 색상 견본을 실행합니다.

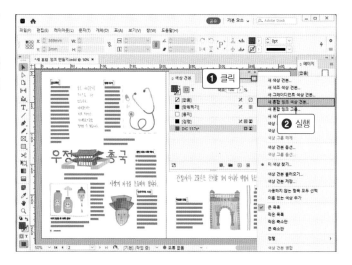

Why? 👉

새 혼합 잉크 색상 견본 명령은 색상 견본 패널에 별색을 추가한 다음 사용할 수 있습니다.

02 [새 혼합 잉크 색상 견본] 대화상자가 표시되면 ❶ 이름을 입력하고 ❷ 혼합할 두 개 이상의 잉크 이름 왼쪽 ㅁ를 클릭합니다. ❸ 잉크 색상의 슬라이더를 드래그하거나 수치를 입력하여 비율을 조정할 수 있습니다. 검정 원색 '40%'와 별색 DIC 117s* '100%'를 혼합하고 ❹ 〈추가〉 또는 〈확인〉 버튼을 클릭합니다.

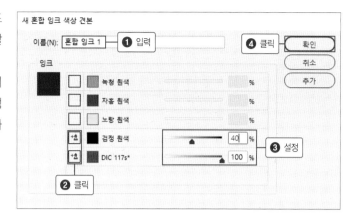

TIP ⟨⇦

혼합 잉크를 만들기 위해서는 반드시 하나 이상의 별색이 포함되어야 합니다. 혼합 잉크 그룹을 사용하여 여러 색상 견본을 한꺼번에 만들 수도 있습니다.

03 혼합 잉크를 적용할 이미지를 선택하기 위해 도구 패널에서 ❶ 직접 선택 도구(▷)를 선택한 다음 ❷ 이미지를 선택하고 색상 견본 패널의 ❸ '혼합 잉크 1'을 선택하여 적용합니다.

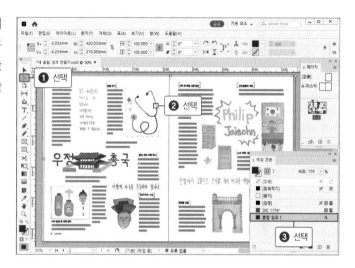

InDesign

11

실습

색상 적용 후 색조와 불투명도의 차이점 알아보기

색조는 색상의 농도를 결정합니다. 색상 견본 패널 또는 색상 패널의 색조 슬라이더를 이용하여 색조를 만들고 활용해 봅니다. 또한 색상을 적용한 다음 불투명도를 이용하여 배경 이미지를 수정할 수도 있습니다.

Before

After

• **예제파일** : 05\색조와 불투명도.indd
• **완성파일** : 05\색조와 불투명도_완성.indd

---

01 05 폴더에서 '색조와 불투명도.indd' 파일을 불러옵니다.

도구 패널에서 ❶ 사각형 프레임 도구(⊠)를 선택한 다음 ❷ 스프레드에 드래그해 배경 프레임을 그립니다.

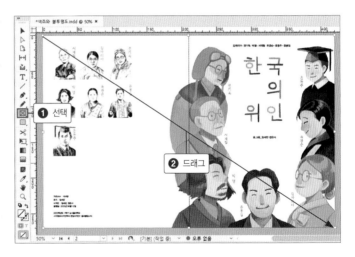

❶ 선택

❷ 드래그

02 색상 견본 패널에서 ❶ 'C=0 M=50 Y=100 K=0' 색상을 선택하고 ❷ 색조를 '5%'로 설정합니다.

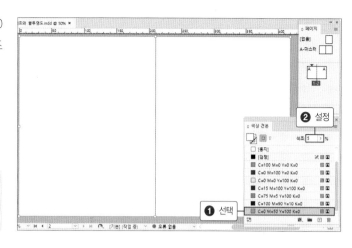

Why? 👈

사각형 프레임에 적용된 색상을 색조로 조절해도 농도만 조절되고 표지에 있는 이미지와 텍스트는 보이지 않습니다.

03 이번에는 불투명도를 적용해 봅니다. 먼저 색상 견본 패널에서 ❶ 'C=0 M=50 Y=100 K=0' 색상을 선택한 다음 ❷ 색조를 '100%'로 설정합니다.

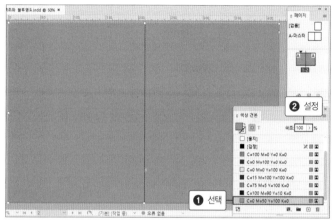

04 ❶ 메뉴의 (창) → 속성을 실행합니다. 속성 패널에서 ❷ 불투명도를 '5%'로 설정하면 배경 이미지와 텍스트가 나타납니다.

TIP 👈

포토샵에서 이미지의 배경을 투명으로 가져오지 않고 흰색으로 가져왔다면 인디자인에서 사각형 프레임 도구를 이용해 배경에 색상을 적용하고 불투명도를 조절하는 방식으로 손쉽게 배경 색상을 적용할 수 있습니다.

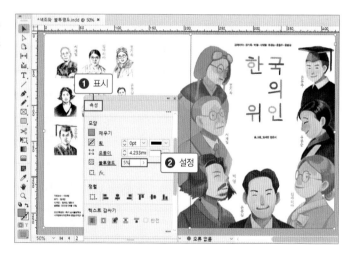

한 번에 같은 색상 수정하기

색상 견본 패널은 문서에서 사용할 RGB, CMYK, 별색 등을 관리하는 곳입니다. 한 문서에 사용된 오브젝트들 중 같은 색상으로 적용된 오브젝트들의 색상을 한 번에 변경해 봅니다.

Before

After

• **예제파일** : 05\색상 한 번에 수정하기.indd

• **완성파일** : 05\색상 한 번에 수정하기_완성.indd

---

01 05 폴더에서 '색상 한 번에 수정하기 .indd' 파일을 불러옵니다.

색상 견본 패널에서 ❶ 'C=62 M=65 Y=0 K=0' 색상을 선택하고 ❷ '패널 메뉴' 아이콘(▤)을 클릭한 다음 ❸ 색상 견본 옵션을 실행합니다.

Why?

색상 패널이나 색상 피커에서 사용한 색상은 한 번에 변경할 수 없습니다. 같은 색상을 반복 사용하거나 삭제, 변경 등을 효율적으로 하기 위해서는 색상 견본 패널을 사용합니다.

---

02 [색상 견본 옵션] 대화상자가 표시되면 ❶ 녹청을 '100%', 자홍을 '20%'로 설정한 다음 ❷ 〈확인〉 버튼을 클릭합니다. 문서의 보라색이 한 번에 파란색으로 변경됩니다.

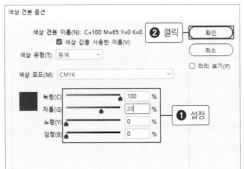

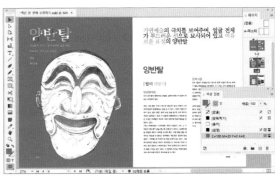

. InDesign .
13

실습

흑백 이미지에 컬러 적용하기

인디자인에서도 흑백 이미지에 색상을 추가할 수 있습니다. 흑백 이미지를 포토샵에서 회색 음영이나 비트맵 이미지로 만든 후 PSD, TIFF, BMP, JPG 형식으로 저장하여 사용합니다. 인디자인에서 흑백 이미지에 쉽게 컬러를 적용하는 방법에 대해 알아봅니다.

• **예제파일** : 05\흑백 이미지에 컬러 적용.indd

• **완성파일** : 05\흑백 이미지에 컬러 적용_완성.indd

01 05 폴더에서 '흑백 이미지에 컬러 적용 .indd' 파일을 불러옵니다.

도구 패널에서 ❶ 직접 선택 도구(▷)를 선택 한 다음 ❷ 이미지를 선택합니다.

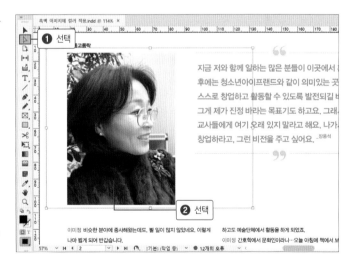

TIP ◁⎯

선택 도구(▶)를 선택한 상태에서도 이미지 영역을 더 블클릭하면 컨테이너 프레임인 이미지가 선택됩니다.

02 색상 견본 패널에서 'C=80 M=70 Y=0 K=0' 색상을 선택하면 이미지 색상이 바뀝니다.

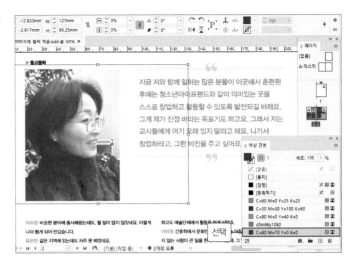

03 도구 패널의 ❶ 선택 도구(▶)를 선택하고 ❷ 이미지 프레임을 선택한 다음 ❸ 'C=0 M=66 Y=10 K=0' 색상을 선택하면 배경색도 바뀝니다.

TIP ◁

선택 도구로 더블클릭하여 컨테이너 프레임의 이미지만 선택하면 사진의 색상을 수정할 수 있습니다. 클릭하여 이미지 프레임 전체를 선택하면 배경색이 변경됩니다.

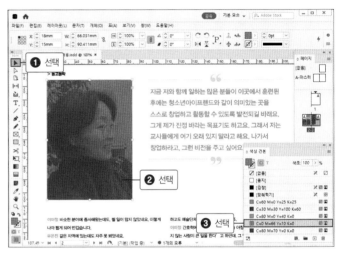

. InDesign .

14

실습

일반 검정보다
진한 리치 블랙 만들기

×

인쇄에서는 검정이 K=100인 일반 검은색보다 더 진하고 풍부한 리치 블랙이 있습니다. C, M, Y와 같은 색을 혼합하여 만든 리치 블랙으로 더 선명한 검정을 만들어 봅니다. 모니터에서는 큰 차이를 느낄수 없지만, 인쇄 결과에는 큰 차이가 있습니다.

Before

After

• 예제파일 : 05\리치 블랙.indd

• 완성파일 : 05\리치 블랙_완성.indd

01 05 폴더에서 '리치 블랙.indd' 파일을 불러옵니다.

배경에 색상을 넣기 위해 도구 패널에서 ❶ 사각형 프레임 도구(⊠)를 선택하고 ❷ 왼쪽 페이지에 드래그해 사각형 프레임을 만듭니다.

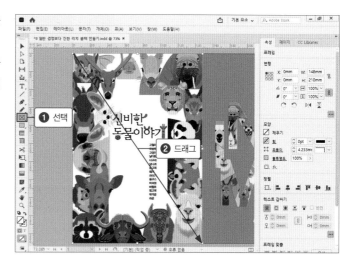

❶ 선택

❷ 드래그

02 색상 견본 패널에서 '[검정]'을 선택해 사각형 프레임에 적용합니다.

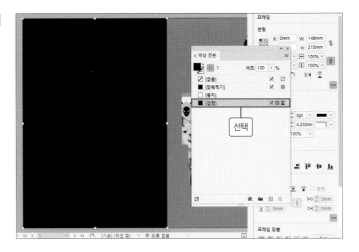

03 동물 이미지와 텍스트를 나타내기 위해 메뉴에서 (개체) → 배치 → 맨 뒤로 보내기를 실행하거나 Ctrl+Shift+[[]를 누릅니다.

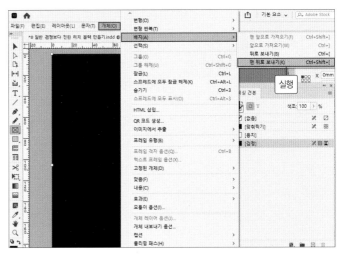

04 타이포그래피와 텍스트가 보이도록 색상을 적용합니다.

05 진한 리치 블랙을 만들기 위해 색상 견 본 패널에서 ① '패널 메뉴' 아이콘(▤) 을 클릭한 다음 ② 새 색상 견본을 실행합니다.

06 [새 색상 견본] 대화상자가 표시되면 ① '색상 값을 사 용한 이름'을 체크 표시하고, ② 색상 유형을 '원색', 색 상 모드를 'CMYK'로 지정합니다. ③ 녹청/자홍/노랑을 각각 '50%', 검정을 '100%'로 설정한 다음 ④ 〈확인〉 버튼을 클릭합 니다.

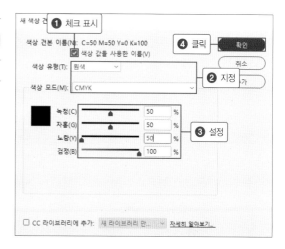

07 ① 배경의 검정 사각형 프레임을 선택 한 다음 색상 견본 패널에서 ② 추가된 리치 블랙 색상인 'C=50 M=50 Y=50 K=100' 을 선택합니다.

TIP ◁▷

리치 블랙은 K=100%에 CMY 색상을 추가하기 때문에 작은 글씨나 얇은 선에는 사용하지 않는 것이 좋습니다. 작은 글씨나 얇은 선은 4도로 인 쇄할 경우 핀이 어긋나면 초점이 뿌옇게 보입니다.

신비한
동물이야기

▲ 일반 검정

신비한
동물이야기

▲ 리치 블랙

동영상으로 배우는 **인디자인 CC 2023**

흑백 이미지를 컬러로 만들어 적용하기

여러 장의 단색 이미지를 배치해야 할 경우 색상의 채도와 명도를 포토샵에서
정확히 맞추어 가져오기가 쉽지 않습니다. 흑백 모드로 불러온 이미지를 인디
자인에서 컬러 모드로 전환하여 작업의 효율성을 높여 봅니다.

(**이미지 크기**) 148×210mm

(**소스 파일**) 05\컬러\꽃_배경따내기.jpg, 흑백을 컬러로 만들기.indd

(**완성 파일**) 05\컬러\흑백을 컬러로 만들기_완성.indd, 흑백을 컬러로 만
들기_완성.pdf, 흑백을 컬러로 만들기_완성.idml

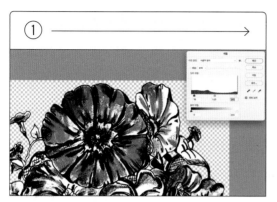

흑백 모드의 이미지 보정하기

이미지 프레임 삽입하기

이미지 삽입하기

컨테이너 프레임 안의 이미지에 컬러 적용하기

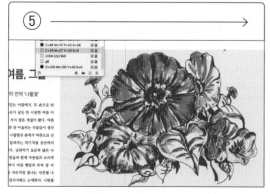

이미지 프레임에 컬러 적용하기

배경과 텍스트에 같은 컬러 적용해서 마무리하기

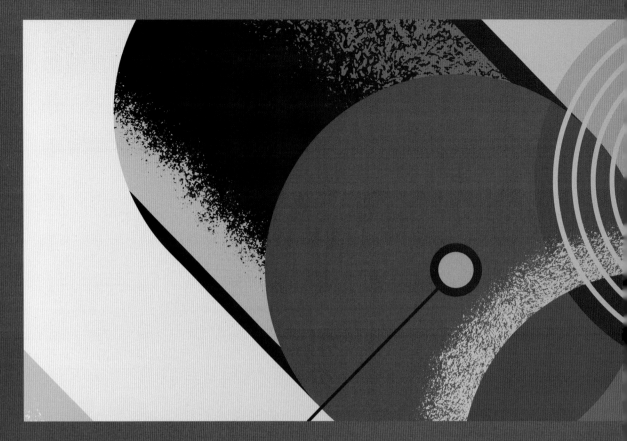

복잡한 형태와 표
쉽게 만들고 편집하기

도형과 획을 만들어 다루는 방법과 인디자인의 꽃이라고 할 수 있는 표 만들기에 대해 알아봅니다. 획, 칠, 머리글, 바닥글 등을 활용하여 세련된 표 를 디자인하고, 셀 스타일과 표 스타일을 등록하여 적용해 봅니다.

획 패널에서는 획의 두께 및 모양을 조정하고 선 연결 방법, 시작 및 끝모양, 모퉁이 옵션 등을 지정할 수 있습니다. 메뉴에서 [창] → 획을 실행하거나 F10을 누르면 표시되는 획 패널에 대해 알아보겠습니다.

❶ **두께** : 획의 두께를 지정합니다. 선택한 선을 투명하게 만들려면 '0'으로 설정합니다.

TIP ◁▷

인쇄 또는 웹 게시물에서 0.2pt보다 가는 선은 인쇄되지 않거나 이미지를 확대 및 축소할 때 원하는 대로 표시되지 않기 때문에 유의합니다.

❷ **끝모양** : 열린 패스의 양쪽 끝점 모양을 지정합니다. 가는 선에서는 열린 패스에서도 모양이 잘 드러나지 않으며, 닫힌 패스에도 끝모양을 지정할 수 있지만 표시되지 않습니다.
  ⓐ **절단형** : 끝점에서 중단되는 사각형의 끝모양을 만듭니다.
  ⓑ **원형** : 끝점에서 획 너비의 절반 정도로 연장되는 반원형 끝모양을 만듭니다.
  ⓒ **돌출 사각형** : 끝점에서 획 너비의 절반 정도로 연장되는 사각형 끝모양을 만듭니다. 이때 획 두께가 패스 주위의 모든 방향으로 똑같이 연장됩니다.

▲ 절단형

▲ 원형

▲ 돌출 사각형

❸ **마이터 제한** : 획 폭에 대한 점 길이를 제한합니다. 지정한 수치를 넘으면 마이터 연결이 경사진 사각형 연결로 변합니다. 예를 들어, '9'로 설정하면 점 길이가 획 폭의 9배까지 될 수 있고 그 이상일 때는 경사가 연결됩니다. 1에서 500 사이의 수치를 설정할 수 있으며, 원형 연결에는 비활성화됩니다.

▲ 획 두께를 '12pt'로 설정했을 때 마이터 제한이 '4'인 선

▲ 획 두께를 '12pt'로 설정했을 때 마이터 제한이 '1'인 선

❹ **연결** : 모퉁이 점의 획 모양을 지정합니다.

　❸ **마이터 연결** : 마이터 길이가 마이터 제한 범위 안에 있을 때 끝점에서 연장되는 뾰족한 모퉁이를 만듭니다.

　❺ **원형 연결** : 끝점에서 획 너비의 절반 정도 연장되는 둥근 모퉁이를 만듭니다.

　❻ **경사 연결** : 끝점에 가까운 사각형 모퉁이를 만듭니다.

▲ 마이터 연결

▲ 원형 연결

▲ 경사 연결

❺ **획 정렬** : 패스를 기준으로 획 위치를 가운데, 안쪽, 바깥쪽으로 지정할 수 있습니다.

❻ 유형 : 획 유형을 선택합니다. '파선'을 선택하면 새 옵션에서 점선 사이 간격을 지정하여 원하는 형태의 점선을 만들 수 있습니다.

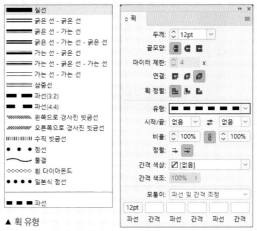

▲ 획 유형

▲ 파선 옵션

❼ 시작/끝 : 패스의 시작과 끝에 사용할 화살표를 선택합니다. '시작 및 끝 화살표 교체' 아이콘(⇄)을 클릭하여 시작 화살표와 끝 화살표를 교체할 수 있습니다.

▲ 시작 화살표

▲ 끝 화살표

❽ 비율 : 화살표의 시작과 끝 크기를 각각 조정합니다. 화살표 크기 조절의 시작과 끝을 연결하려면 '시작 및 끝 크기 조절 화살표 연결' 아이콘(⬛)을 클릭합니다.

❾ 정렬 : 패스를 화살표의 시작 또는 끝에 정렬되도록 조정합니다.

　ⓐ 화살표 팁을 패스 끝을 벗어나도록 확장(→) : 패스 끝을 벗어나 화살표 팁이 확장됩니다.

　ⓑ 패스 끝에 화살표 팁 가져오기(→) : 패스 끝에 화살표 팁이 배치됩니다.

❿ 간격 색상 : 패턴이 있는 획에서 대시, 점 또는 줄 사이 공간에 표시할 색상을 지정합니다. 점선을 만들어 칠과 획 색상을 지정할 수 있습니다.

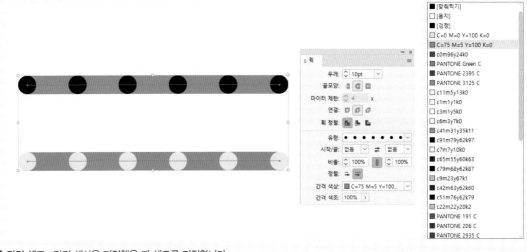

⓫ 간격 색조 : 간격 색상을 지정했을 때 색조를 지정합니다.

. InDesign .

02 개체 크기 조절할 때 획 두께 조절하기

실습

인디자인에서 그린 개체나 일러스트레이터에서 가져온 개체는 벡터 이미지이기 때문에 인디자인에서 획의 두께나 색상을 수정할 수 있습니다. 이미지 프레임이나 벡터 이미지에 획이 설정되었을 경우 크기 와 함께 획의 두께도 같은 비율로 자연스럽게 수정하는 방법을 알아봅니다.

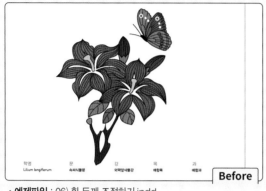

Before

After

• 예제파일 : 06\획 두께 조절하기.indd

• 완성파일 : 06\획 두께 조절하기_완성.indd

01 06 폴더에서 '획 두께 조절하기.indd' 파일을 불러옵니다.

개체 크기와 획 두께가 함께 조절되도록 ❶ 메 뉴에서 (편집) → 환경 설정 → 일반을 실행하 거나 Ctrl+K를 누릅니다. [환경 설정] 대화상 자가 표시되면 (일반) 탭의 개체 편집 항목에서 ❷ '획 두께 포함'을 체크 표시하고 ❸ 〈확인〉 버튼을 클릭합니다.

(02) 도구 패널에서 ① 선택 도구(▶)를 선택한 다음 ② 꽃을 선택합니다. ③ Ctrl +Shift+Alt 를 누른 채 이미지 조절점을 드래그하여 크기를 확대합니다.

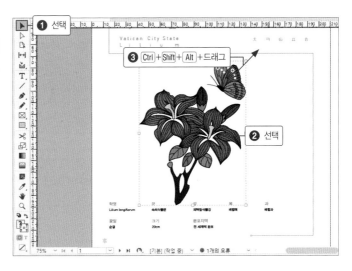

TIP ⟵⫸

개체 크기는 도구 패널에서 크기 조정 도구(回)를 선택하거나 컨트롤 패널에서 X/Y 비율을 설정하거나 메뉴에서 [개체] → **변형** → **크기 조정**을 실행하여 조절합니다.

(03) 개체의 크기가 확대된 만큼 획 두께도 확대되었습니다. 이미지의 톤이나 분위기를 손상시키지 않고 자연스럽게 수정됩니다.

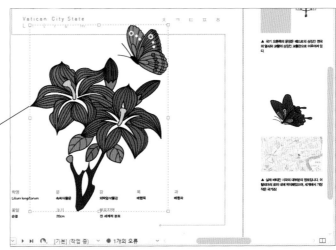

개체 크기와 획 두께가 함께 조절된 것을 알 수 있습니다. ●

▲ 테두리 획의 두께 : 1.508pt

TIP ⟵⫸

[환경 설정] 대화상자에서 '획 두께 포함'의 체크 표시를 해제하면 개체만 축소되고 획 두께는 축소되지 않아 이미지의 획이 투박해 보입니다.

▲ '획 두께 포함'을 체크 표시한 모습

▲ '획 두께 포함'의 체크 표시를 해제한 모습

. InDesign .

03 직선, 곡선 그리고 수정하기

이론

선과 도형

---

❶ 선 도구와 펜 도구로 직선 그리기 • • •

❶ 도구 패널에서 선 도구(⟋)를 선택합니다. ❷ 원하는 지점을 클릭한 다음 드래그합니다. 이때 Shift 를 누르면서 드래그하면 수평, 수직, 45° 대각선을 쉽게 그릴 수 있습니다. ❸ 개체 컨트롤 패널이나 속성 패널, 획 패널을 이용하여 선 두께와 획 색상 등을 설정합니다.

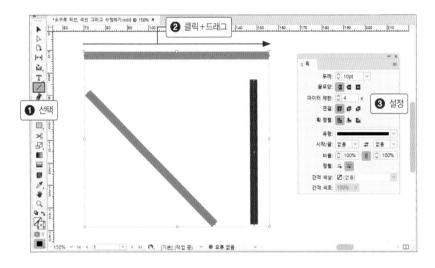

❶ 도구 패널에서 펜 도구(✎)를 선택합니다. ❷ 원하는 지점을 클릭한 다음 ❸ 끝 지점을 클릭합니다. 이때 Shift 를 누르면서 드래그하면 수평, 수직, 45° 대각선을 쉽게 그릴 수 있습니다. ❹ 개체 컨트롤 패널이나 속성 패널, 획 패널을 이용하여 선 두께와 획 색상 등을 설정합니다.

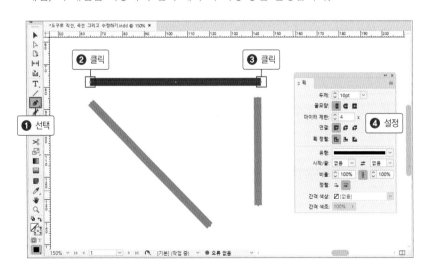

❷ 펜 도구(✏️)로 곡선 그리기

❶ 도구 패널에서 펜 도구(✏️)를 선택합니다. ❷ 원하는 지점을 클릭한 다음 ❸ 중간 지점을 클릭한 채 방향선이 표시되면 드래그하여 직선을 곡선으로 만듭니다. 방향선은 해당 기준점을 기준으로 양쪽에 모두 영향을 줍니다. Shift를 누르면서 드래그하면 방향선을 수평 또는 수직으로 움직일 수 있습니다. ❹ 끝점을 클릭하고 드래그해 패스를 이어 나갑니다. ❺ 개체 컨트롤 패널이나 획 패널에서 선 두께와 획 색상 등의 속성을 설정합니다.

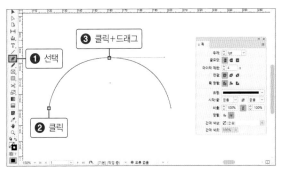

TIP ⟨⬗

패스에서 방향점이 양쪽에 있으면 펜 도구로 수정할 때 양쪽 모두에 영향을 받기 때문에 수정이 어려울 수 있습니다. 방향점을 양쪽에 나타나지 않게 하기 위해서는 기준점을 다시 한번 클릭하여 한쪽 방향점을 삭제합니다. 방향점은 왼쪽에만 나타나며 패스가 이어나가는 쪽의 방향점은 사라집니다. 비슷한 방향으로 나아가는 곡선을 그려 나가면 방향점을 끊지 않고 진행해도 좋습니다.

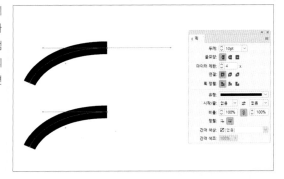

❸ 패스 수정하기

선에 기준점을 추가 또는 삭제하거나 방향선을 이용해 곡선의 방향을 전환하려면 펜 도구(✏️)를 잠시 눌러 표시되는 패스 수정에 관한 방향점 변환 도구(◣)를 선택하여 곡선은 직선으로, 직선은 곡선으로 수정합니다. 기준점 삭제 도구(✏️)는 필요 없는 기준점을 삭제하고, 기준점 추가 도구(✏️)는 기준점을 추가하여 자연스럽게 곡선이나 직선을 수정합니다. 또는 직접 선택 도구(▷)를 이용해 개체를 선택한 다음 방향선 방향을 변경할 수도 있습니다.

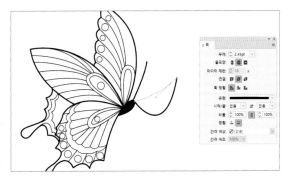

❶ 자유롭게 도형 그리기 ● ● ●

사각형 도구(▣)를 선택한 다음 원하는 영역에 클릭한 후 드래그합니다. 이때 Shift를 누르면 정사각형이 만들어집니다.

타원 도구(◉)를 선택한 다음 원하는 영역에 클릭한 후 드래그합니다. 이때 Shift를 누르면 정원이 만들어집니다. 프레임 도구는 프레임 안에 ×가 표시되며, 출력 또는 인쇄할 때는 × 표시가 나타나지 않습니다.

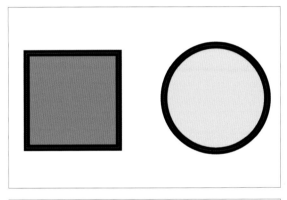

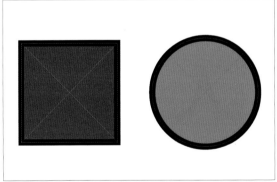

TIP ⬅

사각형 도구와 사각형 프레임 도구의 차이점
❶ **사각형 도구(▣)** : 사각형 형태의 속성(획과 면 색상, 획 두께 등의 속성)이 있는 개체를 만듭니다. 텍스트나 이미지를 삽입할 수 있습니다.
　(타원 도구, 다각형 도구도 같음)
❷ **사각형 프레임 도구(⊠)** : 사각형 형태의 속성이 없는 프레임을 만듭니다. 프레임에는 텍스트나 이미지를 삽입할 수 있습니다. 프레임 속성이 없기 때문에 이미지나 텍스트를 가져올 때 실수가 적으며, 속성을 변경해야 하는 번거로움이 없습니다.
　(타원 프레임 도구, 다각형 프레임 도구도 같음)

❷ 정확한 크기의 도형 그리기 • • •

정확한 크기를 입력하여 도형을 만들 때 ❶ 도형 도구를 선택한 다음 문서를 클릭합니다. [사각형] 또는 [타원] 대화상자가 표시되면 ❷ 폭과 높이를 입력한 다음 ❸ 〈확인〉 버튼을 클릭하여 도형을 만들 수 있습니다.

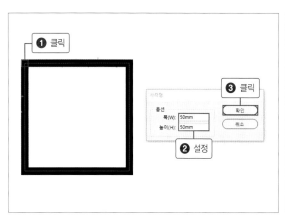

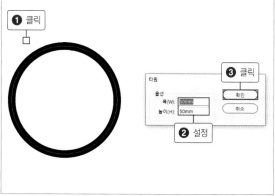

TIP ⫷⫸

문서에 그려진 도형 크기를 수정하려면 컨트롤 패널이나 속성에서 폭과 높이를 설정할 수 있습니다.

❸ 다각형 도구에서 삼각형과 별 만들기 • • •

삼각형을 만들려면 먼저 ❶ 다각형 도구(⊗)를 선택합니다. 문서를 클릭하여 [다각형] 대화상자가 표시되면 ❷ 다각형의 폭과 높이를 설정하고, 면 수를 '3'으로 설정한 다음 ❸ 〈확인〉 버튼을 클릭합니다. 같은 방법으로 별 모양을 만들 수도 있습니다.

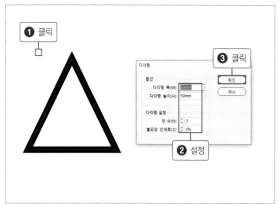

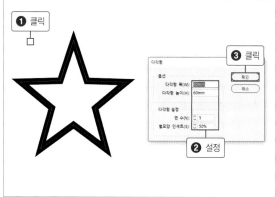

. InDesign .

05

사각형 프레임을 둥글게 변형하기

실습

×

사각형 프레임의 모서리 중 오른쪽 상단과 왼쪽 하단 모서리만 둥글게 만드는 방법을 알아봅니다.

Before

After

- **예제파일** : 06\모퉁이 모양 변경하기.indd
- **완성파일** : 06\모퉁이 모양 변경하기_완성.indd

01 06 폴더의 '모퉁이 모양 변경하기.indd' 파일을 불러옵니다.

도구 패널에서 ❶ 선택 도구(▶)를 선택한 다음 ❷ 모퉁이를 변경할 사각형 프레임을 각각 클릭하여 모두 선택합니다.

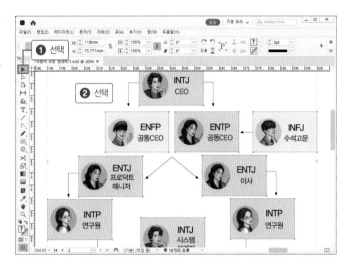

TIP ⬯

여러 개의 사각형 프레임을 선택할 때 선택 도구(▶)로 Shift를 누른 채 사각형 프레임을 하나씩 추가하여 선택할 수 있습니다.

02 메뉴에서 (개체) → 모퉁이 옵션을 실행 합니다.

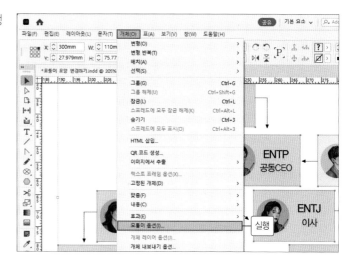

TIP ◁
사각형 프레임에서 모서리 전체를 변경하려면 속성 패널에서 모퉁이를 적용할 수도 있습니다.

03 [모퉁이 옵션] 대화상자가 표시되면 **❶** 오른쪽 상단과 왼쪽 하단에서 '둥글게' 를 지정하고 **❷** 각각 '3mm'로 설정합니다. **❸** '미리 보기'를 체크 표시해 미리 모퉁이 변형을 확인하고 **❹** 〈확인〉 버튼을 클릭합니다.

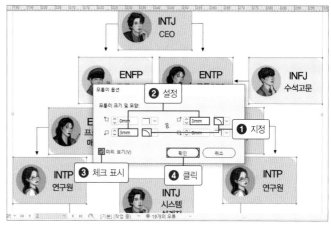

04 사각형 프레임의 모퉁이가 변경됩니다.

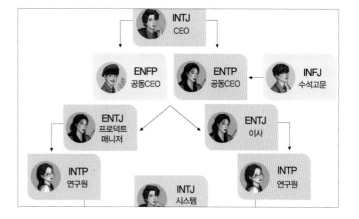

패스파인더 패널은 메뉴에서 〔창〕 → 개체 및 레이아웃 → 패스파인더를 실행하여 표시할 수 있습니다. 개체를 자유자재로 활용하여 편집할 수 있는 패스파인더 패널의 기능을 살펴봅니다.

❶ **패스 연결** : 패스를 붙이고자 하는 부분을 선택한 다음 아이콘을 클릭하여 연결할 수 있습니다.

❷ **패스 열기** : 닫힌 패스를 엽니다.

❸ **패스 닫기** : 열린 패스를 닫습니다.

❹ **패스 반전** : 패스 방향을 변경합니다.

❺ **더하기** : 개체가 겹쳐 있을 때 합칩니다. 개체를 합치면 색상과 효과는 맨 앞에 있는 개체의 특성을 따릅니다.

❻ **빼기** : 개체가 겹쳐 있을 때 아래 개체에서 위 개체와 겹치는 부분을 제외합니다.

❼ **교차** : 겹친 부분만 남깁니다.

❽ **오버랩 제외** : 겹친 부분만 제외합니다.

❾ **이면 개체 제외** : 위 개체에서 아래 개체와 겹친 부분, 아래 개체를 제외합니다.

❿ **모양 변환** : 만들어진 도형을 다르게 변형합니다.

⓫ **일반** : 선택한 점을 변경하여 방향점 또는 선을 없앱니다.

⓬ **모퉁이** : 기준점을 모퉁이 점으로 변환합니다.

⓭ **매끄럽게** : 선택한 점이 연결된 방향으로 연속 곡선이 되도록 변경합니다.

⓮ **대칭** : 선택한 점을 변경하여 같은 길이의 방향으로 점을 부드럽게 만듭니다.

패스파인더 패널을 이용하면 여러 개체를 더하거나 빼는 방법으로 다양한 모양을 손쉽게 만들 수 있습니다. '더하기'와 '오버랩 제외' 아이콘을 이용하여 개체를 타이포그래피로 만들어 봅니다.

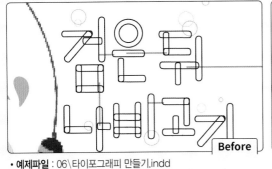

Before

After

- 예제파일 : 06\타이포그래피 만들기.indd
- 완성파일 : 06\타이포그래피 만들기_완성.indd

---

01 06 폴더의 '타이포그래피 만들기.indd' 파일을 불러옵니다.

❶ 사각형 도구(▢)와 타원 도구(◯)를 이용해 그림과 같이 물고기 이름을 만든 다음 사각형은 모퉁이 옵션을 이용하여 모서리를 둥글게 합니다. ❷ 메뉴에서 [창] → 개체 및 레이아웃 → 패스파인더를 실행하여 패스파인더 패널을 표시합니다.

TIP ◁⟁

사각형 모서리를 둥글게 만들려면 263쪽의 〈5. 사각형 프레임을 둥글게 변형하기〉를 참고합니다.

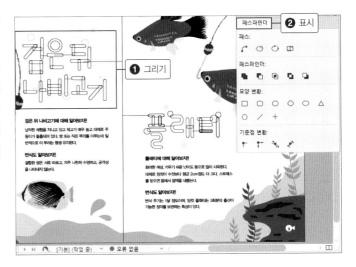

---

02 도구 패널에서 ❶ 선택 도구(▶)를 선택하고 ❷ '검' 자에 사용된 도형을 드래그하여 모두 선택합니다. 패스파인더 패널에서 ❸ '더하기' 아이콘(▣)을 클릭하여 도형을 합칩니다.

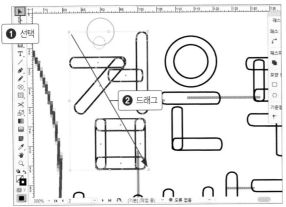

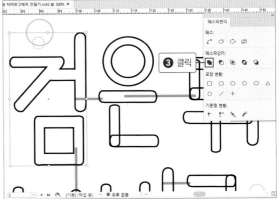

(03) ❶ '은' 자의 정원을 선택하고 도구 패널의 ❷ '칠과 획 교체' 아이콘(↰)을 클릭하여 획을 칠로 바꿉니다. 패스파인 더 패널에서 ❸ '오버랩 제외' 아이콘(◨)을 클릭하면 정원 중앙에 겹친 개체 부분이 제외됩니다.

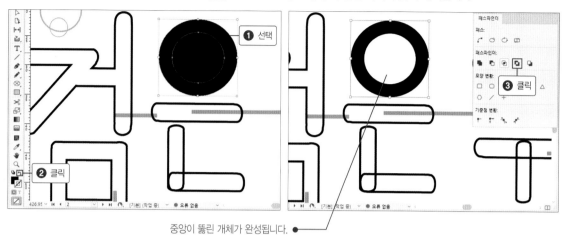

중앙이 뚫린 개체가 완성됩니다. ●

(04) ❶ 나머지 모든 도형을 선택하고 패스 파인더 패널의 ❷ '더하기' 아이콘(◼) 을 클릭하여 합칩니다.

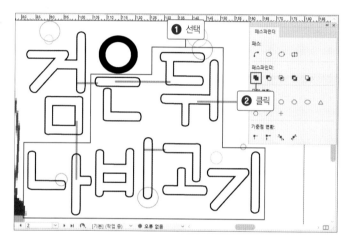

(05) ❶ '검은 뒤 물고기' 타이포그래피를 드래그하여 선택합니다. ❷ 컨트롤 패널에서 칠을 'C=100 M=0 Y=0 K=0'로 지 정합니다. ❸ 획을 [없음]으로 지정합니다. ❹ 오른쪽의 '플래티' 타이포그래피도 같은 방법으로 색상을 지정합니다. 패스파인더 패널을 이용한 타이포그래피가 완성되었습니다.

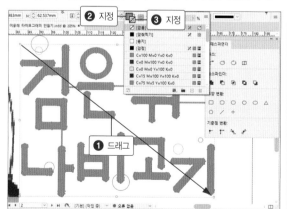

복잡한 텍스트를 한눈에! 표 만들기

표는 복잡한 텍스트를 한눈에 알아볼 수 있도록 깔끔하게 정리해 주는 역할을 합니다. 인디자인에서 표는 여러 셀이 행과 열로 구성된 것으로, 셀은 텍스트 프레임과도 같아서 텍스트, 그래픽 또는 다른 표도 추가할 수 있습니다.

❶ 표 메뉴 살펴보기 ● ● ●

메뉴의 (표)에서 제공하는 명령을 살펴보겠습니다.

❶ **표 삽입** : 새로운 표를 만듭니다.

❷ **텍스트를 표로 변환** : 텍스트를 표로 변환합니다.

❸ **표를 텍스트로 변환** : 표를 텍스트로 변환합니다.

❹ **표 옵션** : 표 설정, 행/열 획 교대 설정, 칠 교대 설정, 머리글 및 바닥글을 지정합니다.

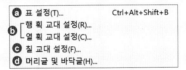

ⓐ **표 설정** : 표 크기, 표 테두리, 표 간격, 획 그리기 순서를 설정합니다.

ⓑ **행/열 획 교대 설정** : 행/열 교대 패턴 및 교대 유형, 두께, 색상, 색조 등을 설정합니다.

ⓒ **칠 교대 설정** : 칠 교대 패턴 및 교대 색상, 색조 등을 설정합니다.

ⓓ **머리글 및 바닥글** : 표의 머리글과 바닥글을 설정합니다.

❺ **셀 옵션** : 텍스트, 그래픽, 획 및 칠, 행 및 열, 대각선을 설정합니다.

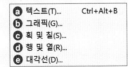

ⓐ **텍스트** : 텍스트 쓰기 방향, 셀 여백, 정렬, 기준선, 클리핑, 텍스트 회전 등을 설정합니다.

ⓑ **그래픽** : 그래픽의 셀 여백, 정렬, 클리핑 등을 설정합니다.

ⓒ **획 및 칠** : 셀의 획 두께, 유형, 색상 및 색조와 셀의 칠 색상 및 색조 등을 설정합니다.

ⓓ **행 및 열** : 행 높이 및 열 폭을 설정합니다.

ⓔ **대각선** : 대각선의 획 두께, 유형, 색상 및 색조 등을 설정합니다.

❻ **삽입** : 행과 열의 삽입 개수와 삽입 위치를 설정합니다.

❼ **삭제** : 행, 열, 표를 삭제합니다.

❽ **선택** : 셀, 행, 열, 표, 머리글 행, 본문 행, 바닥글 행을 선택합니다.

❾ **셀 병합** : 지정한 두 개 이상의 셀을 병합할 수 있습니다.

❿ **셀 병합 해제** : 병합한 셀을 해제할 수 있습니다.

⓫ **가로/세로로 셀 분할** : 지정한 셀을 가로/세로로 분할합니다.

⓬ **앞/뒤에 붙여넣기** : 지정한 셀 앞/뒤에 새로운 셀을 붙여 넣습니다.

⓭ **셀을 그래픽/텍스트 셀로 변환** : 지정한 셀이 그래픽/텍스트 셀로 변환됩니다.

⓮ **행 변환** : 행을 머리글, 본문, 바닥글로 변환할 수 있습니다.

⓯ **행 높이를 같게** : 서로 다른 행 높이를 같게 조정합니다.

⓰ **열 폭을 같게** : 서로 다른 열 폭을 같게 조정합니다.

⓱ **행으로 이동** : 머리글 행, 본문 행의 번호를 설정하여 해당 행으로 이동할 수 있습니다.

⓲ **머리글/바닥글 편집** : 머리글/바닥글을 편집할 수 있습니다.

❷ 표 패널 살펴보기　•••

표 패널은 (창) → 문자 및 표 → 표를 실행하거나 Shift + F9 를 눌러 표시합니다. 표 패널을 활용하여 표를 만들고, 표와 텍스트를 변환하며, 셀을 병합 및 분할하는 등 표 및 셀을 손쉽게 관리하고 사용할 수 있습니다.

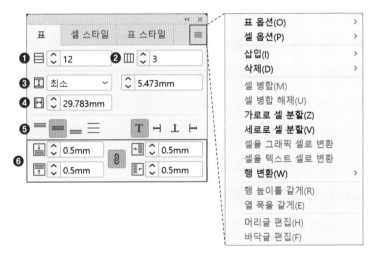

❶ **행 수** : 행 수(Raws)를 설정합니다.

❷ **열 수** : 열 수(Columns)를 설정합니다.

❸ **행 높이** : 행 높이를 지정합니다. '최소'를 선택하여 최소 행 높이를 설정하면 텍스트를 추가하거나 포인트 크기를 늘리는 경우 행 높이가 늘어납니다. '정확하게'를 선택하여 고정 행 높이를 설정하면 텍스트를 추가하거나 제거해도 행 높이가 변경되지 않습니다.

❹ **열 폭** : 열 폭을 설정합니다.

❺ **텍스트 정렬/텍스트 회전** : 텍스트 정렬 및 텍스트 회전을 지정합니다. 텍스트 정렬은 위쪽 정렬, 가운데 정렬, 아래쪽 정렬, 세로로 균등 배치가 있으며, 텍스트 회전은 텍스트 0˚ 회전, 텍스트 90˚ 회전, 텍스트 180˚ 회전, 텍스트 270˚ 회전이 있습니다.

❻ **셀 인세트** : 셀 안의 내부 여백(Inset)을 조정합니다.

01 ❶ 새 문서를 만들고 ❷ 메뉴에서 (표) → 표 만들기를 실행하거나 Ctrl+Alt +Shift+T를 누릅니다.

TIP 👈
텍스트 프레임 안에 표를 만들면 메뉴의 (표) → **표 만들기**에서 (표) → **표 삽입**으로 바뀝니다.

02 [표 만들기] 대화상자가 표시되면 ❶ 본문 행 및 열 수를 설정하고 ❷ 〈확인〉 버튼을 클릭합니다.

설정에 따라 표 스타일을 지정할 수도 있습니다. ●

TIP 👈
둘 이상의 열 또는 프레임으로 표 내용이 이어지면 반복되는 정보가 표시되는 머리글 또는 바닥글 행 수를 설정합니다.

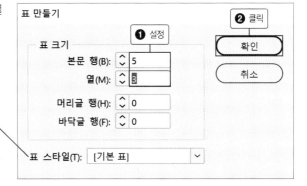

03 커서에 표가 나타나면 원하는 위치에 클릭 또는 드래그하여 표를 만듭니다.

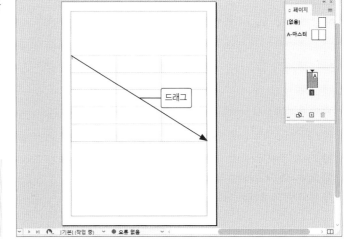

Why? 👇
표를 알맞은 크기로 배치하려면 원하는 크기로 드래그하는 것이 효과적입니다. 클릭하면 클릭한 위치에서 표의 크기가 문서의 가로 크기만큼 크게 만들어집니다.

. InDesign .

08

실습

텍스트 프레임에 표 삽입하고 텍스트 넣기

텍스트 프레임에서 텍스트 사이에 표를 삽입하는 방법을 알아봅니다.

루 살아가기에 바빴습니다. 그나마 먹을 수 있던 디저트들은 빵, 과자가 전부였지만 이 또한 지금의 빵집에서 파는 것처럼 달달한 커스터드 크림이 들어가거나, 소세지가 들어가는 경우는 없었습니다. 전부 돌처럼 딱딱한, 그저 배를 채우기 위한 빵들 뿐이었답니다.

하지만 19세기 이후, 산업 혁명이 진행되면서 과학 기술의 대중화로 인해 운송업이 발달하고 기계 장비가 조달되었습니다. 이로 인해 만들기 쉽고 저렴한 디저트들이 일반 상점에도 소개되기 시작합니다. 얼음을 구하기 힘들어 그 어떤 디저트보다 만들기 까다롭고 노동력을 추구했던 아이스크림도 아이스박스가 보급되고 아이스크림 제조기계가 발명되면서 모든 사람들에게 퍼져나갔습니다. 이 밖에도 가 **Before**

・예제파일 : 06\표 삽입하기.indd

가 전부였지만 이 또한 지금의 빵집에서 파는 것처럼 달달한 커스터드 크림이 들어가거나, 소세지가 들어가는 경우는 없었습니다. 전부 돌처럼 딱딱한, 그저 배를 채우기 위한 빵들 뿐이었답니다.

유럽 디저트	아메리카 디저트	아시아 디저트
마카롱	도넛	약과
타르트	컵케이크	달고나
와플	브라우니	월병
에그타르트	나나이모바	도리야끼

하지만 19세기 이후, 산업 혁명이 진행되면서 과학 기술의 대중화로 인해 운송업이 발달하고 기계 장비가 조달되었습니다. 이로 인해 **After**

・완성파일 : 06\표 삽입하기_완성.indd

01 06 폴더에서 '표 삽입하기.indd' 파일을 불러옵니다.

도구 패널에서 ❶ 문자 도구(T,)를 선택하고 ❷ 텍스트 사이에서 표를 삽입할 위치를 클릭합니다.

❶ 선택

❷ 클릭

들이 디저트를 만드는 일 또한 없었습니다. 디저트를 만드는 일은 일반 서민인 하인이 하고, 맛있게 즐기는 것은 귀족들의 몫이었죠. 몇 세기에 걸쳐 귀족들이 디저트를 즐길동안 서민들은 디저트는 커녕 하루하루 살아가기에 바빴습니다. 그나마 먹을 수 있던 디저트들은 빵, 과자가 전부였지만 이 또한 지금의 빵집에서 파는 것처럼 달달한 커스터드 크림이 들어가거나, 소세지가 들어가는 경우는 없었습니다. 전부 돌처럼 딱딱한, 그저 배를 채우기 위한 빵들 뿐이었답니다.

하지만 19세기 이후, 산업 혁명이 진행되면서 과학 기술의 대중화로 인해 운송업이 발달하고 기계 장비가 조달되었습니다. 이로 인해 만들기 쉽고 저렴한 디저트들이 일반 상점에도 소개되기 시작합니다. 얼음을 구하기 힘들어 그 어떤 디저트보다 만들기 까다롭고 노동력을 추구했던 아이스크림도 아이스박스가 보급되고 아이스크림 제조기계가 발명되면서 모든 사람들에게 퍼져나갔습니다. 이 밖에도 가스레인지, 오븐, 계량컵 등이 발명되며 홈베이킹 혁명이 일어났습니다. 귀족들만이

02 메뉴에서 [표] → 표 삽입을 실행하거나 Ctrl + Alt + Shift + T를 누릅니다.

(03) [표 삽입] 대화상자가 표시되면 ❶ 본문 행을 '5', 열을 '3'으로 설정한 다음 ❷ 〈확인〉 버튼을 클릭합니다.

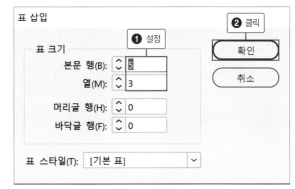

(04) 표가 텍스트 프레임의 가로 폭만큼 채워집니다. 표를 선택하여 크기나 서식을 변경할 수 있습니다.

TIP ⟵

표 위 텍스트에서 Return이나 Enter를 눌러 표와 텍스트 간격을 띄울 수 있습니다.

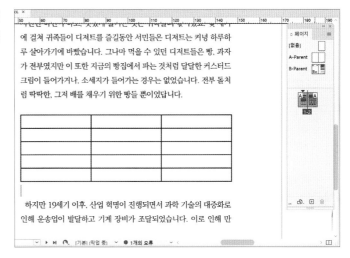

(05) 문자 도구(T)가 선택된 상태에서 표 안에 텍스트가 들어갈 부분을 클릭하여 ❶ 텍스트를 입력하고 ❷ 글꼴과 크기를 지정합니다. 예제에서 머리글의 글꼴은 '윤고딕 340', 글꼴 크기는 '12pt', 표 내용의 글꼴은 '윤고딕 320', 글꼴 크기는 '12pt', '왼쪽 정렬'로 지정했습니다.

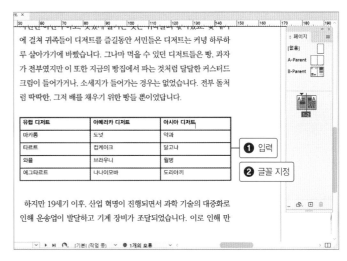

. InDesign .

09

실습

텍스트를 한 번에 표로 만들기

텍스트를 탭, 쉼표, 단락 등으로 정리하면 한 번에 표로 변환할 수 있습니다. 간편하게 텍스트를 표로 변환하는 방법을 알아봅니다.

회차	일자	장소	참석인원
1	1993. 02. 13	서울대학병원	569
2	1993. 08. 20	서울대학병원	40
3	1994. 02. 18	서울대학병원	45
4	1994. 08. 19	서울대학병원	69
5	1995. 02. 11	서울대학병원	49
6	1996. 02. 02	서울대학병원	80
7	1996. 08. 17	현대중앙병원	104
8	1997. 02. 22	현대중앙병원	79
9	1997. 09. 06	서울대학병원	86
10	1998. 02. 21	현대중앙병원	91

Before / **After**

· 예제파일 : 06\텍스트 표로 만들기.indd
· 완성파일 : 06\텍스트 표로 만들기_완성.indd

(01) 06 폴더에서 '텍스트 표로 만들기.indd' 파일을 불러옵니다.

❶ 메뉴에서 (문자) → 숨겨진 문자 표시((Ctrl) + (Alt) + (I))를 실행합니다. 표를 만들기 위해 도구 패널의 ❷ 문자 도구((T))를 선택하고 ❸ 텍스트를 드래그하여 모두 선택한 다음 ❹ 메뉴에서 (표) → 텍스트를 표로 변환을 실행합니다.

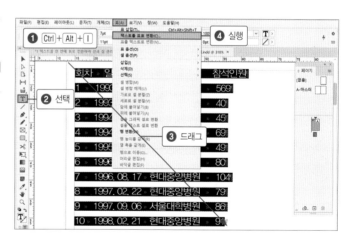

TIP

이때 텍스트 프레임의 텍스트가 열은 '탭', 행은 '단락'으로 지정되어야 표 변환됩니다.

02 [텍스트를 표로 변환] 대화상자가 표시되면 ❶ 열 구분 기호는 '탭', 행 구분 기호는 '단락'으로 지정된 것을 확인하고 ❷〈확인〉 버튼을 클릭합니다.

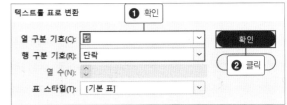

03 텍스트에서 열과 행이 적용된 표가 만들어집니다.

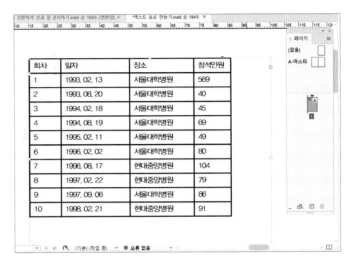

04 문자 도구(T)가 선택된 상태에서 ❶ 표를 드래그하여 선택한 다음 ❷ 글꼴과 크기, 자간 등을 지정합니다. 예제에서는 글꼴을 '윤고딕 540 / DIN Light / 윤고딕 520', 글꼴 크기를 '7pt', '가운데 정렬'로 지정했습니다.

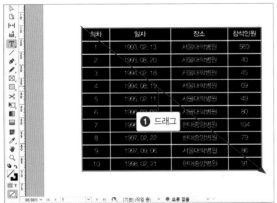

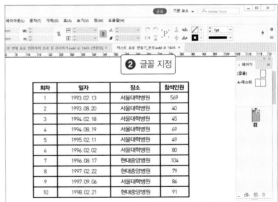

프로그램 연동

중요도 ★★★

· InDesign ·
10 다양한 프로그램에서 표 가져오기

이론

❶ 한글 문서에서 표 가져오기

• • •

한글 문서는 인디자인에서 가져올 수 없기 때문에 많은 양의 표를 가져오려면 워드로 저장 방식을 변경하는 것이 효율적입니다. 텍스트가 복잡하지 않고 양이 적을 때 복사하여 붙여 넣는 방법을 알아봅니다.

❶ 한글 문서에서 표를 드래그하여 선택한 다음 ❷ Ctrl+C를 눌러 복사합니다.

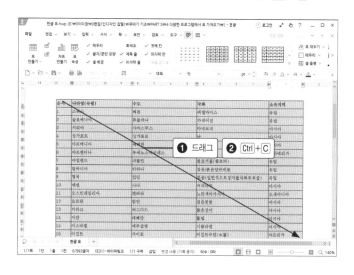

❸ 인디자인을 실행한 다음 새 문서를 만들고 표를 붙여넣기 위해 ❹ 메뉴에서 [편집] → 환경 설정 → 클립보드 처리를 실행합니다. [환경 설정] 대화상자가 표시되면 ❺ 다른 응용 프로그램의 텍스트 및 표를 붙일 때 항목에서 '모든 정보(색인 표시자, 색상 견본, 스타일 등)'를 선택하고 ❻ 〈확인〉 버튼을 클릭합니다.

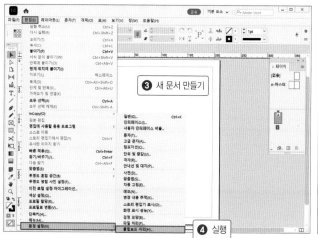

❼ 메뉴에서 (편집) → 붙이기((Ctrl)+(V))를 실행하거나 원하는 페이지에서 마우스 오른쪽 버튼을 클릭한 다음 붙이기를 실행합니다.

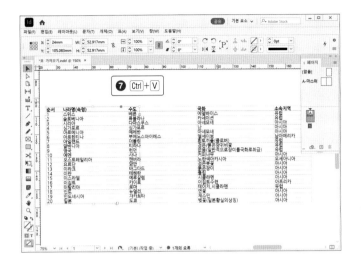

TIP ◁

조절점이 보이지 않으면 메뉴에서 (보기) → 화면 모드 → 표준을 실행하거나 (W)를 누릅니다.

❽ 모든 표가 나타나도록 아래쪽 조절점을 드래그하여 표를 늘립니다.

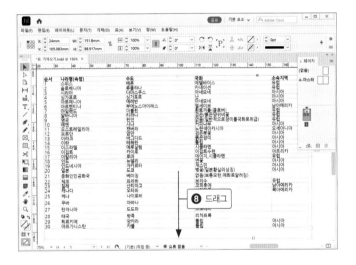

TIP ◁

[환경 설정] 대화상자에서 '모든 정보(색인 표시자, 색상 견본, 스타일 등)'를 선택하지 않고 '텍스트만'이 선택되었을 때 (Ctrl)+(V)를 눌러 붙여 넣으면 표가 아닌 텍스트로 붙여 넣어집니다.

❷ 워드에서 표 가져오기　　　　　　　　　　　　　　　　　　　　　　　• • •

워드의 표는 인디자인으로 가져오거나 복사하여 붙이기 모두 가능합니다.

❶ 메뉴에서 [파일] → 가져오기를 실행하거나 Ctrl + D를 누릅니다.

❷ [가져오기] 대화상자가 표시되면 저장 위치에서 워드 파일을 선택한 다음 ❸ 〈열기〉 버튼을 클릭합니다.

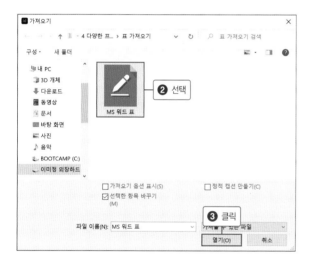

❹ 커서에 표 삽입 형태가 나타나면 원하는 위치에 클릭하거나 드래그하여 표를 삽입합니다.

❸ 엑셀에서 표 가져오기 • • • •

❶ 메뉴의 (파일) → 가져오기를 실행하거나 Ctrl + D 를 눌러 [가져오기] 대화상자가 표시되면 ❷ 저장 위치에서 엑셀 파일을 선택합니다. ❸ '가져오기 옵션 표시'에 체크 표시하고 ❹ 〈열기〉 버튼을 클릭합니다.

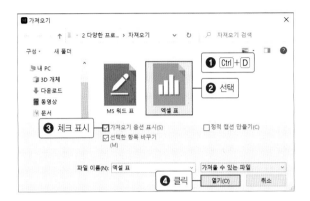

❺ [Microsoft Excel 가져오기 옵션] 대화상자가 표시되면 시트나 셀 범위를 지정하고, 서식 항목에서 표를 '서식이 있는 표'로 지정한 다음 ❻ 〈확인〉 버튼을 클릭합니다.

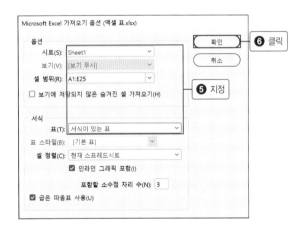

❼ 커서에 표 삽입 형태가 나타나면 원하는 위치에 클릭하거나 드래그하여 표를 삽입합니다.

표 서식 디자인하기

직접 만들거나 삽입한 표 서식에 글꼴과 글꼴 크기를 지정하고, 셀 배경에 색상을 적용하여 전체 디자인에 어울리고 보기 편하도록 표를 변경해 봅니다.

Before

순서	나라명(속령)	수도	국화	소속지역
1	스위스	베른	에델바이스	유럽
2	슬로베니아	류블라나	카네이션	유럽
3	시리아	다마스쿠스	아네모네	아시아
4	싱가포르	싱가포르	난	아시아
5	아르메니아	예레반	아네모네	아시아
6	아르헨티나	부에노스아이레스	셉베이M	남아메리카
7	아일랜드	더블린	흰토끼풀(클로버)	유럽
8	알바니아	티라나	검은/붉은앙귀비꽃	유럽
9	영국	런던	없음(일반적으로 장미를 국화로 취급)	유럽
10	예멘	사나	커피나무	아시아
11	오스트레일리아	캔버라	노란색아카시아	오세아니아
12	요르단	암만	검은붓꽃	아시아
13	이라크	바그다드	붉은장미	아시아
14	이란	테헤란	튤립	아시아
15	이스라엘	예루살렘	시클라멘	아시아

After

순서	나라명(속령)	수도	국화	소속지역
1	스위스	베른	에델바이스	유럽
2	슬로베니아	류블라나	카네이션	유럽
3	시리아	다마스쿠스	아네모네	아시아
4	싱가포르	싱가포르	난	아시아
5	아르메니아	예레반	아네모네	아시아
6	아르헨티나	부에노스아이레스	셉베이M	남아메리카
7	아일랜드	더블린	흰토끼풀(클로버)	유럽
8	알바니아	티라나	검은/붉은양귀비꽃	유럽
9	영국	런던	없음	유럽
10	예멘	사나	커피나무	아시아

• **예제파일** : 06\표 서식 디자인하기.indd

• **완성파일** : 06\표 서식 디자인하기_완성.indd

01 06 폴더에서 '표 서식 디자인하기.indd' 파일을 불러옵니다.

메뉴에서 (창) → 문자 및 표 → 표를 실행하거나 Shift + F9 를 눌러 표 패널을 표시합니다.

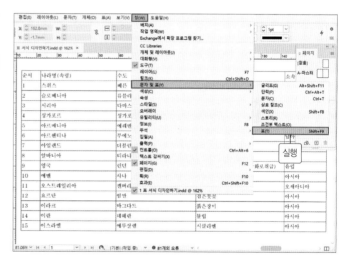

02 도구 패널에서 ❶ 문자 도구(T)를 선택한 다음 ❷ 표 전체를 드래그하여 선택하거나 커서를 표의 왼쪽 상단 모서리로 가져가면 아이콘이 T 에서 ↘로 변경될 때 표 프레임을 클릭하면 셀 전체가 선택됩니다.

03 문자 컨트롤 패널에서 ❶ 글꼴을 클릭하고 ❷ '윤고딕 320'을 선택한 다음 ❸ 글꼴 크기를 '8pt'로 설정합니다.

04 표 패널에서 행 높이를 '최소', 높이를 '6mm'로 설정한 다음 텍스트 정렬을 '가운데 정렬'로 지정하고, 셀 인세트(안쪽 여백)를 각각 '3mm'로 설정합니다.

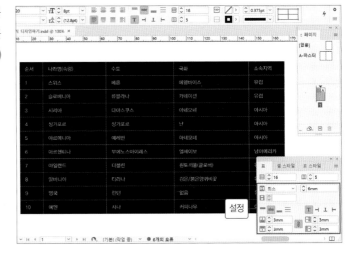

05 열 폭을 원하는 대로 설정합니다. 또는 문자 도구(**T**)를 선택한 다음 커서에 열 이동 형태가 나타나면 직접 드래그해 원하는 폭으로 변경할 수 있습니다.

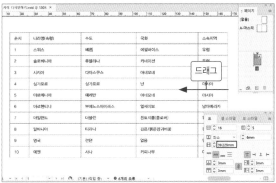

TIP ◁

표에서 전체 표의 크기는 그대로 두고 행이나 열 간격을 조정하려면 커서를 가져가 아이콘 모양이 **Ⅱ**에서 열은 '↔'로, 행은 '↕'로 변경되면 Shift를 누른 채 드래그합니다.

06 표의 ❶ 첫 번째 열을 드래그하여 선택하고 문자 컨트롤 패널의 ❷ '가운데 정렬' 아이콘(≡)을 클릭해서 정렬합니다. ❸ 글꼴을 클릭하여 ❹ '윤고딕 340'으로 변경합니다.

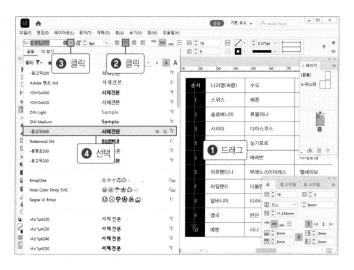

TIP ◁

표 전체를 선택할 때 커서를 표의 왼쪽 상단 모서리로 가져가면 아이콘이 **Ⅱ**에서 ↓로 변경됩니다. 행은 커서를 왼쪽 세로획으로 가져가면 **Ⅱ**에서 ↓로, 열은 커서를 상단 가로획으로 가져가면 **Ⅱ**에서 ➡로 변경될 때 셀을 지정합니다. 한 칸만 셀을 선택하고 싶은 경우에는 원하는 칸에 커서가 활성화된 상태에서 Ctrl+☑를 누릅니다.

07 ❶ 첫 번째 행을 드래그하여 선택한 다음 셀 배경색인 ❷ 칠을 'C=0 M=100 Y=0 K=0'으로 지정합니다. ❸ 글꼴 색은 '[용지]'로 지정합니다.

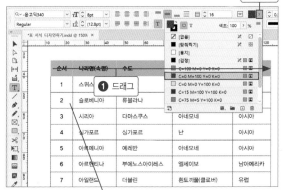

● 표에서 행을 드래그하여 선택한 상태라 완성 파일과 색상이 다르게 보입니다.

표에서 선 삭제하고
획과 칠 색상 적용하기

만들거나 삽입한 표의 서식에서 세로 선을 삭제하고 가로는 획, 세로는 칠 색상을 적용해 봅니다.

유럽 디저트	아프리카 디저트	아메리카 디저트	아시아 디저트	오세아니아 디저트
마카롱	카샤타	도넛	약과	래밍턴
타르트	슈베끼야	컵케이크	달고나	파블로바
와플	꼬른 드 가젤	브라우니	월병	폴리케이크
에그타르트	아몬드 바클라바	나나이모바	도리야끼	머스크 스틱
티라미수	밀크타르트	알파호프	펑리수	크렘 브륄레

Before

유럽 디저트	아프리카 디저트	아메리카 디저트	아시아 디저트	오세아니아 디저트
마카롱	카샤타	도넛	약과	래밍턴
타르트	슈베끼야	컵케이크	달고나	파블로바
와플	꼬른 드 가젤	브라우니	월병	폴리케이크
에그타르트	아몬드 바클라바	나나이모바	도리야끼	머스크 스틱
티라미수	밀크타르트	알파호프	펑리수	크렘 브륄레

After

- **예제파일** : 06\획과 칠 색상 적용.indd
- **완성파일** : 06\획과 칠 색상 적용_완성.indd

---

01 06 폴더에서 '획과 칠 색상 적용.indd' 파일을 불러옵니다.

도구 패널에서 ❶ 문자 도구(T.)를 선택하고 ❷ 표 전체를 드래그하여 선택하거나 커서를 표의 왼쪽 상단 모서리로 가져가면 아이콘이 I 에서 ↘로 변경될 때 표 프레임을 클릭하여 셀 전체를 선택합니다.

---

02 표 컨트롤 패널에서 ❶ 세로획만 선택한 다음 ❷ 획 두께를 '0pt'로 지정하면 세로 선이 사라집니다.

TIP

메뉴에서 (창) → 획을 실행하거나 F10을 눌러 획 패널
이 표시되면 세로획만 선택한 다음 두께를 '0pt'로 설정
할 수도 있습니다.

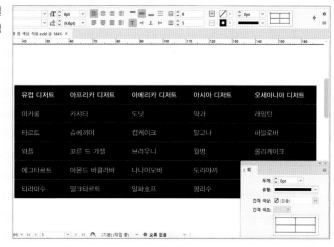

(03) 표가 전체 선택된 상태로 ❶ 표 컨트롤 패널에서 가로획만 선택한 다음 ❷ 획 두께를 '0.5pt'로 설정합니다. ❸ 획을
'C=100 M=0 Y=0 K=0'으로 지정하면 표에 획 두께와 색상이 적용됩니다.

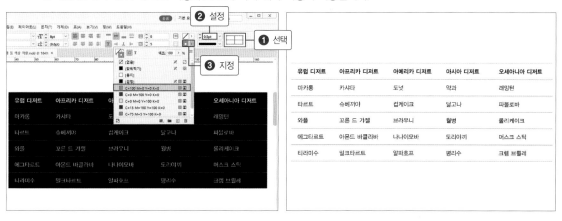

유럽 디저트	아프리카 디저트	아메리카 디저트	아시아 디저트	오세아니아 디저트
마카롱	카샤타	도넛	약과	래밍턴
타르트	슈베까야	컵케이크	달고나	파블로바
와플	꼬른 드 가젤	브라우니	월병	롤리케이크
에그타르트	아몬드 바클라바	나나이모바	도리야끼	머스크 스틱
티라미수	밀크타르트	알파호프	펑리수	크렘 브륄레

(04) ❶ 문자 도구(T)가 선택된 채 열에 칠을 적용할 부분 상단에 커서를 가져가 아이콘이 T에서 ↓로 변경될 때 클릭
하면 열의 셀이 전체 선택됩니다. ❷ 칠을 'C=100 M=0 Y=0 K=0'으로 지정하고 ❸ 색조를 '20%'로 설정합니다. ❹
나머지 부분도 동일하게 칠을 적용하여 완성합니다.

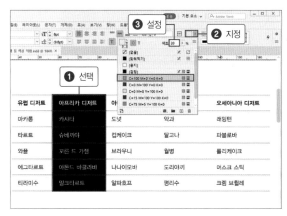

유럽 디저트	아프리카 디저트	아메리카 디저트	아시아 디저트	오세아니아 디저트
마카롱	카샤타	도넛	약과	래밍턴
타르트	슈베까야	컵케이크	달고나	파블로바
와플	꼬른 드 가젤	브라우니	월병	롤리케이크
에그타르트	아몬드 바클라바	나나이모바	도리야끼	머스크 스틱
티라미수	밀크타르트	알파호프	펑리수	크렘 브륄레

InDesign.
13

실습

표에 칠 교대 패턴을 설정하여 가독성 높이기

표의 가로 열이나 세로 행에 교대로 색상이 적용되면 가로획이나 세로획을 넣지 않아도 구분이 쉽습니다. 디자인적으로 보면 가로획이나 세로획은 생략하는 편이 좋습니다. 칠 교대 설정으로 짝수, 홀수 행 또는 열의 색상을 다르게 지정해 표 내용의 가독성을 높여 봅니다.

나라별 국화 목록

순서	나라명	수도	국화	소속지역
1	대한민국	서울	무궁화	아시아
2	덴마크	코펜하겐	토끼풀	유럽
3	독일	베를린	수레국화	유럽
4	라오스	비엔티안	벼	아시아
5	러시아	모스크바	캐모마일	유럽
6	레바논	베이루트	레바논삼나무	아시아
7	루마니아	부쿠레슈티	백장미	유럽
8	마다가스카르	안타나나리보	부채잎파초	아프리카
9	마카오		연꽃	아시아
10	말레이시아	쿠알라룸푸르	붉은히비스커스	아시아

Before

나라별 국화 목록

순서	나라명	수도	국화	소속지역
1	대한민국	서울	무궁화	아시아
2	덴마크	코펜하겐	토끼풀	유럽
3	독일	베를린	수레국화	유럽
4	라오스	비엔티안	벼	아시아
5	러시아	모스크바	캐모마일	유럽
6	레바논	베이루트	레바논삼나무	아시아
7	루마니아	부쿠레슈티	백장미	유럽
8	마다가스카르	안타나나리보	부채잎파초	아프리카
9	마카오		연꽃	아시아
10	말레이시아	쿠알라룸푸르	붉은히비스커스	아시아

After

• 예제파일 : 06\칠 교대 설정하기.indd
• 완성파일 : 06\칠 교대 설정하기_완성.indd

01 06 폴더에서 '칠 교대 설정하기.indd' 파일을 불러옵니다.

표에서 ❶ 머리글을 제외한 부분을 모두 선택한 다음 ❷ 메뉴에서 (표) → 표 옵션 → 칠 교대 설정을 실행하거나 마우스 오른쪽 버튼을 클릭하고 표 옵션 → 칠 교대 설정을 실행합니다.

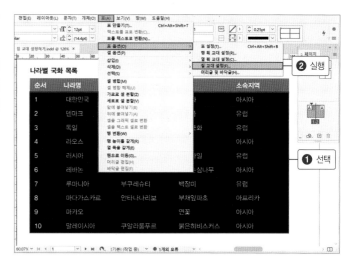

(02) [표 옵션] 대화상자의 [칠] 탭에서 ❶ 교대 패 턴을 '1행마다'로 지정합니다. ❷ 교대 설정 항목의 처음을 '1행', 색상을 [용지], 다음을 '1행', 색상을 'C=0 M=80 Y=50 K=0', 색조를 '10%'로 설정합니다. 이미 셀 색상이 지정된 머리글 다음 행을 비우기 위해 처음 건너뛰기를 '1행'으로 지정하고 ❸ 〈확인〉 버튼을 클릭합니다.

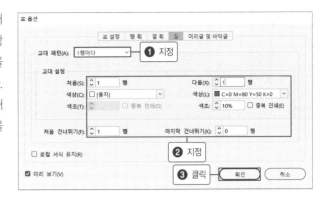

(03) 표에 교대 패턴이 적용됩니다. ❶ 표에서 머리글을 제외한 부분을 모두 선택하고 ❷ 메뉴에서 [표] → 표 옵션 → 행 획 교대 설정을 실행합니다.

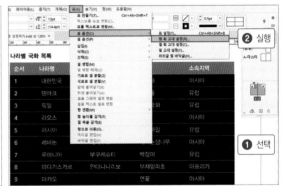

(04) [표 옵션] 대화상자가 표시되면 [행 획] 탭에서 ❶ 교대 패턴을 '1행마다', 교대 설정 항목의 처음을 '1행', 두께를 '0.25pt', 색상을 [검정]으로 지정합니다. 다음을 '1행', 두께를 '0.5pt', 색상을 'C=0 M=80 Y=50 K=0'으로 지정한 다음 ❷ 〈확인〉 버튼을 클릭합니다.

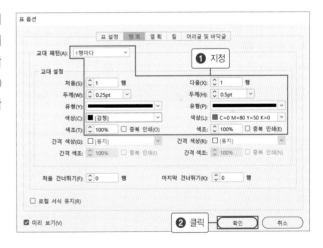

(05) 지정한 색상과 두께로 행마다 두 가지 색상이 교대로 표시됩니다.

나라별 국화 목록

순서	나라명	수도	국화	소속지역
1	대한민국	서울	무궁화	아시아
2	덴마크	코펜하겐	토끼풀	유럽
3	독일	베를린	수레국화	유럽
4	라오스	비엔티안	벼	아시아
5	러시아	모스크바	캐모마일	유럽
6	레바논	베이루트	레바논삼나무	아시아
7	루마니아	부쿠레슈티	백장미	유럽
8	마다가스카르	안타나나리보	부채잎파초	아프리카
9	마카오		연꽃	아시아
10	말레이시아	쿠알라룸푸르	붉은히비스커스	아시아

행 분할하고 열 병합하기

원하는 위치에 열과 행을 추가하거나 삭제해야 할 경우 셀/열 병합과 셀/열 분할을 이용하여 빠르게 수정해 봅니다.

Before

After

• 예제파일 : 06\분할하고 병합하기.indd
• 완성파일 : 06\분할하고 병합하기_완성.indd

01 06 폴더에서 '분할하고 병합하기.indd' 파일을 불러옵니다.

도구 패널의 ❶ 문자 도구(T.)를 선택하고 ❷ 분할하고자 하는 행의 셀을 드래그한 다음 ❸ 메뉴에서 (표) → 가로로 셀 분할을 실행합니다.

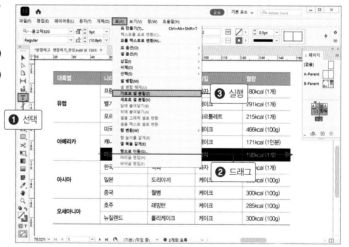

02 행의 셀이 두 칸씩 분할됩니다.

대륙별	나라별	디저트명	타입	열량
유럽	프랑스	마카롱	과자	180kcal (1개)
	벨기에	와플	케이크	291kcal (1개)
	포르투갈	에그타르트	타르틀레트	215kcal (1개)
아메리카	미국	브라우니	케이크	466kcal (100g)
	캐나다	브루베리 그런트	케이크	171kcal (1인분)
	아르헨티나	알파호르	과자	198kcal (1개)
아시아	한국	약과	과자	135kcal (1개)
	일본	도라야끼	케이크	303kcal (100g)
	중국	월병	케이크	300kcal (100g)
오세아니아	호주	래밍턴	케이크	285kcal (100g)
	뉴질랜드	폴리케이크	케이크	300kcal (100g)

03 이번에는 문자 도구(**T**)가 선택된 상태에서 ❶ 병합하고자 하는 두 개 이상의 셀을 드래그하여 선택합니다. ❷ 메뉴에서 (표) → 셀 병합을 실행합니다.

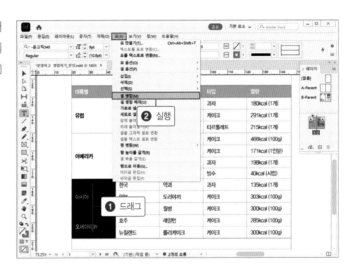

04 선택한 2개의 열이 합쳐집니다.

Why?

셀 분할은 정해진 표의 크기에서 디자인해야 할 경우 효과적입니다. 분할은 표의 전체 크기는 그대로이고, 표에서 행과 열은 셀 크기만큼 추가되면서 표의 크기가 커집니다.

중요도 ★★★

. InDesign .

15

이론

행과 열 삽입하고 삭제, 이동하기

❶ 행 삽입하고 삭제하기

행 삽입하기

❶ 삽입하고자 하는 행의 위쪽 또는 아래쪽 셀을 클릭하거나 드래그하여 선택한 다음 ❷ 메뉴에서 [표] → 삽입 → 행을 실행하거나 Ctrl + 9 를 누릅니다.

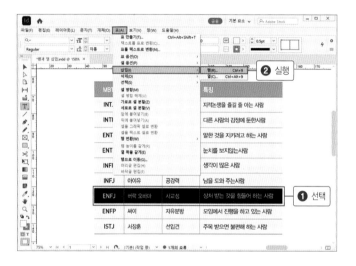

❸ [행 삽입] 대화상자가 표시되면 삽입 항목에서 개수를 '1'로 설정하고 ❹ '아래쪽'을 선택한 다음 ❺ 〈확인〉 버튼을 클릭합니다. 지정한 1개의 행이 아래쪽에 삽입됩니다.

행 삭제하기

❶ 삭제하려는 행의 셀을 클릭하거나 드래그하여 선택한 다음 ❷ 메뉴에서 〔표〕 → 삭제 → 행을 실행하거나
Ctrl + Backspace 를 누르면 선택한 행이 삭제됩니다.

---

❷ 열 삽입하고 삭제하기

열 삽입하기

❶ 삽입하고자 하는 열의 위쪽 또는 아래쪽의 셀을 클릭하거나 드래그하여 선택한 다음 ❷ 메뉴에서 〔표〕 → 삽
입 → 열을 실행하거나 Ctrl + Alt + 9 를 누릅니다.

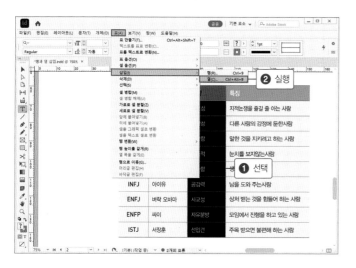

❸ [열 삽입] 대화상자가 표시되면 삽입 항목에서 개수를 '1'로 설정하고 ❹ '오른쪽'을 선택한 다음 ❺ 〈확인〉 버튼을 클릭합니다. 지정한 1개의 열이 오른쪽에 삽입됩니다.

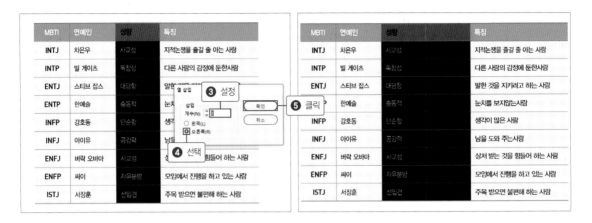

열 삭제하기

❶ 삭제하려는 열의 셀을 클릭하거나 드래그하여 선택한 다음 ❷ 메뉴에서 (표) → 삭제 → 열을 실행하거나 Shift + Backspace 를 누릅니다. 선택한 열이 삭제됩니다.

MBTI	연예인	성향	특징
INTJ	차은우	사교성	지적논쟁을 즐길 줄 아는 사람
INTP	빌 게이츠	독창성	다른 사람의 감정에 둔한사람
ENTJ	스티브 잡스	대담함	말한 것을 지키려고 하는 사람
ENTP	한예슬	충동적	눈치를 보지않는사람
INFP	강호동	단순함	생각이 많은 사람
INFJ	아이유	공감력	남을 도와 주는사람
ENFJ	버락 오바마	사교성	상처 받는 것을 힘들어 하는 사람
ENFP	싸이	자유분방	모임에서 진행을 하고 있는 사람
ISTJ	서장훈	선입견	주목 받으면 불편해 하는 사람

TIP ◁

셀이 선택되었을 때 Alt 를 누른 채 행이나 열의 선을 클릭하여 드래그하면 드래그한 영역만큼 행이나 열이 추가됩니다. Alt 를 누른 채 행이나 열의 면을 클릭하여 드래그하면 드래그한 영역만큼 행이나 열이 복사됩니다.

셀을 삭제하지 않은 채 셀 내용만 삭제하려면 삭제할 텍스트가 포함된 셀을 선택하거나 문자 도구(T.)를 이용하여 셀에서 텍스트를 선택합니다.

Backspace 또는 Delete 를 누르거나 메뉴에서 (편집) → 지우기를 실행합니다.

❸ 행과 열 이동하기

행 이동하기

❶ 문자 도구(T.)로 이동할 행을 드래그하여 선택한 다음 ❷ 이동 지점으로 드래그하여 파란색 굵은 선이 표시되면 바로 이동합니다.

MBTI	연예인	성향	특징
INTJ	차은우	사교성	지적논쟁을 즐길 줄 아는 사람
INTP	빌 게이츠	독창성	다른 사람의 감정에 둔한사람
ENTJ	스티브 잡스	대담함	말한 것을 지키려고 하는 사람
ENTP	한예슬	충동적	눈치를 보지않는사람
INFP	강호동	단순함	생각이 많은 사람
INFJ	아이유	공감력	남을 도와 주는사람
ENFJ	버락 오바마	사교성	상처 받는 것을 힘들어 하는 사람
ENFP	싸이	자유분방	모임에서 진행을 하고 있는 사람
ISTJ	서장훈	선입견	주목 받으면 불편해 하는 사람

❶ 선택

MBTI	연예인	성향	특징
INTJ	차은우	사교성	지적논쟁을 즐길 줄 아는 사람
INTP	빌 게이츠	독창성	다른 사람의 감정에 둔한사람
ENTJ	스티브 잡스	대담함	말한 것을 지키려고 하는 사람
ENTP	한예슬	충동적	눈치를 보지않는사람
ENFJ	버락 오바마	사교성	상처 받는 것을 힘들어 하는 사람
INFP	강호동	단순함	생각이 많은 사람
INFJ	아이유	공감력	남을 도와 주는사람
ENFP	싸이	자유분방	모임에서 진행을 하고 있는 사람
ISTJ	서장훈	선입견	주목 받으면 불편해 하는 사람

❷ 드래그

열 이동하기

❶ 문자 도구(T.)로 이동할 열을 드래그하여 선택한 다음 ❷ 이동 지점으로 드래그하여 파란색 굵은 선이 표시되면 바로 이동합니다.

MBTI	연예인	성향	특징
INTJ	차은우	사교성	지적논쟁을 즐길 줄 아는 사람
INTP	빌 게이츠	독창성	다른 사람의 감정에 둔한사람
ENTJ	스티브 잡스	대담함	말한 것을 지키려고 하는 사람
ENTP	한예슬	충동적	눈치를 보지않는사람
ENFJ	버락 오바마	사교성	상처 받는 것을 힘들어 하는 사람
INFP	강호동	단순함	생각이 많은 사람
INFJ	아이유	공감력	남을 도와 주는사람
ENFP	싸이	자유분방	모임에서 진행을 하고 있는 사람
ISTJ	서장훈	선입견	주목 받으면 불편해 하는 사람

❶ 선택

MBTI	성향	연예인	특징
INTJ	사교성	차은우	지적논쟁을 즐길 줄 아는 사람
INTP	독창성	빌 게이츠	다른 사람의 감정에 둔한사람
ENTJ	대담함	스티브 잡스	말한 것을 지키려고 하는 사람
ENTP	충동적	한예슬	눈치를 보지않는사람
ENFJ	사교성	버락 오바마	상처 받는 것을 힘들어 하는 사람
INFP	단순함	강호동	생각이 많은 사람
INFJ	공감력	아이유	남을 도와 주는사람
ENFP	자유분방	싸이	모임에서 진행을 하고 있는 사람
ISTJ	선입견	서장훈	주목 받으면 불편해 하는 사람

❷ 드래그

표 디자인

넘치는 표를
다음 프레임으로 연결하기

표 내용이 길어지는 경우 여러 페이지에 걸쳐 내용을 연결해야 합니다. 페이지별로 표를 분리하지 않고 하나의 표로 연결하는 방법을 알아봅니다.

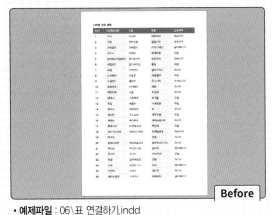

Before

• 예제파일 : 06\표 연결하기.indd

After

• 완성파일 : 06\표 연결하기_완성.indd

---

01 06 폴더에서 '표 연결하기.indd' 파일을 불러옵니다.

도구 패널에서 ❶ 선택 도구(▶)나 직접 선택 도구(▷)를 선택하고 ❷ 표를 선택하면 ❸ 표 오른쪽 하단 모서리에 빨간색의 표 넘침을 나타 내는 '+' 아이콘이 표시됩니다.

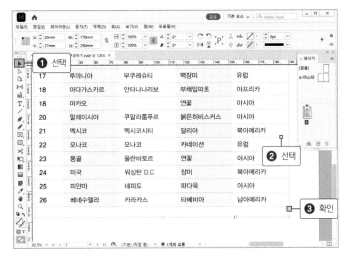

02 페이지 패널에서 '새 페이지 만들기' 아이콘([▣])을 클릭하여 새 페이지를 삽입합니다.

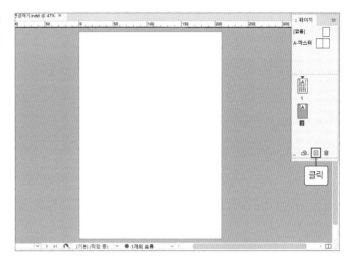

클릭

03 ❶ 화면을 축소한 다음 ❷ 1페이지에서 표 넘침 표시인 '+' 아이콘을 클릭하고 ❸ 표를 연결할 2페이지에서 클릭 또는 드래그하여 표를 삽입합니다.

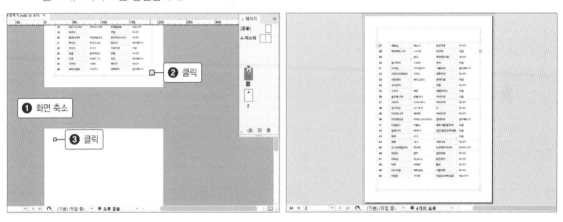

❶ 화면 축소

❷ 클릭

❸ 클릭

Why? 👈

1페이지의 표 가로 폭 그대로 2페이지에 삽입됩니다. 2페이지에서도 표 넘침 표시가 나타나면 표 넘침 표시가 사라질 때까지 다음 페이지에 텍스트 프레임을 드래그하여 늘립니다.

TIP 👈

표에서 빨간색 '●' 아이콘이 표시되면 텍스트가 숨겨져 있다는 의미입니다. 행이나 열을 늘려 숨겨진 텍스트를 보이게 합니다.

머리글 만들기

표 내용이 길어 여러 페이지에 걸쳐 표를 연결해야 하는 경우 페이지별로 머리글이 필요합니다. 머리글 만드는 방법을 알아봅니다.

Before

After

• 예제파일 : 06\머리글 만들기.indd

• 완성파일 : 06\머리글 만들기_완성.indd

01 06 폴더에서 '머리글 만들기.indd' 파일 을 불러옵니다.

도구 패널에서 ❶ 문자 도구(T,)를 선택하고 ❷ 표의 첫 번째 행을 드래그하여 선택합니다.

Why?

셀을 선택하면 색상이 반전되어 표시됩니다.

02 선택한 행에서 마우스 오른쪽 버튼을 클릭한 다음 머리글 행으로 변환을 실행합니다.

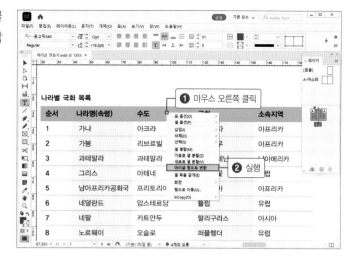

03 머리글 행으로 변환을 적용하면 자동으로 연결되는 2페이지에 머리글이 만들어집니다.

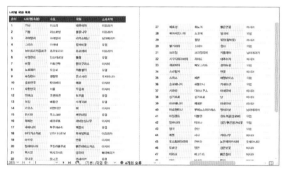

▲ 머리글 행으로 변환 적용 전

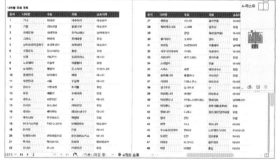

▲ 머리글 행으로 변환 적용 후

TIP

머리글 행으로 변환을 실행하면 표 내용과 분리되어 선택됩니다. 하지만 문자 도구를 선택하고 표 안쪽에 커서가 활성화된 팝 메뉴에서 [표] → **선택** → **표**를 실행하거나 Ctrl + Alt + A 를 누르면 표 전체를 선택할 수 있습니다.

04 머리글을 설정하기 위해 ❶ 첫 번째 행을 선택한 다음 ❷ 메뉴에서 [표] → 표 옵션 → 머리글 및 바닥글을 실행하거나 마우스 오른쪽 버튼을 클릭하고 표 옵션 → 머리글 및 바닥글을 실행합니다.

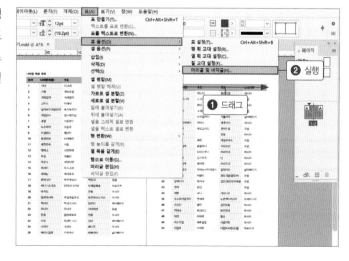

05 [표 옵션] 대화상자가 표시되면 (머리글 및 바닥글) 탭의 표 크기 항목에서 ❶ 머리글 행을 '1', 머리글 항목에서 머리글 반복을 '페이지마다 한 번씩'으로 지정한 다음 ❷ 〈확인〉 버튼을 클릭합니다.

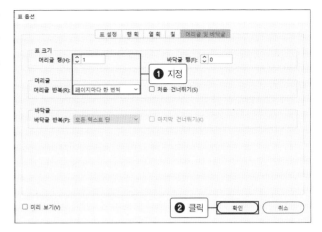

TIP <
머리글 항목의 머리글 반복을 '모든 텍스트 단'으로 지정하면 표 중간에 제목 텍스트가 들어가도 머리글이 반복해서 나타납니다.

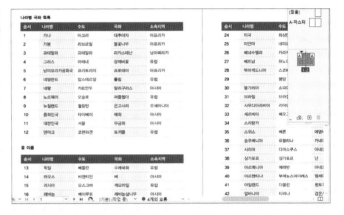

06 ❶ '나라명(속령)' 텍스트에서 '(속령)'을 삭제합니다. ❷ 셀을 드래그하여 선택하고 ❸ 표 컨트롤 패널에서 칠을 'C=60 M=70 Y=0 K=0'로 지정합니다. 반복되는 머리글이 모두 자동으로 수정됩니다.

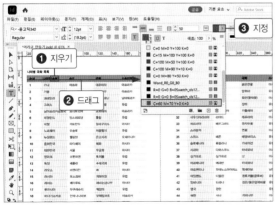

Why? <
머리글의 셀 배경색이나 텍스트를 수정할 때 반복된 머리글에서는 수정할 수 없으며, 첫 번째 머리글에서만 수정할 수 있습니다.

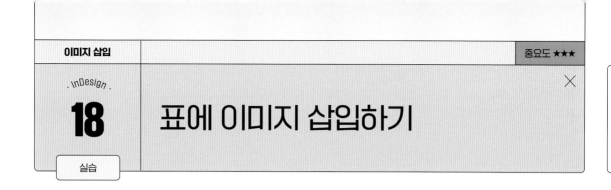

이미지 삽입		중요도 ★★★

. InDesign .
18 표에 이미지 삽입하기

실습

표 디자인

표 안에 이미지를 삽입하면 이미지 크기를 동일하게 관리할 수 있으며, 정보를 보기 쉽게 전달할 수 있어 편리합니다. 일러스트레이터에서 벡터 이미지를 복사한 다음 붙여 넣어 표 안에 이미지를 적용하고, 포토샵 이미지를 가져옵니다.

Before

After

· **예제파일** : 06\표에 이미지 삽입하기.indd, 벡터 이미지.ai, Intj.png · **완성파일** : 06\표에 이미지 삽입하기_완성.indd

---

01 06 폴더에서 '표에 이미지 삽입하기.indd' 파일을 불러옵니다.

❶ 일러스트레이터에서 선택 도구(▶)를 선택하고 ❷ 'INTJ' 벡터 이미지를 선택한 다음 ❸ 메뉴에서 (편집) → 복사((Ctrl)+(C))를 실행합니다.

❹ 인디자인에서 문자 도구(T,)를 선택하고 ❺ 벡터 이미지를 가져올 셀을 클릭하여 커서가 활성화된 상태에서 ❻ (Ctrl)+(V)를 누릅니다.

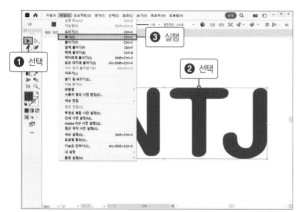

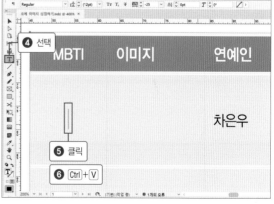

도구 패널에서 ❶ 선택 도구(▶)를 선택하고 ❷ 붙여 넣은 벡터 이미지를 선택합니다. 컨트롤 패널에서 ❸ 비율을 클릭하고 ❹ '50%'로 지정하여 벡터 이미지 크기를 보기 좋게 축소합니다.

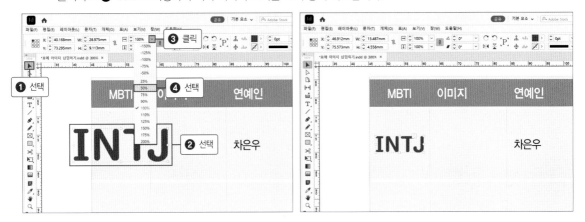

Why? 👈

'INTJ' 벡터 이미지가 셀 가운데에 배치되는 이유는 단락에서 '가운데 정렬(▤)'로 지정되었기 때문입니다.

03 같은 방법으로 나머지 열에도 벡터 이미지를 삽입합니다.

04 ❶ 문자 도구(T)로 이미지를 가져올 셀을 클릭하여 커서가 활성화된 상태로 ❷ 메뉴에서 (파일) → 가져오기를 실행하거나 Ctrl+D를 누릅니다.

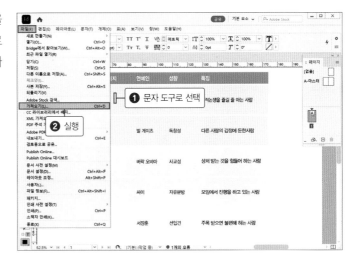

05 [가져오기] 대화상자가 표시되면 ❶ 06 폴더에서 ❷ 'Intj.png' 파일을 선택한 다음 ❸ 〈열기〉 버튼을 클릭합니다.

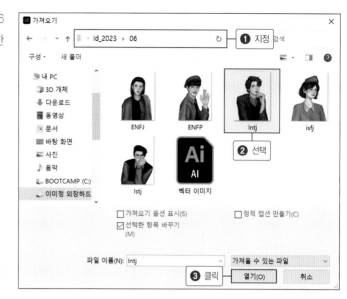

TIP ⬅

이미지가 저장된 폴더에서 이미지 파일을 선택하고 셀에 바로 드래그하여 삽입할 수도 있습니다.

06 이미지가 삽입되면 ❶ 이미지에서 마우스 오른쪽 버튼을 클릭하고 ❷ 맞춤 → 비율에 맞게 내용 맞추기를 실행합니다. 또는 메뉴에서 (개체) → 맞춤 → 비율에 맞게 내용 맞추기(Ctrl+Alt+Shift+E)를 실행합니다.

07 같은 방법으로 나머지 열에도 비율에 맞게 이미지를 삽입하여 완성합니다.

.InDesign.

19
실습

표에서 문자 스타일
등록하고 적용하기

셀 스타일이나 표 스타일에서는 표 내용에 들어가는 글자와 서식은 지정할 수 없습니다. 표와 셀과 표의 속성만 설정할 수 있기 때문에 단락이나 문자 스타일을 먼저 만드는 것이 효과적입니다. 문자 스타일 등록하는 방법을 알아봅니다.

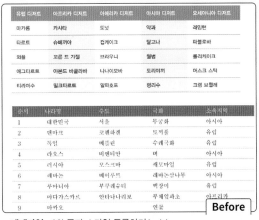

Before

After

• 예제파일 : 06\문자 스타일 등록하기.indd

• 완성파일 : 06\문자 스타일 등록하기_완성.indd

---

01 06 폴더의 '문자 스타일 등록하기.indd' 파일을 불러옵니다.

❶ 메뉴에서 [창] → 스타일 → 문자 스타일(Shift +F11)을 실행하여 문자 스타일 패널을 표시합니다. 도구 패널에서 ❷ 문자 도구(T)를 선택하고 ❸ 머리말 첫 번째 행 텍스트인 '유럽 디저트'를 드래그하여 선택합니다. ❹ 문자 스타일 패널에서 '새 스타일 만들기' 아이콘(回)을 클릭하여 새 문자 스타일을 만듭니다. ❺ '문자 스타일 1'의 스타일 이름을 '머리글'로 변경합니다.

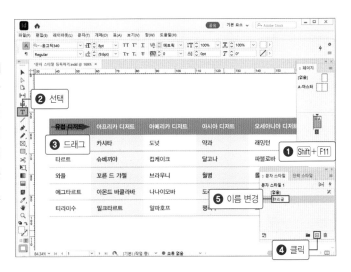

02 ① 표 본문의 '마카롱' 텍스트를 선택하고 ② 문자 스타일 패널에서 '새 스타일 만들기' 아이콘(⊞)을 클릭하여 새 문자 스타일을 만듭니다. ③ '문자 스타일 1'의 스타일 이름을 '본문'으로 변경합니다.

TIP ⟨⊹

스타일 이름을 바꾸기 위해서는 문자 스타일 패널에서 '문자 스타일 1'을 클릭한 다음 다시 한 번 클릭하고 수정합니다. 더블클릭하면 [문자 스타일 옵션] 대화상자가 표시되어 수정할 수 있습니다.

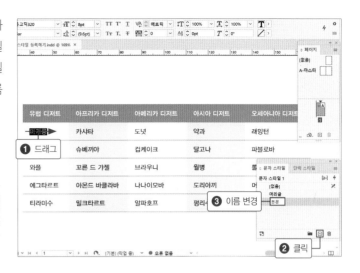

03 문자 도구(T.)가 선택된 상태에서 ① 아래쪽 표의 머리글 셀을 드래그하여 선택한 다음 ② 문자 스타일 패널의 '머리글'을 선택하여 적용합니다.

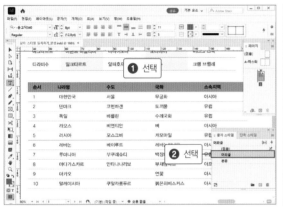

04 ① 문자 도구(T.)로 머리글 행을 제외한 본문을 전체 선택한 다음 ② 문자 스타일 패널에서 '본문'을 선택하여 적용합니다.

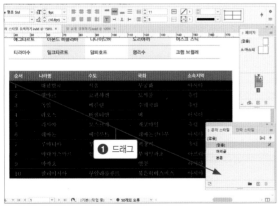

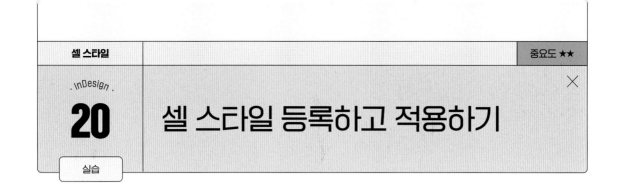

InDesign

20

실습

셀 스타일 등록하고 적용하기

셀 스타일은 표의 내부 속성을 관리하며 표 한 칸의 선과 면의 두께, 색상, 텍스트 위치 등을 설정합니다. 셀 스타일을 편집하면 스타일이 적용된 모든 셀이 자동으로 변경됩니다. 모든 페이지를 일관된 디자인으로 유지하는 데 유리합니다. 셀 스타일을 등록하고 적용해 봅니다.

순서	나라명(속령)	수도	국화	소속지역
1	스위스	베른	에델바이스	유럽
2	슬로베니아	류블라나	카네이션	유럽
3	시리아	다마스쿠스	아네모네	아시아
4	싱가포르	싱가포르	난	아시아
5	아르메니아	예레반	아네모네	아시아
6	아르헨티나	부에노스아이레스	엘세이보	남아메리카
7	아일랜드	더블린	흰토끼풀(클로버)	유럽
8	알바니아	티라나	검은/붉은양귀비꽃	유럽
9	영국	런던	없음	유럽
10	예멘	사나	커피나무	아시아
11	오스트레일리아	캔버라	노란색아카시아	오세아니아
12	요르단	암만	검은붓꽃	아시아
13	이라크	바그다드	붉은장미	아시아
14	이란	테헤란	튤립	아시아
15	이스라엘	예루살렘	시클라멘	아시아

Before

순서	나라명(속령)	수도	국화	소속지역
1	스위스	베른	에델바이스	유럽
2	슬로베니아	류블라나	카네이션	유럽
3	시리아	다마스쿠스	아네모네	아시아
4	싱가포르	싱가포르	난	아시아
5	아르메니아	예레반	아네모네	아시아
6	아르헨티나	부에노스아이레스	엘세이보	남아메리카
7	아일랜드	더블린	흰토끼풀(클로버)	유럽
8	알바니아	티라나	검은/붉은양귀비꽃	유럽
9	영국	런던	없음	유럽

After

- **예제파일** : 06\셀 스타일 등록하기.indd
- **완성파일** : 06\셀 스타일 등록하기_완성.indd

01 06 폴더에서 '셀 스타일 등록하기.indd' 파일을 불러옵니다.

❶ 메뉴에서 (창) → 스타일 → 셀 스타일을 실행합니다. 셀 스타일 패널이 표시되면 ❷ '패널 메뉴' 아이콘(▤)을 클릭한 다음 ❸ 새 셀 스타일을 실행합니다.

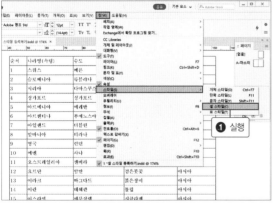

02 [새 셀 스타일] 대화상자가 표시되면 (일반) 탭에서 스타일 이름에 '머리글-셀'을 입력합니다.

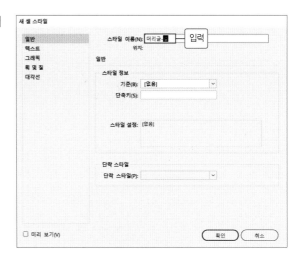

03 ❶ (텍스트) 탭을 선택한 다음 ❷ 셀 인세트 항목의 위쪽, 아래쪽, 왼쪽, 오른쪽 모두 '2mm'로 설정합니다. ❸ 수직 균등 배치 항목의 정렬을 '가운데 정렬'로 지정합니다.

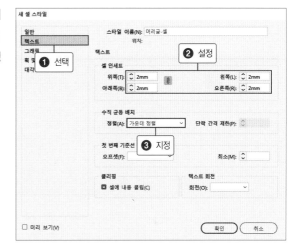

04 ❶ (획 및 칠) 탭을 선택한 다음 셀 획 항목에서 ❷ 두께를 '0pt'로 설정합니다. ❸ 셀 칠 항목의 색상을 'C=0 M=80 Y=50 K=0'으로 지정한 다음 ❹ 〈확인〉 버튼을 클릭합니다. ❺ 셀 스타일 패널에 새 셀 스타일인 '머리글-셀'이 표시됩니다.

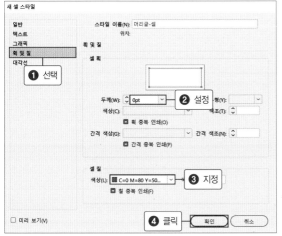

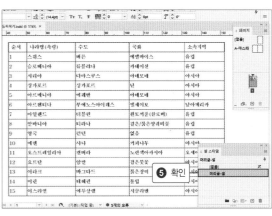

05 표에서 ① 머리글 행을 드래그하여 선택한 다음 ② 셀 스타일 패널에서 '머리글-셀'을 선택해 적용합니다.

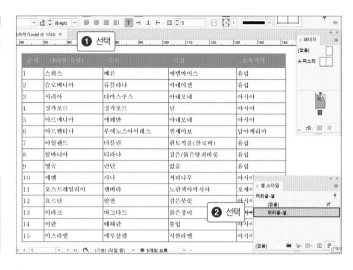

Why? 👉

셀 스타일 패널에서는 표 내용에 들어가는 텍스트와 서식은 지정할 수 없으며, 셀 모양만 설정할 수 있습니다. 수정을 대비하여 앞서 단락 스타일을 설정한 이유입니다.

06 표에 본문 스타일을 적용하기 위해 셀 스타일 패널에서 '패널 메뉴' 아이콘(≡)을 클릭한 다음 새 셀 스타일을 실행합니다. [새 셀 스타일] 대화상자가 표시되면 [일반] 탭에서 스타일 이름에 '본문-셀'을 입력합니다.

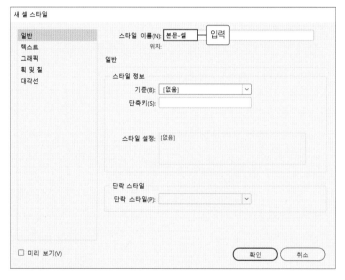

07 ① [텍스트] 탭을 선택한 다음 ② 셀 인세트 항목의 위쪽, 아래쪽, 왼쪽, 오른쪽 모두 '2mm'로 설정합니다. ③ 수직 균등 배치 항목의 정렬을 '가운데 정렬'로 지정합니다.

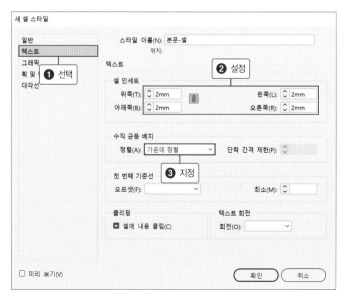

08 ① 〔획 및 칠〕 탭을 선택하고 ② 셀 획 항목에서 세로획만 선택한 다음 ③ 색상을 '[없음]'으로 지정합니다. 이어서 ④ 셀 획 항목에서 가로획만 선택하고 ⑤ 두께를 '0.25pt', 색상을 'C=0 M=80 Y=50 K=0'으로 지정한 다음 ⑥ 〈확인〉 버튼을 클릭합니다.

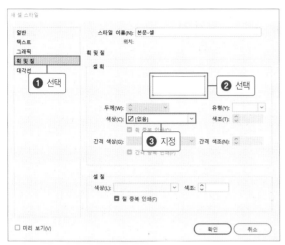
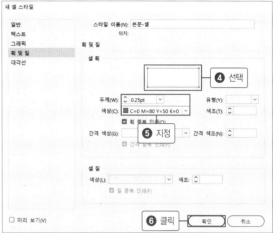

09 ① 머리글 행만 제외하고 본문을 드래 그하여 전체 선택한 다음 ② 셀 스타일 패널에서 '본문-셀'을 선택하여 적용합니다.

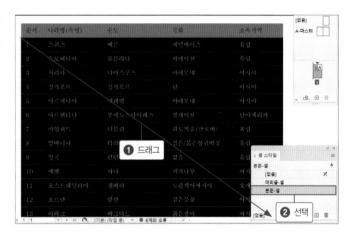

10 ① 메뉴에서 〔창〕 → 스타일 → 문자 스타일을 실행하거나 Shift+F11을 눌러 문자 스타일 패널을 표시합니다. 도구 패 널에서 ② 문자 도구(T.)를 선택하고 ③ 표의 머리글 행만 드래그하여 선택한 다음 ④ 문자 스타일 패널에서 '머리 글'을 선택하여 적용합니다. 이어서 ⑤ 본문만 드래그해 선택하고 문자 스타일 패널에서 ⑥ '본문'을 선택하여 적용합니다.

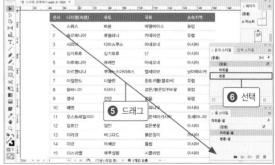

TIP

단락 스타일과 셀 스타일을 활용하면 표가 많이 삽입된 논문이나 애뉴얼 리포트, 연구 보고서 등을 더 매력있는 페이지로 빠르게 수정 가능합니다.

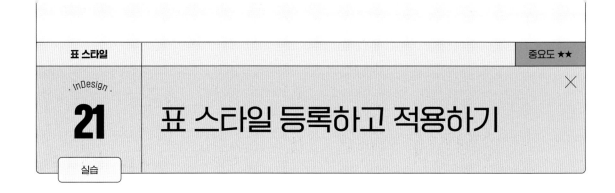

. InDesign .

21

실습

표 스타일 등록하고 적용하기

표 스타일은 표의 외부 속성을 관리하며, 표 전체의 선과 면의 두께, 색상 등을 등록하는 곳입니다. 표 스타일을 등록하고 적용하는 방법을 알아봅니다.

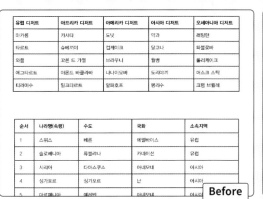

Before

After

• 예제파일 : 06\표 스타일 등록하기.indd

• 완성파일 : 06\표 스타일 등록하기_완성.indd

---

01 06 폴더에서 '표 스타일 등록하기.indd' 파일을 불러옵니다.

도구 패널에서 ❶ 문자 도구(T)를 선택하고 ❷ 표 안을 클릭하여 커서가 활성화되면 ❸ 메뉴에서 (표) → 표 옵션 → 표 설정을 실행하거나 Ctrl + Alt + Shift + B를 누릅니다.

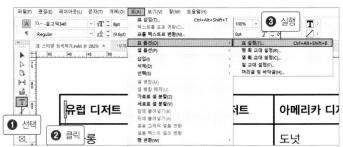

---

02 [표 옵션] 대화상자가 표시되면 (표 설정) 탭에서 표 테두리 항목의 두께를 '1pt', 색상을 'C=100 M=0 Y=50 K=0'으로 지정합니다.

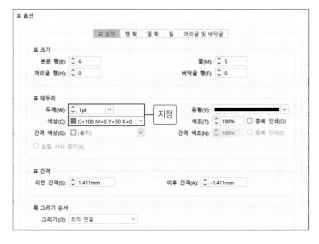

03 ① [행 획] 탭을 선택하고 ② 교대 패턴을 '1 행마다'로 지정한 다음 ③ 교대 설정 항목에서 처음을 '1행', 두께를 '0.5pt', 색상을 'C=0 M=80 Y=50 K=0'으로 지정합니다. 다음을 '1행', 두께를 '0.25pt', 색상을 'C=100 M=0 Y=50 K=0'으로 지정합니다.

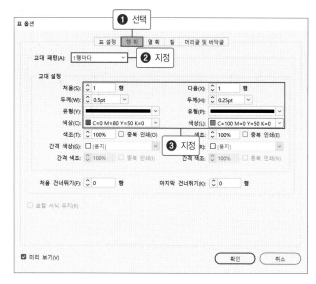

04 ① [열 획] 탭을 선택한 다음 ② 교대 패턴을 '1열마다'로 지정하고 ③ 교대 설정 항목에서 처음을 '1열', 두께를 '0pt', 다음을 '1열', 두께를 '0pt'로 지정합니다.

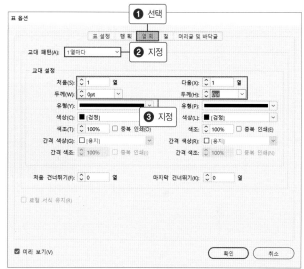

05 ① [칠] 탭을 선택한 다음 ② 교대 패턴을 '1 행마다'로 지정하고 ③ 교대 설정 항목에서 처음을 '1행', 색상을 'C=100 M=0 Y=50 K=0'으로 지정합니다. 다음을 '1행', 색상을 '[없음]'으로 지정하고 ④ 〈확인〉 버튼을 클릭합니다.

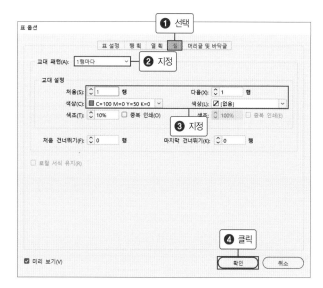

06 표 설정이 적용되어 표가 변경됩니다.

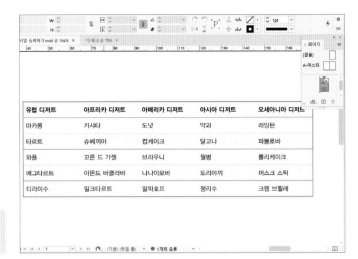

07 ❶ 문자 도구(T)로 표 안을 클릭하여 커서가 활성화되거나 전체 선택한 다음 ❷ 메뉴에서 (창) → 스타일 → 표 스타일을 실행합니다. 표 스타일 패널이 표시되어 ❸ '새 스타일 만들기' 아이콘(⊞)을 클릭하면 '표 스타일 1'에 설정한 표가 등록됩니다.

08 등록한 스타일을 하단의 표에도 같은 방법으로 적용해 봅니다.

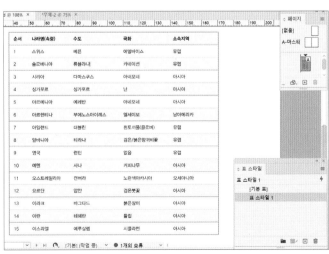

.InDesign.
22
실습

셀 스타일 적용하여
표 스타일 수정하기

표 스타일이 적용된 셀 스타일을 만들어 한 번에 표 서식을 번경하는 방법을 알아봅니다.

유럽 디저트	아프리카 디저트	아메리카 디저트	아시아 디저트	오세아니아 디저트
마카롱	카사타	도넛	약과	래밍턴
타르트	슈베끼야	컵케이크	달고나	파블로바
와플	꼬른 드 가젤	브라우니	월병	폴리케이크
에그타르트	아몬드 바클라바	나나이모비	도리야끼	머스크 스틱
티라미수	밀크타르트	일페호프	펑리수	크렘 브륄레

순서	나라명(속령)	수도	국화	소속지역
1	스위스	베른	에델바이스	유럽
2	슬로베니아	류블라나	카네이션	유럽
3	시리아	다마스쿠스	아네모네	아시아
4	싱가포르	싱가포르	난	아시아
5	아르메니아	예레반	아네모네	아시아
6	아르헨티나	부에노스아이레스	엘세이보	남아메리카
7	아일랜드	더블린	흰토끼풀(클로버)	유럽
8	알바니아	티라나	검은/붉은앙귀비꽃	유럽
9	영국	런던	없음	유럽
10	예맨	사나	커피나무	아시아
11	오스트레일리아	캔버라	노란색아카시아	오세아니아
12	요르단	암만	검은붓꽃	아시아
13	이라크	바그다드	붉은장미	아시아
14	이란	테헤란	튤립	아시아
15	이스라엘	예루살렘	시클라멘	아시아

Before

• 예제파일 : 06\셀과 표 스타일 적용하기.indd

타르트	슈베까야	컵케이크	달고나	파블로바
와플	꼬른 드 가젤	브라우니	월병	폴리케이크
에그타르트	아몬드 바클라비	나나이모바	도리야끼	머스크 스틱
티라미수	밀크타르트	알파호프	펑리수	크렘 브륄레

순서	나라명(속령)	수도	국화	소속지역
1	스위스	베른	에델바이스	유럽
2	슬로베니아	류블라나	카네이션	유럽
3	시리아	다마스쿠스	아네모네	아시아
4	싱가포르	싱가포르	난	아시아
5	아르메니아	예레반	아네모네	아시아
6	아르헨티나	부에노스아이레스	엘세이보	남아메리카
7	아일랜드	더블린	흰토끼풀(클로버)	유럽
8	알바니아	티라나	검은/붉은양귀비꽃	유럽
	영국	런던	없음	

After

• 완성파일 : 06\셀과 표 스타일 적용하기_완성.indd

01 06 폴더에서 '셀과 표 스타일 적용하기
.indd' 파일을 불러옵니다.

도구 패널에서 ❶ 문자 도구(T)를 선택하고
❷ 표의 왼쪽 열을 드래그하여 선택한 다음 ❸
컨트롤 패널에서 셀 획을 왼쪽만 선택하고 ❹
획 두께를 '0pt'로 설정합니다.

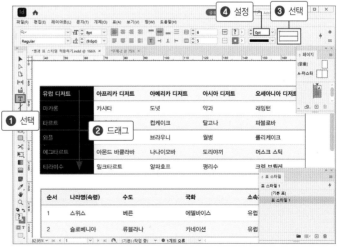

02 왼쪽 열의 왼쪽 획이 '0pt'로 설정되어 획이 없어졌습니다.

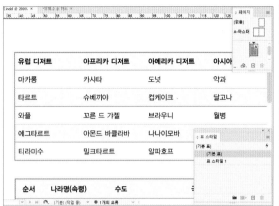 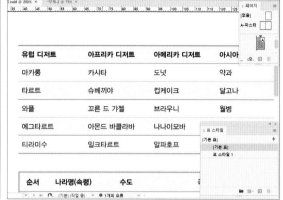

▲ 왼쪽 열의 획이 있는 경우   ▲ 왼쪽 열의 획이 없는 경우

03 문자 도구(T.)로 ① 왼쪽 열을 드래그
하여 선택한 다음 ② 메뉴에서 〔창〕 →
스타일 → 셀 스타일을 실행합니다.

04 ① 셀 스타일 패널에서 '새 스타일 만들
기' 아이콘(⊞)을 클릭하면 '셀 스타일
1'이 만들어집니다. 셀 스타일 이름을 변경하기
위해 ② '셀 스타일 1' 이름을 클릭한 다음 다시
한 번 클릭하고 '왼쪽 열'을 입력합니다.

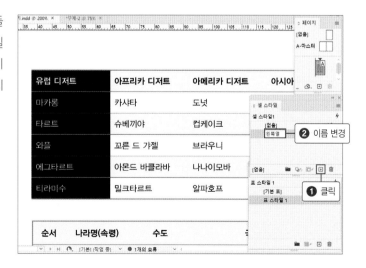

05 이번에는 ❶ 표의 오른쪽 열을 드래그
하여 선택한 다음 ❷ 표 컨트롤 패널
에서 셀 획을 오른쪽만 선택하고 ❸ 획 두께를
'0pt'로 설정합니다. 셀 스타일 패널에서 ❹ '새
스타일 만들기' 아이콘(⊞)을 클릭하면 '셀 스
타일 2'가 만들어집니다. 셀 스타일 이름을 변경
하기 위해 ❺ '셀 스타일 2' 이름을 클릭하고 다
시 한 번 클릭하여 '오른쪽 열'을 입력합니다. 표
스타일이 적용된 표 서식에 셀 스타일이 적용되
었는지 확인합니다. 표 스타일 패널의 ❻ '표 스
타일 1'을 더블클릭합니다.

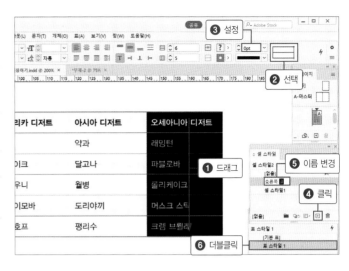

06 [표 스타일 옵션] 대화상자가 표시되면
[일반] 탭에서 셀 스타일 항목의 ❶ 왼
쪽 열을 '왼쪽 열', 오른쪽 열을 '오른쪽 열'로 지
정한 다음 ❷ 〈확인〉 버튼을 클릭합니다.

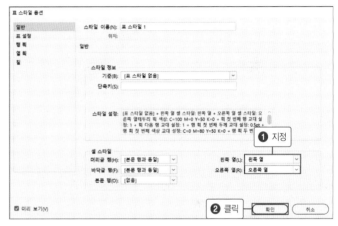

07 표 스타일이 적용된 모든 표 서식이 변
경됩니다.

TIP ◁

표 스타일은 많은 시간이 소비되는 표 만들기 작업을
순식간에 해치울 수 있도록 합니다. 표 스타일을 효
과적으로 이용하기 위해서는 머리글행, 바닥글행, 본
문, 왼쪽 열, 오른쪽 열 이렇게 5개 요소가 필요합니
다. 같은 이름의 문자 스타일과 단락 스타일이 각각
5개씩 필요한 의미이기도 합니다.

PART 7.

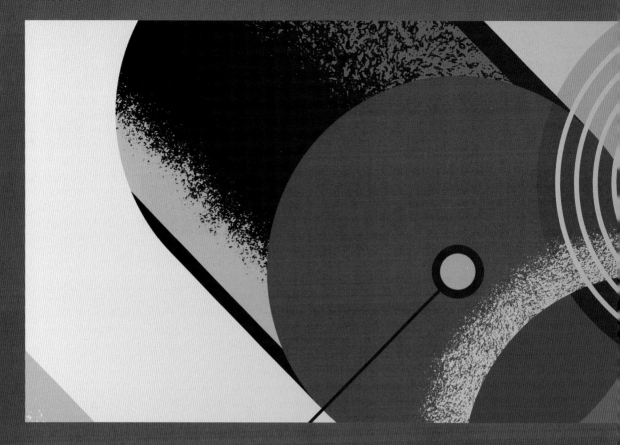

편집 디자인의 중심, 문자 디자인하기

편집 디자인은 문자, 이미지, 그래픽 등 여러 가지 요소로 이루어진 결과물이지만 그중에서 가장 중심인 요소는 문자입니다. 여기서는 문자에 대한 기본 이해를 바탕으로 다룹니다.

. InDesign .

01

실습

텍스트 입력하고 글꼴과
색상 지정하기

×

텍스트를 입력하거나 붙여 넣은 다음 본문용 또는 제목용으로 가독성 등을 고려하여 글꼴 크기를 조절합니다. 이어서 색상을 변경할 텍스트를 선택하고 '칠'을 클릭한 다음 원하는 색상을 선택합니다. 이때 새로운 색을 만들어 적용할 수도 있습니다.

Before

After

• 예제파일 : 07\텍스트 입력하기.indd

• 완성파일 : 07\텍스트 입력하기_완성.indd

01 07 폴더에서 '텍스트 입력하기.indd' 파일을 불러옵니다.
도구 패널에서 문자 도구(**T.**)를 선택합니다.

선택

02 문서 왼쪽 박스에 그림과 같이 드래그하면 텍스트 프레임이 생성되고 텍스트를 입력할 수 있도록 커서가 깜빡이는 것을 볼 수 있습니다.

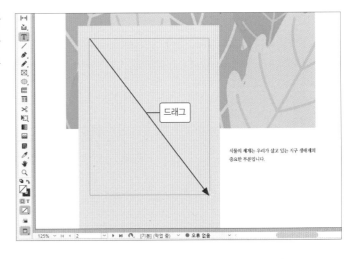

드래그

식물의 세계는 우리가 살고 있는 지구 생태계의
중요한 부분입니다.

03 커서가 깜빡이는 상태에서 텍스트를 입력합니다. 아직 텍스트에 스타일이 적용되지 않았으므로 기본 스타일로 입력됩니다.

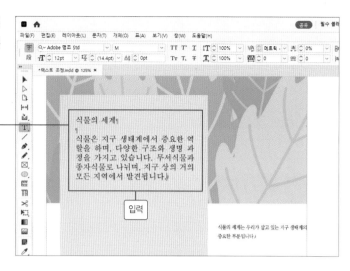

텍스트가 포함된 텍스트 프레임을 클릭하고 드래그 하면 위치를 변경할 수도 있습니다.

TIP 👈

인디자인에서 텍스트를 추가하는 기본적인 방법은 텍스트 프레임을 만들어 그 안에 텍스트를 입력하는 것입니다. 또 다른 방법은 다른 프로그램에서 입력한 텍스트를 복사하여 붙이는 것입니다.

04 ❶ 텍스트 프레임 안을 클릭한 다음 ❷ Ctrl + A 를 눌러 텍스트를 전체 선택합니다. ❸ 문자 컨트롤 패널에서 글꼴을 클릭한 다음 ❹ 선택합니다. 예제에서는 'koPub바탕체 Midium'으로 지정했습니다.

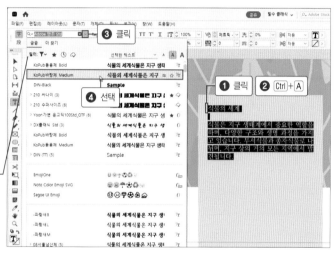

필터를 이용해 산세리프, 세리프와 같은 글꼴 유형을 찾거나 Typekit 글꼴 표시, 자주 사용하는 글꼴 표시, 유사한 글꼴 표시 기능으로 원하는 글꼴을 찾을 수 있습니다. 유사한 글꼴 표시는 글꼴이 누락되었거나 비슷한 글꼴 중에서 원하는 유형을 찾을 때 유용합니다.

05 텍스트가 선택된 상태에서 글꼴 크기를 '10pt', 행간을 '20pt', 가로 비율을 '97%', 자간을 '-30'으로 설정합니다.

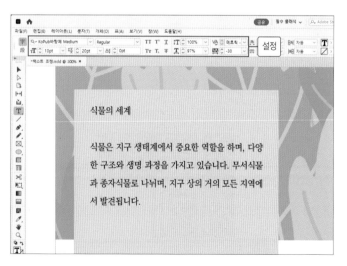

06 텍스트 프레임 안의 특정 문자만 변경하기 위해 먼저 '식물의 세계'를 드래그해 선택합니다.

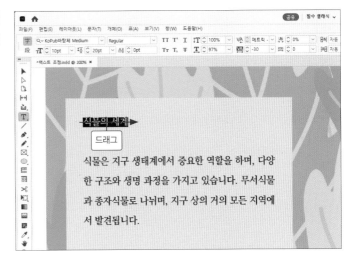

07 '식물의 세계'를 선택한 채 문자 컨트롤 패널에서 글꼴 크기를 '54pt', 행간을 '62pt'로 설정하여 제목 디자인으로 변경합니다.

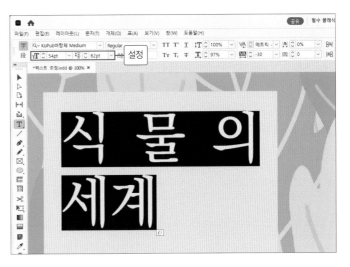

08 ❶ 문자 컨트롤 패널 맨 왼쪽에서 '단락 컨트롤 패널' 아이콘(段)을 클릭합니다. ❷ 단락 컨트롤 패널로 변경되면 '왼쪽 정렬' 아이콘(▤)을 클릭하여 왼쪽 정렬합니다.

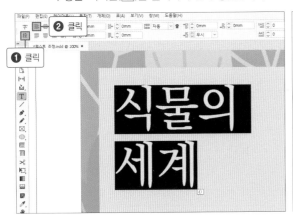

09 다시 한 번 ❶ 문자 도구로 '식물의 세계'를 드래그해 선택하고 ❷ '문자 컨트롤 패널' 아이콘(牙)을 클릭합니다. ❸ 문자 컨트롤 패널의 '칠'을 클릭한 다음 ❹ '패널 메뉴' 아이콘(☰)을 클릭하고 ❺ 새 색상 견본을 실행합니다.

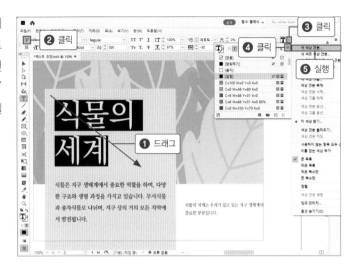

10 [새 색상 견본] 대화상자가 표시되면 ❶ 녹청을 '27%', 자홍을 '47%', 노랑을 '100%'로 설정한 다음 ❷ 〈확인〉 버튼을 클릭합니다.

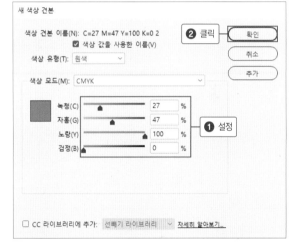

11 '식물의 세계' 텍스트에 새로 작성한 색상이 적용되어 제목 스타일이 만들어졌습니다.

. InDesign .

02

실습

글줄 사이 간격(Alt + ↑ / ↓) 조정하기

글줄 사이 간격은 행간이라고 하며, 글꼴 크기와 문단 너비에 따라 조정하며 가독성에 큰 영향을 미칩니다.

Before

After

• 예제파일 : 07\행간 조정.indd

• 완성파일 : 07\행간 조정_완성.indd

01 07 폴더에서 '행간 조정.indd' 파일을 불러옵니다.

오른쪽 하단의 본문 한글 텍스트 행간이 좁아 보입니다. 도구 패널의 ❶ 문자 도구(T.)를 선택한 다음 ❷ 하단 텍스트를 드래그하여 선택합니다. 문자 컨트롤 패널에서 ❸ 행간을 클릭하고 ❹ 선택하여 변경할 수 있습니다.

TIP

문자 컨트롤 패널의 행간에 수치를 직접 입력하여 행간을 조정할 수도 있습니다.

02 단축키를 이용하면 더욱 손쉽게 행간을 조절할 수 있습니다. 텍스트가 선택된 상태에서 Alt + ↑ 를 누르면 행간이 늘어나고, Alt + ↓ 를 누르면 행간이 좁아집니다. 예제에서는 행간을 '20pt'로 설정했습니다.

장평		중요도 ★★

. InDesign .

03 글자의 가로 비율 조정하기

실습

×

글자의 가로 비율과 세로 비율을 입력하여 장평을 변경할 수 있습니다. 장평을 줄이려면 가로 비율에서 100%보다 낮은 비율, 장평을 늘리려면 100%보다 높은 비율을 선택합니다. 직접 수치를 입력하여 변경할 수도 있습니다. 세로 비율을 조정할 경우 문자의 기준선이 달라지므로 가로 비율에 차이를 만들어 장평을 조정하도록 합니다.

Before

After

- **예제파일** : 07\장평 조정.indd
- **완성파일** : 07\장평 조정_완성.indd

01 07 폴더에서 '장평 조정.indd' 파일을 불러옵니다.

도구 패널의 ❶ 문자 도구(T.)를 선택하고 ❷ 'SPORTS' 텍스트를 드래그하여 선택합니다. 문자 컨트롤 패널에서 ❸ 가로 비율을 '120%'로 설정하여 문자의 가로 비율을 확대해서 더욱 든든한 느낌으로 만듭니다.

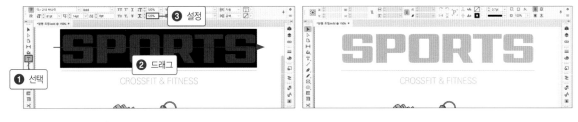

02 문자 도구(T.)가 선택된 상태에서 아래의 ❶ 'CROSSFIT & FITNESS'를 드래그하여 선택합니다. 문자 컨트롤 패널의 ❷ 세로 비율을 '120%'로 설정하여 세로 비율이 긴 형태의 문자로 변경합니다.

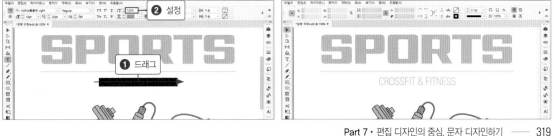

InDesign 04

실습

문단이나 문장에서 글자 사이 간격 (Alt + ← / →) 조정하기

문단이나 문장에서 글자 사이 간격을 줄이거나 늘립니다. 글꼴이나 글꼴 크기, 사용 목적에 따라 알맞은 자간을 활용하며 가독성에 큰 영향을 미칩니다.

Before

After

· 예제파일 : 07\자간 조정.indd

· 완성파일 : 07\자간 조정_완성.indd

---

01 07 폴더에서 '자간 조정.indd' 파일을 불러옵니다.

도구 패널에서 ❶ 문자 도구(T.)를 선택하고 ❷ 그림과 같이 문장 텍스트를 드래그하여 선택합니다. 문자 컨트롤 패널의 ❸ 자간을 클릭하고 ❹ 선택하거나 Alt + ← 또는 Alt + →를 눌러 자간을 늘리거나 좁힐 수 있습니다.

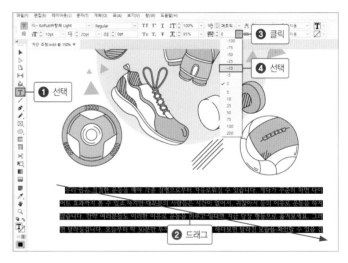

---

02 텍스트의 자간을 조정하여 문장의 흐름을 자연스럽게 만들어 봅니다.

TIP ⬅

최근 새로운 버전 한글 폰트의 자간은 수정이 필요 없을 만큼 잘 정리되어 출시되기도 합니다. 한글의 경우 기본 자간이 넓게 설정된 경우가 많기 때문에 자간을 좁힐수록 더 단단한 구성을 보이며 가독성이 좋습니다.

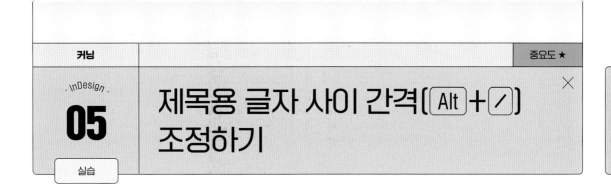

커닝

중요도 ★

. InDesign .

05

실습

제목용 글자 사이 간격(Alt + /) 조정하기

커닝은 자간처럼 글자 사이 간격을 조정하지만, 문장 전체가 아닌 일부 글자 사이의 간격 조정을 의미합니다. 주로 제목용 큰 폰트의 어색한 공간의 시각적 보정을 위해 사용합니다.

Before

• 예제파일 : 07\커닝 조정.indd

After

• 완성파일 : 07\커닝 조정_완성.indd

01 07 폴더에서 '커닝 조정.indd' 파일을 불러옵니다.

제목 부분의 텍스트는 동일하게 자간이 설정되어 있지만, '우'와 '리' 사이의 간격은 상대적으로 넓어 보입니다.

(02) '우', '리'의 자간을 조금 더 좁히기 위해 도구 패널의 ❶ 문자 도구(T.)을 선택한 다음 ❷ '우'와 '리' 사이에 클릭하여 커서를 위치시킵니다. 문자 컨트롤 패널의 ❸ 커닝을 '-50'으로 지정하여 줍니다.

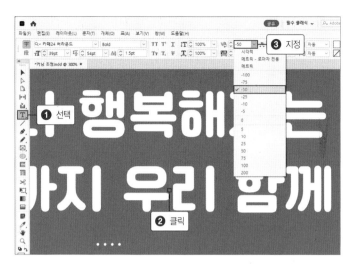

(03) 문자 도구(T.)로 ❶ 제목 부분을 드래그하여 그림과 같이 선택한 다음 문자 컨트롤 패널의 ❷ 자간을 '-30'으로 설정합니다. 문장 전체 자간을 변경해도 '우'와 '리' 사이에 적용된 커닝은 별도로 지정된 것을 확인할 수 있습니다.

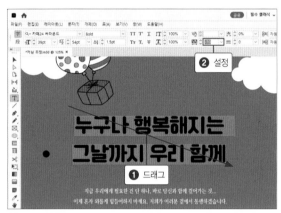
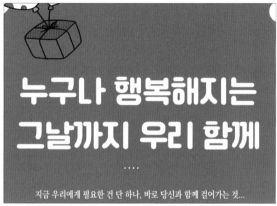

TIP ◁

텍스트 선택하기

문자 도구(T.)를 선택한 다음 텍스트 프레임을 클릭할 때 클릭 횟수에 따라 선택 범위가 달라집니다. 텍스트 선택 방법은 [환경 설정] 대화상자에서 변경할 수 있습니다. 이때 선택 도구(▶)로 텍스트 프레임을 선택하고 두 번 클릭하면 문자 도구로 변경됩니다.

❶ **한 번 클릭** : 커서가 원하는 위치로 이동합니다.
❷ **두 번 클릭** : 띄어쓰기 전까지의 단어가 선택됩니다.
❸ **세 번 클릭** : 클릭한 행이 선택됩니다.
❹ **네 번 클릭** : 문단의 단락이 선택됩니다.
❺ **다섯 번 클릭** : 전체 텍스트가 선택됩니다.

. InDesign .

06

실습

텍스트 꾸미기

큰 대문자, 작은 대문자와 위 첨자, 아래 첨자 그리고 밑줄, 취소선과 같은 텍스트 꾸미기 기능을 이용할 수 있습니다. 밑줄과 취소선을 적용할 때 Alt 를 누른 상태에서 해당 아이콘을 클릭한 다음 값을 입력해 설정할 수 있습니다.

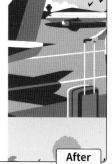

• 예제파일 : 07\텍스트 꾸미기.indd
• 완성파일 : 07\텍스트 꾸미기_완성.indd

01 07 폴더에서 '텍스트 꾸미기.indd' 파일을 불러옵니다.

소제목 텍스트에 꾸미기 기능을 이용해 봅니다. ❶ 문자 도구(T,)로 ❷ 'South America' 텍스트를 드래그해 선택합니다. 문자 컨트롤 패널의 ❸ '모두 대문자' 아이콘(TT)을 클릭하면 선택한 영문 모두 대문자로 변경됩니다.

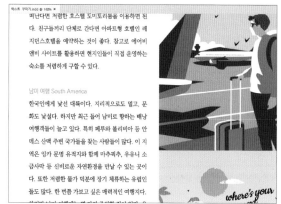
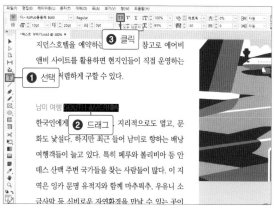

02 'SOUTH AMERICA' 텍스트가 선택된
상태에서 컨트롤 패널의 '위첨자' 아이
콘(T¹)을 클릭하거나 Ctrl+Shift+=을 누르면
선택된 텍스트를 위첨자로 변경할 수 있습니다.

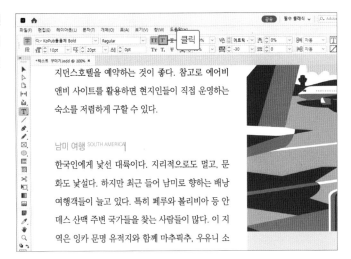

TIP ◁
Ctrl+Shift+Alt+=를 누르면 아래 첨자가 적용됩니다.

TIP ◁
Alt를 누른 상태에서 위 첨자/아래 첨자 아이콘을 클릭하면 [환경
설정] 대화상자가 표시되어 [고급 문자] 탭의 문자 설정 항목에서
위 첨자, 아래 첨자의 크기나 위치를 설정할 수 있습니다.

03 이번에는 ❶ 문자 도구(T.)로 '남미 여
행' 텍스트를 드래그하여 선택한 다음
문자 컨트롤 패널에서 ❷ Alt를 누른 채 '밑줄'
아이콘(T)을 클릭합니다.

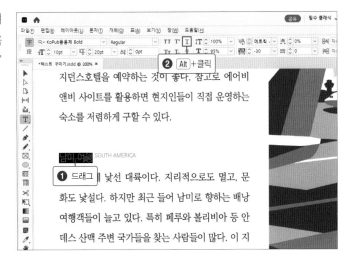

(04) [밑줄 옵션] 대화상자가 표시되면 ❶ 두께를 '0.25pt', 오프셋을 '3pt'로 설정한 다음 ❷ 〈확인〉 버튼을 클릭합니다.

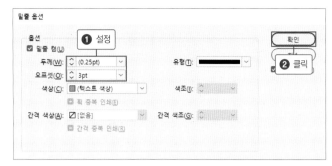

(05) 소제목 텍스트를 꾸미는 다양한 기능들을 적용했습니다.

지던스호텔을 예약하는 것이 좋다. 참고로 에어비앤비 사이트를 활용하면 현지인들이 직접 운영하는 숙소를 저렴하게 구할 수 있다.

남미 여행 SOUTH AMERICA

한국인에게 낯선 대륙이다. 지리적으로도 멀고, 문화도 낯설다. 하지만 최근 들어 남미로 향하는 배낭 여행객들이 늘고 있다. 특히 페루와 볼리비아 등 안데스 산맥 주변 국가들을 찾는 사람들이 많다. 이 지역은 잉카 문명 유적지와 함께 마추픽추, 우유니 소금사막 등 신비로운 자연환경을 만날 수 있는 곳이다. 또한 저렴한 물가 덕분에 장기 체류하는 유럽인

TIP

텍스트 프레임 자동 크기 조정하기

텍스트 프레임을 선택한 채 메뉴에서 [개체] → **텍스트 프레임 옵션**을 실행하거나 마우스 오른쪽 버튼을 클릭한 다음 **텍스트 프레임 옵션**을 실행하여 텍스트 프레임에 여러 가지 옵션을 설정할 수 있습니다. [텍스트 프레임 옵션] 대화상자에서 [자동 크기 조정] 탭을 선택하여 '높이만', '너비만', '높이 및 너비', '세로 및 가로(비율 유지)'를 선택합니다. '높이만'을 선택하여 기준점을 기준으로 텍스트 양에 맞춰 프레임이 자동으로 줄어들게 할 수 있습니다. 이 기능은 텍스트 프레임에 배경색이 있을 때 자동으로 크기를 조절해 편리합니다.

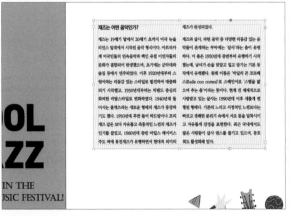

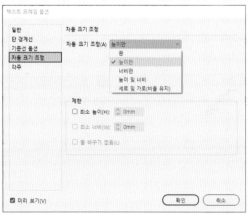

글리프 세트 만들고
특수 문자 삽입하기

인디자인에서는 특수 문자나 문자 도형을 삽입할 때 글리프 패널을 이용합니다. 단락 스타일 패널의 들여쓰기 및 간격에서 단락의 정렬 및 들여쓰기, 이전/이후 공백 등을 설정하고 변경하는 방법에 대해 함께 알아봅니다.

Before

After

• 예제파일 : 07\특수문자.indd

• 완성파일 : 07\특수문자_완성.indd

---

01 07 폴더에서 '특수문자.indd' 파일을 불러옵니다.

메뉴에서 [문자] → 글리프([Alt]+[Shift]+[F11])를 실행합니다.

02 글리프 패널이 표시되면 ❶ '패널 메뉴' 아이콘(▤)을 클릭하고 ❷ 새 글리프 세트를 실행합니다. [새 글리프 세트] 대화상자가 표시되면 ❸ 이름에 '자주 사용'을 입력하고 ❹ 〈확인〉 버튼을 클릭합니다.

03 글리프 패널에서 ➊ 원하는 기호를 선택하고 ➋ 마우스 오른쪽 버튼을 클릭한 다음 ➌ 글리프 세트에 추가 → 자주 사용을 실행합니다.

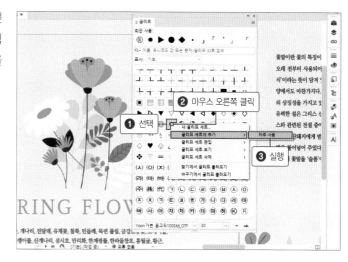

04 글리프 패널의 ➊ 표시를 클릭한 다음 ➋ '자주 사용'을 선택하면 새로 등록한 글리프 세트에 등록한 글리프만 나타납니다.

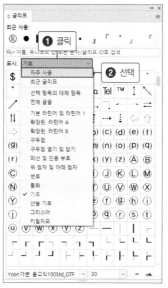

05 문서에 '자주 사용'에 저장된 글리프를 적용해 봅니다. 문서 하단의 ➊ 봄꽃 종류 텍스트 사이를 클릭하여 커서를 위치하고 ➋ '원점' 글리프를 더블클릭한 다음 ➌ 꽃 사이마다 원점 글리프를 추가하여 디자인을 완성합니다.

.InDesign.

08

실습

숨겨진 문자와 기호, 띄어쓰기 보기

• 예제파일 : 07\숨겨진 문자.indd

• • •

---

01 07 폴더에서 '숨겨진 문자.indd' 파일을 불러옵니다.

❶, ❷ W를 반복해서 누르면 표준 상태와 미리 보기 상태가 전환되어 텍스트 프레임, 숨겨진 문자, 띄어쓰기 등이 화면에 나타나거나 안 보이게 할 수 있습니다.

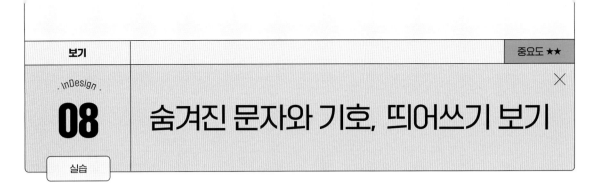

02 메뉴의 (문자) → 숨겨진 문자 표시/숨기기(Ctrl + Alt + I)를 실행하면 표준 상태라도 숨겨진 문자를 나타내거나 숨길 수 있습니다.

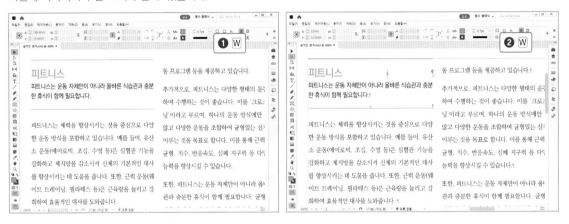

TIP ◁

화면 모드가 미리 보기 상태가 아닌 표준 상태에서는 숨겨진 문자, 띄어쓰기 등이 화면에 모두 나타납니다. 표준 상태에서도 숨겨진 문자나, 띄어쓰기 기호 등을 감추거나 보일 수 있습니다.

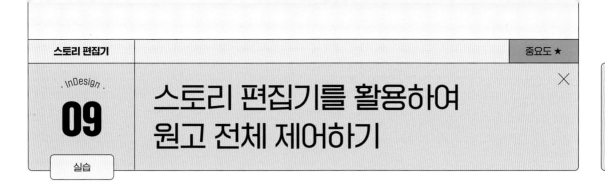

스토리 편집기를 활용하여 원고 전체 제어하기

스토리 편집기는 문서에 포함된 그래픽 요소나 글꼴 스타일 등의 디자인 요소를 모두 무시하고 텍스트만 보여 주기 때문에 원고 전체를 보면서 글의 흐름을 수정하는 데 도움을 줍니다.

스토리 편집기에서 텍스트를 입력하고 편집하면 레이아웃이나 서식을 복잡하게 설정하지 않아도 [환경 설정] 대화상자에서 지정한 글꼴, 글꼴 크기 및 간격으로 스토리 전체를 표시할 수 있습니다. 단, 스토리 편집기에서 는 새 스토리를 만들 수 없습니다.

• **예제파일** : 07\스토리 편집기.indd   • • •

---

01 07 폴더에서 '스토리 편집기.indd' 파일 을 불러옵니다.

❶ 그림과 같이 텍스트 프레임을 선택한 다음

❷ 메뉴에서 (편집) → 스토리 편집기에서 편집 (Ctrl + Y)을 실행합니다.

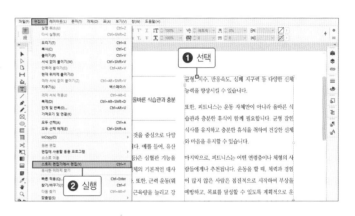

02 문서 왼쪽에 [스토리 편집기] 창이 표시 되어 스토리를 편집하면 변경 내용이 오 른쪽에 반영됩니다. 열려 있는 스토리는 (창) 메 뉴에 나열됩니다.

스토리 편집기에서 글꼴이나 텍스트를 변경하면 문 서에 그대로 적용됩니다.

❶ **단락 스타일**

❷ **구분선** : 드래그하여 단 폭 조정

❸ **세로 눈금자**

❹ **넘치는 텍스트 표시기**

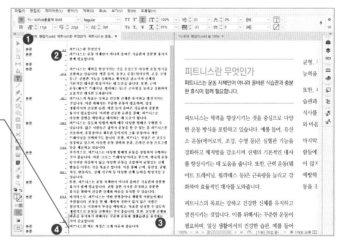

TIP ⫸

각각의 스토리는 서로 다른 스토리 편집기에 나타납니다. 스토리 편집기에는 넘치는 텍스트를 포함한 스토리의 모든 텍스트가 나타납니다. 세로 눈금자는 텍스트가 프레임을 채우는 정도를 나타내고, 가로 눈금자는 텍스트가 넘치는 위치를 나타냅니다.

텍스트 프레임을 선택할 때 사용하는 도구에 따라 변경할 수 있는 작업 유형이 달라집니다. 그래픽 프레임과 마찬가지로 텍스트 프레임 역시 이동하거나 크기를 조정하는 등의 수정을 할 수 있습니다.

문자 도구(T.)를 선택한 다음 문서에서 원하는 위치에 드래그하여 텍스트 프레임의 폭과 높이를 정의합니다. 이때 프레임에 커서(텍스트 삽입점)가 나타납니다.

❶ **프레임 조절점** : 프레임의 각 모서리에 위치하며, 프레임의 크기나 비율을 조절할 수 있습니다.

❷ **모퉁이 옵션 조절점** : 클릭하여 모서리로 드래그해서 이동하면 모퉁이를 둥글게 만들 수 있습니다.

❸ **텍스트 스레드 포트** : 텍스트 프레임마다 왼쪽 상단의 시작 포트와 오른쪽 하단의 끝 포트가 위치하며, 텍스트가 넘치지 않아도 텍스트 프레임을 연결할 때 클릭하여 사용합니다. 다시 클릭하면 텍스트 연결(스레드)이 해제됩니다.

❹ **텍스트 넘침 아이콘** : 배치해야 할 텍스트가 더 있지만 이를 배치하는 데 필요한 텍스트 프레임이 부족할 때 나타납니다.

❺ **고정점** : 선택 도구(▶)나 직접 선택 도구(▷)로 클릭하고 다른 프레임에서 고정할 지점에 드래그하여 연결할 수 있습니다. Shift를 누르고 고정점을 클릭하면 다른 프레임 안으로 텍스트 프레임이 이동합니다. 텍스트 프레임이 고정되면 고정된 개체 아이콘(⚓)으로 변경됩니다.

❻ **[연결 개체 옵션] 대화상자** : Alt를 누른 채 고정된 개체 아이콘을 클릭하면 [연결 개체 옵션] 대화상자가 표시됩니다. 고정 위치를 제본 기준으로 양쪽마다 바깥쪽 또는 안쪽에 위치하거나 참조점과 각각의 기준을 변경할 수 있습니다.

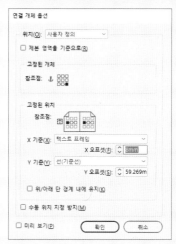

• **예제파일** : 07\텍스트프레임 조정.indd　　• **완성파일** : 07\텍스트프레임 조정_완성.indd　　　• • •

01 텍스트 프레임 크기를 그리드에 맞춰 조정해 봅니다. 07 폴더에서 '텍스트프레임 조정.indd' 파일을 불러옵니다.

❶ 선택 도구(▶)를 선택하고 ❷ 그림과 같이 프레임 조절점을 아래로 드래그합니다.

TIP ⇦

문자 도구(T)를 이용하여 크기를 조정하려면 Ctrl을 누른 채 프레임 조절점을 드래그합니다. 이때 빈 프레임을 텍스트에 맞추려면 텍스트 프레임의 우측 하단 조절점을 더블클릭합니다.

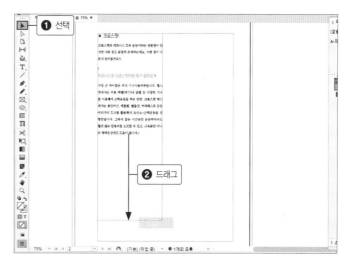

02 프레임 조절점을 드래그하면 감춰져 있던 텍스트가 나타납니다.

03 다시 오른쪽 하단의 프레임 조절점을 대각선 하단으로 드래그하여 프레임을 확대해서 텍스트를 더 나타낼 수 있습니다.

TIP

이미지 프레임과 마찬가지로 Ctrl + Shift 를 누른 채 텍스트 프레임 조절점을 드래그해서 조정하면 텍스트 비율을 유지하며 글꼴 크기도 함께 변경됩니다. Ctrl 만 누른 상태에서 드래그하면 텍스트 비율을 무시한 상태로 변경할 수 있습니다.

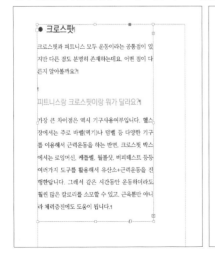
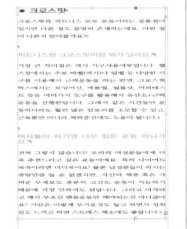

. InDesign .

11

실습

텍스트 프레임 연결하고 끊기

• **예제파일** : 07\텍스트프레임 연결.indd   • **완성파일** : 07\텍스트프레임 연결_완성.indd   • • •

---

01 07 폴더에서 '텍스트프레임 연결.indd' 파일을 불러옵니다.

❶ 선택 도구(▶)를 선택하고 ❷ 텍스트 프레임의 오른쪽 하단 끝 포트(+)를 클릭합니다.

텍스트 프레임 오른쪽 하단에 넘침 표시(+)가 있다면 ──● 원고가 넘친다는 뜻입니다.

TIP ◁─

스레드란 넘치는 원고를 다른 텍스트 프레임 등으로 보낸다는 뜻입니다. 각각의 텍스트 프레임 시작이나 끝 포트를 클릭한 다음 드래그하면 바로 원고가 이어지는 텍스트 프레임을 만들 수 있습니다.

Why? 👈

프레임의 텍스트는 다른 프레임과 별도로 배치할 수 있고, 연결된 프레임 사이에 이어서 흐를 수도 있습니다. 연결된 프레임 간에 텍스트를 연결하려면 먼저 프레임을 연결해야 합니다. 이때 프레임 사이에 텍스트를 연결하는 과정을 텍스트 스레드라고 합니다.

---

02 커서에 넘치는 텍스트가 나타나면 2페이지에 만들고 싶은 크기만큼 드래그해 텍스트 프레임을 만듭니다.

TIP

텍스트 프레임의 위치나 크기는 자유롭게 배치할 수 있습니다.

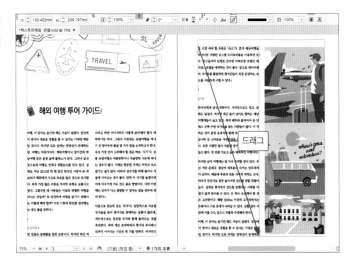

03 ❶ Ctrl+Z를 눌러 작업을 취소한 다음 ❷ 다시 텍스트 프레임에서 오른쪽 하단 끝 포트(+)를 클릭하고 ❸ 2페이지 상단을 클릭하면 단의 가로 폭에 맞춰 텍스트 프레임이 만들어집니다.

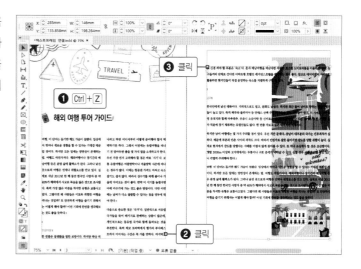

04 프레임은 남겨두고 스레드된 텍스트를 해제하려면 먼저 ❶ 텍스트 프레임의 포트 아이콘(▶)을 클릭합니다. 커서의 삽입 아이콘이 끊어진 사슬로 표시되면 ❷ 프레임을 클릭합니다. ❸ 해당 지점부터 텍스트 스레드가 해제되어 이전 텍스트 프레임에 텍스트 넘침 아이콘(+)이 나타납니다.

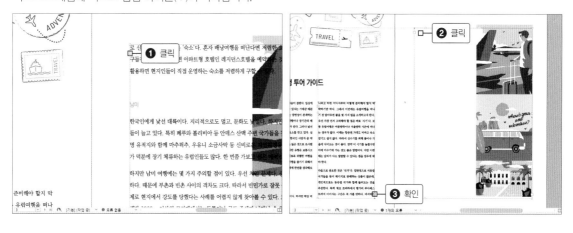

TIP ⟨⟩

텍스트 프레임 연결을 해제하면 현재 텍스트 프레임의 텍스트들은 이전 프레임으로 모두 되돌아갑니다. 하지만 현재 프레임에 텍스트를 그대로 두고 프레임 연결을 끊을 필요가 있을 때는 스크립트 기능을 이용해야 합니다. 메뉴에서 (창) → 유틸리티 → 스크립트를 실행해 스크립트 패널이 표시되면 '응용 프로그램 → Samples → JavaScript → SplitStory'를 더블클릭하여 모든 텍스트 프레임의 스레드를 해제시킵니다.

. InDesign .

12

실습

텍스트 프레임 옵션 활용하기

×

• 예제파일 : 07\텍스트 프레임 옵션.indd   • 완성파일 : 07\텍스트 프레임 옵션_완성.indd   • • •

01 07 폴더에서 '텍스트 프레임 옵션.indd' 파일을 불러옵니다.

❶ 선택 도구(▶)로 ❷ 텍스트 프레임을 선택한 다음 ❸ 마우스 오른쪽 버튼을 클릭하고 ❹ 텍스트 프레임 옵션을 실행하거나 Alt 를 누른 채 설정을 변경하려는 텍스트 프레임을 더블클릭합니다.

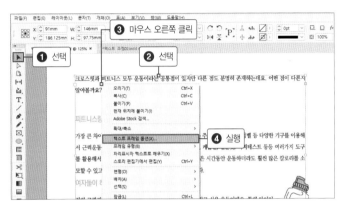

02 [텍스트 프레임 옵션] 대화상자가 표시되면 (일반) 탭에서 ❶ 수를 '2', 간격을 '7mm'로 설정합니다. ❷ '미리 보기'를 체크 표시해 텍스트 프레임이 2단으로 분리되면 ❸ 〈확인〉 버튼을 클릭합니다.

TIP ◁

[텍스트 프레임 옵션] 대화상자를 이용하여 프레임의 열 개수, 텍스트 세로 정렬, 텍스트와 프레임 사이 여백을 나타내는 인세트 간격 등의 설정을 변경할 수 있습니다.

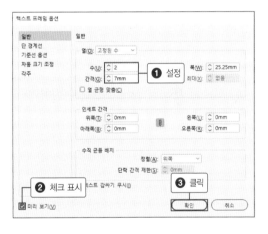

03 오른쪽 페이지의 텍스트 프레임도 2단으로 설정하여 완성합니다.

TIP ◁

프레임 크기를 조정할 때 열 폭을 그대로 유지하려면 열에서 '고정 너비'를 선택합니다. 이후 프레임 크기를 조정하면 단 개수는 변경될 수 있지만 폭은 달라지지 않습니다.

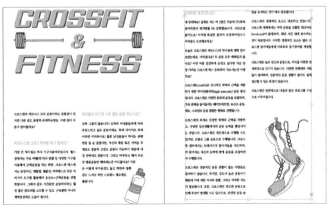

. InDesign .

13 텍스트 프레임 조정하기

이론

❶ 텍스트 프레임 열 균형 맞추기 • • •

[텍스트 프레임 옵션] 대화상자의 '열 균형 맞춤'에 체크 표시하면 텍스트 양이 양쪽 열에 균형 있게 조절됩니다.

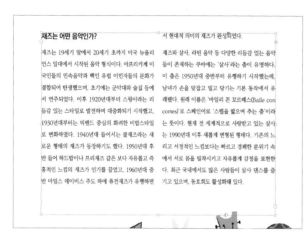

❷ 텍스트 프레임 인세트 간격 수정하기 • • •

인세트란 내부 간격이라는 뜻으로 텍스트와 텍스트 프레임 간의 간격입니다. 인세트 간격 항목에서 각 방향을 동일하게 '5mm'로 설정합니다.

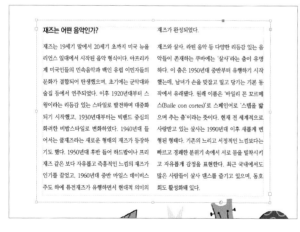
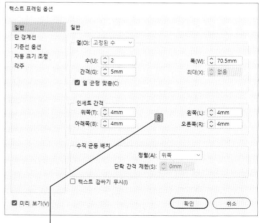

TIP ◁

선택한 프레임이 사각형이 아닌 경우에는 인세트 옵션이 활성화됩니다.

● 방향마다 다른 수치를 입력하려면 '모든 설정 동일하게 만들기' 아이콘을 클릭하여 비활성화합니다.

❸ 텍스트 프레임 수직 균등 배치하기 • • •

수직 균등 배치 항목의 정렬을 위쪽, 가운데, 아래쪽, 균등 배치 중에서 선택하여 지정할 수 있습니다.

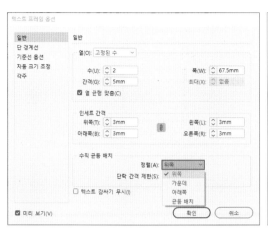

▲ 위쪽

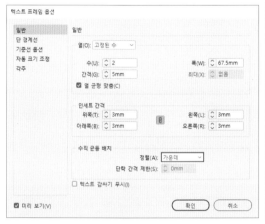
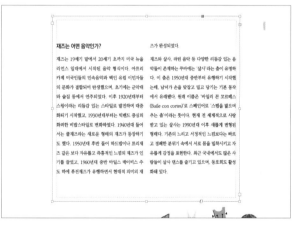

▲ 가운데

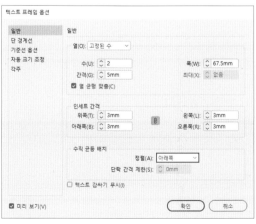
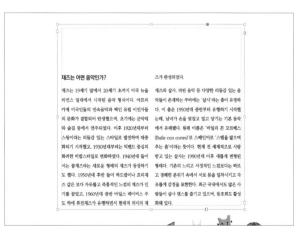

▲ 아래쪽

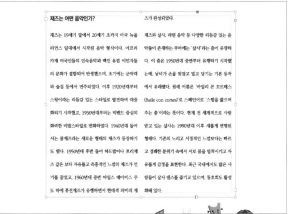

▲ 균등 배치

❹ 텍스트 프레임 기준선 옵션 설정하기 • • •

[텍스트 프레임 옵션] 대화상자에서 [기준선 옵션] 탭을 선택하면 텍스트와 텍스트 프레임의 간격을 어느 기준에 맞출 것인지 선택할 수 있습니다. 예제에서는 첫 번째 기준선 항목의 오프셋을 '전각 상자 높이'로 지정했습니다.

❶ **어센트** : 글꼴에서 'd' 문자 높이가 텍스트 프레임의 위쪽 인세트 아래에 옵니다.

❷ **대문자 높이** : 대문자 위쪽이 텍스트 프레임의 위쪽 인세트에 닿습니다.

❸ **행간** : 텍스트의 행간 값을 첫 번째 행 기준선과 프레임 위쪽 인세트 간의 거리로 사용합니다.

❹ **x 높이** : 글꼴에서 'x' 문자의 높이가 프레임의 위쪽 인세트 아래에 옵니다.

❺ **전각 상자 높이** : 전각 상자란 글꼴의 외곽 경계선을 말하며, 메뉴에서 [개체] → 맞춤 → 내용에 프레임 맞추기를 실행하면 전각 상자의 크기를 표시할 수 있습니다.

❻ **고정** : 텍스트의 첫 번째 행 기준선과 프레임의 위쪽 인세트 사이 거리를 지정합니다.

· InDesign ·

14 열 확장 및 분할하기

실습

· 예제파일 : 07\열 확장.indd   · 완성파일 : 07\열 확장_완성.indd   • • •

---

01 07 폴더에서 '열 확장.indd' 파일을 불러옵니다.

2단으로 열이 나누어진 텍스트 프레임이 있습니다. ❶ 문자 도구(T.)로 ❷ 왼쪽 상단에 있는 제목 부분을 선과 함께 드래그하여 선택합니다.

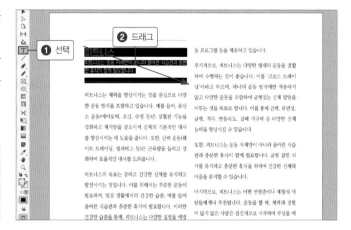

Why? 👈

2단 이상의 문서를 디자인할 때 제목 등의 일부 요소에 부분적인 열 확장이 필요하기도 합니다. 텍스트 프레임을 추가로 만들지 않고도 레이아웃을 변경할 수 있는 열 확장 및 분할 기능에 대해 알아봅니다.

---

02 ❶ 메뉴에서 (창) → 문자 및 표 → 단락 (Ctrl + Alt + T)을 실행합니다. 단락 패널이 표시되면 ❷ '패널 메뉴' 아이콘(≣)을 클릭한 다음 ❸ 열 확장을 실행합니다.

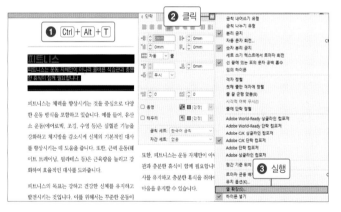

---

03 [열 확장] 대화상자가 표시되면 ❶ 단락 레이아웃을 '열 확장', 확장을 '모두'로 지정한 다음 ❷ 〈확인〉 버튼을 클릭합니다. 선택된 부분만 2단이 해제되어 확장됩니다.

• 예제파일 : 07\열 분할.indd   • 완성파일 : 07\열 분할_완성.indd

● ● ●

① 텍스트 프레임을 추가로 만들지 않고도 레이아웃을 변경할 수 있는 열 분할 기능에 대해 알아봅니다. 07 폴더에서 '열 분할.indd' 파일을 불러옵니다.

❶ 선택 도구(▶)를 선택하고 ❷ 1단으로 구성된 텍스트 프레임을 선택한 다음 ❸ Ctrl + Alt + T 를 누릅니다. 단락 패널이 표시되면 ❹ '패널 메뉴' 아이콘(▤)을 클릭한 다음 ❺ 열 확장을 실행합니다.

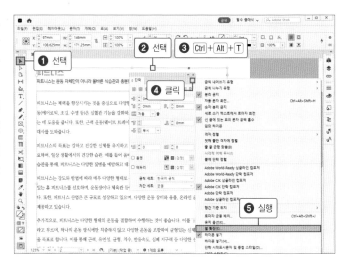

② [열 확장] 대화상자가 표시되면 ❶ 단락 레이아웃을 '열 분할'로 지정하고 하위 열에 '3'을 입력한 다음 ❷ 〈확인〉 버튼을 클릭합니다. 설정에 따라 3단으로 변경된 것을 확인할 수 있습니다.

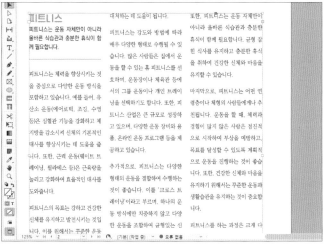

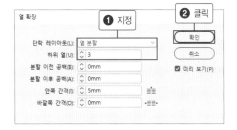

TIP ⟨⟩

열 분할 기능 또한 단락 스타일에서 지정할 수 있습니다. [단락 스타일 옵션] 대화상자를 표시한 다음 단락 레이아웃을 '열 분할'로 지정하고 각 옵션을 설정합니다.

❶ 하위 열 : 단락이 분할될 열 개수를 선택합니다. 2와 40 사이 수치를 설정합니다.

❷ 분할 이전/이후 공백 : 분할된 단락의 앞 또는 뒤에 공백을 추가합니다. 0과 3,048mm 사이 수치를 설정합니다.

❸ 안쪽 간격 : 분할된 단락 사이 공백을 결정합니다. 0과 3,048mm 사이 수치를 설정합니다.

❹ 바깥쪽 간격 : 분할된 단락의 바깥쪽 공백과 여백을 결정합니다. 0과 3,048mm 사이 수치를 설정합니다.

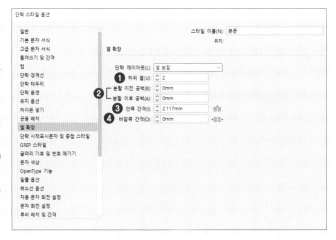

단락 시작표시문자   중요도 ★

.InDesign.

15

이론 | 실습

단락 시작표시문자 사용하기

❶ 단락 시작표시문자 및 중첩 스타일 설정하기 • • •

단락 시작표시문자는 설정할 단락에 스타일이 적용되어 있다면 단락 스타일 패널의 옵션에서도 지정할 수 있습니다. 편집하려는 단락 스타일을 더블클릭하여 표시되는 [단락 스타일 옵션] 대화상자에서 [단락 시작표시문자 및 중첩 스타일] 탭을 선택하고 설정합니다. 단락의 시작 문자에 문자 스타일을 적용하여 강조되는 레이아웃을 만들어 봅니다.

❶ **줄/문자 수** : 단락 시작표시문자의 높이 및 폭을 설정합니다.
❷ **문자 스타일** : 단락 시작표시문자의 문자 스타일을 지정합니다.
❸ **왼쪽 가장자리 정렬** : 단락 시작표시문자가 왼쪽 가장자리에서 너무 멀리 정렬된 경우에 사용합니다.
❹ **디센더의 비율 조정** : 단락 시작표시문자가 그 아래에 있는 텍스트와 겹칠 때 사용합니다.

❷ 쉽고 빠르게 대문자로 변경하기 • • •

소문자 텍스트를 선택한 다음 문자 컨트롤 패널에서 '모두 대문자' 아이콘(TT)을 클릭합니다. 소문자가 대문자로 변경됩니다.

'작은 대문자' 아이콘(Tr)을 클릭하면 첫 글자를 제외한 텍스트가 작은 대문자로 변경됩니다. 다시 '모두 대문자' 아이콘을 클릭하여 대문자로 되돌릴 수 있지만, 대문자로 작성된 텍스트는 소문자로 변경되지 않습니다.

메뉴에서 (창) → 문자 및 표 → 문자를 실행하거나 Ctrl+T를 눌러 문자 패널을 표시한 다음 패널 메뉴에서도 지정할 수 있습니다. 글꼴 중에서도 'Castellar'처럼 대문자로 변경되는 글꼴이 있습니다.

▲ 원본   ▲ 문자 패널 메뉴에서 **모두 대문자** 실행   ▲ Castellar 글꼴 지정

▲ 문자 패널 메뉴에서 **모두 작은 대문자** 실행

편집 디자인에서 단락의 시작 문자를 크게 강조하여 돋보이게 만드는 경우가 있습니다. 단락 시작표시 문자를 사용해서 적용해 봅니다.

분식이란 밀가루 음식을 주재료로 하여 양념을 넣어 만든 음식이다. 떡볶이인 분식 메뉴 중 하나로 남녀노소 누구나 좋아하는 국민 간식이다. 최근 태로 인해 외출과 외식이 줄어들면서 배달음식 수요가 급증했다. 이에 따라 분식업계 역시 호황을 누리고 있다. 하지만 일부에서는 이러한 상황 속에 어려움을 겪고 있는 분식집들이 존재한다. 그렇다면 과연 우리나라에서 분식은 어떤 위치를 차지하고 있을까?

Before

After

- 예제파일 : 07\단락 시작표시문자.indd
- 완성파일 : 07\단락 시작표시문자_완성.indd

---

01 07 폴더에서 '단락 시작표시문자.indd' 파일을 불러옵니다.

❶ 문자 도구(T.)로 ❷ 단락 시작표시문자를 사용할 텍스트를 드래그하여 선택합니다. 예제에서는 '분'을 선택했습니다.

---

02 단락 패널에서 ❶ 단락 시작표시문자 높이(줄 수)를 '2'로 설정합니다. 2행의 높이만큼 '분' 자가 커집니다.
단락 패널에서 ❷ 단락 시작표시문자 수를 변경하면 원하는 글자 수만큼 표시 문자로 지정할 수 있습니다.

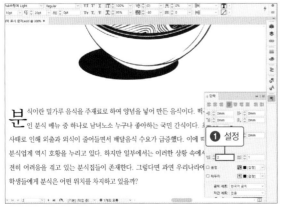

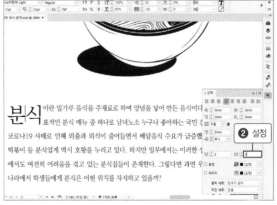

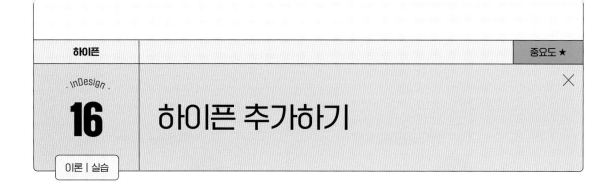

❶ [하이픈 넣기 설정] 대화상자 살펴보기 ● ● ●

단락 패널의 '패널 메뉴' 아이콘(▤)을 클릭한 다음 하이픈 넣기를 실행하면 [하이픈 넣기 설정] 대화상자가 표시됩니다.

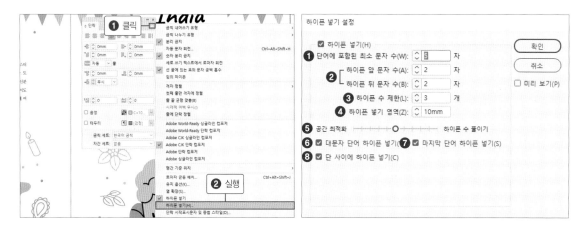

❶ **단어에 포함된 최소 문자 수** : 하이픈으로 연결된 단어의 최소 문자 수를 설정합니다.

❷ **하이픈 앞/뒤 문자 수** : 하이픈으로 나눌 수 있는 단어의 시작 또는 끝부분의 최소 글자 수를 지정합니다. 예를 들어, 'aromatic'의 경우 '3'을 설정하면 ar-omatic 또는 aromat-ic이 아니라 aro-matic처럼 하이픈이 삽입됩니다.

❸ **하이픈 수 제한** : 여러 줄에 나타날 수 있는 최대 하이픈 수를 설정합니다. '0'으로 설정하면 하이픈을 무제한으로 넣을 수 있습니다.

❹ **하이픈 넣기 영역** : 하이픈 넣기를 시작하기 전에 균등 배치되지 않은 텍스트 줄 끝에 허용되는 공백 크기를 설정합니다. 균등 배치되지 않은 텍스트에서 '싱글라인 컴포저'를 사용하는 경우에만 적용됩니다.

❺ **공간 최적화/하이픈 수 줄이기** : 공간 최적화와 하이픈 수 줄이기 사이의 균형을 변경하려면 슬라이더를 조정합니다.

❻ **대문자 단어 하이픈 넣기** : 대문자로 된 단어에 하이픈이 삽입되지 않도록 하려면 체크 표시를 해제합니다.

❼ **마지막 단어 하이픈 넣기** : 단락의 마지막 단어에 하이픈이 삽입되지 않도록 하려면 체크 표시를 해제합니다.

❽ **단 사이에 하이픈 넣기** : 단이나 프레임 또는 페이지에서 단어에 하이픈이 삽입되지 않도록 하려면 체크 표시를 해제합니다.

TIP ◁📩

하이픈을 특정 위치에 직접 입력하려면 **임의 하이픈** 명령을 실행합니다. 'vegetarian' 단어 사이를 클릭하여 커서를 위치시키고 단락 패널 메뉴 또는 단락 컨트롤 패널 메뉴에서 **임의 하이픈**을 실행합니다. 메뉴에서 (**문자**) → **특수 문자 삽입** → **하이픈 및 대시** → **임의 하이픈**을 실행할 수도 있습니다.

임의로 하이픈을 입력해도 바로 하이픈이 표시되지 않습니다. 단어의 분리 여부는 해당 행의 길이나 다른 하이픈 넣기 및 컴포지션 설정에 따라 달라집니다. 예제에서는 줄바꿈을 위해 'and'를 추가하여 임의 하이픈 표시를 확인하였습니다.

컴포저 기능은 문장을 시각적으로 보기 좋게 균등 분할합니다. 단락 컴포저는 (Enter)를 눌러 강제로 단락을 끊기 전까지를 한 문장으로 인식하여 균등 배치하며, 싱글 컴포저는 한 줄에서 마침표 찍은 곳까지를 의미합니다.

❷ 한글 본문에 하이픈 넣기

한글 본문에서도 균등 배치 상태에서는 각 줄의 글자 간격이 고르지 않습니다. 이때 단락 패널의 '패널 메뉴' 아이콘(▤)을 클릭한 다음 하이픈 넣기 명령을 실행하면 글자 간격이 고르게 표시됩니다.

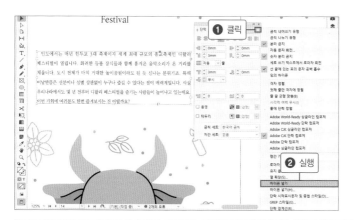

TIP ✂

페이지에서 텍스트 모양은 컴포지션이라고 하는 프로세스의 정교한 상호 작용에 따라 결정됩니다. 인디자인에서는 한글 특성에 적합한 Adobe CJK 싱글라인 컴포저, Adobe CJK 단락 컴포저와 영문, 로마자에 적합한 Adobe 단락 컴포저, Adobe 싱글라인 컴포저의 네 가지 조판 방법을 지원합니다. 각각의 컴포저는 한글과 로마자 텍스트의 모든 줄바꿈을 분석하고 특정 단락에 지정된 하이픈 넣기 및 균등 배치 옵션을 가장 잘 지원하는 방법을 선택합니다. 인디자인 한글 버전은 기본으로 Adobe CJK(Chinese, Japanese, Korean) 단락 컴포저가 선택되어 있습니다. 따라서 영문을 기본으로 작업할 때는 컴포저를 변경하여 작업하는 것이 더 적합합니다. 텍스트를 선택하고 단락 패널의 메뉴에서 컴포저를 변경할 수 있습니다.

단락 컴포저는 문자 간격, 단어 간격 및 하이픈 넣기의 균일성과 같은 원칙을 기준으로 줄바꿈 지점을 확인하고, 이를 분석하며 가중치를 부여하는 방식으로 컴포지션을 처리합니다.

한 번에 한 줄에서 텍스트를 작성하는 일반적인 방법을 제공합니다. 이 옵션은 컴포지션 변경을 최종 편집 단계로 제한하려는 경우에 유용합니다.

① 07 폴더에서 '하이픈.indd' 파일을 불러 옵니다.
Ctrl+T를 눌러 문자 패널을 표시합니다.

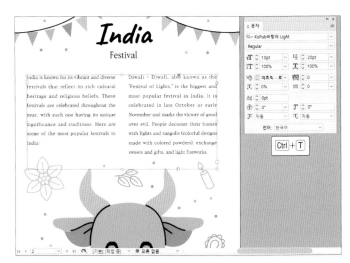

TIP ⟨⇦

균등 배치된 단락에서 하이픈 넣기 설정은 단락의 글자 간격에 영향을 줍니다. 또 하이픈을 넣을 수 있는 경우 줄바꿈의 세부 사항을 지정할 수 있습니다.

② ❶ 문자 도구(T.)로 ❷ 텍스트를 드래그하여 선택합니다. 문자 패널 하단의 ❸ 언어를 클릭한 다음 ❹ '영어: 미국'을 선택합니다.

③ 영문 텍스트에 하이픈이 적용된 것을 확인할 수 있습니다.

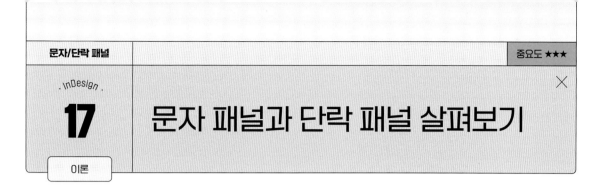

. InDesign .

17

이론

문자 패널과 단락 패널 살펴보기

하나의 긴 글에서 문자는 문장이나 문단을 이루는 하나 하나의 글자를 의미합니다. 단락은 첫 글자에서 문단이 끝나는 지점까지를 의미합니다. 인디자인에서 단락과 문자는 각각의 패널과 스타일을 가집니다. 문자 스타일과 단락 스타일을 활용하는 고급 편집 기술의 습득을 위해 문자와 단락을 구분하는 것은 매우 중요합니다.

❶ 문자 패널 살펴보기   • • •

문자 패널에는 문자 컨트롤 패널과 같은 기능들이 있으며 문자와 관련된 추가 기능들이 모여 있어 문자를 입력할 때 좀 더 세심한 편집을 가능하게 합니다. 문자 패널은 메뉴에서 (문자) → 문자를 실행하거나 Ctrl + T를 눌러 표시할 수 있으며 글꼴 크기, 자간, 행간, 굵기, 위 첨자, 아래 첨자 등을 지정할 수 있습니다.

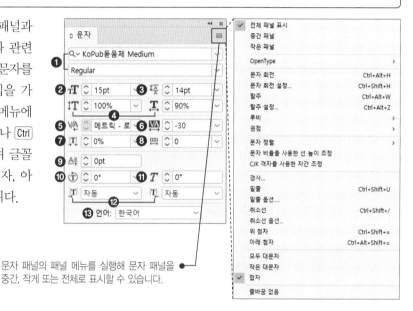

문자 패널의 패널 메뉴를 실행해 문자 패널을 중간, 작게 또는 전체로 표시할 수 있습니다.

❶ **글꼴/글꼴 스타일** : 사용할 글꼴과 스타일을 지정합니다.

❷ **글꼴 크기** : 글꼴 크기를 설정합니다.

❸ **행간** : 행 사이 간격을 설정합니다.

❹ **세로/가로 비율** : 문자의 세로와 가로 비율을 설정합니다.

❺ **커닝** : 커서 양쪽에 있는 두 문자 사이 간격을 설정합니다.

❻ **자간** : 선택한 문자들의 간격을 설정합니다.

❼ **비율 간격** : 문자 주변 간격이 비율에 맞게 압축됩니다.

❽ **셀에 정렬** : 지정한 격자 문자를 균등하게 배치할 수 있습니다.

❾ **기준선 이동** : 선택한 문자의 기본 높이를 설정합니다.

❿ **문자 회전** : 문자를 한 글자씩 반시계 방향으로 회전합니다.

⓫ **기울이기** : 문자를 기울여 이탤릭 스타일을 적용합니다.

⓬ **문자 앞/뒤 자간** : 문자 앞뒤 간격을 조절합니다.

⓭ **언어** : 언어를 지정하면 하이픈과 맞춤법 기능이 선택 언어에 맞춰집니다.

❷ 단락 패널 살펴보기

단락 패널에는 단락 컨트롤 패널과 같은 기능들이 있으며 단락에 관한 추가 기능들이 모여 있어 단락을 조정할 때 좀 더 세심한 편집을 가능하게 합니다. 단락 패널은 메뉴에서 〔문자〕 → 단락을 실행하거나 Ctrl + Alt + T 를 눌러 표시할 수 있으며 정렬, 들여쓰기, 공백 등을 지정할 수 있습니다.

❶ **정렬과 배치** : 문자나 단락의 정렬과 배치를 지정합니다.

❷ **들여쓰기** : 왼쪽, 오른쪽, 첫 줄 왼쪽, 마지막 줄 오른쪽 들여쓰기를 설정합니다.

❸ **줄에 정렬** : 줄 간격을 자동 또는 임의로 설정합니다.

❹ **이전/이후 공백** : 선택한 단락과 앞/뒤 단락 사이 공백을 설정합니다.

❺ **단락 시작표시문자 높이(줄 수)** : 선택된 단락의 첫 번째 문자 높이를 설정합니다.

❻ **단락 시작표시문자 수** : 선택된 단락 중에 문자 높이(줄 수)를 조정하기 위해 문자 수를 설정합니다.

❼ **음영** : 문서 안의 단락에 음영(또는 색상)을 지정합니다.

❽ **테두리** : 문서 안의 단락에 테두리를 지정합니다.

❾ **금칙 세트** : 줄의 처음 또는 끝에 배치할 수 없는 문자를 금칙 문자라고 합니다. 미리 설정된 한국어 금칙 세트를 사용하거나 새로운 금칙을 만들어 적용할 수 있습니다.

❿ **자간 세트** : 글자나 기호와 글자의 간격을 미리 설정한 세트로 지정할 수 있습니다.

InDesign 18 (이론)

텍스트와 이미지를 함께 다루는 텍스트 감싸기 패널 알아보기

편집 디자인에서 텍스트와 이미지 배치는 매우 중요합니다. 텍스트 감싸기를 통한 여러 가지 이미지 배치 방법과 이미지 고정하기, 이미지를 글자처럼 사용하기 등에 대해 알아봅니다.

메뉴에서 [창] → 텍스트 감싸기를 실행하여 표시되는 텍스트 감싸기 패널을 알아보겠습니다.

TIP ◁

감싸기 명령에서 감싸기를 오른쪽 면이나 가장 큰 영역 등 특정 면에 적용할지 또는 제본 영역 방향이나 제본 영역 반대 방향으로 적용할지 지정합니다. 감싸기 명령이 비활성화되면 텍스트 감싸기 패널 메뉴에서 **옵션 표시**를 실행합니다. 그룹에 텍스트 감싸기를 적용하면 그룹의 텍스트 프레임에는 텍스트 감싸기가 적용되지 않습니다.

❶ **테두리 상자 감싸기** : 지정할 오프셋 거리를 포함하여 선택한 개체의 테두리 상자에 따라 폭과 높이가 결정되는 사각형 감싸기를 적용합니다.

❷ **개체 모양 감싸기** : 윤곽선 감싸기라고도 하며, 선택한 프레임과 모양이 같고 크기는 지정한 특정 오프셋 거리만큼 더 크거나 작은 경계를 만들어 텍스트를 감쌉니다.

❸ **개체 건너뛰기** : 프레임 오른쪽 또는 왼쪽의 사용할 수 있는 공간에 텍스트가 표시되지 않도록 합니다.

❹ **다음 단으로 이동** : 다음 열이나 텍스트 프레임 위쪽에 주변 단락을 밀어냅니다.

▲ 테두리 상자 감싸기

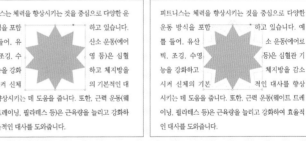

▲ 개체 모양 감싸기

▲ 개체 건너뛰기

▲ 다음 단으로 이동

. InDesign .

19

실습

패스로 개체를 만들어
텍스트 감싸기

텍스트 감싸기는 텍스트와 이미지를 배치할 때 유용한 기능입니다. 본문 안에 이미지를 배치하면서 여러 가지 옵션으로 여백을 지정하여 지면을 더욱 운동감 있게 만듭니다.

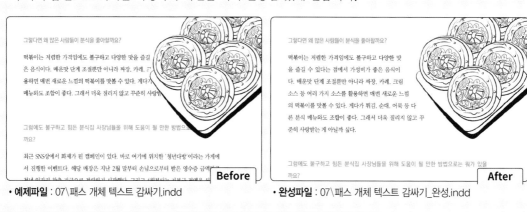

• 예제파일 : 07\패스 개체 텍스트 감싸기.indd

• 완성파일 : 07\패스 개체 텍스트 감싸기_완성.indd

01 07 폴더에서 '패스 개체 텍스트 감싸기 .indd' 파일을 불러옵니다.
이때 문서에 있는 텍스트와 이미지가 서로 겹치지 않으면서 어울릴 수 있도록 배치되어야 합니다.

02 ❶ 선택 도구(▶)로 ❷ 오른쪽 상단의 이미지를 선택합니다. ❸ 메뉴에서 (창) → 텍스트 감싸기를 실행하여 텍스트 감싸기 패널이 표시되면 ❹ '테두리 상자 감싸기' 아이콘(▣)을 클릭하고 ❺ 왼쪽 오프셋을 '5mm'로 설정합니다. 이미지가 텍스트와 겹치지 않습니다.

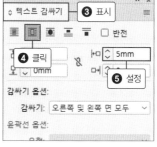

03 텍스트 감싸기를 사각이 아닌 다른 형태로 만들기 위해 ❶ Ctrl + Z 를 눌러 실행을 취소합니다. 도구 패널에서 ❷ 펜 도구 (✒)를 선택하고 ❸ 개체 컨트롤 패널에서 칠과 획을 '없음'으로 지정합니다.

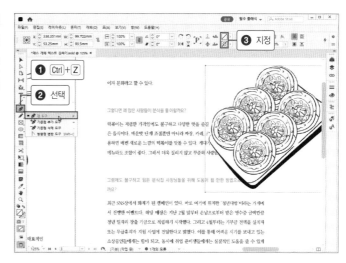

04 ❶ 펜 도구로 이미지를 감싸는 개체를 작성한 다음 ❷ 텍스트 감싸기 패널에서 '개체 모양 감싸기' 아이콘(▣)을 클릭합니다.

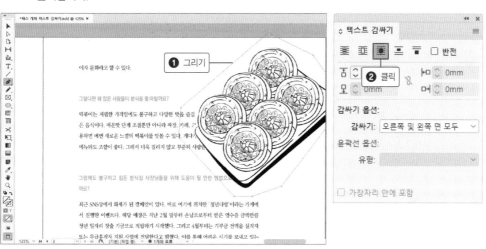

05 작업을 마친 후에도 ❶ 도구 패널의 직접 선택 도구(▷)를 이용하여 ❷ 텍스트 감싸기 패스를 조정할 수 있습니다.

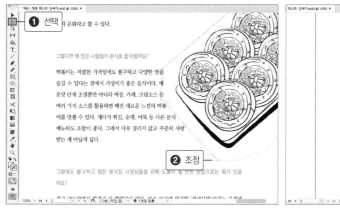
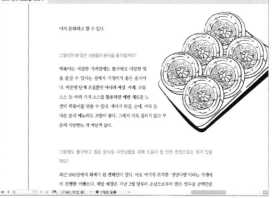

이미지를 인식하는 텍스트 감싸기

본문을 가리는 이미지를 보기 좋게 위치시키기 위해 텍스트 감싸기를 사용합니다. 텍스트 감싸기를 실행하여 이미지와 텍스트가 어우러지는 운동감 있는 페이지 디자인을 해봅니다.

이미지 크기) 148×210mm

소스 파일) 07\텍스트 감싸기\꽃_배경따내기.ai, 꽃_배경따내기.jpg, 텍스트 감싸기.indd

완성 파일) 07\텍스트 감싸기\텍스트 감싸기_완성.indd, 텍스트 감싸기_완성.pdf, 텍스트 감싸기_완성.idml

①

배경이 투명한 이미지 불러오기

②

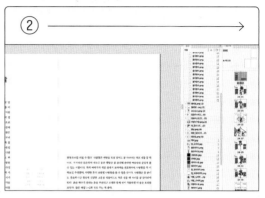

이미지가 없는 페이지 확인하기

③

첫 번째 작은 꽃 이미지 삽입하기

④

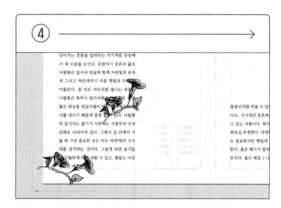

두 번째 작은 꽃 이미지 삽입하기

⑤

메인 꽃 이미지 삽입하기

⑥

메뉴에서 [창] → 텍스트 감싸기 실행하기

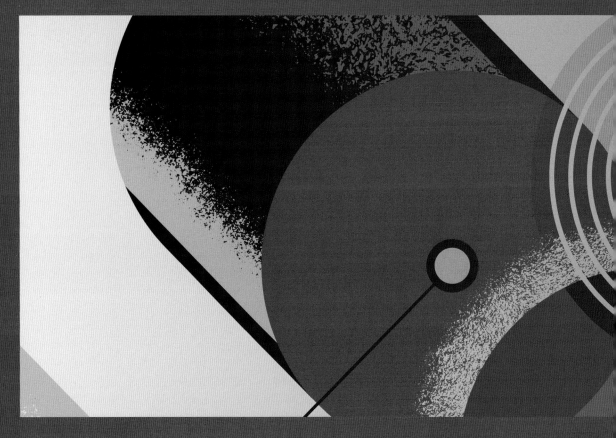

문자 스타일의 이해와
편집 기능 활용하기

문서에 일관된 디자인을 위한 스타일을 사용 방법 등 문서 편집 기능 활용법에 대해 알아봅니다.

. InDesign .

01

이론

본문 스타일을 잡아 한 번에
수정하는 인디자인 구조 이해하기

❶ 기본 문자 서식

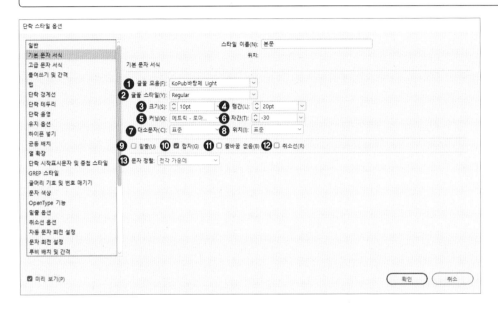

❶ **글꼴 모음** : 하드 드라이브에 저장되어 있고, 인디자인에서 사용할 수 있는 글꼴을 선택할 수 있습니다.

❷ **글꼴 스타일** : 글꼴 모음을 변경하면 사용할 수 있는 스타일이 제시됩니다.

❸ **크기** : 글꼴 크기를 조정할 수 있습니다.

❹ **행간** : 글줄 사이 간격으로 텍스트 기준선 간 거리를 조정할 수 있습니다.

❺ **커닝** : 글자 형태에 따라 자간을 조절하는 것으로 시각적, 메트릭 – 로마자 전용, 메트릭, 없음이 있습니다.

   ⓐ **시각적** : 문자 모양을 기준으로 인접한 문자 사이 간격을 조정하며 로마자 글리프에 맞게 최적화되어 있습니다.

   ⓑ **메트릭, 메트릭 – 로마자 전용** : 로마자 오픈타입 글꼴은 메트릭과 메트릭 로마자 전용이 동일하게 표시됩니다. 한글 글꼴에 메트릭 또는
   메트릭–로마자 전용을 적용하면 로마자만 커닝이 적용됩니다. CJK 문자에는 커닝이 적용되지 않습니다.

❻ **자간** : 글자 사이 간격을 조정할 수 있습니다.

❼ **대소문자** : 글꼴의 대소문자를 조정할 수 있으며 표준, 작은 대문자, 모두 대문자, OpenType 모두 작은 대문자가 있습니다.

❽ **위치** : 글자 위치를 조정할 수 있으며 '위 첨자' 또는 '아래 첨자'를 선택하면 미리 정의된 기준선 이동 값과 문자 크기가 선택한 텍스
트에 적용됩니다.

❾ **밑줄** : 텍스트 아래에 밑줄이 만들어집니다.

❿ **합자** : 특정 문자의 짝을 바꾸는 문자 입력 체계로서 합자 사용 여부는 지정된 글꼴에 따라 다릅니다.

⓫ **줄바꿈 없음** : 텍스트의 줄바꿈 기능이 사라집니다. '줄바꿈 없음'을 선택하면 텍스트 프레임의 모든 텍스트가 한 줄로 표시됩니다.

⓬ **취소선** : 텍스트에 취소선이 만들어집니다.

⓭ **문자 정렬** : 텍스트 프레임의 문자 정렬을 조정할 수 있으며 기준선, 전각 위쪽, 전각 가운데, 전각 아래쪽, ICF 위쪽, ICF 아래쪽이
있습니다.

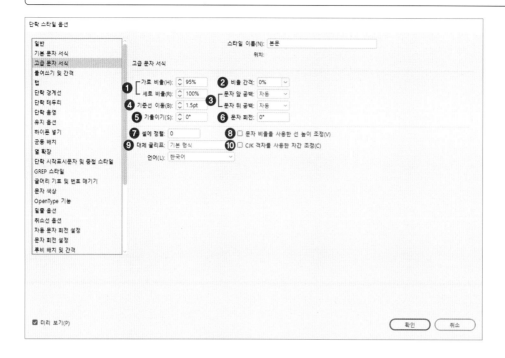

❷ 고급 문자 서식

❶ 가로/세로 비율 : 문자의 원래 폭과 높이를 기준으로 해당 문자의 높이 및 폭의 비율을 조정합니다. 1.0부터 1000.0%까지의 수치를 설정합니다.

❷ 비율 간격 : 가로 및 세로 비율에서 지정한 수치의 비율 간격을 조정합니다. 0부터 100%까지의 수치를 설정합니다.

❸ 문자 앞/뒤 공백 : 문자의 앞, 뒤 공백 수치를 조정하며 자동, 공백 없음, 8부, 4부, 3부, 2부, 1부가 있습니다. 8부에서 1부로 갈수록 공백이 커집니다.

❹ 기준선 이동 : 선택한 문자를 주변 텍스트의 기준선을 기준으로 위쪽이나 아래쪽으로 이동하도록 조정합니다. 양수를 설정하면 문자 기준선이 나머지 선의 기준선 위로 이동하고 음수를 설정하면 기준선 아래로 이동됩니다. −5,000부터 5,000pt까지의 수치를 설정합니다.

❺ 기울이기 : 문자의 기울기 각도를 조정합니다. −85.0부터 85.0°까지의 수치를 설정합니다.

❻ 문자 회전 : 문자의 회전 각도를 조정합니다. −360.0부터 360.0°까지의 수치를 설정합니다.

❼ 셀에 정렬 : 지정한 격자 문자에 대해 텍스트를 균등 배치할 수 있습니다. 예를 들어, 입력한 문자 세 개를 선택하고 셀에 정렬을 '5'로 설정하면 이 세 문자는 문자 다섯 개 간격의 격자에서 균일하게 배치됩니다. 0과 20 사이의 수치를 설정합니다.

❽ 문자 비율을 사용한 선 높이 조정 : 프레임 격자에서 텍스트 방향을 반대로 변경하면 격자 크기에 관계 없이 기본으로 선 높이가 변경됩니다. 이 기능을 비활성화하면 선 높이는 문자 높이와 같아지고 문자 비율만 변경됩니다.

❾ 대체 글리프 : 설정한 글꼴의 글리프 타입을 대체할 글리프를 설정합니다.

❿ CJK 격자를 사용한 자간 조정 : 프레임 격자의 줄 간격을 지정하고 자간을 조정합니다. 이 방식에서는 문자를 격자에 알맞게 정렬하는 자간을 사용할 수 있으므로 격자의 비율 간격을 설정하는 것이 편리합니다.

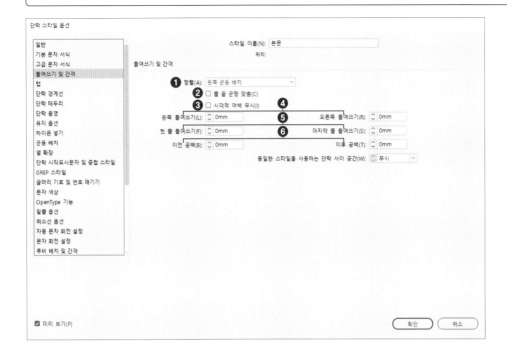

❶ **정렬** : 텍스트를 텍스트 프레임의 한쪽 또는 양쪽 가장자리(또는 인세트)에 맞추어 정렬할 수 있습니다. 텍스트가 양쪽 가장자리에 맞추어 정렬된 상태를 균등 배치라고 합니다.

❷ **줄 끝 균형 맞춤** : 여러 줄 위에 불규칙하게 정렬된 텍스트를 균일하게 정렬할 수 있습니다. 이 기능은 여러 줄로 된 제목, 인용문 및 가운데 배치된 단락에 특히 유용합니다.

❸ **시각적 여백 무시** : 구두점 표시 및 특정 문자의 가장자리로 인해 열의 왼쪽이나 오른쪽 가장자리가 잘못 정렬된 것처럼 보일 수 있습니다. 구두점 표시 등을 텍스트 여백 밖으로 내보낼지 여부를 제어하여 문자가 정렬되지 않게 해제하는 기능입니다.

❹ **왼쪽/오른쪽 들여쓰기** : 프레임의 왼쪽 및 오른쪽 가장자리에서 텍스트를 안쪽으로 이동하는 수치를 설정합니다. 0과 3,048mm 사이 수치를 설정합니다.

❺ **첫 줄/마지막 줄 들여쓰기** : 첫 줄 및 마지막 줄 텍스트를 안쪽으로 이동하는 수치를 설정합니다. −3,048과 3,048mm 사이 수치를 설정합니다.

❻ **이전/이후 공백** : 단락의 문단 사이 이전/이후 공백 수치를 조정합니다. 0과 3,048mm 사이의 수치를 설정합니다.

TIP ◁⇦

텍스트 프레임 상단을 격자에 스냅하려면 텍스트 프레임에 있는 텍스트의 첫 번째 기준선 위치를 제어할 수 있도록 '행간'이나 '고정'을 선택할 수 있습니다.

시험 대비 | 중요도 ★★★

. InDesign .

02

실습

새 단락 스타일 만들기

단락 스타일은 하나의 단락 안에 있는 모든 글자에 일괄적으로 스타일을 적용하고, 문자 스타일은 지정된 개별 문자에만 스타일을 적용합니다. 따라서 먼저 단락 스타일로 기본 스타일을 만들어 적용하고, 각각 다르게 표시해야 할 개별 사항을 문자 스타일로 만들어 적용하는 것이 좋습니다. 텍스트에 손쉽게 스타일을 적용하기 위해 먼저 새 단락 스타일을 만들고 이 스타일을 다른 단락에도 적용해 봅니다.

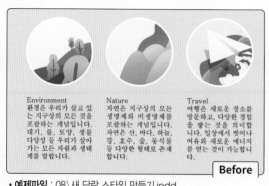

Environment
환경은 우리가 살고 있는 지구상의 모든 것을 포괄하는 개념입니다. 대기, 물, 토양, 생물 다양성 등 우리가 살아가는 모든 자원과 생태계를 말합니다.

Nature
자연은 지구상의 모든 생명체와 비생명체를 포괄하는 개념입니다. 자연은 산, 바다, 하늘, 강, 호수, 숲, 동식물 등 다양한 형태로 존재합니다.

Travel
여행은 새로운 장소를 방문하고, 다양한 경험을 쌓는 것을 의미합니다. 일상에서 벗어나 여유와 새로운 에너지를 얻는 것이 가능합니다.

Before

• 예제파일 : 08\새 단락 스타일 만들기.indd

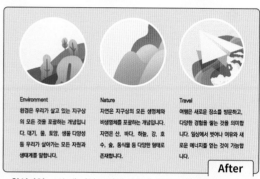

Environment
환경은 우리가 살고 있는 지구상의 모든 것을 포괄하는 개념입니다. 대기, 물, 토양, 생물 다양성 등 우리가 살아가는 모든 자원과 생태계를 말합니다.

Nature
자연은 지구상의 모든 생명체와 비생명체를 포괄하는 개념입니다. 자연은 산, 바다, 하늘, 강, 호수, 숲, 동식물 등 다양한 형태로 존재합니다.

Travel
여행은 새로운 장소를 방문하고, 다양한 경험을 쌓는 것을 의미합니다. 일상에서 벗어나 여유와 새로운 에너지를 얻는 것이 가능합니다.

After

• 완성파일 : 08\새 단락 스타일 만들기_완성.indd

01 08 폴더에서 '새 단락 스타일 만들기 .indd' 파일을 불러옵니다.

❶ 문자 도구(T.)로 ❷ 새 단락 스타일로 만들 텍스트를 그림과 같이 드래그하여 선택합니다. ❸ 메뉴에서 (문자) → 단락 스타일을 실행한 다음 단락 스타일 패널이 표시되면 ❹ '새 스타일 만들기' 아이콘(□)을 클릭하여 새 단락 스타일을 만듭니다. 또는 단락 스타일 패널의 '패널 메뉴' 아이콘(≡)을 클릭하고 새 단락 스타일을 실행할 수도 있습니다.

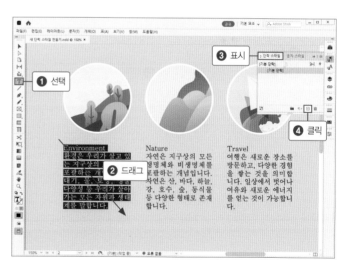

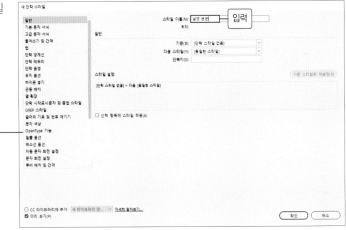

02 [새 단락 스타일] 대화상자에서 스타일 이름에 '설명 본문'을 입력합니다.

왼쪽에는 단락의 속성을 변경할 수 있는 여러 가지 ●———
탭이 있습니다.

TIP ◁┤

새로 생성된 단락 스타일 레이어를 더블클릭해도 [새 단락 스타일] 대화상자가 표시됩니다.

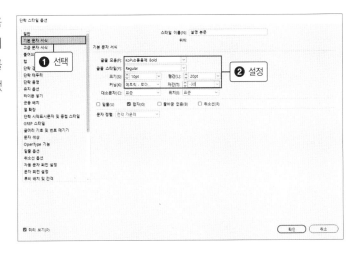

03 ❶ (기본 문자 서식) 탭을 선택한 다음 ❷ 글꼴 스타일을 지정합니다. 예제에 서는 글꼴 모음을 'KoPub돋움체 Bold', 크기를 '10pt', 행간을 '20pt', 자간을 '–30'으로 설정했 습니다.

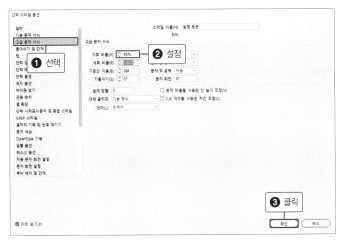

04 ❶ (고급 문자 서식) 탭을 선택한 다음 ❷ 가로 비율을 '95%'로 설정하고 ❸ 〈확 인〉 버튼을 클릭합니다.

05 단락 스타일 패널에 '설명 본문' 단락 스타일이 등록되고, 선택한 텍스트에는 설정한 속성이 적용되어 있습니다.

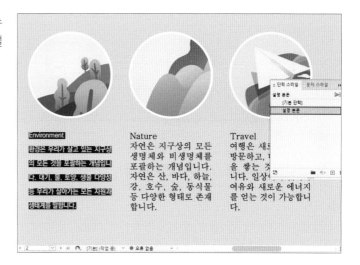

06 ❶ 가운데 텍스트 프레임에에 단락 스타일을 적용합니다. ❷ 문자 도구(**T.**)를 선택하고 ❸ 오른쪽 텍스트를 드래그하여 선택합니다. 단락 스타일 패널에서 ❹ '설명 본문'을 선택하여 속성을 변경합니다.

TIP ◁▷

단락 스타일의 경우 해당 단락에 커서만 삽입되어 있어도 단락의 범위를 인식합니다.

단락 스타일이 등록되었으므로 문서의 어떤 텍스트도 클릭 한 번에 스타일을 변경할 수 있습니다.

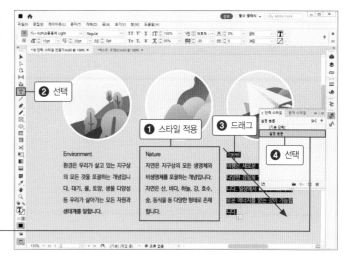

TIP ◁▷

단락 스타일 패널은 메뉴에서 (**문자**) → **단락 스타일** 또는 (**창**) → **스타일** → **단락 스타일**을 실행하거나 [F11]을 눌러 표시합니다. 단락 스타일 패널에서 각 항목을 더블클릭하거나 마우스 오른쪽 버튼을 클릭하고 **해당 항목의 편집**을 실행하면 [단락 스타일 옵션] 대화상자가 표시됩니다. 또는 패널 메뉴에서 **스타일 옵션**을 실행하여 표시할 수도 있습니다.

단락 스타일 편집, 연결하기

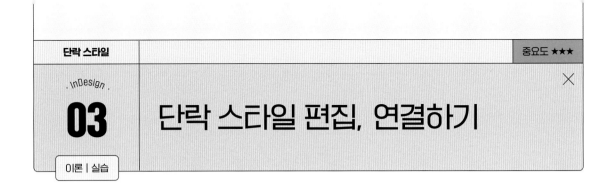

❶ 연결된 단락 스타일 옵션 변경하기 • • •

❶ 단락 스타일 패널에서 '본문' 스타일을 더블클릭합니다. ❷ [단락 스타일 옵션] 대화상자가 표시되면 〔문자 색상〕 탭을 선택한 다음 ❸ 문자 색상 항목에서 색상(C=100 M=0 Y=0 K=0)을 선택합니다. ❹ 설정을 마치면 〈확인〉 버튼을 클릭합니다. 기준이 된 단락 스타일과 연결된 단락 스타일이 변경됩니다.

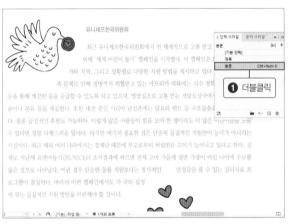

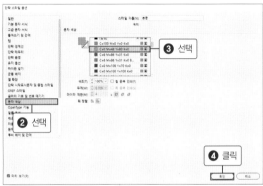

❷ 지정한 단락 스타일과 연결 끊기 • • •

❶ 단락 스타일 패널에서 연결을 해제할 '제목' 스타일을 더블클릭하여 [단락 스타일 옵션] 대화상자가 표시되면 ❷ 기준을 클릭하고 ❸ '[단락 스타일 없음]'으로 지정한 다음 ❹ 〈확인〉 버튼을 클릭합니다. 기준이 된 단락 스타일이 변경되어도 연결이 끊긴 단락 스타일은 변경되지 않습니다.

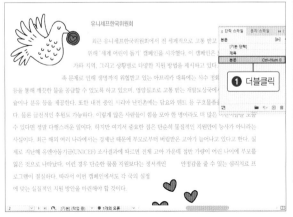

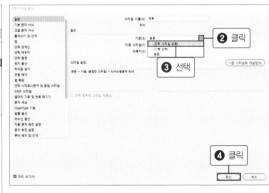

• **예제파일** : 08\단락 스타일 편집하기.indd　• **완성파일** : 08\단락 스타일 편집하기_완성.indd　•••

01 08 폴더에서 '단락 스타일 편집하기.indd' 파일을 불러옵니다.
단락 스타일 패널의 '설명 본문' 스타일이 선택된 상태에서 ❶ '패널 메뉴' 아이콘(▤)을 클릭한 다음 ❷ 새 단락 스타일을 실행합니다.

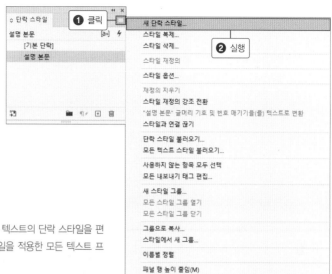

TIP ⟨⊹

텍스트에 단락 스타일을 적용한 후에도 스타일이 적용된 텍스트의 단락 스타일을 편집하거나 수정할 수 있습니다. 단락 스타일 수정은 스타일을 적용한 모든 텍스트 프레임에 일괄 적용됩니다.

TIP ⟨⊹

단락 스타일 패널에서 '설명 본문' 스타일을 '새 스타일 만들기' 아이콘(▣)으로 드래그하거나 Alt 를 누른 채 패널의 빈 곳으로 드래그하면 단락 스타일이 복제됩니다.

02 [단락 스타일 옵션] 대화상자가 표시되면 ❶ 스타일 이름에 '설명 제목'을 입력합니다. ❷ [기본 문자 서식] 탭을 선택하고 ❸ 글꼴 스타일을 변경합니다. 예제에서는 글꼴을 'Kopub돋움체 Bold', 행간을 '24pt'로 설정했습니다.

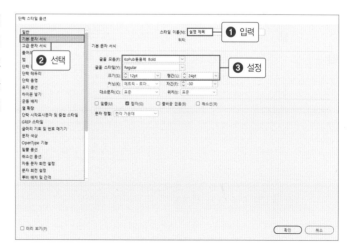

03 ① (들여쓰기 및 간격) 탭을 선택하고 ② 정렬을 '가운데'로 지정합니다. ③ 〈확인〉 버튼을 클릭하면 변경된 단락 스타일이 적용됩니다.

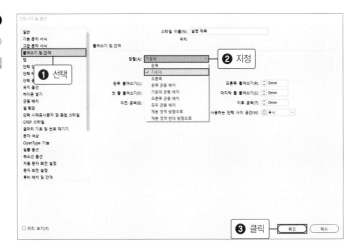

04 ① 첫 번째와 두 번째 제목 스타일을 변경합니다. ② 문자 도구(T.)를 선택한 다음 ③ 세 번째 문서의 제목 부분을 드래그하여 선택한 다음 ④ 새로 등록한 '설명 제목' 스타일을 선택하여 속성을 변경합니다. ⑤ '설명 본문' 스타일을 더블클릭합니다.

TIP ◁

텍스트 프레임이 선택된 상태에서 단락 스타일 패널 요소를 클릭하면 의도하지 않던 스타일 수정이 생길 수 있습니다. 빈번한 실수 중 하나이기에 텍스트 프레임 선택을 해제한 후 단락 스타일 패널의 수정을 진행하는 것이 안전합니다.

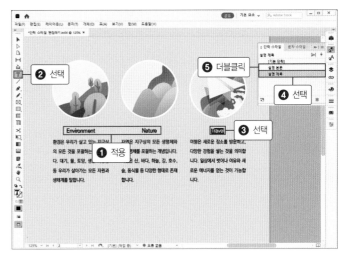

05 [단락 스타일 옵션] 대화상자가 표시되면 ① (기본 문자 서식) 탭을 선택하고 ② 글꼴을 변경합니다. 예제에서는 'KoPub바탕체 Medium'으로 지정했습니다.

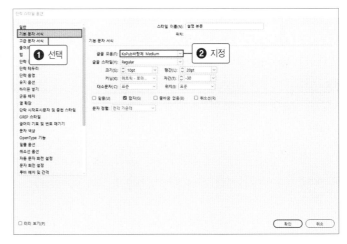

06 ❶ [문자 색상] 탭을 선택하고 ❷ 문자 색상(C=71 M=82 Y=0 C=0)을 선택한 다음 ❸ 〈확인〉 버튼을 클릭합니다.

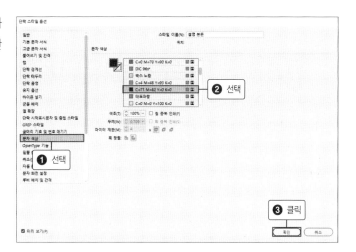

07 단락 스타일 옵션을 변경하면 스타일이 적용된 모든 텍스트가 변경되어 많은 텍스트에도 일괄적으로 스타일을 변경할 수 있습니다.

Environment

환경은 우리가 살고 있는 지구 상의 모든 것을 포괄하는 개념 입니다. 대기, 물, 토양, 생물 다 양성 등 우리가 살아가는 모든 자원과 생태계를 말합니다.

Nature

자연은 지구상의 모든 생명체와 비생명체를 포괄하는 개념입니 다. 자연은 산, 바다, 하늘, 강, 호수, 숲, 동식물 등 다양한 형 태로 존재합니다.

Travel

여행은 새로운 장소를 방문하 고, 다양한 경험을 쌓는 것을 의 미합니다. 일상에서 벗어나 여 유와 새로운 에너지를 얻는 것 이 가능합니다.

Why? 👉

'설명 본문' 스타일만 변경했지만 '설명 제목' 스타일의 색상도 변경된 것은 '설명 제목' 스타일의 기준이 '설명 본문'이기 때문입니다. '설명 본문' 스타일을 복제하여 수정한 스타일이기 때문에 나타나는 현상으로, 기준을 변경하거나 처음부터 새 단락 스타일을 만들어 사용하 면 별도의 스타일로 간주되어 간섭이 없어집니다.

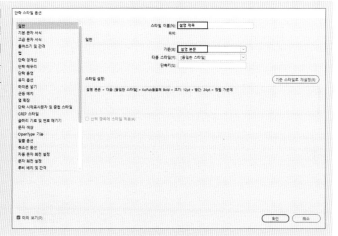

. InDesign .

04 단락 스타일 재정의 활용하기

실습

· **예제파일** : 08\단락 스타일 재정의.indd　　· **완성파일** : 08\단락 스타일 재정의_완성.indd

● ● ●

01　08 폴더에서 '단락 스타일 재정의.indd' 파일을 불러옵니다.

❶ 문자 도구([T.])로 ❷ 'Environment' 텍스트를 드래그해 선택하고 ❸ 문자 컨트롤 패널의 칠을 'C=6 M=86 Y=31 K=0'으로 지정합니다.

Why? 👈

디자인 작업에서는 상황에 따라 스타일을 변경해야 하는 경우가 있습니다. [단락 스타일 옵션] 대화상자를 표시한 다음 속성을 수정하여 텍스트를 일괄적으로 변경할 수 있지만, 문서에서 디자인을 보며 수정한 다음 **스타일 재정의**를 실행하면 화면 변화를 눈으로 확인하며 스타일을 수정할 수 있습니다.

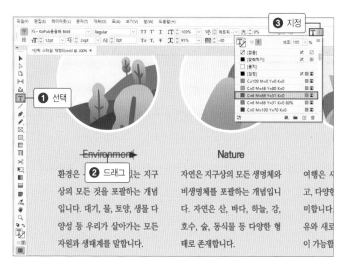

02　'Environment' 텍스트가 선택된 상태에서 단락 스타일 패널의 ❶ '패널 메뉴' 아이콘([≡])을 클릭하고 ❷ 스타일 재정의를 실행합니다.

단락 스타일 패널의 '설명 제목' 스타일 오른쪽에는 '+'가 있습니다. 이 기호는 '설명 제목' 스타일에서 속성이 변경되었다는 것을 뜻합니다.

자주 사용하는 명령인 만큼 단축키가 지정되어 있습니다.

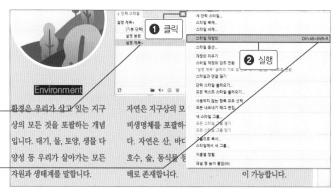

03　위에서 수정된 색상이 '설명 제목' 스타일에 재정의되어 '설명 제목' 스타일이 적용되어 있던 기존의 모든 텍스트 프레임 색상이 변경됩니다.

단락 스타일		중요도 ★★

. InDesign .

05 단락 스타일 불러오기

실습

• **예제파일** : 08\단락 스타일 불러오기.indd, 단락 스타일 가져오기.indd　• **완성파일** : 08\단락 스타일 불러오기_완성.indd　● ● ●

---

01 08 폴더의 '단락 스타일 불러오기.indd' 파일을 불러옵니다.

단락 스타일 패널에서 ❶ '패널 메뉴' 아이콘(▤)을 클릭하고 ❷ 단락 스타일 불러오기를 실행합니다.

Why? 👉

다른 인디자인 문서의 단락 스타일을 활성화된 문서로 가져올 수 있습니다. 가져오는 동안 불러올 스타일을 결정하고, 불러온 스타일 이름이 현재 문서 스타일 이름과 같을 경우 처리 방법을 지정할 수 있습니다.

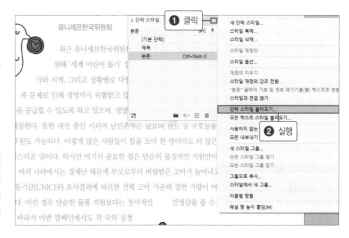

02 [파일 열기] 대화상자에서 08 폴더의 '단락 스타일 가져오기.indd' 파일을 불러옵니다.

[스타일 불러오기] 대화상자가 표시되면 인디자인 파일이 가지고 있는 스타일 목록이 나타납니다. 스타일 제목이 같을 경우 충돌 상태를 보여 줍니다. 예제에서는 ❶ 기존 스타일과 충돌을 모두 '들어오는 정의 사용'으로 지정했습니다. ❷ 〈확인〉 버튼을 클릭합니다.

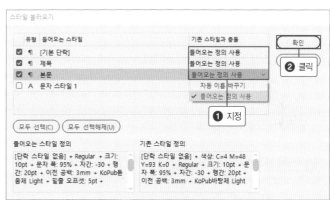

03 문서의 텍스트들이 다른 인디자인 문서에 있던 스타일로 모두 변경되었습니다. 이처럼 새로운 문서를 작성할 때 모두 새로 만드는 번거로움을 피하기 위해 이전에 작업했던 스타일을 가져와 적용할 수 있습니다.

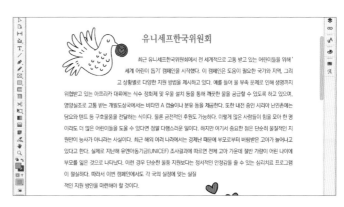

InDesign
06
이론 | 실습

새 그룹 만들기로 단락 스타일 관리하기

단락 스타일 패널에서 각 항목을 폴더로 그룹화하여 스타일을 구성할 수 있습니다. 또 그룹 안에 그룹을 중첩시킬 수도 있습니다. 스타일 그룹을 삭제하면 해당 스타일 그룹에 있는 스타일도 모두 삭제됩니다.

❶ 새 단락 스타일 그룹 만들기 •••

단락 스타일 패널 메뉴에서 새 스타일 그룹을 실행하거나 단락 스타일 패널에서 '새 그룹 만들기' 아이콘(▣)을 클릭합니다. [새 스타일 그룹] 대화상자가 표시되면 그룹 이름을 입력한 다음 〈확인〉 버튼을 클릭합니다. 또는 단락 스타일을 선택한 다음 패널 메뉴에서 스타일에서 새 그룹을 실행하고 설정하면 새 단락 스타일 그룹이 만들어집니다.

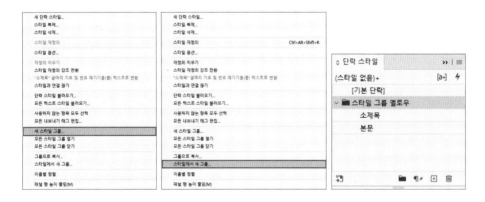

❷ 그룹으로 스타일 복사하기 •••

스타일을 다른 그룹으로 복사하면 스타일 간 연결이 끊어집니다. 따라서 이름이 같은 두 스타일 중 하나의 스타일을 편집해도 다른 스타일의 특성은 변경되지 않습니다.

❶ 단락 스타일 패널에서 복사할 스타일이나 그룹을 선택한 다음 마우스 오른쪽 버튼을 클릭하고 **그룹으로 복사**를 실행합니다.

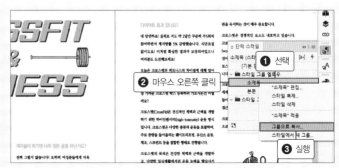

❷ [그룹으로 복사] 대화상자가 표시되면 스타일이나 복사할 그룹을 선택한 다음 〈확인〉 버튼을 클릭합니다. 복사한 스타일과 같은 이름을 가진 스타일이 그룹에 포함되어 있으면 추가되는 스타일 이름이 변경됩니다.

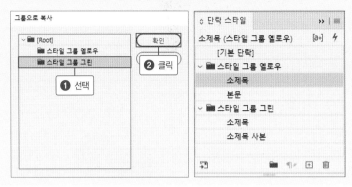

❸ 스타일 그룹 삭제하기 • • •

스타일 그룹을 삭제하면 해당 스타일 그룹뿐만 아니라 그 안에 포함된 스타일과 다른 그룹도 모두 삭제됩니다.

❶ 단락 스타일 패널에서 삭제할 그룹을 선택한 다음 마우스 오른쪽 버튼을 클릭하고 **스타일 그룹 삭제**를 실행합니다.

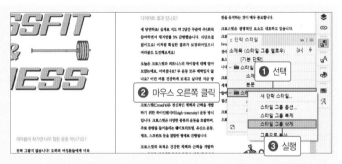

❷ [단락 스타일 삭제] 대화상자가 표시되면 그룹에 있는 각 스타일에 대체 스타일을 지정하거나 '없음'으로 지정합니다. 모든 스타일에 같은 대체 스타일을 사용하려면 '모두에 적용'에 체크 표시합니다. 〈확인〉 버튼을 클릭하면 단락 스타일 그룹이 삭제 및 대체됩니다.

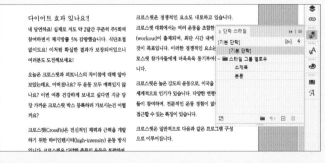

TIP

[단락 스타일 삭제] 대화상자에서 〈취소〉 버튼을 클릭하여 스타일 대체를 취소하면 그룹은 삭제되지 않습니다. 또한 메뉴에서 (**편집**) → **스타일 삭제 취소**를 실행하면 삭제한 스타일을 복구할 수 있습니다.

01 단락 스타일을 삭제하면서 대체 스타일을 지정하고, 서식을 유지할지 여부를 선택합니다. 08 폴더에서 '단락 스타일 삭제하기.indd' 파일을 불러옵니다.

❶ 문자 도구([T.])를 선택한 다음 ❷ '긴급 구호 활동' 텍스트를 드래그하여 선택하고 단락 스타일 패널을 살펴보면 '주황색 제목' 스타일이 적용된 것을 알 수 있습니다. ❸ '주황색 제목'을 선택하고 ❹ '선택한 스타일/그룹 삭제' 아이콘([🗑])을 클릭합니다.

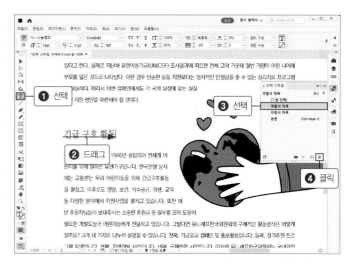

02 [단락 스타일 삭제] 대화상자가 표시되면 ❶ 다음으로 바꾸기를 클릭하고 문서에 있던 다른 제목 스타일인 ❷ '파랑색 제목'을 선택하고 ❸ 〈확인〉 버튼을 클릭합니다.

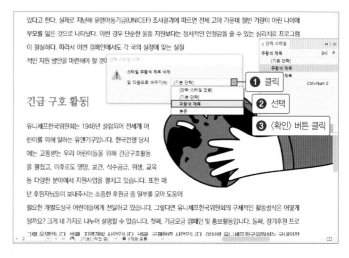

03 단락 스타일 패널의 '주황색 제목' 스타일이 삭제되었지만 '긴급 구호 활동' 텍스트는 '파랑색 제목' 스타일로 변경되었습니다.

TIP ◁

삭제할 때 기존 스타일로 바뀌지 않으려면 '기본 단락'을 선택한 다음 스타일을 변경합니다.

. InDesign .

07 스타일 단축키 지정하기

실습

• 예제파일 : 08\스타일 단축키.indd   • 완성파일 : 08\스타일 단축키_완성.indd   • • •

---

01 08 폴더에서 '스타일 단축키.indd' 파일을 불러옵니다.

단축키를 지정하기 위해 단락 스타일 패널에서 '박스 제목' 스타일을 더블클릭합니다.

Why? 👉

많은 양의 편집 디자인 작업을 할 때 일일이 클릭하여 적용하는 일은 쉽지 않으므로 단축키를 이용하여 빠르고 쉽게 스타일을 적용할 필요가 있습니다. [단락 스타일 옵션] 대화상자에서 스타일 이름을 입력하고 기준과 단축키를 설정하는 방법에 관해 알아봅니다.

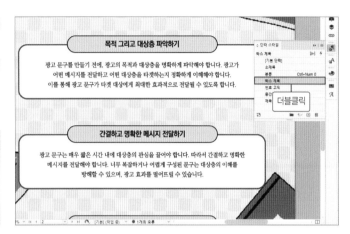

02 [단락 스타일 옵션] 대화상자가 표시되면 ❶ 단축키 입력란을 클릭하여 커서를 위치한 다음 ❷ Ctrl+1을 누릅니다.

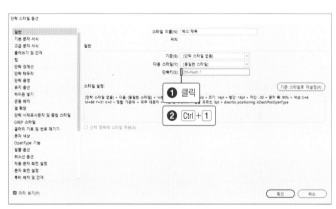

03 문서에서 ❶, ❸ 제목을 각각 클릭하고 ❷, ❹ Ctrl+1을 눌러 빠르게 스타일을 적용합니다.

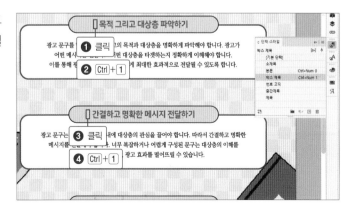

. InDesign .
08
실습

두 개의 단락 텍스트에
한번에 스타일 적용하기

×

단락 스타일 옵션 중에서 다음 스타일 기능을 활용하면 연속되는 단락에 각각의 스타일을 바로 적용할 수 있습니다. 대부분의 편집 디자인 본문에서는 일관된 디자인 적용을 위해 규칙적으로 스타일을 적용하기 때문에 매우 유용합니다.

디왈리 페스티벌

Diwali Festival

우리나라에서는 생소하지만 세계 3대 축제 중 하나로 꼽히는 인도의 홀리축제! 종교와 상관없이 모든 사람들이 서로 물감을 뿌리며 즐기는 모습이 인상적이었는데요. 여기서는 어떻게 즐기는지 한번 알아보겠습니다. 먼저 홀리는 힌두교 달력 기준 새해 첫날 열리는 축제입니다. 그래서 매년 날짜가 바뀌는데요. 올해는 2월 15일부터 16일까지 이틀간 진행됩니다. 그리

Before

After

• 예제파일 : 08\단락 스타일 연속 적용하기.indd

• 완성파일 : 08\단락 스타일 연속 적용하기_완성.indd

01 08 폴더의 '단락 스타일 연속 적용하기 .indd' 파일을 불러옵니다.
단락 스타일 패널에서 '축제 제목'을 더블클릭합니다.

디왈리 페스티벌

Diwali Festival

우리나라에서는 생소하지만 세계 3대 축제 중 하나로 꼽히는 인도의 홀리축제! 종교와 상관없이 모든 사람들이 서로 물감을 뿌리며 즐기는 모습이 인상적이었는데요. 여기서는 어떻게 즐기는지 한번 알아보겠습니다. 먼저 홀리는 힌두교 달력 기준 새해 첫날 열리는 축제입니다. 그래서 매년 날짜가 바뀌는데요. 올해는 2월 15일부터 16일까지 이틀간 진행됩니다. 그리

더블클릭

02 [단락 스타일 옵션] 대화상자에서 ❶ 다음 스타일을 클릭한 다음 ❷ '영문'으로 지정하고 ❸ 〈확인〉 버튼을 클릭합니다.

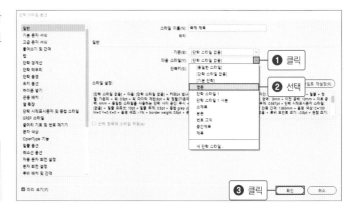

❶ 클릭

❷ 선택

❸ 클릭

Why? 👉
해당 스타일에서 Enter 를 누르면(다음 단락으로 넘어간다는 의미) 시작되는 텍스트에 다음 스타일을 적용하는 설정입니다.

03 ❶ 문자 도구(T.)로 ❷ '디알리 페스티벌'과 'Diwali Festival'을 드래그하여 선택합니다. 단락 스타일 패널에서 ❸ '축제 제목'을 선택하면 두 개의 단락에 스타일이 적용됩니다.

04 단락 스타일 패널의 ❶ '축제 제목'에서 마우스 오른쪽 버튼을 클릭하고 ❷ "축제 제목" 적용 후 다음 스타일을 실행합니다.

05 선택한 2개의 단락 텍스트에 '축제 제목'과 '영문' 스타일이 연속으로 적용되었습니다.

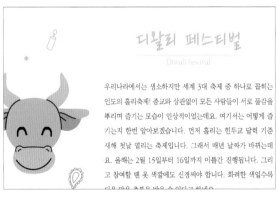

TIP

A–B 스타일을 다음 스타일로 연결하고, B–C 스타일을 다음 스타일로 연결하여 연속되는 스타일을 적용하면 편리합니다.

TIP

인디자인에서 단락은 Enter로 인식하며 숨겨진 문자에서 ¶로 표시됩니다. 줄은 바뀌지만 하나의 단락으로 인식시키려면 강제 줄바꿈을 실행하는 Shift+Enter를 눌러 줄을 변경합니다. 강제 줄바꿈이 적용된 텍스트 프레임에 단락 스타일을 적용하면 하나의 단락으로 인식됩니다. 숨겨진 문자 보기는 표준 모드의 메뉴에서 (문자) → 숨겨진 문자 보기(Ctrl+Alt+I)를 실행하여 확인합니다.

. InDesign .

09 단락 음영과 테두리 적용하기

실습

단락 테두리와 음영 기능을 이용하면 다양한 옵션을 설정하여 텍스트에 여러 가지 효과를 손쉽게 적용할 수 있습니다.

Before

Environment

환경은 우리가 살고 있는 지구상의 모든 것을 포괄하는 개념입니다. 대기, 물, 토양, 생물 다양성 등 우리가 살아가는 모든 자원과 생태계를 말합니다.

Nature

자연은 지구상의 모든 생명체와 비생명체를 포괄하는 개념입니다. 자연은 산, 바다, 하늘, 강, 호수, 숲, 동식물 등 다양한 형태로 존재합니다.

Travel

여행은 새로운 장소를 방문하고, 다양한 경험을 쌓는 것을 의미합니다. 일상에서 벗어나 여유와 새로운 에너지를 얻는 것이 가능합니다.

After

Environment

환경은 우리가 살고 있는 지구상의 모든 것을 포괄하는 개념입니다. 대기, 물, 토양, 생물 다양성 등 우리가 살아가는 모든 자원과 생태계를 말합니다.

Nature

자연은 지구상의 모든 생명체와 비생명체를 포괄하는 개념입니다. 자연은산, 바다, 하늘, 강, 호수, 숲, 동식물 등 다양한 형태로 존재합니다.

Travel

여행은 새로운 장소를 방문하고, 다양한 경험을 쌓는 것을 의미합니다. 일상에서 벗어나 여유와 새로운 에너지를 얻는 것이 가능합니다.

• **예제파일** : 08\단락 음영 테두리.indd

• **완성파일** : 08\단락 음영 테두리_완성.indd

---

01 08 폴더에서 '단락 음영 테두리.indd' 파일을 불러옵니다.

제목 부분에 테두리 효과를 적용하기 위해 ❶ 문자 도구(T.)로 ❷ 제목 단락을 클릭하여 커서를 위치하고 단락 스타일 패널에서 ❸ '제목'을 더블클릭합니다.

02 [단락 스타일 옵션] 대화상자가 표시되면 ❶ (단락 테두리) 탭을 선택한 다음 ❷ '테두리'를 체크 표시합니다. ❸ 획 항목의 위쪽, 아래쪽, 왼쪽, 오른쪽은 각각 '1pt'로 설정하고 ❹ 색상은 'C=100 M=0 Y=0 K=0', 색조는 '20%'로 설정합니다.

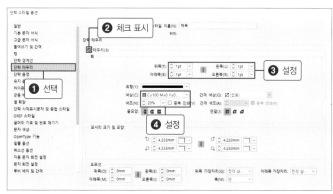

03 모서리 크기 및 모양 항목에서 ❶ '모든 설정 동일하게 만들기' 아이콘( )을 클릭하여 해제한 다음 ❷ 왼쪽 위, 오른쪽 위 모서리만 '둥글게'로 지정하고 '10mm'를 입력합니다. ❸ 오프셋 항목 역시 '모든 설정 동일하게 만들기' 아이콘( )을 클릭하여 해제하고 ❹ 왼쪽은 '2mm', 오른쪽은 '3mm'로 설정한 다음 ❺ 〈확인〉 버튼을 클릭합니다.

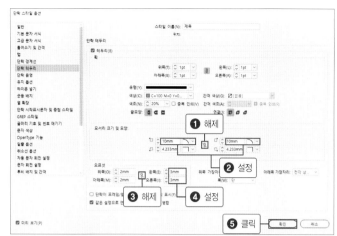

04 제목 부분 테두리가 설정값대로 적용된 것을 확인할 수 있습니다. 이어서 단락 스타일 패널의 '본문'을 더블클릭합니다.

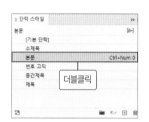

05 [단락 스타일 옵션] 대화상자에서 ❶ 〔단락 음영〕 탭을 선택한 다음 ❷ '음영'을 체크 표시합니다. ❸ 색상을 'C=100 M=0 Y=0 K=0', 색조를 '20%'로 설정한 다음 ❹ 오프셋 항목을 각각 '3mm'로 설정하고 ❺ 〈확인〉 버튼을 클릭합니다.

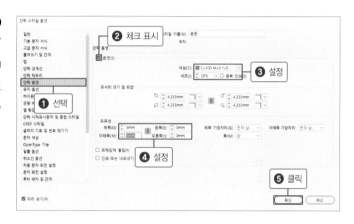

06 단락 스타일의 음영과 테두리 기능을 이용하여 텍스트에 다양한 효과를 적용했습니다.

TIP
단락 스타일을 이용하면 반복 작업을 효과적으로 일괄 적용할 수 있어 작업 시간을 획기적으로 줄일 수 있습니다.

. InDesign .

10

실습

단락 위, 아래 경계선 추가하기

경계선은 페이지에서 단락을 따라 이동하고 단락과 함께 크기가 조정되는 단락 항목의 제어 요소입니다. 단락이나 행에는 위, 아래에 경계선을 삽입할 수 있습니다.

Before

1. 목표 설정:

운동을 시작하기 전에 목표를 설정하는 것이 중요합니다. 목표를 설정하면 운동에 대한 동기부여가 더 크고, 집중력도 높아집니다. 목표는 간단하고 구체적이어야 하며, 실현 가능한 수준이어야 합니다.

2. 체력 및 건강상태 확인:

운동을 시작하기 전에 자신의 체력과 건강 상태를 확인해야 합니다. 이를 위해서는 의료진과 상담하거나 건강 검진을 받는 것이 좋습니다. 건강한 신체를 유지하기 위해서는 운동을 하기 전에 충분한 수면과 영양소를 섭취하는 것도 중요합니다.

3. 운동 계획 수립:

자신의 체력 수준과 목표에 맞는 운동 계획을 수립해야 합니다. 처음 운동을 시작할 때는 천천히 시작하여 몸에 부담이 되지 않도록 하고, 점진적으로 난이도를 높여 나가야 합니다. 또한, 운동을 다양하게 섞어서 균형있는 신체 발달을 이루도록 노력해야 합니다.

4. 꾸준한 운동:

After

• 예제파일 : 08\단락 경계선.indd

• 완성파일 : 08\단락 경계선_완성.indd

---

01 08 폴더에서 '단락 경계선.indd' 파일을 불러옵니다.

❶ 문자 도구(T.)로 ❷ '1. 목표 설정'을 클릭하여 커서를 활성화한 다음 단락 스타일 패널에서 ❸ '소제목'을 더블클릭합니다.

TIP

단락 스타일의 경우 해당 단락에 커서만 활성화시켜도 전체 단락을 수정할 수 있습니다. Enter가 적용되기 전까지를 하나의 단락으로 인식하기 때문입니다. 문자 스타일의 경우에는 변경하고자 하는 영역을 정확하게 드래그하여 선택해야 실수가 없습니다.

02 [단락 스타일 옵션] 대화상자가 표시되면 ❶ (단락 경계선) 탭을 선택하고 ❷ 단락 경계선을 '위쪽 경계선'으로 지정한 다음 ❸ '경계선 표시'를 체크 표시합니다. ❹ 두께를 '0.25pt', 텍스트 색상을 'C=0 M=50 Y=70 K=0', 오프셋을 '6mm'로 설정합니다.

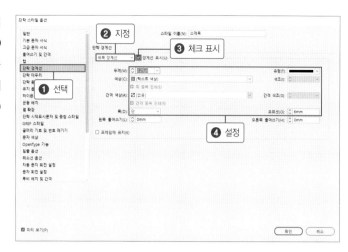

03 이번에는 ❶ 단락 경계선을 '아래쪽 경계선'으로 지정하고 ❷ '경계선 표시'를 체크 표시합니다. ❸ 두께를 '0.25pt', 텍스트 색상을 'C=0 M=50 Y=70 K=0', 오프셋을 '1.5mm'로 설정한 다음 ❹ 〈확인〉 버튼을 클릭합니다.

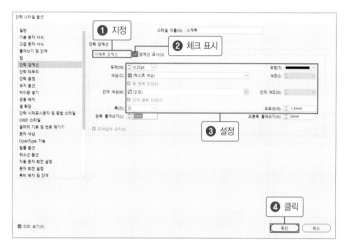

04 문서의 소제목 스타일에 단락 경계선 효과가 적용되었습니다.

1. 목표 설정:

운동을 시작하기 전에 목표를 설정하는 것이 중요합니다. 목표를 설정하면 운동에 대한 동기부여가 더 크고, 집중력도 높아집니다. 목표는 간단하고 구체적이어야 하며, 실현 가능한 수준이어야 합니다.

2. 체력 및 건강상태 확인:

운동을 시작하기 전에 자신의 체력과 건강 상태를 확인해야 합니다. 이를 위해서는 의료진과 상담하거나 건강 검진을 받는 것이 좋습니다. 건강한 신체를 유지하기 위해서는 운동을 하기 전에 충분한 수면과 영양소를 섭취하는 것도 중요합니다.

3. 운동 계획 수립:

자신의 체력 수준과 목표에 맞는 운동 계획을 수립해야 합니다. 처음 운동을 시작할 때는 천천히 시작하여 몸에 부담이 되지 않도록 하고, 점진적으로 난이도를 높여 나가야 합니다. 또한, 운동을 다양하게 섞어서 균형있는 신체 발달을 이루도록 노력해야 합니다.

4. 꾸준한 운동:

. InDesign .

11

실습

단락 스타일이 적용된
본문에 문자 스타일 더하기

단락 스타일이 적용된 문장 중에서 특정 부분만 다른 스타일로 적용하려면 문자 스타일을 이용합니다.

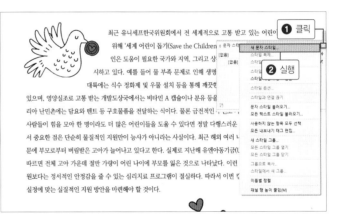

최근 유니세프한국위원회에서 전 세계적으로 고통 받고 있는 어린아
위해 '세계 어린이 돕기(Save the Children)' 캠페인을 시작했다. 이
인은 도움이 필요한 국가와 지역, 그리고 상황별로 다양한 지원 방법
시하고 있다. 예를 들어 물 부족 문제로 인해 생명까지 위협받고 있는 아프
대륙에는 식수 정화제 및 우물 설치 등을 통해 깨끗한 물을 공급할 수 있도록
있으며, 영양실조로 고통 받는 개발도상국에서는 비타민 A 캡슐이나 분유 등을 제공한다. 또한 내전 중
리아 난민촌에는 담요와 텐트 등 구호물품을 전달하는 식이다. 물론 금전적인 후원도 가능하다. 이렇게
사람들이 힘을 모아 한 명이라도 더 많은 어린이들을 도울 수 있다면 정말 다행스러운 일이다. 하지만
서 중요한 점은 단순히 물질적인 지원만이 능사가 아니라는 사실이다. 최근 해외 여러 나라에서는 경제
문에 부모로부터 버림받은 고아가 늘어나고 있다고 한다. 실제로 지난해 유엔아동기금(UNICEF) 조사결
따르면 전체 고아 가운데 절반 가량이 어린 나이에 부모를 잃은 것으로 나타났다.

Before

최근 유니세프한국위원회에서 전 세계적으로 고통 받고 있는 어린이
위해 '세계 어린이 돕기(Save the Children)' 캠페인을 시작했다. 이 캠
도움이 필요한 국가와 지역, 그리고 상황별로 다양한 지원 방법을 저
고 있다. 예를 들어 물 부족 문제로 인해 생명까지 위협받고 있는 아프리카
에는 식수 정화제 및 우물 설치 등을 통해 깨끗한 물을 공급할 수 있도록 하고
며, 영양실조로 고통 받는 개발도상국에서는 비타민 A 캡슐이나 분유 등을 제공한다. 또한 내전 중인 시
난민촌에는 담요와 텐트 등 구호물품을 전달하는 식이다. 물론 금전적인 후원도 가능하다. 이렇게 많은
들이 힘을 모아 한 명이라도 더 많은 어린이들을 도울 수 있다면 정말 다행스러운 일이다. 하지만 여기
요한 점은 단순히 물질적인 지원만이 능사가 아니라는 사실이다. 최근 해외 여러 나
부모로부터 버림받은 고아가 늘어나고 있다고 한다. 실제로 지난해 유엔아동기금(UNICEF) 조사결과에 따
전체 고아 가운데 절반 가량이 어린 나이에 부모를 잃은 것으로 나타났다. 이런

After

• 예제파일 : 08\문자 스타일 더하기.indd   • 완성파일 : 08\문자 스타일 더하기_완성.indd

---

01 08 폴더에서 '문자 스타일 더하기.indd' 파일을 불러옵니다.

문자 스타일 패널의 **➊** '패널 메뉴' 아이콘(▤)을 클릭하고 **➋** 새 문자 스타일을 실행합니다.

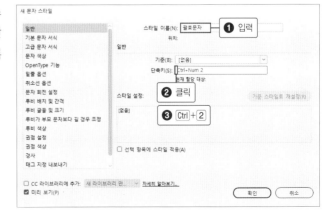

---

02 [새 문자 스타일] 대화상자가 표시되면 **➊** 스타일 이름에 '괄호문자'를 입력합니다. **➋** 단축키 입력란을 클릭한 다음 **➌** Ctrl+2를 눌러 등록합니다.

03 ❶ 〔기본 문자 서식〕 탭을 선택하고 ❷ 글꼴을 지정합니다. 예제에서는 글꼴을 'KoPub 돋움체 Medium', 크기를 '8pt'로 설정했습니다.

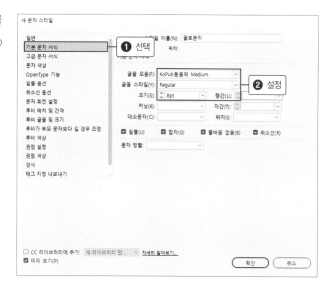

04 ❶ 〔문자 색상〕 탭을 선택하고 ❷ 색상에서 'C=68 M=0 Y=33 K=0'을 선택한 다음 ❸ 〈확인〉 버튼을 클릭합니다.

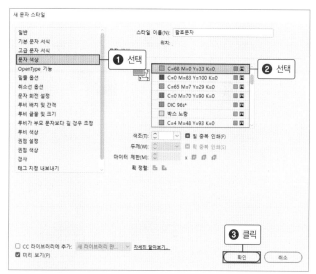

05 ❶ 문자 도구(T.)로 ❷ 괄호 부분을 드래그하여 선택한 다음 ❸ '괄호문자' 스타일의 단축키인 Ctrl+2를 눌러 문자 스타일을 적용합니다.

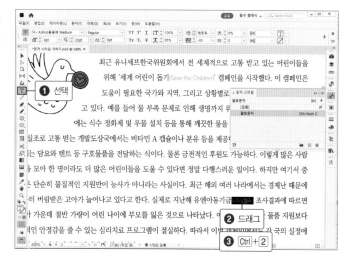

.InDesign.

12

실습

자동 문자 스타일 적용하기

GREP 스타일을 이용하여 GREP 표현식에 맞는 문자 스타일을 적용할 수 있습니다. 단락 스타일 패널에서 편집하려는 단락 스타일을 더블클릭하여 [단락 스타일 옵션] 대화상자를 표시하고 〔GREP 스타일〕탭을 선택한 다음 '새 GREP 스타일' 아이콘을 클릭하여 작업에 따라 옵션을 설정합니다.

지는 그날까지
함께

Before

지는 그날까지
함께

After

• 예제파일 : 08\그렙 스타일 적용.indd　　　　　　• 완성파일 : 08\그렙 스타일 적용_완성.indd

---

01 08 폴더에서 '그렙 스타일 적용.indd' 파일을 불러옵니다.
단락 스타일 패널에서 '본문' 스타일을 더블클릭합니다.

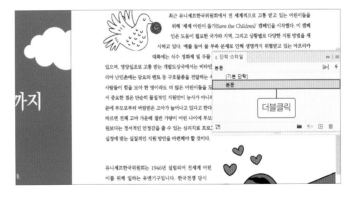

---

02 [단락 스타일 옵션] 대화상자가 표시되면 ❶ 〔GREP 스타일〕 탭을 선택하고 스타일 적용을 ❷ '괄호문자'로 지정합니다.

TIP

예제에서는 특정 기준을 가진 텍스트를 찾아내어 자동으로 미리 작성해 놓은 문자 스타일을 적용하기 위해 '괄호문자'라는 문자 스타일을 만들어 두었습니다.

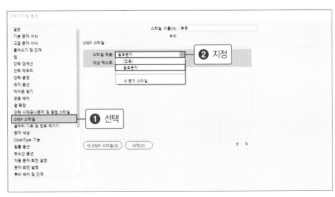

03 ❶ 대상 텍스트에 '₩(.+?₩)'을 입력한 다음 ❷ 〈확인〉 버튼을 클릭합니다. 해당 그렙 식은 본문에서 괄호가 있는 문자만 찾아냅니다.

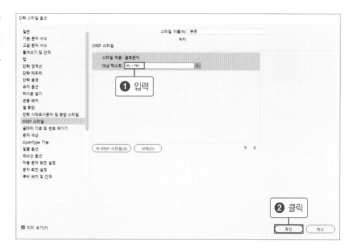

TIP ◁

그렙(Grep)은 유닉스를 위해 만들어진 텍스트 검색 기능으로 주로 많은 텍스트 작업을 하는 인디자인에서 강력한 검색, 치환 등의 작업을 손쉽게 만듭니다.

04 문서에 있는 모든 '본문' 단락 스타일을 가진 텍스트에 그렙이 적용되어 괄호가 있는 문자를 찾아내 미리 만들어 두었던 '괄호문자' 문자 스타일로 모두 변경합니다.

그렙을 사용하면 대량의 작업을 쉽고 빠르게 처리할 수 있습니다.

TIP ◁

그렙 항목은 [단락 스타일 옵션] 대화상자에서 제어됩니다. 사전에 문자 스타일을 구성한 다음 단락 스타일에서 그렙 기능을 적용시킵니다. 이 순서를 기억하면 그렙 활용을 어렵지 않게 연습할 수 있습니다.

TIP ◁

GREP 스타일 알아보기

❶ **스타일 적용** : 오른쪽을 클릭하여 문자 스타일을 지정합니다. 문자 스타일을 만들지 않았다면 '새 문자 스타일'을 선택하고 사용할 서식을 지정합니다.

❷ **대상 텍스트** : 수동으로 검색 표현식을 입력하거나 '검색할 특수 문자' 아이콘(@)을 클릭합니다. 위치, 반복, 일치, 수정자 및 Posix 하위 메뉴에서 GREP 표현식 생성에 사용할 옵션을 선택합니다.

❸ **찾을 내용** : 오른쪽을 클릭하여 GREP 표현식을 구성합니다.

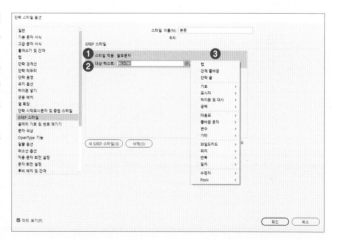

InDesign

13

밑줄 옵션으로 실선 밑줄,
형광펜 효과 주기

실습

문자 스타일의 밑줄 옵션에서 실선 및 점선 밑줄, 형광펜 효과를 설정하고 변경하는 방법에 대해 알아봅니다.

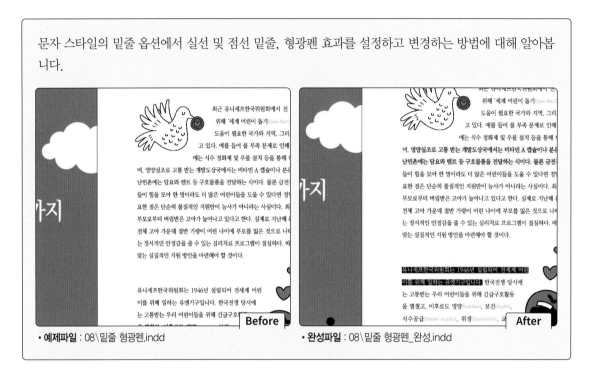

· **예제파일** : 08\밑줄 형광펜.indd   · **완성파일** : 08\밑줄 형광펜_완성.indd

01   08 폴더에서 '밑줄 형광펜.indd' 파일을 불러옵니다.
문자 스타일 패널의 ❶ '패널 메뉴' 아이콘(▤)을 클릭하고 ❷ 새 문자 스타일을 실행합니다.

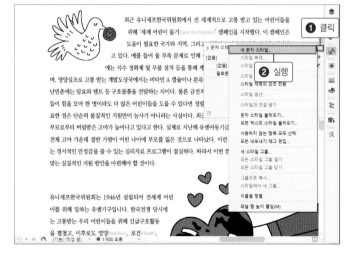

02 [새 문자 스타일] 대화상자가 표시되면 ❶ 스타일 이름에 '밑줄 형광펜'을 입력합니다. ❷ 단축키 입력란을 클릭한 다음 ❸ Ctrl + 3을 눌러 등록합니다.

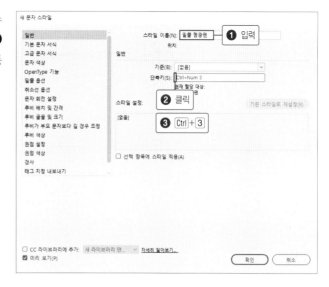

03 ❶ 〔밑줄 옵션〕 탭을 선택한 다음 ❷ '밑줄 켬'을 체크 표시합니다. ❸ 두께를 '15pt', 유형을 '실선', 오프셋을 '−3pt', 색상을 'C=68 M=0 Y=33 K=0', 색조를 '22%'로 설정한 다음 ❹ 〈확인〉 버튼을 클릭합니다.

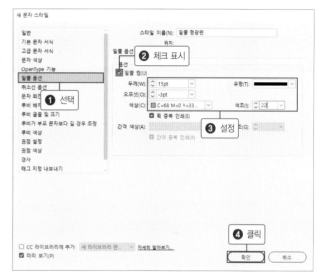

04 ❶ 문자 도구(T.)로 ❷ 형광펜 효과가 필요한 텍스트를 드래그하여 선택하고 ❸ Ctrl + 3을 눌러 형광펜 효과 문자 스타일을 적용합니다.

. InDesign .

14

번거로움을 줄이는
중첩 스타일 활용하기

×

하나의 문장에서 여러 가지 스타일을 한 번에 적용하려면 중첩 스타일 기능을 이용합니다. 처음에 스타일을 만들려면 시간이 걸리겠지만 이후에는 같은 작업을 자동으로 적용할 수 있어 편리합니다.

1 | 안티 에이징

안티 에이징은 인간이 노화 과정에서 경험하는 생리적, 심리적, 사회적 변화를 최소화하기 위해 취할 수 있는 전략과 조치를 의미합니다. 노화는 일반적으로 생물학적인 과정으로서, 시간이 지남에 따라 세포와 조직, 기관 등이 변화하고 기능이 감소하며, 이는 건강 문제와 관련된 질병의 발생과 관련이 있습니다.

2 | 스트레스

안티 에이징은 인간이 노화 과정에서 경험하는 생리적, 심리적, 사회적 변화를 최소화하기 위해 취할 수 있는 전략과 조치를 의미합니다. 노화는 일반적으로 생물학적인 과정으로서, 시간이 지남에 따라 세포와 조직, 기관 등이 변화하고 기능이 감소하며, 이는 건강 문제와 관련된 질병의 발생과 관련이 있습니다.

Before

1 | 안티 에이징

안티 에이징은 인간이 노화 과정에서 경험하는 생리적, 심리적, 사회적 변화를 최소화하기 위해 취할 수 있는 전략과 조치를 의미합니다. 노화는 일반적으로 생물학적인 과정으로서, 시간이 지남에 따라 세포와 조직, 기관 등이 변화하고 기능이 감소하며, 이는 건강 문제와 관련된 질병의 발생과 관련이 있습니다.

2 | 스트레스

안티 에이징은 인간이 노화 과정에서 경험하는 생리적, 심리적, 사회적 변화를 최소화하기 위해 취할 수 있는 전략과 조치를 의미합니다. 노화는 일반적으로 생물학적인 과정으로서, 시간이 지남에 따라 세포와 조직, 기관 등이 변화하고 기능이 감소하며, 이는 건강 문제와 관련된 질병의 발생과 관련이 있습니다.

3 | 효소는 어떤 작용을 하나요?

After

· **예제파일** : 08\중첩 스타일.indd

· **완성파일** : 08\중첩 스타일_완성.indd

01   08 폴더에서 '중첩 스타일.indd' 파일을 불러옵니다.

예제에서는 두 개의 문자 스타일을 작성해 등록한 상태입니다.

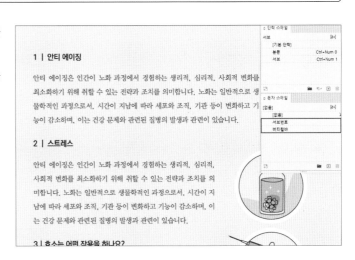

02 단락 스타일 패널의 ❶ '서브' 스타일에서 마우스 오른쪽 버튼을 클릭한 다음 ❷ 스타일 복제를 실행합니다.

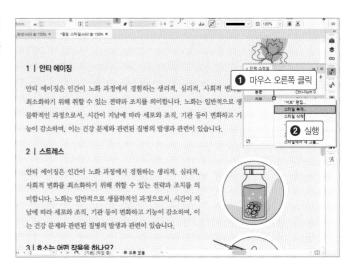

03 [단락 스타일 복제] 대화상자에서 ❶ 스타일 이름에 '중첩 서브'를 입력합니다. ❷ [단락 시작표시문자 및 중첩 스타일] 탭을 선택하고 ❸ 〈새 중첩 스타일〉 버튼을 클릭하여 중첩 스타일을 추가합니다.

04 ❶ 새로 추가한 중첩 스타일을 클릭한 다음 ❷ 미리 등록해 놓은 '서브번호'로 지정합니다.

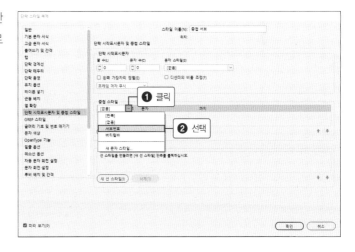

05 ❶ 〈새 중첩 스타일〉 버튼을 한 번 더 클릭하여 추가한 다음 ❷ 중첩 스타일을 클릭하고 ❸ '버티컬바'로 지정합니다.

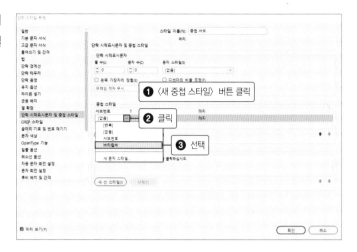

06 ❶ 두 번째 중첩 스타일 문자의 입력란을 클릭하고 ❷ W를 누른 다음 ❸ 〈확인〉 버튼을 클릭합니다.

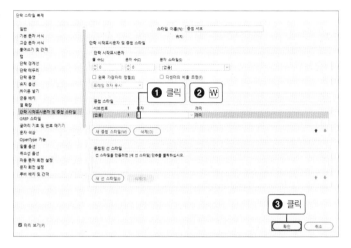

TIP ◁⊹

버티컬 바는 키보드의 원화 표시 W키와 같이 있는 ⏐ 를 말합니다.

07 ❶ 문자 도구(T.)로 ❷ '서브' 단락 스타일이 적용된 '안티 에이징' 텍스트를 드래그하여 선택합니다. 문자 스타일 패널에서 ❸ 새로 작성한 '[없음]'을 선택해 중첩 스타일을 적용합니다.

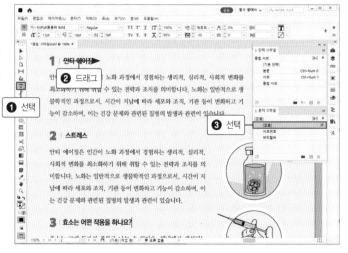

TIP ◁⊹

인디자인에서 단락 스타일보다 우선순위는 문자 스타일이고, 문자 스타일보다 더 우선순위는 텍스트를 직접 선택하여 설정하는 것입니다. 단락 스타일을 변경했음에도 해당 텍스트가 변경되지 않는다면 문자 스타일 또는 개별 설정을 해놓았기 때문입니다.

. InDesign .

15

한자나 일본어 득음 표기하기

실습

루비는 글자 위에 또 다른 글자를 작게 표시하는 기능이며, 세로쓰기에서는 글자 위쪽이 아닌 오른쪽에 표시됩니다. 문자 스타일의 루비 옵션을 활용하여 한자나 일본어 득음을 표기하는 방법에 대해 알아봅니다.

금액만큼 청년 일자리 창출 기금으로 적립하기 시작했다. 그리고 4월부터는 기부금 전액을 실직자 또는 무급휴직자 지원 사업에 전달한다고 밝혔다. 이를 통해 어려운 시기를 보내고 있는 소상공인들에게는 힘이 되고, 동시에 취업 준비생들에게는 실질적인 도움을 줄 수 있게 되었다. 이외에도 착한 임대료 운동, 선결제 운동 등 자영업자들을 위한 사회적 움직임이 계속되고 있다. **Before**

금액만큼 청년 일자리 창출 기금으로 적립하기 시작했다. 그리고 4월부터는 기부금 전액을 실직자 또는 무급휴직자 지원 사업에 전달한다고 밝혔다. 이를 통해 어려운 시기를 보내고 있는 소상공인들에게는 힘이 되고, 동시에 취업 준비생들에게는 실질적인 도움을 줄 수 있게 되었다. 이외에도 착한 임대료 운동, 선결제 운동 등 자영업자들을 위한 사회적 움직임이 계속되고 있다. **After**

- **예제파일** : 08\루비.indd
- **완성파일** : 08\루비_완성.indd

01 08 폴더에서 '루비.indd' 파일을 불러옵니다.

❶ 문자 도구(T.)로 ❷ 루비를 적용할 글자를 드래그하여 선택한 다음 문자 패널의 ❸ '패널 메뉴' 아이콘(≡)을 클릭하고 ❹ 루비 → 루비를 실행합니다.

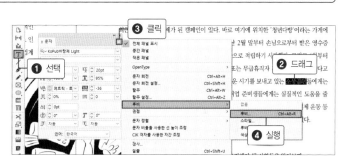

02 [루비] 대화상자가 표시되면 루비 유형과 정렬, 배치, 부모 문자로부터의 오프셋 항목을 조정할 수 있습니다. ❶ 루비 텍스트에 '小商工人'을 입력하고 유형을 '그룹 루비', 배치를 '아래쪽/왼쪽', 부모 문자로부터의 오프셋 항목에서 Y 오프셋을 '–1pt'로 설정한 다음 ❷ 〈확인〉 버튼을 클릭합니다.

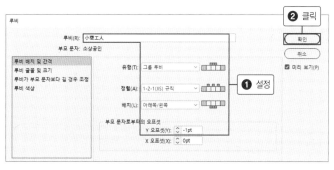

03 소상공인 텍스트 아래에 작은 글자로 한자가 위치합니다.

기부금 전액을 실직자 또는 무급휴직자 지원 사업에 전달한다고 밝혔다. 이를 통해 어려운 시기를 보내고 있는 소상공인들에게는
　　　　　　　　　　　　　　　　　　　　小 商 工 人
힘이 되고, 동시에 취업 준비생들에게는 실질적인 도움을 줄 수 있게 되었다. 이외에도 착한 임대료 운동, 선결제 운동 등 자영업자들을 위한 사회적 움직임이 계속되고 있다.

· InDesign ·

16

실습

글자 위에 약물(강조점) 표시하기

권점은 루비와 비슷하지만, 글자 위에 글자가 아닌 약물을 표시하는 기능입니다. 권점 또한 루비처럼 세로쓰기에서는 글자 위쪽이 아닌 오른쪽에 표시됩니다. 문자 스타일의 권점 옵션을 활용하여 문자 위에 강조점을 찍어봅니다.

-식을 주재료로 하여 양념을 넣어 만든 음식이다. 떡
- 남녀노소 누구나 좋아하는 국민 간식이다. 최근 코
줄어들면서 배달음식 수요가 급증했다. 이에 따라 떡
있다. 하지만 일부에서는 이러한 상황 속에서도 여
식집들이 존재한다. 그렇다면 과연 우리나라에서 학
를 차지하고 있을까?

Before

• **예제파일** : 08\권점.indd

-식을 주재료로 하여 양념을 넣어 만든 음식이다. 떡
- 남녀노소 누구나 좋아하는 국민 간식이다. 최근 코
줄어들면서 배달음식 수요가 급증했다. 이에 따라 떡
있다. 하지만 일부에서는 이러한 상황 속에서도 여
식집들이 존재한다. 그렇다면 과연 우리나라에서 학
를 차지하고 있을까?

After

• **완성파일** : 08\권점_완성.indd

---

01 08 폴더에서 '권점.indd' 파일을 불러옵니다.

❶ 문자 도구(T.)로 ❷ 권점을 적용할 글자를 드래그하여 선택한 다음 문자 패널의 ❸ '패널 메뉴' 아이콘(≡)을 클릭하고 ❹ 권점 → 권점을 실행합니다.

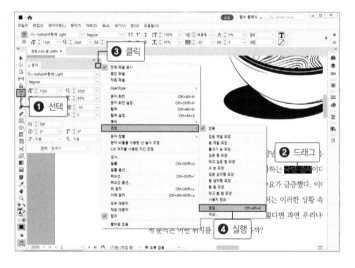

02 [권점] 대화상자가 표시되면 (권점 설정)
탭에서 권점의 위치와 배치, 크기, 정렬,
가로 및 세로 비율, 문자 모양 등을 조정할 수
있습니다. ❶ 위치를 '1pt', 크기를 '3pt'로 설정
하고 ❷ 문자를 '검은 원 모양'으로 지정합니다.

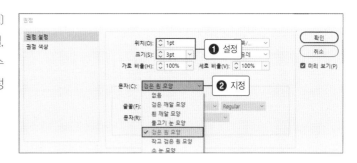

03 ❶ (권점 색상) 탭을 선택한 다음 권점
의 칠 및 획 색상, 색조, 두께 등을 조정
할 수 있습니다. ❷ 색상을 'C=100 M=0 Y=0
K=0'으로 지정하고 모든 옵션 설정이 완료되면
❸ 〈확인〉 버튼을 클릭합니다.

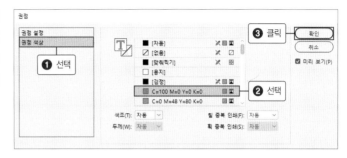

04 선택한 텍스트에 설정값대로 강조점이
붙습니다.

란 밀가루 음식을 주재료로 하여 양념을 넣어 만든 음식이다. 떡볶이

뉴 중 하나로 남녀노소 누구나 좋아하는 국민 간식이다. 최근 코로나

과 외식이 줄어들면서 배달음식 수요가 급증했다. 이에 따라 떡볶이

황을 누리고 있다. 하지만 일부에서는 이러한 상황 속에서도 여전히

고 있는 분식집들이 존재한다. 그렇다면 과연 우리나라에서 학생들

은 어떤 위치를 차지하고 있을까?

. InDesign .
17
실습

문자 옆에 작은 문자 표기하기

할주는 하나의 글줄에 부분적으로 여러 줄의 글을 삽입할 수 있는 기능입니다. 일반적으로 소괄호를 넣고 그 안에 두 줄 정도의 내용을 입력하며, 한글보다는 일본어 편집 디자인을 작업할 때 많이 사용합니다. 문자 스타일의 할주를 이용하여 문자 옆에 작은 문자를 표기하는 방법에 대해 알아봅니다.

진행한 이벤트다. 해당 매장은 지난 2월 말부터 손님으로부터 받은 영수증 금액만큼 청년 일자리 창출 기금 청년 일자리 창출을 위한 징검다리 으로 적립하기 시작했다. 그리고 4월부터는 기부금 전액을 실직자 또는 무급휴직자 지원 사업에 전달한다고 밝혔다. 이를 통해 어려운 시기를 보내고 있는 소상공인들에게는 힘이 되고, 동시에 취업 준비생들에게는 실질적인 도움을 줄 수 있 **Before**

진행한 이벤트다. 해당 매장은 지난 2월 말부터 손님으로부터 받은 영수증 금액만큼 청년 일자리 창출 기금청년 일자리 창출을 위한 징검다리으로 적립하기 시작했다. 그리고 4월부터는 기부금 전액을 실직자 또는 무급휴직자 지원 사업에 전달한다고 밝혔다. 이를 통해 어려운 시기를 보내고 있는 소상공인들에게는 힘이 되고, 동시에 취업 준비생들에게는 실질적인 도움을 줄 수 있게 되었다. 이외에도 **After**

• 예제파일 : 08\할주.indd
• 완성파일 : 08\할주_완성.indd

01 08 폴더에서 '할주.indd' 파일을 불러옵니다. ❶ 문자 도구(T.)로 ❷ 할주를 적용할 텍스트를 드래그해 선택하고 문자 패널의 ❸ '패널 메뉴' 아이콘(☰)을 클릭한 다음 ❹ 할주 설정을 실행합니다.

TIP ⟵

할주 설정이 완료된 상태라면 할주를 적용할 글자를 선택하고 문자 패널의 메뉴에서 **할주**를 실행합니다.

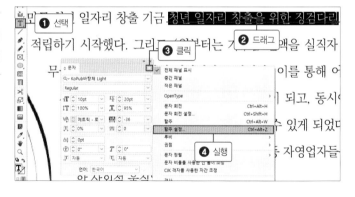

02 [할주 설정] 대화상자가 표시되면 ❶ '할주'에 체크 표시한 다음 작업에 따라 할주를 적용할 줄 수와 줄 간격, 할주 크기, 정렬, 줄바꿈 옵션을 조정합니다. ❷ 줄 간격을 '1pt', 정렬을 '자동'으로 지정한 다음 모든 설정이 완료되면 ❸ 〈확인〉 버튼을 클릭합니다.

03 선택한 텍스트에 설정값대로 2줄 할주가 적용됩니다.

·InDesign·
18
이론

상호 참조를 이용해
페이지 번호 추적하기

문서의 특정 부분에서 다른 부분을 참조할 때 상호 참조를 이용합니다. 상호 참조를 활용하여 페이지 번호와 같은 상호 참조 형식을 결정할 수 있습니다.

상호 참조를 사용할 단락을 클릭한 다음 메뉴에서 〔창〕 → 문자 및 표 → 상호 참조를 실행하여 상호 참조 패널을 표시합니다. 상호 참조 패널의 메뉴에서 상호 참조 삽입을 실행하거나 상호 참조 패널에서 '새 상호 참조 만들기' 아이콘(回)을 클릭합니다. [상호 참조 편집] 대화상자에서 작업에 따라 옵션을 설정합니다.

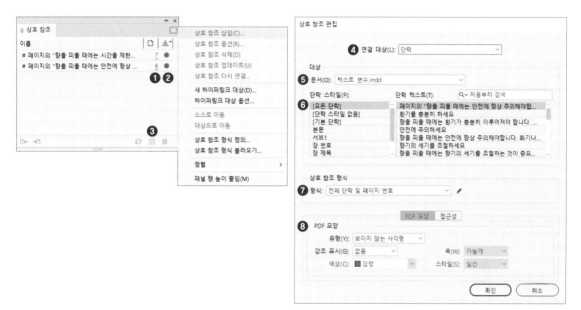

❶ 페이지 번호를 클릭하여 소스를 선택합니다.
❷ 녹색 표시등을 클릭하여 대상으로 이동합니다.
❸ 아이콘을 클릭하여 상호 참조를 만듭니다.
❹ **연결 대상** : 단락 또는 텍스트 앵커를 선택합니다.
　ⓐ **단락** : 지정한 문서에서 단락에 관한 상호 참조를 만들 수 있습니다.
　ⓑ **텍스트 앵커** : 하이퍼링크 대상을 만든 텍스트에 관한 상호 참조를 만들 수 있습니다. 텍스트 앵커 만들기는 실제 대상 단락 이외의 다른 텍스트를 사용할 때 특히 유용합니다.
❺ **문서** : 참조할 대상이 들어 있는 문서를 선택합니다.
❻ 왼쪽 영역에서 단락 스타일을 클릭하여 선택 범위를 좁힌 다음 참조할 단락을 선택합니다. '텍스트 앵커'를 선택했다면 텍스트 앵커를 선택합니다.
❼ **형식** : 사용할 상호 참조 형식을 선택합니다.
❽ **PDF 모양** : 상호 참조용 PDF 모양 옵션을 지정합니다.

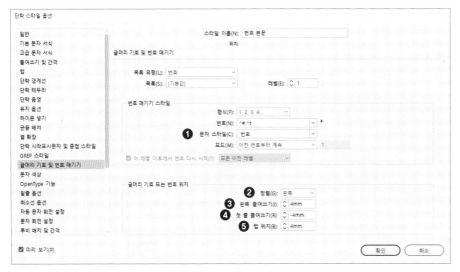

❶ **문자 스타일** : 저장된 문자 스타일을 선택하거나 새 문자 스타일을 만들어 적용할 수 있습니다.

❷ **정렬** : 번호에 할당된 수평 공간에서 글머리 기호 또는 번호를 왼쪽, 가운데 또는 오른쪽으로 정렬합니다.

❸ **왼쪽 들여쓰기** : 첫 번째 줄 다음에 줄을 들여 쓸 양을 지정합니다.

❹ **첫 줄 들여쓰기** : 글머리 기호 또는 번호의 위치를 제어합니다.

❺ **탭 위치** : 탭 위치를 활성화하여 글머리 기호 또는 번호와 목록 항목의 시작 위치 사이에 공간을 만듭니다.

본문 작업 시 많이 사용하는 글머리 기호나 번호 매기기를 자동으로 적용하는 방법을 알아봅니다.

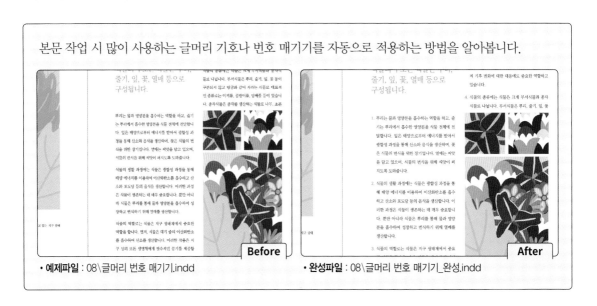

• **예제파일** : 08\글머리 번호 매기기.indd

• **완성파일** : 08\글머리 번호 매기기_완성.indd

01 08 폴더에서 '글머리 번호 매기기.indd' 파일을 불러옵니다.

❶ 문자 도구(T)로 ❷ 그림과 같이 단락을 드래그하여 선택합니다. 단락 스타일 패널의 ❸ '번호 본문' 스타일을 더블클릭합니다.

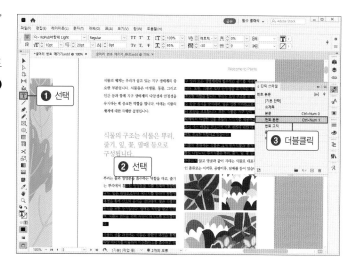

02 [단락 스타일 옵션] 대화상자가 표시되면 ❶ [글머리 기호 및 번호 매기기] 탭을 선택한 다음 목록 유형에서 '글머리 기호' 또는 '번호'를 선택합니다. ❷ 목록 유형을 '번호', ❸ 형식을 '1, 2, 3, 4...'로 지정한 다음 ❹ 문자 스타일을 클릭하고 ❺ '번호'로 지정합니다.

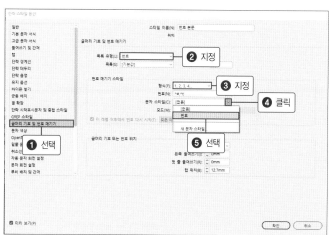

03 글머리 기호 또는 번호 위치 항목에서 ❶ 왼쪽 들여쓰기를 '4mm', 첫 줄 들어쓰기를 '-4mm', 탭 위치를 '4mm'로 설정하고 ❷ 〈확인〉 버튼을 클릭합니다.

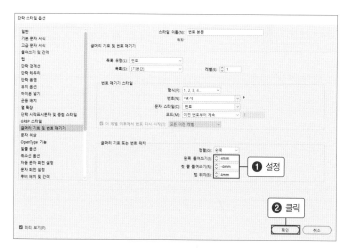

04 단락 스타일이 지정된 부분에 자동으로 번호가 지정됩니다.

TIP ✍

(단락 시작표시문자 및 중첩 스타일) 탭 살펴보기

❶ **문자 스타일** : 문자 스타일을 지정합니다. 문자 스타일을 미리 만들지 않았다면 〈새 문자 스타일〉 버튼을 클릭한 다음 사용할 서식을 지정할 수 있습니다.

❷ **스타일 순서** : 스타일 순서에 따라 서식이 적용되는 순서가 결정됩니다. 두 번째 스타일에서 정의한 서식은 첫 번째 스타일 서식이 끝나는 지점에서 시작됩니다. 스타일 순서를 변경하려면 스타일을 선택하고 ↑ 또는 ↓ 아이콘을 클릭합니다.

❸ **문자** : 문자 스타일 서식이 적용되는 끝 항목을 지정하고, 선택한 항목에 필요한 수를 지정합니다.

❹ **까지** : 중첩 스타일이 적용되는 끝 문자가 포함되며, '앞까지'를 선택하면 이 문자 앞 문자까지만 서식이 적용됩니다.

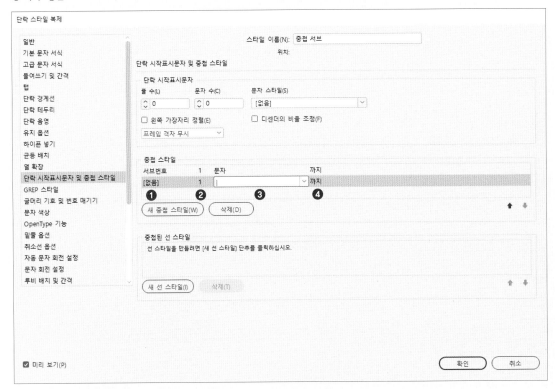

반복되는 형식의 설명글 삽입하기

각주는 특정 부분에 설명을 보태기 위해 해당 페이지 아래에 추가하는 글로, 텍스트에 표시되는 '각주 참조 번호'와 단 아래에 표시되는 '각주 텍스트'의 두 부분으로 구성됩니다. 각주를 이용하면 자동으로 각주 번호와 설명 부분이 만들어지고, 위치가 변동될 때 같이 움직입니다.

Before

After

· 예제파일 : 08\각주.hwp, 각주.txt, 각주 삽입.indd

· 완성파일 : 08\각주 삽입_완성.indd

---

01 ❶ 08 폴더에서 '각주.hwp' 파일을 열고 각주 텍스트를 드래그해 선택한 다음 Ctrl+C를 눌러 복사합니다.

❷ 인디자인을 실행하고 08 폴더에서 '각주 삽입.indd' 파일을 불러옵니다. 문자 도구(T.)를 선택한 다음 ❸ 그림과 같이 '광합성' 텍스트에 커서를 위치시키고 ❹ 메뉴에서 (문자) → 각주 삽입을 실행합니다.

02 각주가 들어갈 자리에 번호가 삽입되면서 동시에 본문 아래에 각주 설명 부분이 만들어집니다. 각주 설명 부분에서 Ctrl+V를 눌러 복사한 텍스트를 붙여 넣습니다.

Ctrl+V

03 메뉴에서 (문자) → 각주 삽입 옵션을 실행합니다. [각주 옵션] 대화상자가 표시되면 (번호 매기기 및 서식) 탭에서 번호 스타일과 각주의 단락 스타일 등을 지정할 수 있습니다. ❶ 텍스트의 각주 참조 번호 항목에서 문자 스타일을 '각주 번호', ❷ 각주 서식 항목의 단락 스타일을 '각주'로 지정합니다.

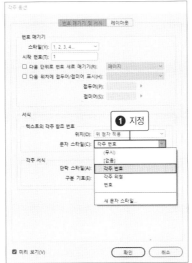

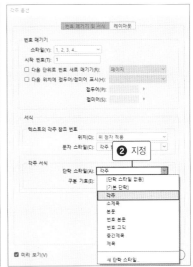

TIP ◁

해당 스타일을 미리 설정하여 단락 스타일 또는 문자 스타일로 정의합니다.

04 ❶ (레이아웃) 탭을 선택한 다음 각주 시작 위치나 각주 위쪽 경계선 서식을 지정할 수 있습니다. ❷ 간격 옵션 항목에서 첫 번째 각주 앞의 최소 간격을 '10mm', ❸ 경계선의 유형과 색상을 변경하고 오프셋을 '2mm'로 설정한 다음 ❹ 〈확인〉 버튼을 클릭합니다.

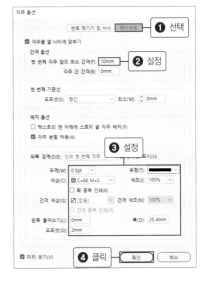

05 각주가 지정한 단락 스타일과 서식으로 변경되고, 각주 참조 번호에 지정한 문자 스타일 속성이 적용됩니다.

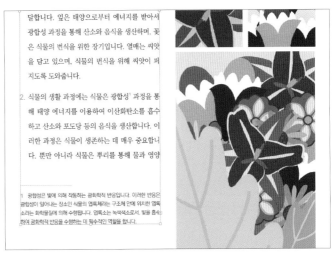

. InDesign .

21

합성 글꼴 사용하기

실습

• **예제파일** : 08\합성 글꼴.indd   • **완성파일** : 08\합성 글꼴_완성.indd   • • •

---

(01) 08 폴더에서 '합성 글꼴.indd' 파일을 불러옵니다.

메뉴에서 (문자) → 합성 글꼴을 실행합니다.

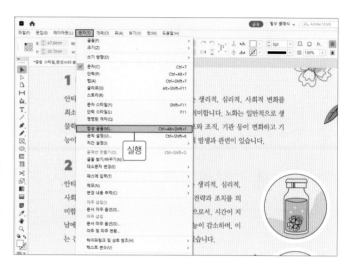

Why? 👈

본문을 편집할 때 한글 이외의 언어가 섞인 경우 두 가지 이상의 글꼴은 서로 다른 성향을 갖습니다. 각각의 글꼴이 쓰일 때마다 크기나 자간, 장평 등을 매번 수정하는 일은 번거로운 작업입니다. 합성 글꼴을 활용하면 두 개 이상의 글꼴을 사용하여 본문을 자연스럽게 조정하는 과정이 쉽고 빨라집니다.

---

(02) [합성 글꼴 편집기] 대화상자가 표시되면 〈새로 만들기〉 버튼을 클릭합니다.

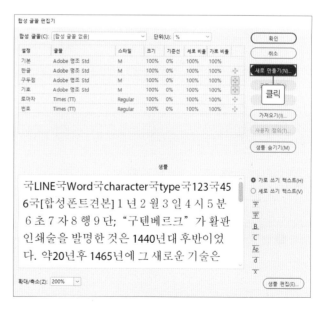

---

(03) [새 합성 글꼴] 대화상자가 표시되면 ❶ 이름에 새로 만들 합성 글꼴의 이름을 입력합니다. 예제에서는 '안티에이징 본문'을 입력했습니다. ❷ 〈확인〉 버튼을 클릭합니다.

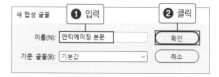

04 [합성 글꼴 편집기] 대화상자에서 기본, 한글, 구두점, 기호, 로마자, 번호에 해당하는 글꼴과 크기 및 기준선 등을 세밀하게 지정합니다. 예제에서는 글꼴을 한글은 'KoPub돋움체 Light', 구두점/기호는 'Yoon가변 윤명조 100Std', 로마자와 번호는 'ITC Garamond Std'로 지정하였습니다.

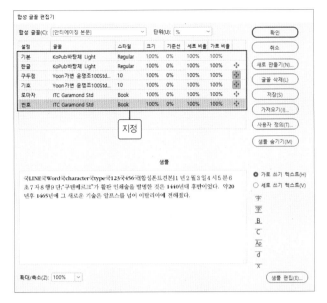

05 ❶ 원하는 글꼴로 지정한 다음 미리 보기에서 글꼴 조합 형태를 확인합니다. ❷ 〈저장〉 버튼을 클릭한 다음 ❸ 〈확인〉 버튼을 클릭합니다.

〈샘플 편집〉 버튼을 클릭하여 다른 문장으로 변경하거나 확대/축소 비율을 변경할 수 있습니다.

06 문서에서 ❶ 문자 도구(T.)로 ❷ 합성 글꼴로 변경할 단락을 드래그하여 선택합니다. 문자 컨트롤 패널에서 ❸ 글꼴을 클릭하고 ❹ '안티에이징 본문'으로 변경해 마무리합니다.

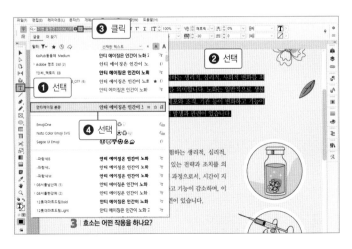

윤곽선 만들기		중요도 ★★

. InDesign .
22
실습

텍스트 윤곽선 만들어 변형하기

정해진 속성을 가지고 있는 폰트를 문자 메뉴의 윤곽선 만들기 명령을 사용하여 변형할 수 있습니다.

Before

After

· 예제파일 : 08\윤곽선 만들기.indd   · 완성파일 : 08\윤곽선 만들기_완성.indd

01 08 폴더에서 '윤곽선 만들기.indd' 파일을 불러옵니다.

❶ 선택 도구(▶)로 ❷ 'COPYWRITER' 문자를 선택하고 ❸ 메뉴에서 (문자) → 윤곽선 만들기(Ctrl+Shift+O)를 실행합니다.

해당 문자의 글꼴은 '210 수퍼사이즈 Black'입니다. •━━━

TIP ◁◦

폰트의 속성을 갖고 있던 텍스트가 벡터 이미지화되어 개체처럼 변형이 가능한 상태로 전환되었습니다.

02 글꼴의 외곽선이 추출되어 속성이 삭제되었습니다. 추출된 개체가 선택된 채 메뉴에서 (개체) → 그룹 해제(Ctrl+Shift+G)를 실행하여 그룹을 해제합니다.

(03) 이어서 ❶ 'WRITING'을 선택한 다음 ❷ 메뉴에서 (개체) → 패스 → 컴파운드 패스 풀기(Ctrl + Alt + Shift + B)를 실행합니다.

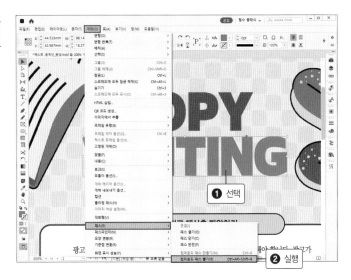

(04) ❶ 'R' 개체를 드래그하여 선택하고 ❷ 패스파인더 패널을 표시한 다음 ❸ '빼기' 아이콘(🔲)을 클릭하여 구멍을 뚫습니다.

(05) ❶ 선택 도구(▶)로 'I'를 선택하고 ❷ 상단 조절점을 하단으로 드래그하여 크기를 조절합니다. ❸ 사각형 개체를 Alt를 누른 채 드래그하여 복제한 다음 조절점을 드래그해서 축소합니다.

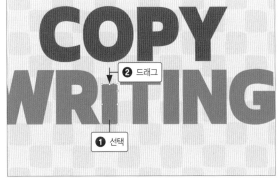

400

06 도구 패널의 ① 펜 도구(✐)를 선택한 다음 ② 직사각형 개체 하단을 클릭하여 조절점을 추가합니다. ③ 직접 선택 도구(▷)로 ④ 추가된 조절점을 클릭하고 아래로 드래그하여 변형합니다.

07 ① 'i'에서 상단의 사각형 개체를 선택한 다음 ② 속성 패널에서 [Alt]를 누른 채 '모퉁이 옵션' 아이콘(🔳)을 클릭합니다. [모퉁이 옵션] 대화상자가 표시되면 ③ 그림과 같이 양쪽 상단 모퉁이만 '둥글게'로 지정하고 ④ 〈확인〉 버튼을 클릭합니다.

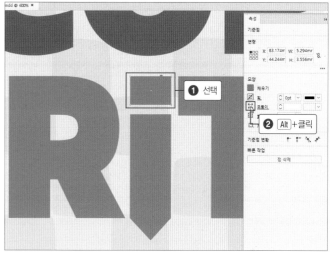

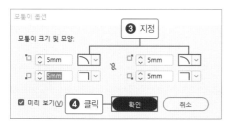

08 ① 두 개의 오브젝트를 드래그하여 선택하고 ② 조절점을 드래그하거나 개체 컨트롤 패널에서 기울기를 적용하여 완성합니다.

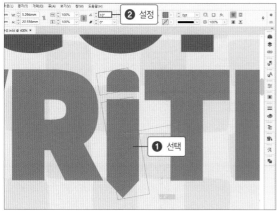

. InDesign .

23

임의의 내용으로 채우기

실습

편집 디자인 작업 중 텍스트 프레임에 내용을 임시로 채워 넣을 수 있는 기능에 대해서 알아봅니다.

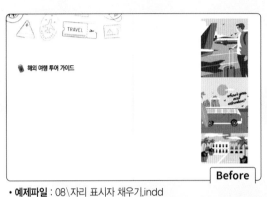

Before

After

• 예제파일 : 08\자리 표시자 채우기.indd

• 완성파일 : 08\자리 표시자 채우기_완성.indd

---

01 08 폴더에서 '자리 표시자 채우기.indd' 파일을 불러옵니다.

❶ 선택 도구(▶)로 ❷ 텍스트 프레임을 선택한 다음 ❸ 메뉴에서 (문자) → 자리표시자 텍스트로 채우기를 실행합니다.

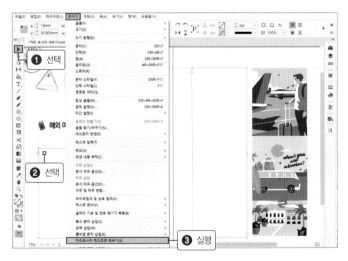

---

02 선택한 텍스트 프레임에 텍스트가 채워집니다. 디자인 작업을 하면서 임시로 텍스트가 필요할 때 편리합니다.

TIP ◁

텍스트 프레임에 **자리표시자 텍스트로 채우기** 명령을 실행할 때 Ctrl을 누른 채 실행하면 영어, 일본어, 아랍어 등 다양한 언어로 채울 수 있습니다. 전체적인 분위기와 본문의 양을 가늠할 수 있기 때문에 시안 작업을 할 때 유용합니다.

InDesign

24

실습

단락을 나누는 줄바꿈 문자 삽입하기

단락을 나누는 줄바꿈 문자는 기본 Enter 이외에 여러 가지가 있습니다. 메뉴에서 (문자) → 줄바꿈 문자 삽입을 실행하여 다양한 줄바꿈 기능을 사용할 수 있습니다.

• 예제파일 : 08\줄바꿈 문자.indd

• 완성파일 : 08\줄바꿈 문자_완성.indd

01 08 폴더에서 '줄바꿈 문자.indd' 파일을 불러옵니다.

도구 패널에서 ❶ 문자 도구(T.)를 선택하고 ❷ 텍스트 중 '살사' 앞에 클릭하여 커서를 위치합니다. ❸ 메뉴에서 (문자) → 줄바꿈 문자 삽입 → 단 나누기를 실행합니다.

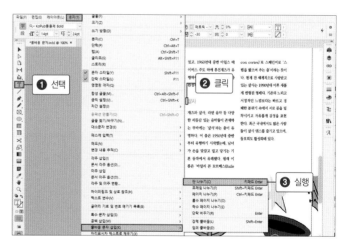

02 다음 프레임으로 위치가 이동됩니다. ❶ Ctrl+Z를 눌러 작업을 취소하고 ❷ 텍스트 중 '살사' 앞 위치에서 ❸ Ctrl+Enter를 누르면 단락이 다음 페이지로 넘어갑니다.

한국어 금칙 지정하기

. InDesign .
25
실습

일정한 기호를 줄의 처음이나 끝에 올 수 없도록 지정한 것을 '금칙'이라고 하며, 인디자인에서는 기본으로 한국어 금칙을 제공합니다. 그러나 글의 성격에 따라 일정한 기호를 임의로 추가해야 하는 경우도 있습니다.

다이어트 효과 있나요?

다이어트 효과는 개인에 따라 달라질 수 있으며, 많은 변수에 영향을 받기 때문에 정확한 수치를 제공하기는 어렵습니다. 그러나 일반적으로 말하면, 다이어트를 하면 몸무게, 체지방, 혈당 수치, 혈압 등의 지표가 개선될 수 있습니다.

몸무게: 다이어트를 하면 몸무게가 감소할 수 있습니다. 하루에 1파운드(약 0.45kg)의 체중 감량을 목표로 한다면, 일주일에 1파운드 감량을 위해서는 1일에 약 500칼로리의 열량을 줄여야 합니다. 따라서, 다이어트를 시작한 첫주에는 보통 1~2kg 정도의 체중 감량을 보입니다.

하지만, 개인의 건강 상태나 라서 결과는 달라질 수 트 방법이나 극단적인 로울 수 있으므로, 적고 꾸준한 노력이 필요

1. 웜업: 크로스핏 수 10-15분간의 웜업 준비하고 근육을 늘 움을 줍니다.

2. 기술 교육: 크로스핏 술을 사용합니다. 따 시

Before

다이어트 효과 있나요?

다이어트 효과는 개인에 따라 달라질 수 있으며, 많은 변수에 영향을 받기 때문에 정확한 수치를 제공하기는 어렵습니다. 그러나 일반적으로 말하면, 다이어트를 하면 몸무게, 체지방, 혈당 수치, 혈압 등의 지표가 개선될 수 있습니다.

몸무게: 다이어트를 하면 몸무게가 감소할 수 있습니다. 하루에 1파운드(약 0.45kg)의 체중 감량을 목표로 한다면, 일주일에 1파운드 감량을 위해서는 1일에 약 500칼로리의 열량을 줄여야 합니다. 따라서, 다이어트를 시작한 첫주에는 보통 1~2kg 정도의 체중 감량을 보입니다.

하지만, 개인의 건강 라서 결과는 달라질 수 트 방법이나 극단적인 로울 수 있으므로, 적고 꾸준한 노력이 필요

1. 웜업: 크로스핏 수 10-15분간의 웜업 준비하고 근육을 움을 줍니다.

2. 기술 교육: 크로스핏 술을 사용합니다.

After

- **예제파일** : 08\금칙.indd
- **완성파일** : 08\금칙_완성.indd

01 08 폴더에서 '금칙.indd' 파일을 불러옵니다.

메뉴에서 (문자) → 금칙 설정을 실행합니다.

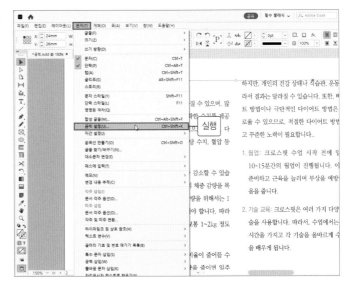

02 [금칙 처리 세트] 대화상자가 표시되면 〈새로 만들기〉 버튼을 클릭합니다.

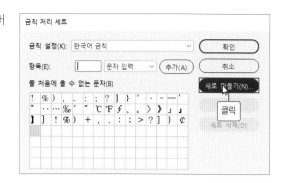

03 [새 금칙 처리 세트] 대화상자가 표시되면 ❶ 이름에 '숫자 단독 금지'를 입력하고 ❷ 〈확인〉 버튼을 클릭합니다.

04 단락에서 숫자가 줄 처음, 줄 끝에 위치하는 것을 막기 위해 ❶ 항목에 0~9까지 입력한 다음 〈추가〉 버튼을 클릭하여 등록합니다. 줄 처음에 올 수 없는 문자, 줄 끝에 올 수 없는 문자 항목에 모두 등록한 다음 ❷ 〈저장〉 버튼을 클릭합니다.

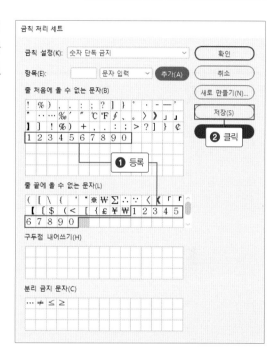

05 ❶ 텍스트 프레임을 선택한 다음 단락 패널 하단의 ❷ 금칙 세트를 '숫자 단독 금지'로 지정하면 줄 처음 또는 줄 끝에 숫자가 단독으로 위치하지 않습니다.

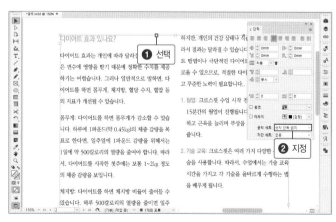

InDesign

26

이론 | 실습

스타일을 이용한
텍스트 변수 삽입하기

텍스트 변수는 문장에 따라 바뀌는 문서에 삽입하는 항목입니다. 텍스트 변수를 이용하여 문서에 따라 텍스트를 삽입할 수 있습니다. 인디자인에는 문서에 삽입할 수 있는 사전에 설정된 여러 가지 텍스트 변수가 있습니다. '머리글 실행 중' 및 '장 번호'와 같은 텍스트 변수는 일관된 서식 및 번호 매기기를 지정할 수 있으므로 특히 마스터 페이지에 추가할 때 유용합니다. '만든 날짜'와 '파일 이름' 등의 기타 변수는 인쇄를 위해 슬러그 영역에 추가할 때 유용합니다.

❶ 마지막 페이지 번호
❷ 만든 날짜
❸ 머리글 실행 중
❹ 수정 날짜
　워크샵 설명
❺ 이미지 이름
❻ 장 번호
❼ 출력 날짜
❽ 파일 이름

❶ **마지막 페이지 번호** : 3/42페이지와 같은 형식을 사용하여 문서의 총 페이지 수를 추가합니다.

❷ **만든 날짜** : 문서를 처음 저장한 날짜를 삽입합니다.

❸ **머리글 실행 중** : 페이지에서 지정한 스타일이 적용된 첫 번째 텍스트와 마지막 텍스트를 삽입합니다. 해당 페이지에 지정된 스타일로 서식이 지정된 텍스트가 없는 경우에는 이전 페이지의 텍스트가 사용됩니다.

❹ **수정 날짜** : 문서에 마지막으로 저장된 날짜를 삽입합니다.

❺ **이미지 이름** : 자동 캡션을 만들 때 유용합니다.

❻ **장 번호** : 장 번호를 삽입합니다.

❼ **출력 날짜** : 문서에서 인쇄 작업을 시작하거나 PDF로 내보내기, 문서를 패키지한 날짜를 삽입합니다.

❽ **파일 이름** : 현재 파일 이름을 문서에 삽입합니다.

수십, 수백 쪽 이상의 편집물에는 장 제목, 대제목, 소제목, 본문 등과 같은 여러 가지 요소가 있습니다. 구조가 달라질 때마다 일일이 수정 작업을 하는 것은 번거롭기 때문에 인디자인에서는 상황이 변경되더라고 자동으로 연결되어 있는 텍스트가 따라서 변경되도록 텍스트 변수 기능을 제공합니다.

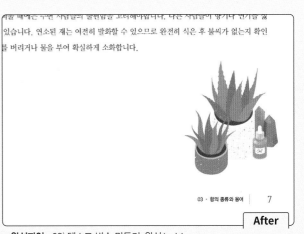

• 예제파일 : 08\텍스트 변수 만들기.indd

• 완성파일 : 08\텍스트 변수 만들기_완성.indd

01 08 폴더에서 '텍스트 변수 만들기.indd' 파일을 불러옵니다.

예제는 7페이지로 구성되었으며 장 도비라와 3개의 챕터가 있습니다. 장 도비라와 챕터 디자인에는 각각 장 번호, 장 제목, 챕터 번호, 챕터 제목의 단락 스타일이 적용되어 있습니다.

TIP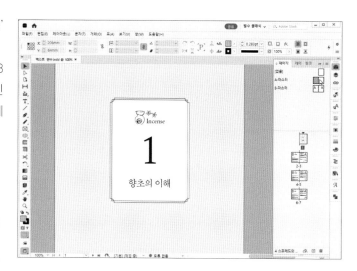

도비라는 '문짝'이라는 뜻의 일본어이기에 순화되어야 함이 마땅하지만, 인쇄 영역에서는 여전히 쓰이는 용어입니다. 각 챕터의 시작 부분에 새로운 장을 알리는 챕터별 속표지 정도로 이해할 수 있습니다. 장 도비라의 경우 양쪽 페이지를 속표지로 사용합니다.

02 페이지 패널에서 'A 마스터'를 더블클릭하여 마스터 페이지로 이동합니다.

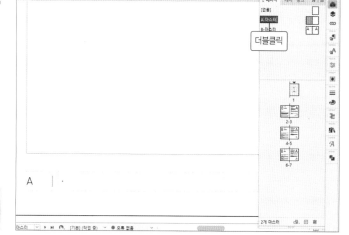

Why?

스타일이 적용된 부분을 자동으로 불러와 위치하기 위해서는 마스터 페이지에서 작업해야 합니다.

03 ❶ 문자 도구(T.)로 ❷ 마스터 페이지의 왼쪽 페이지 하단에 있는 점 오른쪽을 클릭하여 커서를 위치시킨 다음 ❸ 메뉴에서 (문자) → 텍스트 변수 → 정의를 실행합니다.

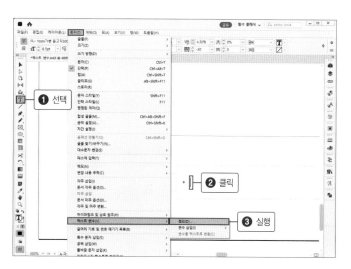

04 [텍스트 변수] 대화상자에서 ❶ 〈새로 만들기〉 버튼을 클릭합니다. [새 텍스트 변수] 대화상자에서 ❷ 이름에 '장 제목'을 입력하고 ❸ 유형은 '(단락 스타일) 머리글 실행 중'으로 지정합니다. ❹ 스타일을 클릭한 다음 ❺ '장 제목'으로 지정하고 ❻ 〈확인〉 버튼을 클릭합니다.

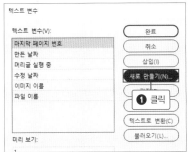
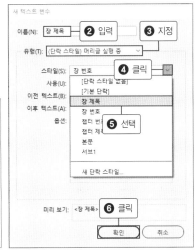

05 [텍스트 변수] 대화상자의 텍스트 변수 항목에 '장 제목'이 등록되면 〈삽입〉 버튼을 클릭합니다. 마스터 페이지에 변수가 설정되어 있다는 의미인 꺾쇠 표시가 들어간 '장 제목'이 삽입되었습니다.

06 이번에는 마스터 페이지에서 ❶ '점' 왼쪽을 클릭하고 메뉴에서 (문자) → 텍스트 변수 → 정의를 실행합니다. [텍스트 변수] 대화상자가 표시되면 ❷ 〈새로 만들기〉 버튼을 클릭합니다. [새 텍스트 변수] 대화상자에서 ❸ 이름에 '장 번호'을 입력하고, 유형은 '(단락 스타일) 머리글 실행 중', 스타일을 '장 번호'로 지정하고 ❹ 〈확인〉 버튼을 클릭합니다. [텍스트 변수] 대화상자의 텍스트 변수 항목에 '장 번호'가 등록되면 ❺ 〈삽입〉 버튼을 클릭합니다. 마스터 페이지에 변수가 설정되어 있다는 의미인 꺾쇠 표시가 들어간 '장 번호'가 삽입됩니다.

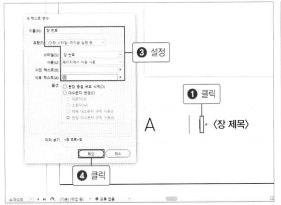
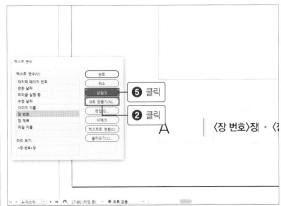

07 마스터 페이지의 오른쪽 페이지에는 같은 방법을 이용하여 〈챕터 번호〉, 〈챕터 제목〉 변수를 삽입합니다.

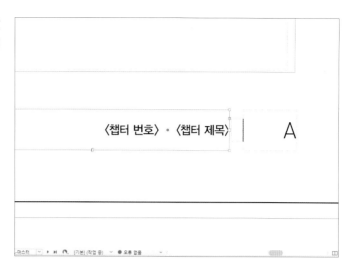

08 페이지 패널의 2페이지를 클릭해 본문에 텍스트 변수가 제대로 적용되는지 확인합니다. 왼쪽 페이지에는 〈장 번호〉와 〈장 제목〉, 오른쪽 페이지에는 〈챕터 번호〉와 〈챕터 제목〉 변수가 단락 스타일을 이용해 자동으로 변경, 삽입됩니다.

행합니다. 예를 들어, 불교에서는 로우타시(香, 향)를 사용하여 숭배를 합니다. 불교에서 로 타시는 숭배의 대상인 부처를 기리는 것 뿐 아니라, 숭배의 과정에서 마음을 가다듬고, 명상 집중하기 위해 사용됩니다. 또한, 힌두교에서는 진행되는 부활절을 기념하는 축제 하나인 홀 에서 다양한 색깔의 머신과 향을 사용하여 축제의 분위기를 더욱 극대화합니다.

문화적인 이유

　일부 문화에서는 향을 사용하여 방을 깨끗하게 하거나, 좋은 향기를 뿜어내어 방을 기분 게 만듭니다. 예를 들어, 일본에서는 티 포트와 함께 사용되는 향기 오일인 차향을 즐기며,

2 　1장 · 향초의 이해

인 이유

사람들은 특정 향기를 좋아하기 때문에 향을 피우기도 합니다. 이 경우에는 향을 즐기 사용하는 것입니다.

향(香)을 피우는 15가지 이유

01 · 향(香)을 피우는 15가지 이유 　3

향을 피울 때에는 주변 사람들의 불편함을 고려해야합니다. 다른 사람들이 향기나 연기를 싫 어할 수 있습니다. 연소된 재는 여전히 발화할 수 있으므로 완전히 식은 후 불씨가 없는지 확인 하고 재를 버리거나 물을 부어 확실하게 소화합니다.

02 · 향을 피울 때 주의해야 할 사항 　5

타인의 불편함을 고려하세요

　향을 피울 때에는 주변 사람들의 불편함을 고려해야합니다. 다른 사람들이 향기나 연기를 싫 어할 수 있습니다. 연소된 재는 여전히 발화할 수 있으므로 완전히 식은 후 불씨가 없는지 확인 하고 재를 버리거나 물을 부어 확실하게 소화합니다.

03 · 향의 종류와 용어 　7

반복되는 스타일을 기억하는 단락/문자 스타일 활용하기

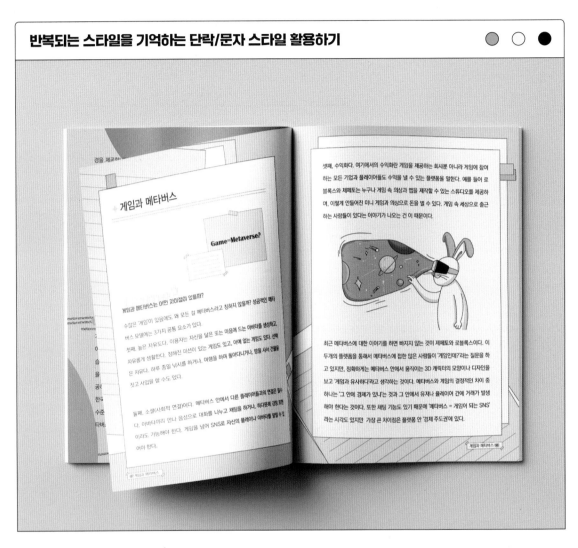

예제 소개 영상

수백 페이지의 본문에서 소제목만 글꼴 색상을 바꿔야 하는 경우, 해당 문자만 글꼴 크기를 변경해야 하는 경우 등 작업 파일만 잘 정리되어 있다면 인디자인에서는 당황하지 않고 빠른 대처가 가능합니다. 손이 많이 가는 편집 작업을 쉽게 끝낼 수 있는 단락 스타일과 문자 스타일의 적용 방법을 알아봅니다.

이미지 크기 148×210mm

소스 파일 08\단락스타일\단락스타일 적용하기.indd

완성 파일 08\단락스타일\단락스타일 적용하기_완성.indd, 단락스타일 적용하기_완성.idml, 단락스타일 적용하기_완성.pdf

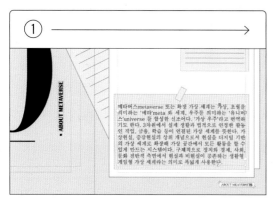

스타일이 적용되지 않은 본문 살펴보기

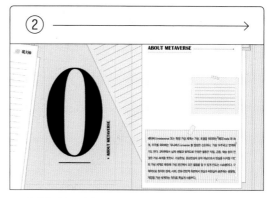

본문 수정 후 단락 스타일로 정의하기

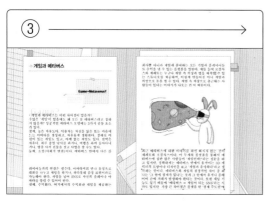

본문에 단락 스타일 적용하기

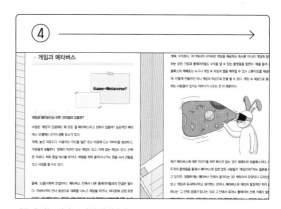

제목에 맞는 단락 스타일 생성하기

스타일이 적용되지 않은 본문 확인하기

본문에 앞서 생성한 단락 스타일 적용 후 텍스트 프레임 옵션 사용하기

PART 9.

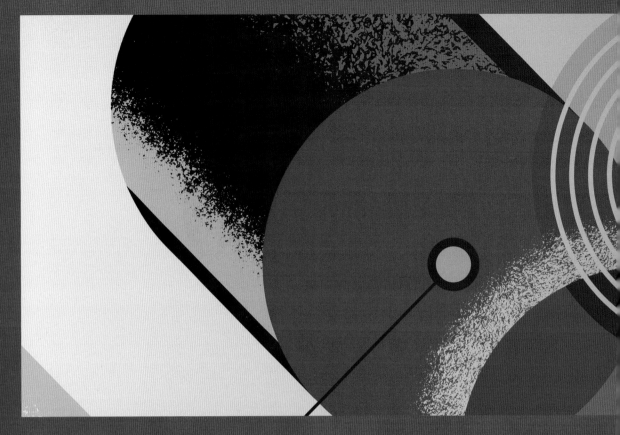

인쇄와 출력을 위해
내보내기 전 마지막 체크하기

디자인 작업을 마치면 출력과 인쇄를 통해 최종 결과물을 만들 수 있습니다. 원하는 결과를 얻으려면 편집 디자이너는 인쇄와 출력에 관한 부분을
알아야 하며 인디자인은 디지털 출판에 최적화되어 있습니다. 꼭 체크해야 할 인쇄 옵션을 알아보겠습니다.

. InDesign .

01

이론

오류를 실시간으로 보여주는 프리플라이트 이해하기

인디자인에서 작업을 마무리한 다음 인쇄 또는 출력하기 전에 반드시 오류가 없는지 체크하는 작업이 필요합니다. 누락된 글꼴과 이미지, 손상된 파일, 지원되지 않는 기능 등의 안정성 문제와 같은 오류 항목을 확인해야합니다. 최근 인쇄와 출력 과정은 안정적인 PDF 기반의 출판 작업 과정으로 더 편리하고 간단해졌습니다. 인쇄 및 출력 시 살펴볼 기본 설정에 대해 알아봅니다.

❶ 문서 품질을 검사하는 프리플라이트 패널 살펴보기　• • •

인디자인은 자동으로 오류가 없는지 체크하는 '프리플라이트(Pre-Flight)' 기능을 제공합니다. 프리플라이트 패널을 이용하여 인쇄 또는 출력하기 전 이미지 해상도와 색상 공간이 정확한지, 해당 글꼴을 사용하거나 문서에 포함할 수 있는지, 그래픽이 최신 상태인지 등을 확인할 수 있습니다.

프리플라이트는 오류가 없으면 초록색 원(●)과 '오류 없음', 오류가 있으면 빨간색 원(●)과 오류 개수를 표시합니다.

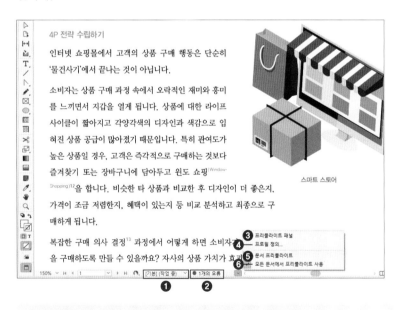

❶ **프리플라이트 프로필** : 프리플라이트의 정보를 간략하게 나타냅니다.

❷ **오류 감지 표시** : 더블클릭하여 프리플라이트 패널을 표시할 수 있습니다.

❸ **프리플라이트 패널** : 프리플라이트 패널을 표시하거나 숨깁니다.

❹ **프로필 정의** : [프리플라이트 옵션] 대화상자를 표시합니다.

❺ **문서 프리플라이트** : 현재 문서의 프리플라이트를 켜거나 끌 수 있습니다.

❻ **모든 문서에서 프리플라이트 사용** : 열려 있는 모든 문서의 프리플라이트를 켜거나 끌 수 있습니다.

❷ 프리플라이트 패널과 메뉴 살펴보기 •••

메뉴에서 (창) → 출력 → 프리플라이트를 실행하거나 문서 아래 상태 표시줄에서 '프리플라이트' 영역을 더블클릭하여 프리플라이트 패널을 이용할 수 있습니다.

TIP ⇦

프리플라이트는 해당 패널을 닫아도 꺼지지 않고 작동합니다. 작업 시 용량 문제로 작업 속도가 느려진다면 프리플라이트를 잠시 끄고 작업하는 것이 좋습니다.

❶ **켬** : 문서의 프리플라이트를 켜거나 끌 수 있습니다.

❷ **프로필** : 프로필을 선택한 다음 '클릭하여 선택한 프로필 포함' 아이콘(🖭)을 클릭해서 선택한 프로필을 포함할 수 있습니다.

❸ **오류** : 팝업 아이콘(∨)을 클릭하여 오류 항목을 하나씩 검토할 수 있습니다.

❹ **페이지** : 페이지 번호를 클릭하여 해당 페이지로 이동합니다.

❺ 선택한 오류의 해결을 위해 제안 사항을 표시하는 정보 영역입니다.

❻ 오류의 개수를 나타냅니다.

❼ 오류 검사를 제한할 페이지 범위를 지정합니다.

❽ **보고서 저장** : 프리플라이트 보고서를 PDF 또는 텍스트 파일로 저장할 수 있습니다.

❾ **오류별 행 수 제한** : 오류별 행 수 제한을 '25', '50', '100' 또는 '제한 없음' 중에서 선택합니다.

❸ [프리플라이트 옵션] 대화상자 살펴보기 •••

프리플라이트 패널의 '패널 메뉴' 아이콘(▤)을 클릭한 다음 프리플라이트 옵션을 실행합니다. [프리플라이트 옵션] 대화상자가 표시되면 원하는 옵션을 지정합니다.

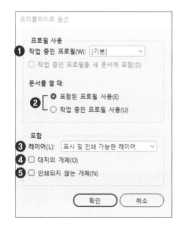

❶ **작업 중인 프로필** : 새 문서에서 '기본'으로 사용할 프로필을 선택합니다. 작업 중인 프로필을 새 문서에 포함하려면 '작업 중인 프로필을 새 문서에 포함'에 체크 표시합니다.

❷ **포함된/작업 중인 프로필 사용** : 문서를 열 때 포함된 프로필을 프리플라이트에 사용할지, 작업 중인 프로필을 프리플라이트에 사용할지 결정합니다.

❸ **레이어** : 모든 레이어의 항목, 표시 가능한 레이어 또는 표시 및 인쇄 가능한 레이어를 프리플라이트에 포함할지 여부를 지정합니다. 항목이 숨겨진 레이어에 있으면 해당 항목에 관한 오류가 보고되지 않도록 할 수 있습니다.

❹ **대지의 개체** : 대지에 배치된 개체의 오류를 보고합니다.

❺ **인쇄되지 않는 개체** : 특성 패널에서 인쇄되지 않는 개체로 표시된 개체 또는 '마스터 항목 숨기기'가 적용된 페이지에 있는 마스터 페이지 개체의 오류를 보고합니다.

④ [프리플라이트 옵션] 대화상자 살펴보기　　●●●

① 프리플라이트 패널 메뉴 또는 문서 아래의 프리플라이트 영역 메뉴에서 ② 프로필 정의를 실행합니다. [프리플라이트 프로필] 대화상자가 표시되면 ③ '새 프리플라이트 프로필' 아이콘(+)을 클릭한 다음 ④ 프로필 이름을 입력합니다. ⑤ 각 범주에서 프리플라이트를 지정합니다. 옵션이 체크 표시되어 있으면 모든 설정이 포함되었음을 나타냅니다. 반대로 체크 표시되지 않았으면 포함된 설정이 없음을 나타냅니다. 새 프리플라이트 프로필을 만들거나 변경한 다음 ⑥ 〈저장〉 버튼과 〈확인〉 버튼을 클릭하여 모든 변경 내용을 저장해서 사용합니다.

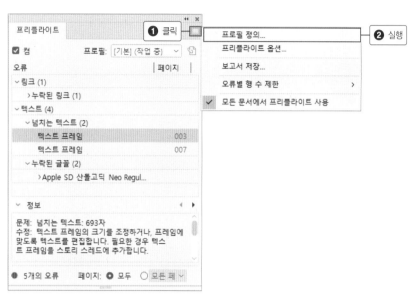

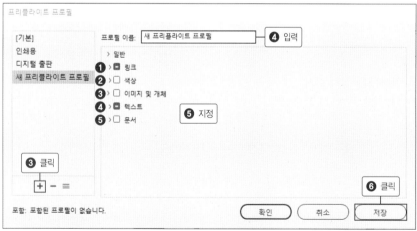

● **링크** : 누락된 링크 및 수정된 링크를 오류로 표시할지 결정합니다.

② **색상** : 투명도 혼합 공간이 필요하며 CMYK 플레이트, 색상 공간, 중복 인쇄 등의 항목을 허용할지 여부를 결정합니다.

③ **이미지 및 개체** : 이미지 해상도, 투명도, 획 두께 등의 항목에 대한 요구 사항을 지정합니다.

④ **텍스트** : 누락된 글꼴, 넘치는 텍스트 등의 항목에 대한 오류를 표시합니다.

⑤ **문서** : 페이지 크기, 방향, 페이지 수, 빈 페이지, 도련 및 슬러그 설정에 대한 요구 사항을 지정합니다.

텍스트 확인		중요도 ★★★

· InDesign ·

02

실습

누락된 글꼴이나 넘치는
프레임 확인하기

· **예제파일** : 09\프리플라이트01.indd   · **완성파일** : 09\프리플라이트01_완성.indd   • • •

---

01 09 폴더에서 '프리플라이트01.indd' 파일을 불러옵니다.

❶ 하단에 빨간색 원과 함께 '2개의 오류'가 나타나면 해당 부분을 더블클릭합니다. 프리플라이트 패널이 표시되면
❷ 넘치는 텍스트 항목의 '텍스트 프레임' 오른쪽 '89'를 클릭하여 오류가 있는 89페이지를 화면에 나타냅니다.

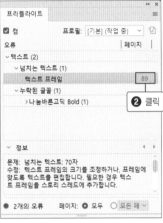

TIP

프리플라이트 패널에서 누락된 글꼴이나 넘치는 프레임을 확인할 수 있으며 해당 위치로 이동할 수 있습니다.

---

02 89 페이지에서 텍스트 프레임 오른쪽
하단의 빨간색 '+' 표시는 안 보이는 내
용이 있다는 것을 알려줍니다.

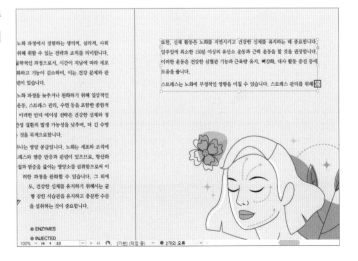

---

03 ❶ 텍스트 프레임 하단 중앙의 조절점을 클릭하고 아래로 드래그하여 프레임 크기를 늘립니다. ❷ 안 보이던 내용이 나타나고, 프리플라이트 패널의 오류 항목도 사라지는 것을 확인할 수 있습니다.

04 프리플라이트 패널의 누락된 글꼴 항목에서 '안티 에이징' 오른쪽의 '88'을 클릭하면 화면이 해당 오류 내용으로 이동합니다.

05 '안티 에이징' 텍스트가 선택된 상태에서 문자 컨트롤 패널의 ❶ 글꼴을 클릭하고 ❷ 지정합니다. ❸ 하단을 살펴보면 초록색 원과 함께 '오류 없음'이 표시되며, 해당 문서에 오류가 없음을 알려줍니다.

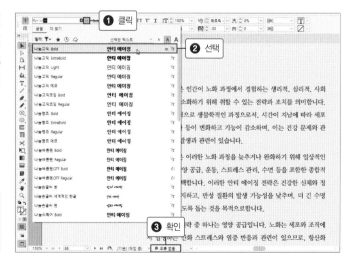

Why?

누락된 글꼴 오류는 시스템에 해당 글꼴이 없어 나타나는 현상으로 해당 글꼴을 설치하거나 다른 글꼴로 지정해야 합니다.

. InDesign .
03 유실 또는 수정된 이미지 확인하기

실습

• **예제파일** : 09\프리플라이트02.indd　　• **완성파일** : 09\프리플라이트02_완성.indd　　　　•••

01 09 폴더에서 '프리플라이트02.indd' 파일을 불러옵니다.

하단에 빨간색 원과 함께 '2개의 오류'가 나타난 것을 볼 수 있습니다.

Why? 👈

인쇄 및 출력하기 전에 프리플라이트 기능을 사용하면 유실되었거나 수정된 이미지가 있는지 확인하여 해당 위치를 알려줍니다.

02 프리플라이트 패널을 살펴보면 '누락된 링크'와 '수정된 링크' 2개의 오류 항목을 확인할 수 있습니다.

TIP 👈

누락된 링크는 연결 위치가 변경되어 찾을 수 없다는 뜻이고, 수정된 링크는 이미지가 변경되었는데 아직 문서에 반영되지 않았다는 뜻입니다.

03 ❶ 메뉴에서 (창) → 링크(Ctrl+Shift+D)를 실행하여 링크 패널을 표시합니다. ❷ 수정된 링크가 있다는 표시인 느낌표 아이콘을 더블클릭하여 수정된 이미지를 문서에 반영합니다.

04 링크 패널의 물음표 아이콘은 이미지 위치가 변경되어 유실되었다는 표시입니다. ❶ 물음표 아이콘이 표시된 이미지 파일을 선택한 다음 ❷ 하단의 '다시 연결' 아이콘(🔗)을 클릭합니다. [찾기] 대화상자가 표시되면 ❸ 원본 이미지 또는 다른 이미지를 선택한 다음 ❹ 〈열기〉 버튼을 클릭합니다.

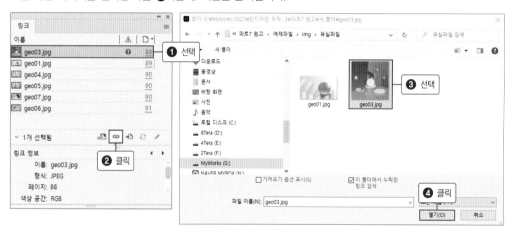

05 2개의 이미지를 새롭게 연결하면 프리플라이트에 '오류 없음'이 나타나며 문서에 오류가 없음을 알려줍니다.

InDesign
04
인쇄용 프리플라이트 프로필 만들어 체크하기

실습

• **예제파일** : 09\프리플라이트 프로필.indd   • • •

---

01 09 폴더의 '프리플라이트 프로필.indd' 파일을 불러옵니다.

하단에 '오류 없음'으로 문서에 오류가 없다는 것을 확인할 수 있습니다.

Why? 👈

현재 문서에 오류가 없는 이유는 프라플라이트 설정이 [기본]으로 지정되어 있기 때문입니다. [기본] 프리플라이트는 글꼴 누락, 텍스트 프레임 넘침, 이미지 누락 등 기본 내용으로만 이루어져 있어 인쇄용으로서 오류를 체크하기에는 모자람이 있습니다.

02 하단의 '오류 없음' 오른쪽 ❶ '더 보기' 아이콘을 클릭한 다음 ❷ 프로필 정의를 실행합니다.

Why? 👈

인디자인은 인쇄, 웹 등 여러 가지 목적으로 사용할 수 있는 도구이지만 인쇄를 목적으로 가장 많이 사용됩니다. 웹에서 사용할 출력물과 달리 잉크를 이용하여 제작되므로 원고를 완료하였다고 하더라도 인쇄 업체로 넘기기 전 별도의 작업이 필요합니다. 인쇄에 맞는 프리플라이트 프로필을 만드는 방법에 대해 알아보겠습니다.

03 [프리플라이트 프로필] 대화상자에서 ❶ 왼쪽 하단의 '+' 아이콘을 클릭하고 ❷ 프로필 이름에 '인쇄용'을 입력한 다음 ❸ Tab 을 누르면 왼쪽에 '인쇄용' 프로필이 등록됩니다.

04 오른쪽 '색상' 범주에서 ❶ '더보기' 아이콘을 클릭하고 ❷ 색상 공간 및 모드가 허용되지 않음 항목에서 'RGB', '별색', 'LAB', 'HSB'를 체크 표시합니다. ❸ 의도된 중복 인쇄가 필요하지 않을 경우 'InDesign에 적용된 중복 인쇄'도 체크 표시하고 ❹ 〈저장〉 버튼을 클릭한 다음 ❺ 〈확인〉 버튼을 클릭합니다.

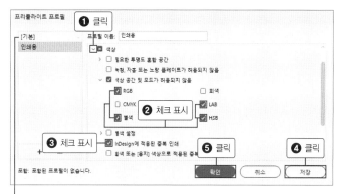

● '[기본] 프리플라이트를 선택하면 방금 저장한 '인쇄용' 프리플라이트 설정으로 변경할 수 있습니다.

05 문서 하단의 ❶ '[기본]'을 클릭한 다음 ❷ 인쇄용을 실행하여 문서를 제작할 때 오류가 있는지 확인할 수 있습니다.

05

실습

색상을 겹쳐 인쇄하는
오버프린트와 녹아웃 설정하기

오버프린트는 배경색 위에 전경색을 덧칠하여 인쇄하는 방법입니다. 일반적인 방법이 아니기 때문에 기본 설정은 아닙니다. 의도적으로 오버프린트를 설정하는 방법에 관해 알아봅니다.

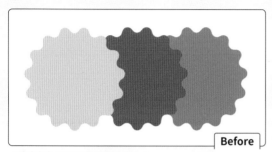

Before

· 예제파일 : 09\오버프린트.indd

After

· 완성파일 : 09\오버프린트_완성.indd

01 09 폴더에서 '오버프린트.indd' 파일을 불러옵니다.

❶ 선택 도구(▶)로 ❷ 오버프린트하려는 개체를 드래그해서 선택합니다. ❸ 메뉴에서 (창) → 출력 → 특성을 실행하여 특성 패널이 표시되면 ❹ '칠 중복 인쇄'에 체크 표시합니다.

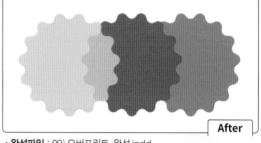

❶ 선택

❷ 드래그

특성 | ❸ 표시

❹ 체크 표시 ☑ 칠 중복 인쇄 ☐ 획 중복 인쇄
☐ 인쇄되지 않는 항목 ☐ 간격 중복 인쇄

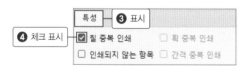

02 오버프린트는 인쇄 설정이기 때문에 화면에 나타나지 않습니다. 오버프린트가 설정된 개체를 확인하고 싶다면 메뉴에서 (보기) → 중복 인쇄 미리 보기((Ctrl)+(Alt)+(Shift)+(Y))를 실행하여 살펴봅니다.

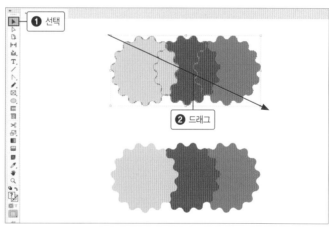

실행

녹아웃은 전경색과 겹치는 배경색 부분에 구멍을 뚫어 인쇄하는 방법으로, 녹아웃을 설정하면 전경색과 배경색이 혼합되지 않습니다. 인디자인에서는 기본으로 각각의 색상이 녹아웃으로 설정되어 있지만, 색상 견본의 '검정'은 오버프린트로 설정되어 있습니다. 검정과 다른 색상을 녹아웃하는 방법을 알아봅니다.

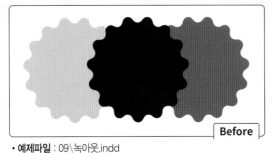

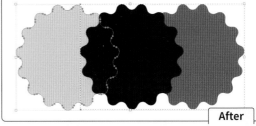

• 예제파일 : 09\녹아웃.indd

• 완성파일 : 09\녹아웃_완성.indd

01 09 폴더에서 '녹아웃.indd' 파일을 불러 옵니다.

❶ 선택 도구(▶)로 ❷ 녹아웃하려는 개체를 드래그해 선택합니다.

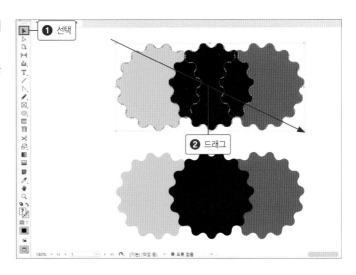

TIP

실제 인쇄하는 것처럼 검정이 오버프린트된 효과를 나타내기 위해 메뉴에서 [편집] → 환경 설정 → 검정 모양을 실행합니다. [환경 설정] 대화상자가 표시되면 화면 표시를 '모든 검정을 정확하게 표시' 로 지정한 다음 〈확인〉 버튼을 클릭합니다.

02 메뉴에서 (창) → 효과((Ctrl)+(Shift)+(F10))
를 실행합니다.

TIP

이때 메뉴의 (보기) → **중복 인쇄 미리 보기**가 활성화
(체크 표시)되어 있어야 모니터에서 오버프린트 상태
를 확인할 수 있습니다.

03 효과 패널의 '혼합 격리'에 체크 표시합니다. 개체들이 녹아웃되어 겹친 부분의 색상이 깔끔해집니다.

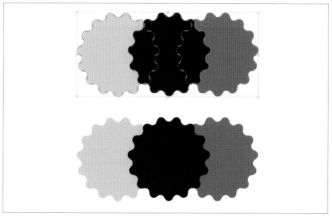

04 효과 패널에서 ❶ '혼합 격리'의 체크 표시를 해제하고 ❷ '그룹 녹아웃'에 체크 표시하면 그룹으로 묶인 개체에서만
녹아웃이 적용됩니다. ❸ 검정과 다른 개체를 선택한 다음 ❹ (Ctrl)+(G)를 눌러 두 개의 원을 그룹으로 만들고, 세 개
의 원을 모두 선택하여 적용합니다.

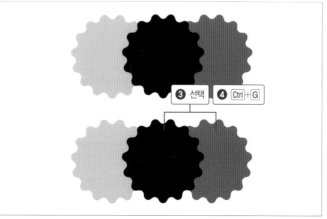

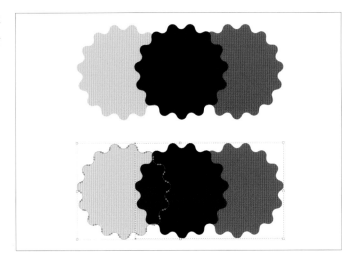

05 예제에서는 검정과 마젠타 원이 그룹으로 만들어져 녹아웃되고, 검정과 노랑 원은 오버프린트되었습니다.

TIP ⟨⇦

인디자인 파일을 인쇄하기 전에 원하는 색상의 품질을 정확하게 얻기 위해서는 인쇄 설정을 지정해야 합니다. 인쇄 설정에는 색상을 겹쳐 인쇄하는 오버프린트와 두 가지 색상을 겹치지 않도록 인쇄하는 녹아웃이 있습니다. 해당 기능은 문서의 전경색과 배경색을 처리하는 방법의 차이입니다. 인디자인에서는 기본으로 기본 색상 견본의 '검정'을 제외한 나머지 색상은 전부 녹아웃으로 설정됩니다.

❶ **맞춰찍기** : CMYK가 모두 100%인 '검정'으로 재단선 표시나 맞춰찍기 표시에 이용하며, 수정하거나 변경할 수 없습니다.

❷ **검정** : 'C=0 M=0 Y=0 K=100' 검정으로 오버프린트됩니다.

· 예제파일 : 09\오버프린트 체크.indd

· · ·

01 09 폴더에서 '오버프린트 체크.indd' 파일을 불러옵니다.

인쇄용 프리플라이트 프로필 만듭니다. ❶ [기본] 프리플라이트를 클릭한 다음 ❷ 인쇄용을 실행합니다.

Why? 👆

일반 출력물은 녹아웃이 기본 설정이므로 의도적이지 않은 오버프린트는 해제해야 합니다. 프리플라이트 패널에서 오버프린트된 위치를 찾아 수정할 수 있습니다.

02 프리플라이트 설정이 변경되어 이전에는 없던 오류가 보입니다. 프리플라이트 패널을 살펴보면 '중복 인쇄' 오류가 있고 2페이지에 있다는 것을 알려줍니다.

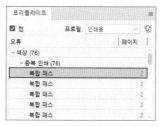

03 ❶ 왼쪽 건물 이미지에 '칠 중복 인쇄' 설정으로 인해 오류가 있는 상황으로 해당 이미지를 선택합니다. ❷ 메뉴에서 [창] → 출력 → 특성을 실행하여 특성 패널이 표시되면 ❸ '칠 중복 인쇄'의 체크 표시를 해제합니다.

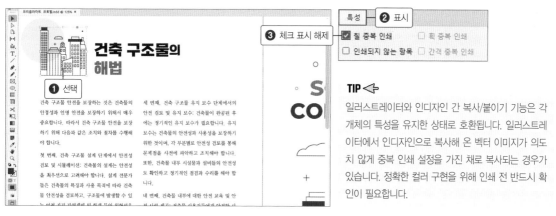

TIP 👈

일러스트레이터와 인디자인 간 복사/붙이기 기능은 각 개체의 특성을 유지한 상태로 호환됩니다. 일러스트레이터에서 인디자인으로 복사해 온 벡터 이미지가 의도치 않게 중복 인쇄 설정을 가진 채로 복사되는 경우가 있습니다. 정확한 컬러 구현을 위해 인쇄 전 반드시 확인이 필요합니다.

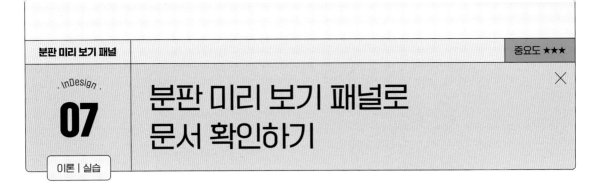

. InDesign .

07

이론 | 실습

분판 미리 보기 패널로
문서 확인하기

인쇄할 때는 Cyan(사이언), Magenta(마젠타), Yellow(옐로), Black(블랙) 즉, CMYK에 각각의 인쇄판을
할당하여 색상별 분판 필름을 만들어 사용합니다.

❶ 분판 요소 이해하기   • • •

분판을 모니터에서 보면 다음의 요소를 확인할 수 있습니다.

❶ 광택 및 기타 코팅 : 광택은 투명하기 때문에 화면에서 미리 보기가 어려울 수 있습니다. 광택 분판만 따로 미리 보는 경우 광택이
적용된 영역은 검정으로 표시됩니다.

❷ 혼합 검정 : 분판을 미리 보면 혼합 검정으로 인쇄되는 영역 또는 불투명도를 높여 더 풍부한 색상을 얻기 위해 색상 잉크를 혼합한
검정 원색(K) 잉크로 인쇄되는 영역을 확인할 수 있습니다.

❸ 잉크 커버리지 : 용지에 잉크가 너무 많이 사용되면 잉크를 말릴 때 문제가 생길 수 있습니다. 사용할 인쇄 장치의 최대 잉크 커버리
지에 대해 인쇄 업체에 문의한 다음 문서를 미리 보고 인쇄 장치의 제한을 벗어나는 잉크 커버리지 영역이 어디인지 확인할 수 있
습니다.

❹ 중복 인쇄 : 색상 분판 출력에서 혼합, 투명도 및 중복 인쇄가 어떻게 표시되는지 미리 볼 수 있습니다.

❷ 분판 미리 보기 패널 살펴보기   • • •

메뉴에서 (창) → 출력 → 분판 미리 보기를 실행해 표시되는 분판 미리 보기 패널의 보기에서 '분판'을 선택합
니다.

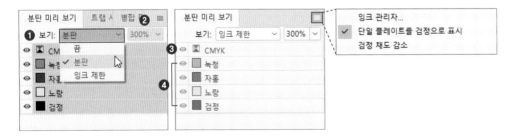

❶ 보기 : 분판 미리 보기를 끄거나 잉크 제한 상태를 확인할 수 있습니다.

❷ 잉크 커버리지 값 : 잉크 제한 상태에서 잉크 커버리지 값을 선택할 수 있습니다. 인쇄 업체와 상의하여 값을 지정합니다. 입력 값
제한에 벗어나는 영역은 문서에서 빨간색으로 표시됩니다.

❸ CMYK : 모든 원색 플레이트를 한꺼번에 보려면 'CMYK'를 선택합니다.

❹ 눈 아이콘 : 하나 이상의 분판을 숨기려면 각 분판 이름 왼쪽에 있는 눈 아이콘(◉)을 클릭합니다. 분판을 즉시 확인하려면 분판 이
름 옆에 있는 눈 아이콘 또는 상자를 클릭하고 드래그합니다.

01 09 폴더에서 '분판.indd' 파일을 불러옵니다.

인쇄 시 분판 필름을 예상하여 작업할 수 있는 분판 미리 보기 패널을 활용해서 문서를 확인합니다. ❶ 메뉴에서 (창)
→ 출력 → 분판 미리 보기를 실행하거나 Shift+F6을 누릅니다. 분판 미리 보기 패널이 표시되면 ❷ 보기를 분판 필름을 미
리 보기 위한 '분판'으로 지정합니다.

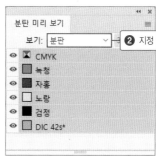

02 색상 견본 패널을 살펴보면 예제에서는
별색인 'DIC 42s'가 사용된 것을 확인할
수 있습니다.

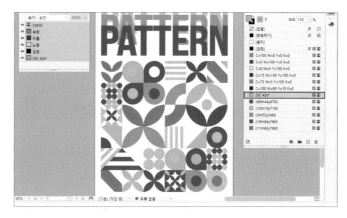

TIP

분판을 미리 보기 전에 색상에 문제 있는 부분을 수
정하고, 사용하지 않거나 불필요한 색상, 별색을 정리
한 다음 확인하는 것이 좋습니다.

03 'CMYK'의 눈 아이콘(👁)을 클릭하여 끄면 별색 영역만 나타납니다. 별색과 각각 다른 하나의 색상을 선택하면 해당
분판의 개체만 나타납니다.

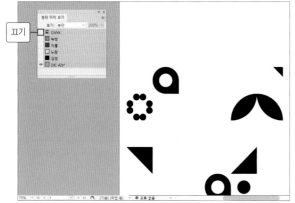

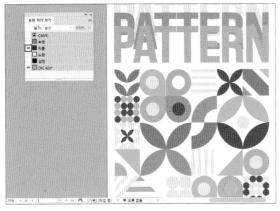
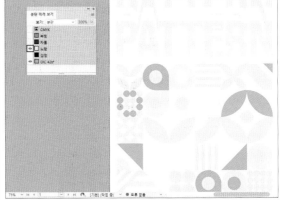

(04) 분판을 하나만 선택하면 검정으로 나타 납니다. 이때 분판 미리 보기 패널에서 ❶ '패널 메뉴' 아이콘(☰)을 클릭하고 ❷ 단일 플레이트를 검정으로 표시를 실행하여 비활성 화하면 지정된 색상으로 확인할 수 있습니다.

(05) 개체 위에 커서를 위치시키면 색상 견본 패널에 색조가 나타납니다.

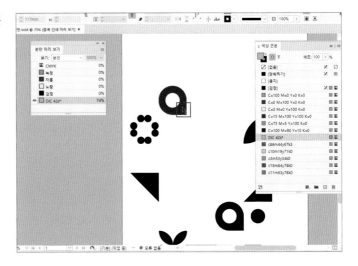

TIP ◁

검정이 오버프린트되는 설정을 녹아웃으로 변경하려면 메뉴에서 **(편집) → 환경 설정 → 검정 모양**을 실행합니다. [환경 설정] 대화상자가 표시되면 [검정 모양] 탭에서 [검정]의 중복 인쇄 항목의 '[검정] 색상 견본 100%로 중복 인쇄'의 체크 표시를 해제한 다음 〈확인〉 버튼을 클릭하면 검정이 녹아웃으로 인쇄됩니다.

▲ 오버프린트

▲ 녹아웃

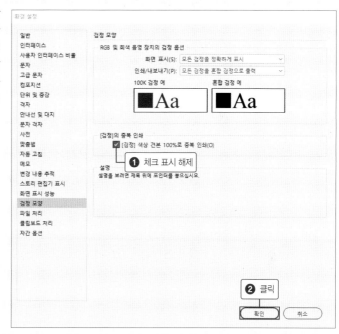

TIP ◁

후가공 작업에서의 확인 방법

디자인 인쇄물에 부분적으로 무광, 유광, 금박, 은박, 형압, 에폭시 등을 특수 처리하는 것을 후가공 작업이라 합니다. 후가공 처리해야 하는 부분만 정확한 위치에 검정으로 만들어 인쇄소에 전달합니다. 후가공 문서에는 검정 이외의 색상이 들어가면 안 되기 때문에 이를 확인하기 위해 분판 미리 보기 패널에서 '검정'의 눈 아이콘(◉)을 클릭하여 비활성화해서 흰색만 보이면 다른 색상이 섞이지 않았다는 의미이므로 안심하고 인쇄소에 전달할 수 있습니다.

.InDesign.

08   PDF 내보내기 옵션 알아보기

이론

PDF(Portable Document Format)는 다양한 응용 프로그램과 플랫폼에서 만들어진 문서의 글꼴, 이미지, 레이아웃을 그대로 유지하는 범용 파일 형식입니다. 인디자인에서도 PDF 형식을 통해 전자 문서와 양식을 안전하고 안정적으로 배포 및 교환할 수 있습니다. 용도에 맞는 PDF를 설정하는 방법에 관해 알아보겠습니다.

내보낼 문서를 열고 메뉴에서 (파일) → 내보내기를 실행하거나 Ctrl+E를 누릅니다. [내보내기] 대화상자가 표시되면 파일 이름, 저장 위치를 지정합니다. 파일 형식은 인쇄용인 'Adobe PDF(인쇄) (*.pdf)'를 선택한 다음 〈저장〉 버튼을 클릭합니다. 수정된 설정은 〈사전 설정 저장〉 버튼을 클릭하여 저장할 수 있습니다. 〈내보내기〉 버튼을 클릭하면 지정된 경로에 해당 문서가 PDF로 내보내집니다.

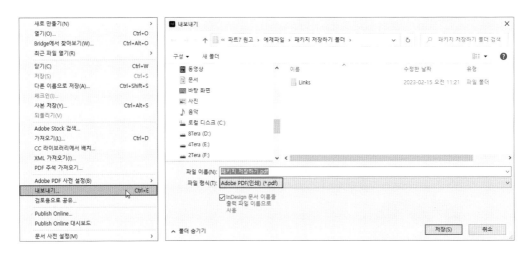

❶ PDF 기본 설정 – 일반   •••

[Adobe PDF 내보내기] 대화상자가 표시되면 (일반) 탭에서 PDF로 내보낼 문서의 범위와 레이어 포함 여부 등을 설정합니다.

TIP ⇦

사전 설정은 인쇄물과 출력실 환경에 따라 변경될 수 있으므로 확인하여 조정합니다. [고품질 인쇄] 외에 인쇄 출판 작업에 많이 사용하는 표준은 PDF/X–a과 같은 PDF/X 형식입니다. 특히 PDF/X–4 형식은 활성 투명도와 색상 관리 기능을 잘 표현하며 RIP 처리, Adobe PDF Print Engine을 이용하는 디지털 프린터와 아크로뱃에서 인쇄할 PDF 파일에 최적입니다. 또한 직접 설정을 저장하여 손쉽게 설정을 적용할 수 있습니다.

> [MAGAZINE Ad 2006 (Japan)]
> [PDF/X-1a:2001 (Japan)]
> [PDF/X-3:2002 (Japan)]
> [PDF/X-4:2008 (Japan)]
> [고품질 인쇄]
> ✓ [고품질 인쇄] (수정됨)
> [최소 파일 크기]
> [출판 품질]
> 낱장 인쇄본
> 멸징 교정본
> 멸징 인쇄본

❶ **Adobe PDF 사전 설정** : 간편한 인쇄용 설정으로 기본 설정인 '[고품질 인쇄]'를 선택합니다.

❷ **표준** : 필요하면 PDF 변환 중 변환할 파일이 특정 표준을 준수하는지 확인하는 검사를 수행할 수 있습니다.

❸ **호환성** : PDF를 만들 때는 사용할 PDF 버전을 결정해야 합니다. 모든 사용자가 문서를 확인하고 인쇄할 수 있도록 'Acrobat 5(PDF 1.4)' 또는 'Acrobat 6 (PDF 1.5)'을 선택하는 것이 좋습니다. 따라서 기본 설정은 PDF 1.4 버전으로 저장되며, 최신 버전이 필요한 경우 PDF 1.7 버전을 사용합니다.

❹ **범위** : 특정 범위만 PDF로 내보내고 싶다면 페이지 항목에서 '범위'를 선택합니다. 책을 내보내거나 사전 설정할 때는 이 옵션을 사용할 수 없습니다.

❺ **페이지/스프레드** : 인쇄용 PDF를 만들 때는 작업물을 인쇄할 수 있는 상태로 정판 작업이 진행되도록 '페이지(낱장)'를 선택해야 합니다. '스프레드'를 선택하면 마주보기 상태로 PDF가 만들어집니다.

❻ **보기** : PDF를 열었을 때 초기 보기 설정과 레이아웃 설정으로 '[기본값]'을 유지하도록 선택합니다.

❼ **페이지 축소판 포함** : PDF의 각 페이지에 축소판 미리 보기를 포함할 수 있습니다. 그러나 파일 크기가 늘어나므로 필요한 경우에 체크 표시합니다. Acrobat 5.0 이상에서 PDF를 확인하거나 인쇄할 때는 이 설정이 필요 없습니다. Acrobat 5.0 이상 버전에서는 PDF의 페이지 패널을 클릭할 때마다 동적으로 축소판을 만드는 기능이 제공됩니다.

❽ **빠른 웹 보기를 위해 최적화** : PDF 파일 크기를 줄이고 웹 브라우저에서 빠르게 볼 수 있도록 PDF 파일을 최적화합니다. 체크 표시하면 [Adobe PDF 내보내기] 대화상자의 [압축] 탭에서 선택한 설정과 관계없이 텍스트와 라인 아트를 압축합니다.

❾ **태그 있는 PDF 만들기** : 단락, 기본 텍스트 서식, 목록 및 표를 인식하여 자동으로 태그를 붙입니다. PDF로 내보내기 전 문서에 태그를 삽입하고 조정할 수도 있습니다.

TIP ☜

호환성이 'Acrobat 6 (PDF 1.5)' 이상으로 지정된 경우 파일 크기가 줄어들도록 태그가 압축됩니다. 그다음 Acrobat 4.00이나 Acrobat 5.0에서 PDF를 열면 이러한 버전의 아크로뱃에서는 태그 압축을 풀 수 없기 때문에 태그가 표시되지 않습니다.

❿ **Acrobat 레이어 만들기** : 인디자인에서 만든 레이어를 PDF에 Acrobat 레이어로 저장합니다. 다양한 언어로 발행하는 잡지와 같은 작업의 경우 Acrobat 6.0 이상 사용자는 하나의 문서에 언어별 텍스트를 다른 레이어에 배치하여 작업합니다. 그러면 인쇄 업체에서 레이어를 표시하거나 숨겨 서로 다른 버전의 문서를 만들 수 있습니다. 단, 기본으로 같은 이름으로 지정된 레이어가 병합되기 때문에 주의합니다.

TIP ◁▷

호환성이 'Acrobat 6 (PDF 1.5)' 이상으로 지정된 경우에만 'Acrobat 레이어 만들기'가 활성화됩니다.

⓫ **레이어 내보내기** : 표시된 레이어와 인쇄되지 않는 레이어가 PDF에 포함되는지의 여부를 결정합니다. '표시'와 '인쇄' 레이어 설정 여부는 레이어 패널의 [레이어 옵션] 대화상자에서 설정하여 확인할 수 있습니다. 레이어 내보내기에서 선택할 수 있는 옵션은 다음과 같습니다.

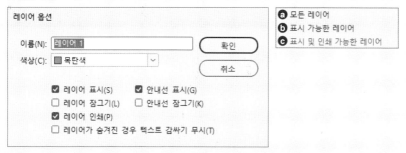

ⓐ **모든 레이어** : 숨겨진 레이어, 인쇄되지 않도록 설정된 레이어를 포함합니다.

ⓑ **표시 가능한 레이어** : 인쇄되지 않도록 설정된 레이어와 표시된 레이어를 포함합니다.

ⓒ **표시 및 인쇄 가능한 레이어** : 표시되었고 인쇄할 수 있도록 설정된 레이어만 포함합니다.

⓬ **책갈피** : 책갈피 패널에서 지정한 정보로 목차 항목에 관한 책갈피를 만듭니다.

⓭ **하이퍼링크** : 하이퍼링크 주석을 만듭니다.

⓮ **인쇄되지 않는 개체** : 특성 패널의 '인쇄되지 않는 항목'이 적용된 개체를 내보냅니다.

⓯ **표시 가능한 안내선 및 기준선 격자** : 문서에 현재 표시된 각각의 안내선을 내보냅니다. 격자 및 안내선은 문서에서 사용한 색상과 같은 색상으로 내보냅니다.

⓰ **대화형 요소** : PDF에 아이콘 및 동영상 포스터와 같은 항목을 포함하려면 '모양 포함'으로 지정합니다.

---

❷ 이미지 해상도 조정 – 압축 ● ● ●

〔압축〕 탭에서는 이미지 성격에 따라 압축 정도를 설정하거나 필요 이상으로 높아진 해상도를 일괄적으로 낮출 수 있습니다.

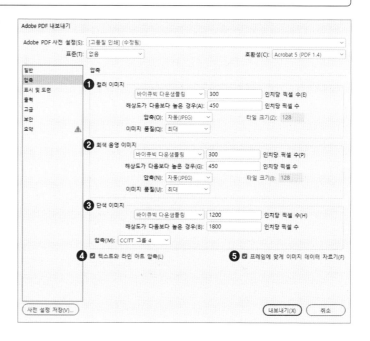

❶ **컬러 이미지** : 인쇄용으로 적합한 해상도로 지정되어 있습니다. 보통 300dpi 이상으로 설정합니다.

❷ **회색 음영 이미지** : 색상이 없는 회색 음영 이미지에 대한 기준값과 해상도를 같게 설정합니다.

❸ **단색 이미지** : 단색으로 이루어진 이미지에 대한 기준값과 해상도를 설정합니다.

❹ **텍스트와 라인 아트 압축** : 문서의 텍스트와 라인 아트를 압축하며 품질에는 손상이 없습니다.

❺ **프레임에 맞게 이미지 데이터 자르기** : 프레임 밖의 보이지 않는 이미지를 제외하고 PDF로 제작합니다.

❸ 출력 정보 – 표시 및 도련 • • •

〔표시 및 도련〕 탭에서는 출력에 필요한 정보의 표시 유무를 선택합니다.

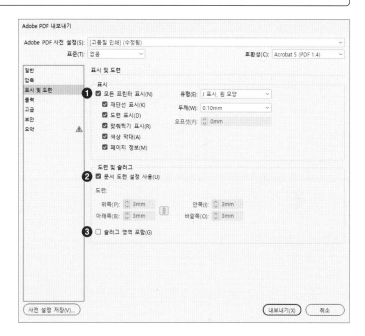

❶ **모든 프린터 표시** : 문서 출력에 필요한 정보들이 나타나므로 체크 표시합니다.

❷ **문서 도련 설정 사용** : 문서에서 설정한 도련으로 재단선이 나타나므로 체크 표시합니다. 체크 표시를 해제하고 재단선 위치를 입력할 수도 있습니다. 별도로 입력할 때도 상하좌우를 같게 설정하는 것이 일반적입니다.

❸ **슬러그 영역 포함** : 문서에 지정한 슬러그 영역을 출력하려면 체크 표시합니다.

TIP ◁

도련 및 슬러그 영역은 문서를 최종 페이지 크기로 재단할 때 삭제되는 영역입니다. 일반적으로 도련에는 재단선이 위치하며 슬러그 영역에는 작업자의 코멘트나 특이점 등을 적어 놓습니다. 인쇄 시 〔표시 및 도련〕 탭의 도련 및 슬러그 항목에서 도련 표시의 기본 위치를 재정의할 수 있습니다.

❹ 색상 설정 – 출력

〔출력〕 탭에서 색상 체계를 변환하거나
잉크 관리자를 통해 별색과 원색을 조정
할 수 있습니다.

❶ **색상 변환** : '색상 변환 없음'으로 지정하면
색상 데이터가 그대로 유지됩니다. 'PDF/
X-3'는 기본값입니다.

❷ **잉크 관리자** : 불필요한 별색을 원색으로
변경하려면 〈잉크 관리자〉 버튼을 클릭해
정리합니다.

❺ 사용자 제한 – 보안

〔보안〕 탭에서 PDF로 저장할 때 암호
보호 및 보안 제한을 추가하여 파일을
열 수 있는 사용자뿐 아니라 내용을 복
사하거나 추출하고, 문서를 인쇄하는 등
의 작업을 수행하는 사용자를 제한할 수
있습니다. Adobe PDF 사전 설정은 암
호 및 보안 설정을 지원하지 않습니다.

❶ **암호를 사용하여 인쇄, 편집 및 다른 작업
제한** : 사용자가 문서를 열 때, 지정된 암
호를 입력하도록 요구하려면 체크 표시합
니다.

❷ **권한 암호** : 사용자가 PDF 파일을 열 때
입력해야 할 암호를 지정합니다.

❻ 설정 확인 – 요약 · · ·

〔요약〕 탭에서 설정한 값을 모두 확인할
수 있습니다.

TIP ◁━

PDF 크기 줄이기

보기용으로만 배포하려는 PDF 파일은 내보낼 때 다음과 같이 설정하여 크기를 줄일 수 있습니다.

❶ [Adobe PDF 내보내기] 대화상자의 Adobe PDF 사전 설정을 '최소 파일 크기'로 지정합니다.

❷ 〔압축〕 탭에서 이미지를 인치당 '72px'로 다운샘플링합니다. 압축을 '자동'으로 지정하고, 컬러 이미지와 회색 음영 이미지에 대해 '낮음' 또는 '중간' 이미지 품질을 선택합니다. 사진 이미지로 작업할 때는 '자동(JPEG) 압축'을 이용하고, 차트 및 그래프처럼 대부분 단색인 이미지로 작업할 때는 'ZIP 압축'을 사용합니다.

❸ 〔출력〕 탭에서 잉크 관리자를 이용하여 별색을 원색으로 변경합니다.

InDesign
09
실습

인쇄용으로 PDF로 내보내기

인디자인에서 작업한 디자인은 인쇄소에 PDF 문서를 전달하는 방법을 사용합니다. 내보내기 명령의 PDF(인쇄용) 설정은 인쇄에 필요한 여러 가지 설정을 간편하고 손쉽게 인쇄 공정에 맞는 파일로 작성할 수 있습니다.

• 예제파일 : 09\PDF 내보내기.indd

• 완성파일 : 09\PDF 내보내기_완성.pdf

01 09 폴더에서 'PDF 내보내기.indd' 파일을 불러옵니다.
이 문서는 총 4페이지로 구성된 디자인 작업입니다.

02 ❶ 메뉴에서 [파일] → 내보내기([Ctrl] +[E])를 실행합니다. [내보내기] 대화 상자가 표시되면 ❷ 파일 이름에 '내보내기'를 입력하고 ❸ 파일 형식을 'Adobe PDF(인쇄) (*.pdf)'로 지정한 다음 ❹ 〈저장〉 버튼을 클릭합니다.

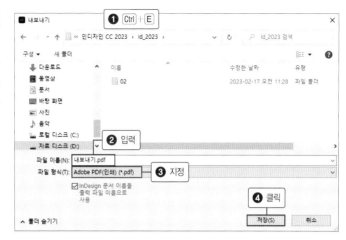

03 [Adobe PDF 내보내기] 대화상자가 표시되면 Adobe PDF 사전 설정을 '[고품질 인쇄]'로 지정합니다.

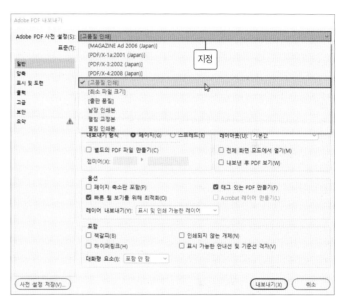

04 [일반] 탭에서 ❶ 페이지 항목의 '모두'를 선택한 다음 ❷ 내보내기 형식은 '페이지'를 선택합니다.

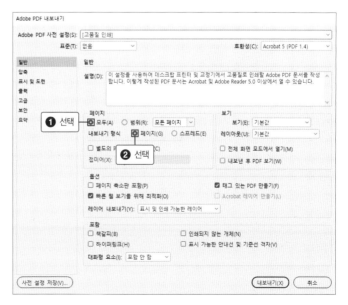

05 ❶ (표시 및 도련) 탭을 선택하고 ❷ 표시 항목의 '모든 프린터 표시'를 체크 표시합니다. ❸ 도련 및 슬러그 항목에서는 '문서 도련 설정 및 사용'에 체크 표시하고 ❹ 도련이 모두 '3mm'로 설정됐는지 확인한 다음 ❺ 〈내보내기〉 버튼을 클릭합니다.

TIP 👈

슬러그(Slug) 영역은 도련 영역보다 더 바깥쪽에 위한 영역으로, 인쇄할 때 함께 인쇄되지만 재단선 바깥에 위치해서 최종 재단 시 삭제되는 영역입니다.

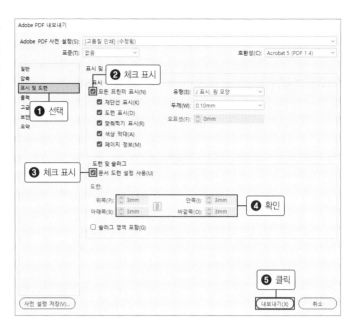

06 저장 위치에서 'PDF 내보내기.pdf' 파일을 확인합니다. PDF 파일을 더블클릭하여 디자인 내용, 재단선 등이 올바르게 적용되어 있는지 확인하고 인쇄소에 전달합니다.

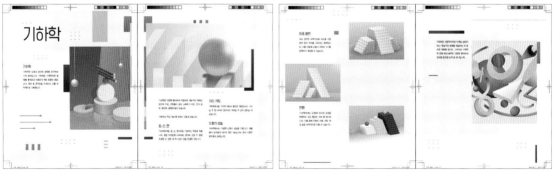

. InDesign .

10

실습

PDF로 내보낼 때 텍스트를 일괄 이미지로 만들기

인쇄 및 출력

• 예제파일 : 09\텍스트 일괄 이미지.indd   • 완성파일 : 09\텍스트 일괄 이미지_완성.pdf, 텍스트 일괄 이미지_완성.indd

---

01 09 폴더에서 '텍스트 일괄 이미지.indd' 파일을 불러옵니다.

메뉴에서 (편집) → 투명도 병합 사전 설정을 실행합니다.

TIP

일반적으로 인디자인에서 윤곽선을 이용할 때 **윤곽선 만들기**를 실행하지만, 이 방법은 이후에 내용을 수정하기 어렵고, 많은 분량의 경우 윤곽선을 일일이 만들어야 한다는 단점이 있습니다.

Why?

PDF 파일은 파일에 글꼴을 포함하여 배포할 수 있는 문서입니다. 하지만 일부 글꼴의 경우 PDF 포함 기능을 지원하지 않거나 PDF 문서에 제대로 포함되지 않고, 때로는 인쇄소에서 충돌하는 등의 문제가 발생합니다. 이러한 문제를 방지하기 위해 되도록 모든 글꼴이 윤곽선으로 처리된 PDF 파일로 인쇄하는 것을 추천합니다.

---

02 [투명도 병합 사전 설정] 대화상자가 표시되면 ❶ 사전 설정에서 '고해상도'를 선택한 다음 ❷ 〈새로 만들기〉 버튼을 클릭합니다.

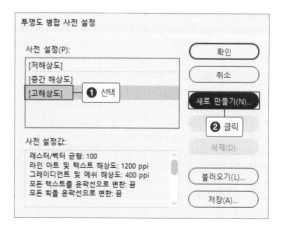

03 [투명도 병합 사전 설정 옵션] 대화상자가 표시되면 ❶ 이름에 '텍스트 아웃라인'을 입력한 다음 ❷ '모든 텍스트를 윤곽선으로 변환'에 체크 표시하고 ❸ 〈확인〉 버튼을 클릭합니다. 다시 [투명도 병합 사전 설정] 대화상자에서 ❹ '텍스트 아웃라인'이 저장된 것을 확인한 다음 ❺ 〈확인〉 버튼을 클릭합니다.

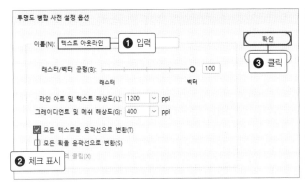
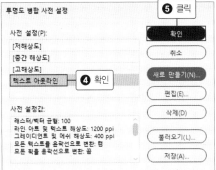

04 PDF 문서의 모든 글꼴을 윤곽선 처리 하는 다른 방법으로 투명한 개체를 활용 하는 방법에 대해 알아봅니다. 페이지 패널에서 'A-마스터'를 더블클릭하여 마스터 페이지로 이 동합니다.

05 먼저 ❶ 사각형 도구(▭)를 선택하고 그림과 같이 마스터 페이지에 드래그 하여 사각형을 만듭니다. 개체 컨트롤 패널에서 ❷ 칠을 '흰색', 획을 '없음', 불투명도를 '0%'로 설정합니다. ❸ 모든 페이지에 A-마스터를 적 용합니다.

TIP ◁
모든 페이지에 투명한 도형을 일괄적으로 포함시키 는 과정입니다.

06 ❶ 메뉴에서 〔파일〕 → 내보내기(Ctrl +E)를 실행합니다. [내보내기] 대화상자가 표시되면 ❷ 저장 위치를 지정하고 ❸ 파일 형식을 'Adobe PDF(인쇄) (*.pdf)'로 지정한 다음 ❹ 〈저장〉 버튼을 클릭합니다.

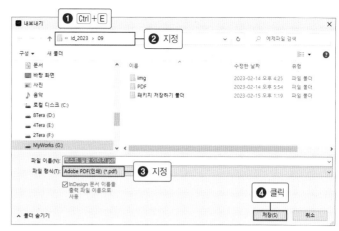

07 [Adobe PDF 내보내기] 대화상자가 표시되면 ❶ 먼저 표준을 지정합니다. ❷ 〔고급〕 탭을 선택한 다음 ❸ 투명도 병합 항목의 사전 설정에서 직접 만든 '텍스트 아웃라인'을 지정하고 ❹ 〈내보내기〉 버튼을 클릭합니다.

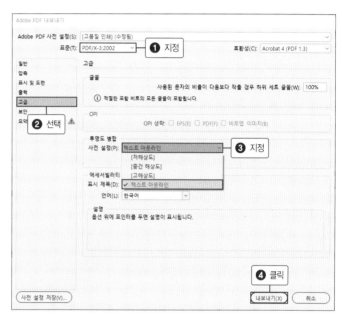

08 저장된 PDF를 열면 텍스트가 이미지로 변환된 것을 확인할 수 있습니다. 호환성에서 좋아진 점이 있지만 PDF 파일에서는 텍스트를 수정하거나 복사할 수 없습니다. 인디자인 원고에서는 언제든지 수정이 가능합니다.

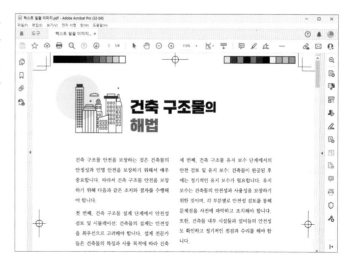

. InDesign .

11

실습

컬러 문서를 흑백 PDF로 내보내기

×

컬러로 작업했지만 흑백으로 인쇄해야 할 경우가 있습니다. 모든 작업을 일일이 흑백으로 변경하기는 어려우므로 출력 옵션을 사용하여 간단하게 컬러 문서를 흑백 PDF로 내보내는 방법에 대해 알아봅니다.

Before

After

- **예제파일** : 09\흑백 PDF.indd
- **완성파일** : 09\흑백 PDF_완성.pdf

---

01 09 폴더에서 '흑백 PDF.indd' 파일을 불러옵니다.
메뉴에서 (파일) → 내보내기((Ctrl)+(E))를 실행합니다.

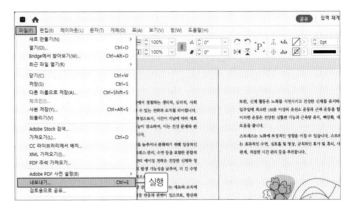

02 [내보내기] 대화상자가 표시되면 ❶ 저장 위치를 지정하고 ❷ 파일 이름을 입력한 다음 ❸ 〈저장〉 버튼을 클릭합니다.

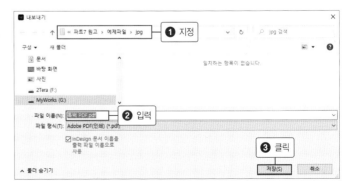

03 [Adobe PDF 내보내기] 대화상자가 표시되면 ❶ (출력) 탭을 선택한 다음 ❷ 색상 변환을 '대상으로 변환'으로 지정합니다.

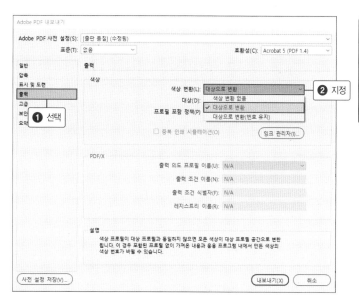

04 ❶ 대상을 'Dot Gain 15%'로 지정하고 ❷ 〈내보내기〉 버튼을 클릭합니다.

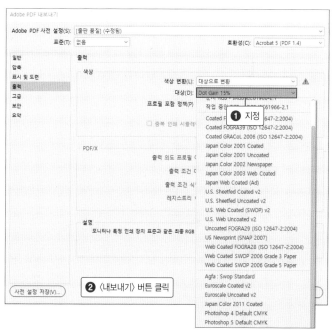

05 저장된 PDF를 확인하면 문서의 모든 부분이 흑백으로 변경된 것을 확인할 수 있습니다.

PDF는 이미 범용성에 있어서 보편화된 문서이지만 경우에 따라 인디자인 문서를 JPEG 이미지로 출력해야 하는 경우가 많습니다. 내보내기 명령을 이용하여 빠르게 JPEG 이미지를 만들어 봅니다.

❶ **선택** : 현재 선택된 페이지를 JPEG로 저장합니다.

❷ **범위** : 원하는 페이지만 JPEG로 저장합니다.

❸ **모두** : 문서 전체 페이지를 JPEG로 저장합니다.

❹ **페이지** : 페이지를 기준으로 JPEG로 저장합니다.

❺ **스프레드** : 양면 펼침 페이지를 기준으로 JPEG로 저장합니다.

❻ **품질** : 이미지 품질을 지정합니다.

   ⓐ **최대** : 사용할 수 있는 모든 고해상도 이미지 데이터가 내보낸 파일에 포함되며 가장 큰 디스크 공간이 필요합니다. 고해상도 출력 장치에서 파일을 인쇄할 경우 이 옵션을 선택합니다.

   ⓑ **낮음** : 가져온 비트맵 이미지의 화면 해상도 버전(72dpi)만 내보낸 파일에 포함됩니다. 파일을 화면에서만 표시할 경우 이 옵션을 선택합니다.

   ⓒ **중간 및 높음** : '낮음'을 선택할 때보다 많은 이미지 데이터가 포함되지만 여러 압축 레벨을 통해 파일 크기가 줄어듭니다.

❼ **해상도** : 해상도를 지정하여 저장합니다.

❽ **색상 공간** : 'RGB', 'CMYK', '회색'을 선택하여 저장합니다.

❾ **색상 프로필 포함** : 내보낸 JPEG 파일에 문서의 색상 프로필이 포함됩니다. 색상 프로필 이름은 옵션 오른쪽에 작은 텍스트로 표시됩니다. JPEG로 내보내기 전에 메뉴에서 (**편집**) → **프로필 할당**을 실행하면 원하는 문서 프로필을 선택할 수 있습니다. 색상 공간에서 '회색'을 선택하면 '색상 프로필 포함'이 비활성화됩니다.

❿ **앤티 앨리어스** : 앤티 앨리어스는 텍스트와 비트맵 이미지의 고르지 않은 가장자리를 부드럽게 만듭니다.

⓫ **문서 도련 설정 사용** : 문서 설정에서 지정한 도련 영역이 JPEG에 나타납니다. '선택 항목'을 선택한 경우에는 이 옵션이 비활성화됩니다.

⓬ **중복 인쇄 시뮬레이션** : 중복 인쇄 미리 보기 기능과 비슷하지만 선택한 색상 공간 모두에서 작동합니다. 체크 표시하면 인디자인에서 내보내는 JPEG 파일이 별색을 인쇄용 원색으로 변환하여 중간 농도 값이 다른 중복 인쇄 별색 잉크 효과를 시뮬레이션합니다.

• 예제파일 : 09\jpg 내보내기.indd **• 완성파일** : 09\jpg 내보내기.jpg~jpg 내보내기4.jpg ● ● ●

01 09 폴더에서 'jpg 내보내기.indd' 파일
을 불러옵니다.

메뉴에서 (파일) → 내보내기(Ctrl+E)를 실행
합니다.

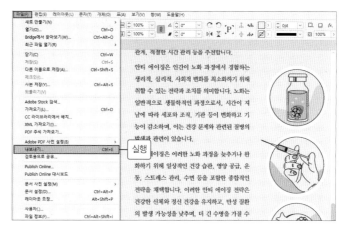

02 [내보내기] 대화상자에서 ❶ 파일 형식
을 클릭한 다음 ❷ 'JPEG (*.jpg)'로 지
정하고 ❷ 〈저장〉 버튼을 클릭합니다.

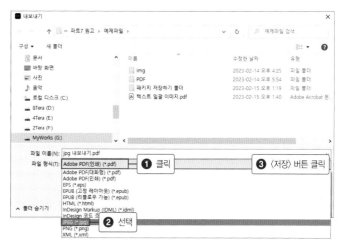

03 [JPEG 내보내기] 대화상자가 표시되면 ❶ 내보내기 항목에서 '모두'를 선
택하고 ❷ '페이지'를 선택한 다음 ❸ 〈내보내기〉 버튼을 클릭합니다. 저
장된 위치를 살펴보면 문서의 모든 페이지가 JPEG 파일로 저장되었습니다.

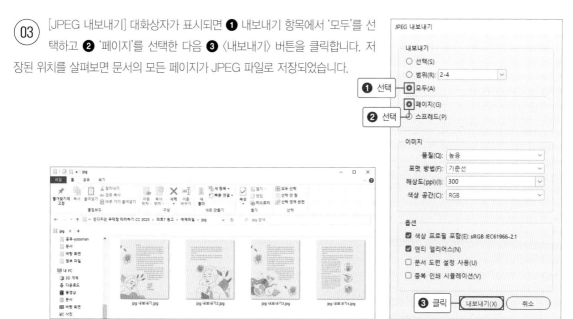

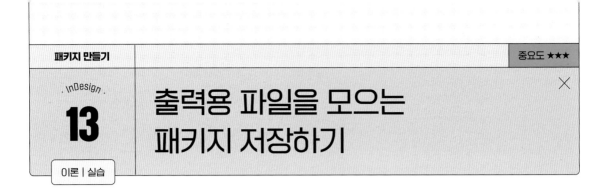

출력용 파일을 모으는 패키지 저장하기

디자인 작업을 마친 후 문서를 보관하거나 협업자에게 전달하여 편집할 수 있도록 하려면 인디자인 문서와 이미지 등의 링크가 유실되지 않도록 파일들을 모아야 합니다. 패키지 명령은 이와 같은 작업을 편리하게 할 수 있는 기능입니다.

메뉴에서 [파일] → 패키지를 실행하여 [패키지] 대화상자가 표시되면 각 탭의 옵션을 설정하고 〈패키지〉 버튼을 클릭합니다. [인쇄 지침] 대화상자에서 패키지 보고서에 포함하려는 내용을 입력하고 〈계속〉 버튼을 클릭합니다. [발행물 패키지] 대화상자에서 지정할 수 있는 여러 가지 옵션을 살펴봅니다.

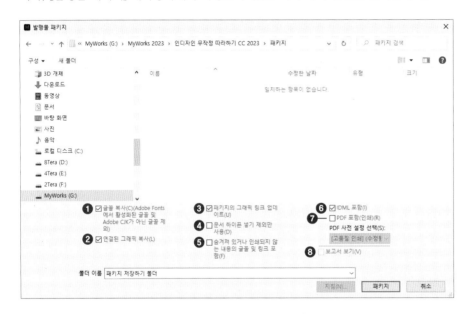

❶ **글꼴 복사(Adobe Fonts에서 활성화된 글꼴 및 Adobe CJK가 아닌 글꼴 제외)** : 문서에 적용된 글꼴을 복사하여 내보낼 수 있습니다. 이때 저작권이 있는 글꼴이 있으면 글꼴 라이선스와 관련된 경고 메시지와 글꼴 복사가 불가능하다는 안내 메시지가 나타납니다. 〈확인〉 버튼을 클릭하면 문서 패키지 작업이 진행됩니다. 한글의 경우 글꼴들이 포함되지 않습니다.

❷ **연결된 그래픽 복사** : 연결된 그래픽 파일을 복사합니다. 연결된 텍스트 파일은 항상 복사됩니다.

❸ **패키지의 그래픽 링크 업데이트** : 그래픽 링크를 패키지 폴더 위치로 변경합니다. 텍스트 파일을 다시 연결하려면 직접 연결한 다음 문서에서 제대로 보이도록 서식이 유지되는지 확인해야 합니다.

❹ **문서 하이픈 넣기 제외만 사용** : 하이픈 넣기 및 사전 설정이 같지 않은 컴퓨터에서 문서가 출력될 때 글줄이 틀어지지 않도록 설정합니다.

❺ **숨겨져 있거나 인쇄되지 않는 내용의 글꼴 및 링크 포함** : 숨겨진 레이어에 있는 개체를 모두 패키지에 포함합니다.

❻ **IDML 포함** : 패키지 폴더에 IDML 파일을 함께 저장합니다.

❼ **PDF 포함(인쇄)** : PDF 사전 설정 선택을 지정한 다음 패키지 폴더에 인쇄용 PDF도 함께 저장할 수 있습니다.

❽ **보고서 보기** : 문서 패키지 작업이 완료되었을 때 요약된 정보의 보고서가 표시되어 문서에 대한 자세한 설명이 나타납니다.

• **예제파일** : 09\패키지 저장하기.indd   • **완성파일** : 09\패키지 저장하기 폴더   • • •

01 09 폴더에서 '패키지 저장하기.indd' 파일을 불러옵니다.

패키지 저장은 전달하기 위한 것이므로 먼저 오류가 없는지 프리플라이트 항목을 확인합니다. ❶ 메뉴에서 (파일) → 패키지를 실행합니다. [패키지] 대화상자가 표시되면 ❷ 〈패키지〉 버튼을 클릭합니다.

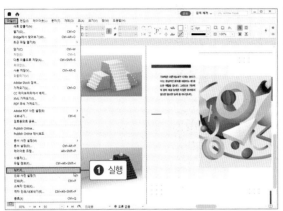

02 [발행물 패키지] 대화상자에서 ❶ 폴더 이름을 입력한 다음 기본으로 체크 표시된 옵션 외에 ❷ 'IDML 포함'을 체크 표시하고 ❸ 〈패키지〉 버튼을 클릭합니다.

TIP ⤵

유료 글꼴을 사용했다면 따로 글꼴을 폴더 내에 넣어야 추후 글꼴이 설치되지 않은 PC에서 작업할 경우 글꼴 오류를 예방할 수 있습니다.

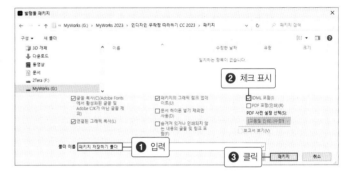

03 글꼴 저작권 관련 경고 메시지 창의 〈확인〉 버튼을 클릭하면 패키지 작업이 완료됩니다. 한글 글꼴은 복사되지 않습니다.

Why? ⤵

패키지 작업의 목적은 보관 및 타인에게 전달하는 용도입니다. 문서에 사용된 글꼴이 있어야 어디서든 정상적으로 작업할 수 있기 때문에 글꼴이 함께 복사됩니다. 저작권 관련 경고 메시지가 표시되면 〈확인〉 버튼을 클릭합니다.

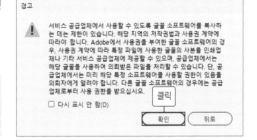

04 패키지 작업이 완료되면 저장된 폴더에 파일들을 모아둔 폴더를 확인할 수 있습니다.

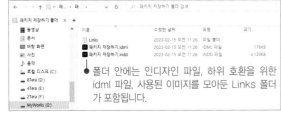

● 폴더 안에는 인디자인 파일, 하위 호환을 위한 idml 파일, 사용된 이미지를 모아둔 Links 폴더가 포함됩니다.

InDesign
14

실습

RGB 이미지를 CMYK로 변경하여 패키지 저장하기

• **예제파일** : 09\CMYK 변경 저장하기.indd   • **완성파일** : 09\CMYK 변경 저장하기 폴더   • • •

---

01 09 폴더의 'CMYK 변경 저장하기.indd' 파일을 불러옵니다.

메뉴에서 (파일) → 패키지를 실행합니다. [패키지] 대화상자가 표시되고 (요약) 탭에 이미지들이 RGB 색상이라는 경고 메시지가 나타납니다.

Why? 🖐

RGB 이미지는 4색 잉크를 사용하여 제작하는 인쇄물에서 색상이 제대로 표현되지 않습니다. RGB 이미지를 CMYK 이미지로 변경하는 방법에 대해 알아봅니다.

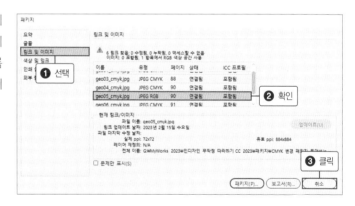

02 [패키지] 대화상자에서 ❶ (링크 및 이미지) 탭을 선택하면 ❷ RGB 색상 이미지를 확인할 수 있습니다. 페이지나 사진 이름을 확인하고 ❸ 〈취소〉 버튼을 클릭하여 패키지 작업을 중단합니다.

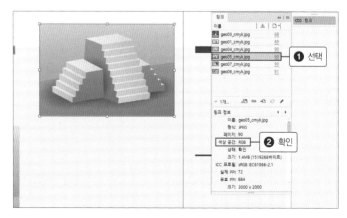

03 링크 패널에서 해당 이미지를 찾습니다. ❶ 'geo05_cmyk.jpg' 이미지 파일을 선택하고 ❷ 링크 정보를 확인하면 색상 공간이 RGB입니다.

04 ❶ 해당 이미지에서 마우스 오른쪽 버튼을 클릭한 다음 ❷ 편집에 사용할 응용 프로그램 → Adobe Photoshop 2023을 실행합니다.

TIP ◁

링크 패널에서 수정할 항목을 선택하고 '원본 편집' 아이콘(✎)을 클릭하거나 링크 패널 메뉴에서 **원본 편집**을 실행해도 됩니다.

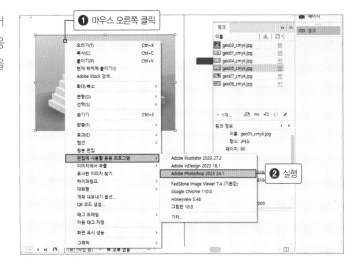

05 포토샵이 실행되고 CMYK로 변경해야 하는 이미지가 열립니다. 메뉴에서 (이미지) → 모드 → CMYK 색상을 실행하여 색상 모드를 변경한 다음 파일을 저장하고 닫습니다.

TIP ◁

포토샵 영문 버전은 메뉴에서 (Image) → Mode → CMYK Color를 실행합니다.

06 인디자인의 링크 패널에서도 해당 항목이 CMYK로 변경된 것을 확인할 수 있습니다. 다시 패키지 작업을 진행하여 마무리합니다.

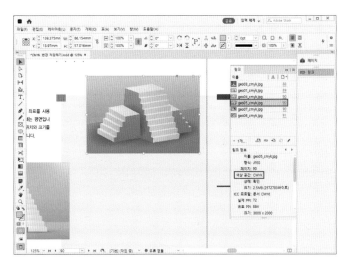

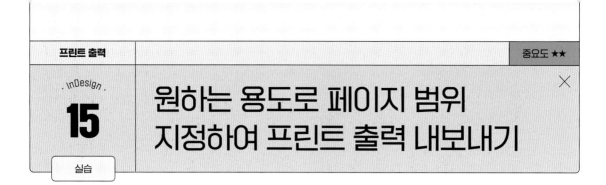

. InDesign .

15

실습

원하는 용도로 페이지 범위 지정하여 프린트 출력 내보내기

01 출력하려는 파일에서 메뉴의 (파일) → 인쇄([Ctrl]+[P])를 실행합니다.

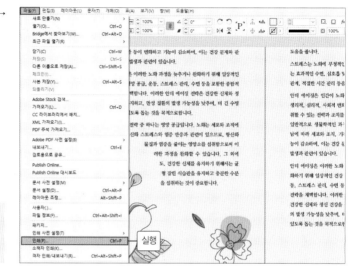

Why? 👈

페이지가 많은 문서에서 원하는 페이지 범위를 지정하여 인쇄 또는 PDF로 출력하는 방법에 대해 알아봅니다.

02 [인쇄] 대화상자가 표시되어 ❶ 페이지 항목의 '모두'를 선택한 다음 ❷ 〈인쇄〉 버튼을 클릭하면 문서의 모든 페이지를 인쇄할 수 있습니다.

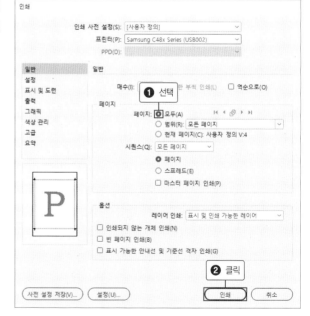

TIP 👈

만약 2페이지부터 3페이지까지만 인쇄하려면 페이지 항목에서 '범위'를 선택하고 '2-3'을 입력한 다음 〈인쇄〉 버튼을 클릭합니다.

. InDesign .

16

실습

다양한 크기의 용지에 프린트 출력 내보내기

✕

01 출력하려는 파일에서 ❶ 메뉴의 (파일) → 인쇄를 실행하거나 Ctrl+P 를 누릅니다. [인쇄] 대화상자가 표시되면 (일반) 탭에서 ❷ 프린터를 지정하고 ❸ 현재 출력 환경을 확인합니다.

페이지가 많으면 '역순으로'에 체크 표시한 다음 출력하면 출력물을 정리하기 수월합니다.

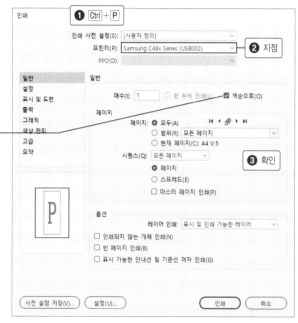

Why? 👈

개인적인 용도의 출력이나 크기가 큰 페이지 출력의 경우 미리 [인쇄] 대화상자를 이용하여 프린트나 교정 작업을 할 수 있습니다.

02 ❶ (설정) 탭을 선택한 다음 ❷ 용지 크기를 지정합니다. ❸ 펼침면이나 프린터 출력 크기를 넘는 인쇄물의 경우 '나란히 놓기'를 체크 표시하고 ❹ 오버랩을 '10mm'로 설정한 다음 ❺ 〈인쇄〉 버튼을 클릭합니다.

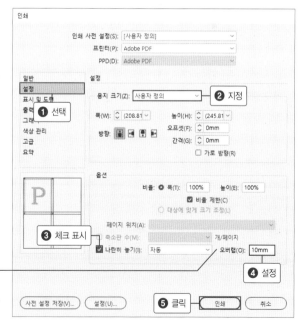

오버랩은 타일링 인쇄 후 겹치는 부분의 길이로 붙이기 위한 영역입니다. 오버랩으로 타일링 작업을 할 때는 인쇄할 수 있는 가장 큰 판형으로 지정해야 하며, 미리 보기 화면에서 충분히 참고한 다음 설정하는 것이 중요합니다.

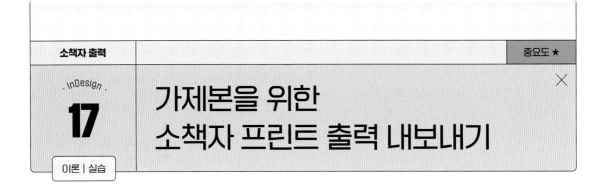

. InDesign .

17

이론 | 실습

가제본을 위한
소책자 프린트 출력 내보내기

소책자 인쇄 기능을 이용하면 전문 인쇄를 위한 프린터 스프레드를 만들 수 있습니다. 레이아웃에서는 페이지가 순서대로 표시되지만 페이지를 접고 묶은 후에 올바르게 표시될 수 있도록 다른 순서로 인쇄됩니다. 소책자 유형을 알아보겠습니다.

2장 중철

두 페이지가 나란히 배치된 프린터 스프레드를 만듭니다. 이 프린터 스프레드는 양쪽에 인쇄하고 페이지를 맞춘 다음 접어서 스테이플러로 고정하는 데 적합합니다.

2장 무선철

두 페이지가 나란히 배치되어 지정된 서명 크기에 맞는 프린터 스프레드를 만듭니다. 이 프린터 스프레드는 양쪽에 인쇄하고 페이지를 자른 후 접착제를 사용하여 겉표지에 붙이는 데 적합합니다.

연속

접이식 소책자나 브로슈어에 적합한 2, 3 또는 4페이지로 된 패널을 만듭니다.

01 출력하려는 파일에서 메뉴의 (파일) → 소책자 인쇄를 실행합니다. [소책자 인쇄] 대화상자에 표시되는 현재 문서의 인쇄 설정을 사용하려면 ❶ 인쇄 사전 설정에서 '[현재 문서 설정]'을 지정합니다. ❷ 기타 소책자 설정 옵션을 적절히 지정합니다.

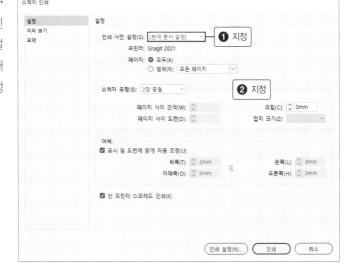

TIP
원하는 인쇄 사전 설정이 있으면 메뉴에서 **(파일)** → **인쇄 사전 설정 → 해당 사전 설정**을 실행합니다.

02 일부 문서만 정판하려면 ❶ '범위'를 선택하고 ❷ 정판에 포함할 페이지를 지정합니다. 프린터 표시와 색상 출력 등의 설정을 변경하려면 ❸ 〈인쇄 설정〉 버튼을 클릭합니다.

TIP ⬅

레이아웃 스프레드에서 프린터 스프레드를 만드는 과정을 정판이라고 합니다. 페이지를 정판하는 동안 설정을 변경하여 페이지, 여백, 도련 및 크립 간의 간격을 조정할 수 있습니다. 정판은 모두 인쇄 과정에서 처리되기 때문에 인디자인 문서의 레이아웃은 영향을 받지 않습니다. 또한 문서의 페이지가 재편성되거나 회전되지 않습니다.

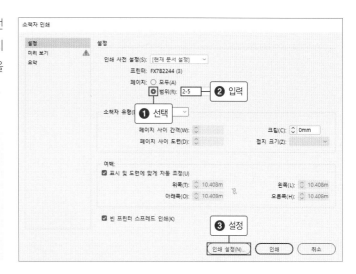

03 필요에 따라 ❶ 왼쪽 탭을 선택한 다음 옵션을 설정하고 ❷ 〈확인〉 버튼을 클릭합니다.

TIP ⬅

소책자 페이지 수는 항상 4의 배수를 사용합니다. PDF 프린터로 인쇄할 때 소책자를 만들기 위해 빈 페이지가 PDF에 삽입됩니다.

TIP ⬅

[인쇄] 대화상자에서 페이지 번호를 입력할 때 어떤 형식을 사용해야 할지 잘 모르겠다면 문서 창 아래의 페이지 형식을 사용합니다. 인쇄 범위는 입력 범위에서 자동 페이지를 지정했을 때 문서 순서가 아니라 페이지 번호로 지정됩니다. 이때 페이지 패널에서 페이지 아래쪽 숫자를 사용합니다.

범위	입력 인쇄 결과
1–5	1페이지에서 5페이지까지 출력합니다.
11–	11페이지부터 끝 페이지까지 출력합니다.
–11	시작 페이지부터 11페이지까지 출력합니다.
11 또는 +11	11페이지만 출력합니다.
–+11	처음부터 11페이지까지의 모든 페이지를 출력합니다.
+11–	11페이지부터 끝 페이지까지 출력합니다.
1, 3–7	1페이지와 3페이지부터 7페이지까지 출력합니다.
Part1	레이블이 'Part1'로 표시된 섹션의 모든 페이지를 출력합니다.
Part2:7	레이블이 'Part2'로 표시된 섹션의 페이지 번호가 7인 페이지를 출력합니다.

동영상으로 배우는 **인디자인 CC 2023**

도련, 여백 설정 완벽하게 이해하기

예제 소개 영상

재단선 위에 색상이나 이미지가 배치되어 있다면 인쇄물을 재단할 때 중요 부분이 잘려 나가는 것을 방지하기 위해 반드시 도련 위치까지 색상과 이미지가 채워지도록 설정해야 합니다. 도련은 재단 시 잘려 나가는 여백 공간이지만 도련이 없으면 재단 후 가장자리에 흰색 여백이 남아 인쇄 퀄리티가 떨어집니다. 최종 원고를 내보내기 할 때 유의해야 할 부분들을 확인합니다.

완성 파일 09\도련과 여백 설정\도련과 여백 설정하기.indd, 도련과 여백 설정하기_도련과 재단선 있음.pdf, 도련과 여백 설정하기_도련 없음.pdf, 도련과 여백 설정하기_재단선없음.pdf, 도련과 여백 설정하기_완성.idml

①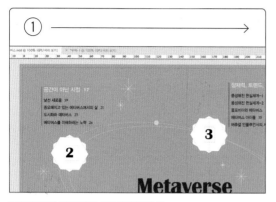

도련 공간까지 채워진 배경 이미지 확인하기 (1)

②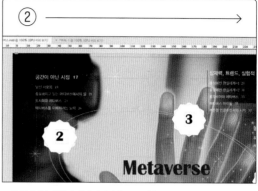

도련 공간까지 채워진 배경 이미지 확인하기 (2)

③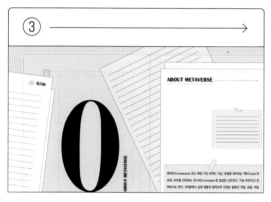

도련 공간까지 채워진 배경 이미지 확인하기 (3)

④

재단선은 있으나 도련 공간이 비워져 있는 경우 확인하기

⑤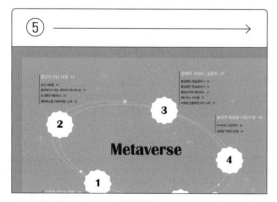

도련과 재단선이 설정되지 않은 경우 확인하기

⑥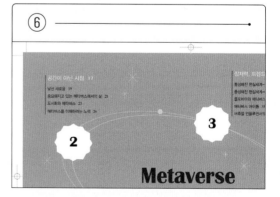

재단선과 도련 설정이 바르게 되어 내보내기 된 PDF 원고 확인하기

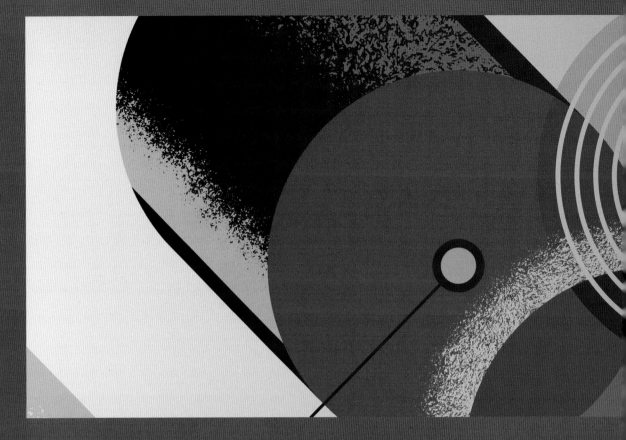

PDF와 EPUB, 대화형 문서 만들기

대화형 문서는 대화형 PDF, EPUB, HTML 형식뿐 아니라 어도비에서 제공하는 온라인 퍼블리싱 기능으로 내보낼 수 있습니다. 이러한 문서는 웹뿐
아니라 다양한 모바일 기기에서 열고 읽을 수 있습니다.

EPUB과 PDF 형식 알아보기

풍부한 이미지와 정교한 레이아웃을 가진 대화형 문서를 만드는 방법을 살펴봅니다. 라이브 텍스트, 미디어 및 대화형 요소를 유지하면서 원본 디자인 그대로 또는 유동적 레이아웃으로 제작할 수 있습니다.

대화형(인터랙티브) 문서는 디지털 용도로 제작된 것으로, 동영상이나 애니메이션 또는 클릭했을 때 동작에 대한 반응을 포함하는 형식의 문서를 말합니다. 기업이나 단체의 소개서나 온라인 브로슈어, 여러 가지 프레젠테이션 파일을 만들 수 있으며 이러한 문서를 책으로 출판하면 전자책이라고 부릅니다. 전자책은 다양한 형식으로 제작할 수 있는데 가장 많이 사용하는 두 가지 형식은 바로 EPUB과 PDF입니다.

어도비에서 제공하는 PDF(Portable Document Format) 형식의 전자책은 대부분의 미디어에서 별도의 장치 없이 읽고 인쇄할 수 있어 일반적으로 매우 광범위하게 사용하는 형식입니다. PDF는 주로 텍스트, 표, 색인, 하이퍼링크 및 간단한 그림과 연관되어 PDF를 사용하여 가장 일반적으로 접하는 전자책에는 짧은 문학 작품, 논문, 보고서 및 저널이 포함됩니다.

EPUB 형식은 국제 디지털 출판 포럼(IDPF)에서 만든 HTML과 CSS 일부를 차용한 자유로운 개방형 표준입니다. 여기에는 콘텐츠 리플로우(Reflowable) 기능이 구현되는데, 지정된 포맷에서 사용자가 지정하는 글자 크기 등에 따라 페이지가 늘거나 줄고, 디바이스 크기에 따라 레이아웃이 자동으로 변경되는 등 전자책 관련 기능에 최적화되어 있습니다. 또한 최근에는 동영상 또는 애니메이션을 삽입하거나 정교한 레이아웃을 이용할 수 있도록 지원합니다. IDPF는 출판사 등에서 제작뿐 아니라 전자책 배포와 판매에서 사용하는 단일 제작 형식으로 EPUB 기능을 강화했습니다. 개방형 표준이므로 누구나 EPUB 책을 제작하거나 읽을 수 있습니다.

❶ **가독성** : PDF 파일은 제작 프로그램이나 운영체제와 관계없이 각 페이지의 글자나 레이아웃이 그대로 표현됩니다. 모든 사람에게 항상 같은 방식으로 표시되는 것은 좋지만, 기기에 따른 변경이 이루어지지 않으면 제작 화면보다 너무 작거나 큰 화면에서는 적합하지 않은 글꼴 크기나 레이아웃으로 제공될 수 있습니다. EPUB은 리플로우 기능을 제공하여 디스플레이 크기, 사용 중인 글꼴(사용자가 글꼴을 변경할 수 있는 경우), 텍스트 크기 및 기타 다양한 변수에 따라 조정되는 텍스트를 사용할 수 있는 장점이 있습니다.

❷ **멀티 플랫폼** : PDF와 EPUB 모두 공개 표준이지만 PDF가 좀 더 다양한 상황에서 활용되어 어도비 리더(Adobe Reader)와 같은 전용 뷰어가 아니라도 PDF를 읽기가 어렵지는 않습니다. EPUB 뷰어는 어도비 디지털 에디션(Adobe Digital Editions) 또는 리디북스와 같은 여러 뷰어를 통해 읽을 수 있습니다.

❸ **상호 작용** : EPUB은 읽기 전용(Read-Only) 환경을 기본으로 발달되었지만 현재는 PDF와 EPUB 모두 책갈피 기능 및 버튼을 눌러 이미지나 페이지로 이동하는 등의 상호 작용을 할 수 있습니다.

❹ **멀티미디어** : PDF는 텍스트, 그림, 비디오, 3D, 지도, 그래픽, 사진과 호환됩니다. 그러나 PDF 파일의 문제점은 일부 장치에서 대화형 기능이 제대로 동작하지 않는다는 것입니다. 버튼과 비디오는 종종 아이패드에서 작동하지 않으며, 컴퓨터에 플래시가 없는 경우 아크로뱃(Acrobat)에서도 PDF에 적용된 멀티미디어를 확인할 수 없습니다. EPUB은 하이퍼링크, 비디오, 아이콘, 애니메이션, 슬라이드쇼 등을 만들 수 있으며 안정적으로 애플 iBooks 스토어에 게시 및 판매하거나 웹사이트에서 제공할 수 있습니다.

InDesign

02 대화형 문서 만들기

실습

(01) 매체에 따라 다양한 크기의 대화형 문서를 만들 수 있습니다. 시작 화면의 〈새로 만들기〉 버튼을 클릭하거나 메뉴에서 (파일) → 새로 만들기 → 문서(Ctrl+N)를 실행합니다.

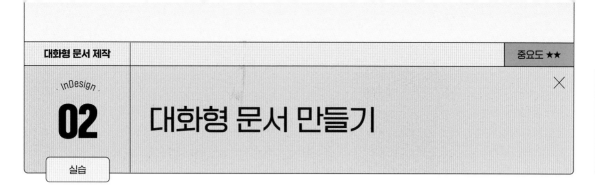

(02) [새로 만들기 문서] 대화상자가 표시되면 ❶ (웹) 탭을 선택한 다음 ❷ 원하는 화면 크기를 선택합니다. ❸ 〈여백 및 단〉 버튼을 클릭한 다음 ❹ [새 여백 및 단] 대화상자에서 여백과 열을 설정하고 〈확인〉 버튼을 클릭하면 원하는 설정의 새 문서가 만들어집니다.

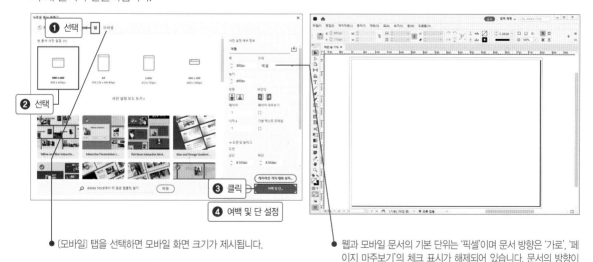

● (모바일) 탭을 선택하면 모바일 화면 크기가 제시됩니다.

● 웹과 모바일 문서의 기본 단위는 '픽셀'이며 문서 방향은 '가로', '페이지 마주보기'의 체크 표시가 해제되어 있습니다. 문서의 방향이나 페이지 마주보기 등이 필요한 경우 체크 표시하여 사용합니다.

InDesign

03 대화형 패널 알아보기

이론

메뉴에서 (창) → 대화형을 실행하면 대화형 문서 작업에 필요한 패널들을 모두 확인할 수 있습니다. 해당 패널들을 활용하여 슬라이드쇼나 버튼을 추가하고 애니메이션을 만들며 문서에 하이퍼링크를 추가 가능합니다.

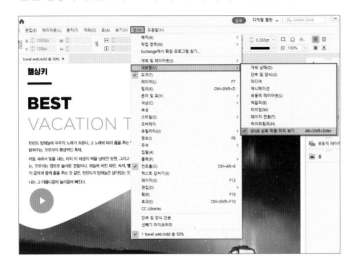

TIP

EPUB, 대화형 PDF를 작성하는데 필요한 패널들로 구성된 작업 영역을 지정하기 위해서는 화면 오른쪽 상단의 작업 영역을 선택한 다음 **대화형 PDF** 또는 **디지털 출판**을 실행합니다. 두 가지 작업 영역 중에서 편리한 작업 영역을 지정하고, 필요에 따라 패널을 추가하거나 삭제한 다음 **새 작업 영역**을 실행하여 저장해서 활용합니다. 애니메이션, 타이밍, 프리플라이트를 포함한 더 많은 패널이 표시됩니다.

❶ EPUB 상호 작용 미리 보기 패널

Alt + Shift + Enter를 눌러 EPUB 상호 작용 미리 보기 패널을 표시할 수 있으며, 여러 가지 애니메이션이나 페이지 전환, 동영상, 애니메이션, 하이퍼링크, 아이콘을 눌렀을 때의 결과 등을 바로 확인할 수 있습니다.

❶ **미리 보기 재생** : 문서의 미리 보기를 재생합니다. 다시 재생하려면 Alt를 누른 채 클릭합니다.

❷ **미리 보기 지우기** : 미리 보기를 지웁니다.

❸ **이전/다음 페이지로 이동** : 이전 페이지나 다음 페이지로 이동할 수 있습니다.

❹ **스프레드 미리 보기 모드 설정** : 해당 페이지나 스프레드를 미리 봅니다.

❺ **문서 미리 보기 모드 설정** : 해당 문서의 페이지를 모두 미리 봅니다.

❷ 개체 상태 패널 · · ·

여러 개의 이미지를 겹쳐 다중 상태로 묶을 때 사용합니다. 여러 개의 이미지를 각각 다른 위치에 배열하지 않고 버튼을 클릭할 때마다 슬라이딩할 수 있습니다. 이때 오버레이 패널을 이용하여 슬라이드 간격이나 속도 등을 제어합니다.

❶ **복사한 개체를 선택한 상태에 붙여넣기** : 복사한 개체를 붙여 넣어 해당 화면을 구성합니다.

❷ **선택 항목을 다중 상태 개체로 변환** : 개체를 선택한 다음 해당 아이콘을 클릭하면 새 상태로 지정됩니다. 개체 상태 패널 메뉴에서 **트리거할 때까지 숨겨짐 / 모든 다중 상태 개체를 첫 상태로 재설정**과 같은 기능을 사용할 수 있습니다.

❸ 단추 및 양식 패널 · · ·

인디자인에서 만든 도형, 텍스트, 이미지를 단추(아이콘)로 변환하고 이벤트를 지정할 수 있습니다.

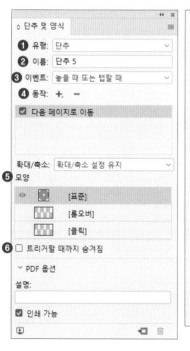
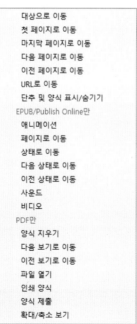
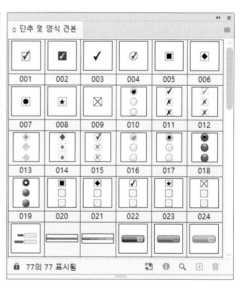

❶ 유형 : 단추 또는 확인란이나 콤보 상자 등의 형식을 사용할 수 있습니다.

❷ 이름 : 다른 단추와 구별되도록 단추 이름을 지정합니다.

❸ 이벤트 : 단추 이벤트를 언제 적용할지 설정합니다. 클릭할 때, 롤오버할 때(커서가 개체에 위치할 때), 롤오프할 때(커서가 개체 밖으로 이동했을 때) 또는 터치 기기의 경우 탭할 때 등이 지정되어 있습니다.

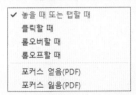

❹ 동작 : 단추에서 이벤트 후에 보이는 동작을 설정할 수 있습니다. 모두 사용 가능한 기능과 EPUB/SWF에서 사용 가능한 기능, PDF에서 사용 가능한 기능을 확인하고 내보낼 목적에 따라 적용합니다.

❺ 모양 : 단추의 기본 상태인 '표준'과 커서를 개체에 위치시켰을 때를 '롤오버', 개체를 클릭할 때를 '클릭'이라 하고 각각 상황에 맞는 이미지를 지정할 수 있습니다.

❻ 트리거할 때까지 숨겨짐 : 클릭하거나 롤오버와 같은 이벤트가 발생하기 전까지 단추를 숨길 수 있습니다.

❹ 미디어 패널 • • •

문서에 동영상 및 사운드 파일을 적용하고 다양한 옵션을 제공합니다. FLV, SWF, MP3, MP4 형식의 파일을 사용할 수 있습니다.

❶ 페이지를 불러올 때 재생 : 동영상이 있는 페이지가 펼쳐지면 동영상을 재생합니다. 다른 페이지에 페이지를 불러올 때 재생되도록 설정된 경우 타이밍 패널을 이용하여 순서를 결정합니다.

❷ 반복 재생 : 동영상을 반복하여 재생합니다.

❸ 포스터 프레임 : 동영상을 재생하기 전 이미지를 선택합니다. '없음'으로 지정하면 처음에는 보이지 않다가 이벤트에 맞춰 나타납니다.

   ⓐ 없음 : 화면에 포스터를 표시하지 않습니다.

   ⓑ 표준 : 필름 모양의 기본 포스터로 표시합니다.

   ⓒ 현재 프레임에서 : 동영상을 재생하고 원하는 장면(프레임)을 선택하여 포스터로 사용합니다.

   ⓓ 이미지 선택 : 포스터를 사용자가 정의한 이미지로 표시할 수 있습니다.

❹ 탐색 지점 : 재생 시점을 미리 지정할 수 있습니다.

❺ 스프레드 미리보기 EPUB : 동영상이나 비디오 파일을 미리 볼 수 있습니다.

❻ URL에서 비디오 가져오기 : URL에서 비디오를 가져옵니다.

❼ 대화형 PDF를 내보내기 위한 옵션 설정 : 멀티미디어가 포함된 대화형 PDF를 내보내기 위한 옵션을 설정합니다.

❽ 비디오 또는 오디오 파일 가져오기 : 동영상이나 비디오 파일을 문서에 배치합니다.

❺ 애니메이션 패널　　　• • •

개체에 페이드 인/아웃, 회전 등의 애니메이션을 적용하는 기능으로, 개별 이미지나 그룹으로 된 모든 이미지에 애니메이션 효과를 적용할 수 있습니다. 애니메이션 진행 순서는 타이밍 패널에서 변경할 수 있으며, 직접 선택 도구(▷)나 펜 도구(✎)를 이용해 모션 경로를 수정하고 편집할 수도 있습니다.

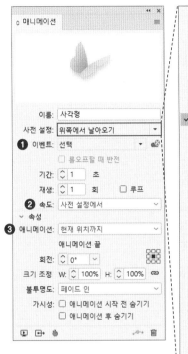
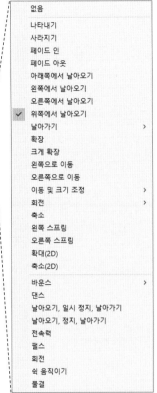

❶ 이벤트

ⓐ 페이지를 불러올 때
ⓑ 페이지를 클릭할 때
ⓒ 클릭할 때(자체)
ⓓ 롤오버할 때(자체)
ⓔ 단추 이벤트가 발생할 때

ⓐ **페이지를 불러올 때** : 페이지가 시작되면 지정한 애니메이션이 실행됩니다.

ⓑ **페이지를 클릭할 때** : 페이지에서 임의의 위치를 클릭하면 애니메이션이 실행됩니다.

ⓒ **클릭할 때(자체)** : 브라우저에 실행된 이후 지정된 애니메이션 항목을 클릭하면 애니메이션이 실행됩니다.

ⓓ **롤오버할 때(자체)** : 브라우저에 실행된 이후 지정된 애니메이션 항목에 커서를 가져가면 애니메이션이 실행됩니다.

ⓔ **단추 이벤트가 발생할 때** : 브라우저에 실행된 이후 액션이 지정된 버튼을 클릭하면 애니메이션이 실행됩니다.

❷ 속도

ⓐ **사전 설정에서** : 사전 설정에서 선택한 모션의 기본 값이나 기간에 설정된 속도를 사용합니다.

ⓑ **없음** : 표준 속도로 애니메이션을 재생합니다.

ⓒ **서서히 시작하기** : 애니메이션이 서서히 시작되었다가 점점 빨라집니다.

ⓓ **서서히 끝내기** : 애니메이션이 기간에 설정한 값으로 진행되다가 점차 느려집니다.

ⓔ **서서히 시작하기 및 끝내기** : 애니메이션 중간 부분을 제외하고 시작과 끝부분에서 서서히 재생됩니다.

❸ **애니메이션**

ⓐ **현재 모양에서** : 현재 문서에 보이는 그대로, 즉 설정된 애니메이션을 기본으로 재생합니다.

ⓑ **현재 모양으로** : 현재 설정된 애니메이션을 반대로 재생합니다. 애니메이션 모션을 반전하여 거꾸로 재생됩니다.

ⓒ **현재 위치까지** : 현재 문서에 배치한 애니메이션 개체까지 재생됩니다. 즉, 체크 표시된 애니메이션 프록시(끝) 위치는 무시되고 배치된 애니메이션 개체 위치가 끝 위치로 지정됩니다.

---

❻ 유동적 레이아웃 패널 • • •

기기나 문서 크기에 따라 레이아웃을 유동적으로 변환할 때 기준을 선택합니다. 유동적 페이지 규칙을 사용하면 효율적으로 여러 가지 페이지 크기, 방향 또는 종횡비를 유연하게 설계할 수 있습니다.

❼ 책갈피 패널 • • •

책갈피는 링크와 같은 효과로, 인디자인에서 만든 목차는 자동으로 책갈피가 적용됩니다. 인디자인 문서에서 만든 책갈피는 아크로뱃의 〔책갈피〕 탭에 표시되며 '책갈피'를 클릭하면 해당 텍스트의 앵커 또는 페이지로 이동합니다. 책갈피는 다른 책갈피 하위에 중첩할 수도 있습니다.

❽ 타이밍 패널 • • •

애니메이션은 개체에 애니메이션을 적용한 순서대로 재생됩니다. 적용한 애니메이션이 두 개 이상일 때 어떤 애니메이션을 먼저 재생할 것인지 애니메이션 순서를 변경할 수 있습니다. 이 기능 외에도 특정 개체의 애니메이션을 동시에 재생하거나 애니메이션 속도를 지정할 수 있습니다.

❾ 하이퍼링크 패널 • • •

이미지나 텍스트, 도형 등 개체에 하이퍼링크를 적용시켜 링크를 클릭했을 때, 링크된 웹사이트나 같은 문서의 다른 위치 또는 다른 문서가 열리도록 할 수 있습니다. 하이퍼링크를 열 수 없을 때는 빨간색으로 표시합니다.

⑩ 페이지 전환 패널 • • •

페이지가 넘어갈 때 애니메이션 형태를 지정합니다. 여러 페이지 문서에서 특정 페이지만 다른 형태의 페이지 전환을 지정할 수 있습니다.

TIP ◁⫤

페이지 전환 패널 메뉴에서 **선택**을 실행하면 [페이지 전환] 대화상자가 표시되며 사용할 수 있는 화면 전환 효과가 나타납니다.

❶ **전환** : 목록에서 페이지 전환 애니메이션 형태를 선택합니다. 전환 형태의 미리 보기는 제공하지 않습니다.
❷ **방향** : 페이지가 넘어갈 때 어떤 방향으로 애니메이션을 진행할 것인지 지정합니다.
❸ **속도** : 페이지 전환 애니메이션 속도를 지정합니다.
❹ **모든 스프레드에 적용** : 선택된 전환 형태를 문서에 있는 모든 페이지에 적용합니다.

⑪ 오버레이 패널 • • •

메뉴에서 [창] → 오버레이를 실행하여 각각 해당하는 효과가 있는 경우에만 옵션이 제시됩니다. 이때 설정을 추가하거나 변경할 수 있습니다.

❶ **하이퍼링크** : 단추 및 양식 패널이나 하이퍼링크 패널을 사용하여 하이퍼링크를 만들고 옵션을 설정합니다.
❷ **슬라이드쇼** : 개체 상태 패널을 사용하여 다중 상태 개체를 만들고 여러 장의 이미지를 볼 수 있는 슬라이드쇼 옵션을 설정합니다.
❸ **이미지 시퀀스** : 3D 렌더링이나 애니메이션 효과와 같은 연속된 이미지 시퀀스 기능을 적용하고 옵션을 설정합니다.
❹ **오디오/비디오** : 삽입한 오디오 및 비디오 옵션을 설정합니다.
❺ **웹 콘텐츠** : 웹 내용을 전자책으로 가져오는 기능을 적용하고 옵션을 설정합니다.
❻ **이동 및 확대/축소** : 보이는 영역보다 큰 이미지를 이동하거나 확대/축소하여 볼 수 있는 기능을 적용하고 옵션을 설정합니다.
❼ **스크롤 가능 프레임** : 스크롤 표시를 설정합니다.
❽ **재설정** : 모든 설정을 기본값으로 재설정합니다.

중요도 ★★

EPUB 문서 제작의
빠른 가이드 알아두기

✕

❶ EPUB 형식

• • •

EPUB(Electronic Publication Format)은 HTML을 기반으로 제작되는 광범위한 디지털 출판물 용어입니다. 일반적으로 사용하는 EPUB 형식은 태블릿이나 전자책 단말기에서 읽을 수 있는 eBook입니다. EPUB에는 리플로우 가능 및 고정 레이아웃이라는 두 가지 형식이 지원됩니다.

리플로우 가능(Reflowable EPUB)

리플로우 가능 EPUB에는 '실시간 텍스트'가 포함됩니다. 사용자는 텍스트 크기와 글꼴까지 변경할 수 있습니다. 소설 및 교과서처럼 대부분의 텍스트가 많은 출판물은 리플로우가 가능한 EPUB 형식으로 설정됩니다.

고정 레이아웃(Fixed Layout EPUB)

고정 레이아웃 EPUB은 기기나 사용자에 의해 변형되지 않습니다. 오히려 레이아웃이 복잡한 eBook이나 eMagazines에서 더 잘 작동합니다. 이미지가 많이 포함된 문서를 리플로우 가능 형식으로 내보내면 원하는 레이아웃대로 표시되지 않을 수 있습니다. 이 고정 레이아웃 EPUB 최종 결과는 PDF와 비슷할 수 있습니다.

❷ 목적이나 콘텐츠에 따른 형식 선택

• • •

리플로우 가능 및 고정 레이아웃 EPUB은 모두 EPUB 3.0.1 최신 사양과 일치합니다. 따라서 EPUB을 위의 형식 중 하나로 내보내면 상업용 전자책 또는 eMagazine 사이트에서 판매할 준비가 된 것입니다. 잡지나 사진첩처럼 시각적으로 무거운 EPUB을 디자인하는 경우 고정 레이아웃 형식을 사용하는 것이 좋습니다. 이때 투명 효과나 그레이디언트와 같은 효과도 그대로 유지됩니다. 소설을 조판하는 경우 고정 레이아웃보다 리플로우 가능한 형식이 더 좋습니다. 독자가 읽기 쉽게 텍스트 크기를 조절할 수 있으며 특정 단어, 구절 또는 챕터를 찾기 위해 책을 검색할 수도 있습니다.

❸ EPUB의 상호 작용

• • •

비디오 콘텐츠 및 애니메이션이나 단추(아이콘)와 같은 대화형 요소나 터치 방식의 페이지 넘기기 기능들은 EPUB에 특별한 경험을 추가합니다. 학생들은 교육용 eBook을 더 재미있게 읽을 수 있으며, eMagazine 독자는 더 많은 콘텐츠를 탐색할 수 있습니다.

InDesign

05 리플로우 EPUB 만들기

실습

• 예제파일 : 10\리플로우.indd • 완성파일 : 10\리플로우_완성.epub ● ● ●

---

(01) 텍스트로 이루어진 일반 도서 형식으로
리플로우 가능한 EPUB을 만들어 봅니다.
10 폴더의 '리플로우.indd' 파일을 불러옵니다.
❶ 메뉴에서 (스타일) → 단락 스타일([F11])을
실행하여 단락 스타일 패널을 표시합니다. ❷
[Ctrl]+[A]를 눌러 본문 전체를 선택합니다.

---

(02) 본문의 단락이 선택된 상태에서 단락 스타일 패널의 ❶ '새 스타일 만들기' 아
이콘(回)을 클릭합니다. ❷ 새 단락 스타일의 이름을 '본문'으로 변경합니다.

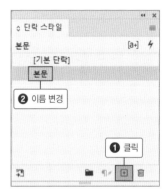

---

(03) ❶ 새로 만든 '본문' 스타일을 '새 스타일 만들기' 아이콘(回)으로 드래그하여
복제한 다음 ❷ 이름을 '소제목'으로 변경합니다. ❸ '소제목' 스타일을 더블클
릭합니다.

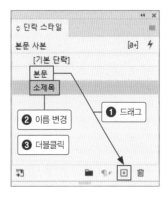

---

04 [단락 스타일 옵션] 대화상자가 표시되면 ❶ 글꼴 스타일을 'ExtraBold', 크기를 '14pt', 행간을 '28pt'로 설정하고 ❷ 〈확인〉 버튼을 클릭합니다.

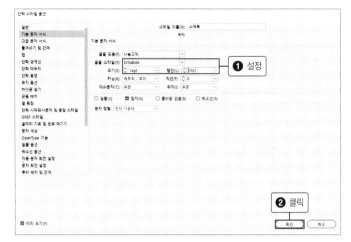

05 ❶ [들여쓰기 및 간격] 탭을 선택하고 ❷ 이전 공백을 '8mm'로 설정한 다음 ❸ 〈확인〉 버튼을 클릭합니다.

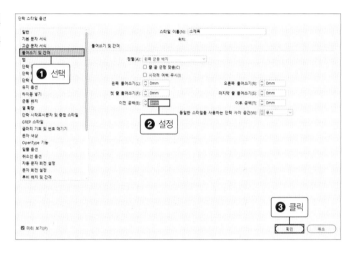

06 문서에서 ❶ 문자 도구(T.)로 ❷ 번호가 있는 소제목을 드래그하여 선택하고 단락 스타일 패널의 ❸ '소제목' 스타일을 선택하여 스타일을 변경합니다.

4. 문화

뉴욕은 문화적인 중심지 중 하나이며, 미국의 대표적인 문화 도시로 자리잡았습니다. 대표적인 미술 박물관인 메트로폴리탄 미술관과 모마(MoMA)뿐만 아니라, 브로드웨이 뮤지컬, 오페라, 클래식 음악회 등 다양한 문화 행사가 열리고 있습니다.

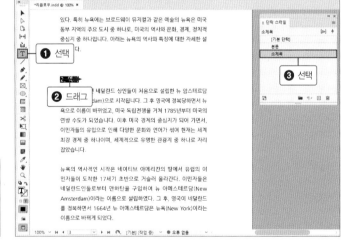

07 ❶ 메뉴에서 (파일) → 내보내기를 실행합니다. [내보내기] 대화상자가 표시되면 ❷ 파일 형식을 'EPUB(리플로우 가능)(*.epub)'으로 지정한 다음 ❸ 〈내보내기〉 버튼을 클릭합니다.

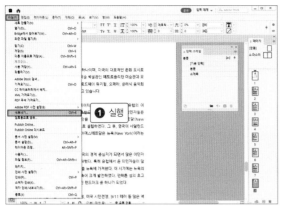

08 [EPUB - 리플로우 가능 레이아웃 내보내기 옵션] 대화상자에서 〈확인〉 버튼을 클릭하여 EPUB 문서를 제작합니다.

09 EPUB 뷰어를 이용하여 문서를 읽으면 프로그램 창을 변경하거나 두 페이지 보기로 변경해도 글이 자연스럽게 흐르는 것을 볼 수 있습니다.

10 다시 인디자인에서 ❶ Ctrl+E를 눌러 내보내기를 실행합니다. [내보내기] 대화상자가 표시되면 ❷ 파일 이름에 '리플로우 분할'을 입력하고 ❸ 〈저장〉 버튼을 클릭합니다. [EPUB – 리플로우 가능 레이아웃 내보내기 옵션] 대화상자가 표시되면 ❹ '문서 분할'을 체크 표시합니다. ❺ 단일 단락 스타일을 클릭하고 ❻ '소제목'을 선택한 다음 ❼ 〈확인〉 버튼을 클릭합니다.

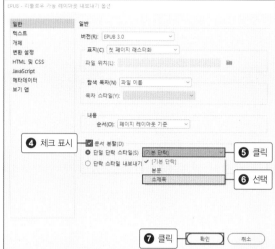

11 이전에 문서를 분할하지 않은 것과 달리 글 내용이 소제목이 있는 위치에서 다음 페이지로 넘어가는 것을 볼 수 있습니다.

InDesign

06

실습

시험 대비 　중요도 ★★

텍스트나 이미지에 하이퍼링크 지정하기

텍스트 또는 이미지를 클릭했을 때 웹사이트나 다른 페이지로 연결되도록 하이퍼링크를 적용해 봅니다.

Before

After

- 예제파일 : 10\하이퍼링크.indd
- 완성파일 : 10\하이퍼링크_완성.indd

01
10 폴더에서 '하이퍼링크.indd' 파일을 불러옵니다.

오른쪽 상단의 ❶ 작업 영역을 클릭한 다음 ❷ 디지털 출판을 실행해 대화형 작업이 가능하도록 변경합니다.

02
오른쪽 패널이 대화형 작업에 맞게 변경됩니다. 문서의 ❶ 중심 이미지를 선택하고 ❷ 하이퍼링크 패널 하단의 '새 하이퍼링크 만들기' 아이콘(□)을 클릭합니다.

03 [새 하이퍼링크] 대화상자에서 대상 항목의 ❶ URL에 'http://adobe.com'을 입력하고 ❷ 〈확인〉 버튼을 클릭합니다.

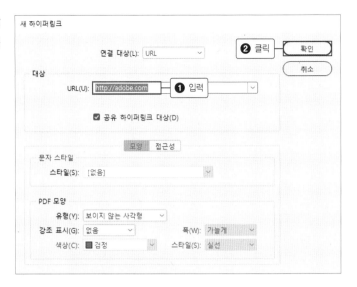

04 문서에서 ❶ 문자 도구(**T.**)를 선택하고 ❷ '핀란드' 텍스트를 드래그하여 선택합니다. 하이퍼링크 패널 하단의 ❸ '새 하이퍼링크 만들기' 아이콘(回)을 클릭하고 ❹ URL에 'http://adobe.com'을 입력하여 하이퍼링크를 지정합니다.

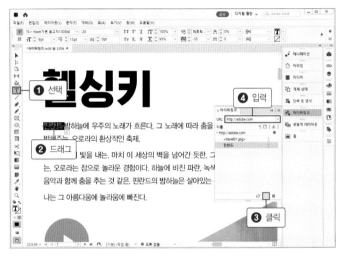

05 하이퍼링크가 제대로 지정되었는지 확인하기 위해 메뉴에서 (창) → 대화형 → EPUB 상호 작용 미리 보기를 실행합니다.

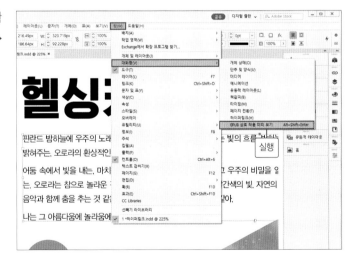

06 [EPUB 상호 작용 미리 보기] 창이 표시되면 **①** 왼쪽 하단의 '미리 보기 재생' 아이콘(▶)을 클릭합니다. **②** 사진에 마우스 커서를 위치시켜 링크가 연결되어 있다는 표시인 손 모양으로 변경되면 이미지를 클릭합니다.

07 웹브라우저가 실행되면서 지정한 어도비 사이트로 이동합니다. '핀란드' 텍스트도 클릭하여 하이퍼링크가 적용된 것을 확인합니다.

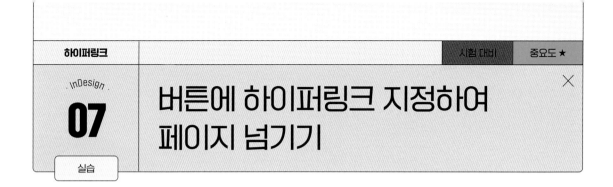

InDesign 07

버튼에 하이퍼링크 지정하여 페이지 넘기기

실습

버튼 이미지에서 웹사이트나 다른 페이지로 연결되도록 하이퍼링크를 적용해 봅니다.

Before   After

- 예제파일 : 10\버튼 이벤트.indd, 버튼 이벤트.pdf
- 완성파일 : 10\버튼 이벤트_완성.indd, 버튼 이벤트_완성.pdf

01 10 폴더에서 '버튼 이벤트.indd' 파일을 불러옵니다.

4페이지에 걸쳐 4개 버튼에 이벤트를 적용하기 위해 먼저 원형 버튼을 선택합니다.

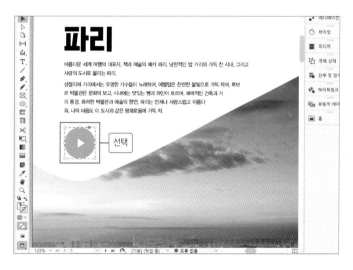

02 ❶ 단추 및 양식 패널을 표시한 다음 ❷ 이벤트 항목을 '클릭할 때'로 지정합니다.

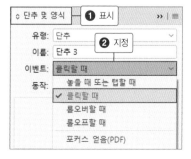

03 동작의 ❶ '+' 아이콘을 클릭하고 ❷ 다음 페이지로 이동을 실행합니다.

04 문서가 총 4페이지로 구성되어 있으므로 같은 방법을 사용하여 버튼 이벤트를 적용합니다.

05 4페이지의 원형 버튼에는 다시 첫 화면으로 돌아가는 이벤트를 적용하기 위해 먼저 ❶ 버튼을 선택한 다음 ❷ 이벤트를 '클릭할 때'로 지정합니다. ❸ 동작에서 '+' 아이콘을 클릭하고 ❹ 첫 페이지로 이동을 실행합니다.

06 ① [Alt]+[Shift]+[Enter]를 눌러 [EPUB 상호 작용 미리 보기] 창이 표시되면 ② 오른쪽 하단에 있는 '문서 미리보기 모드 설정' 아이콘(🗔)을 클릭하고 ③ 왼쪽 하단의 '미리 보기 재생' 아이콘(▶)을 클릭한 다음 ④ 버튼 이벤트가 제대로 작동되는지 확인합니다.

07 ① [Ctrl]+[E]를 눌러 [내보내기] 대화상자가 표시되면 ② 파일 형식을 'Adobe PDF(대화형) (*.pdf)'로 지정한 다음 ③ 〈저장〉 버튼을 클릭합니다. [대화형 PDF로 내보내기] 대화상자에서 ④ 〈내보내기〉 버튼을 클릭합니다.

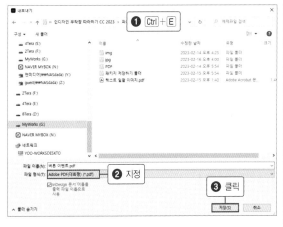

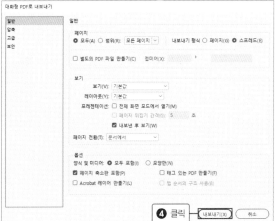

08 저장된 '버튼 이벤트.pdf' 파일을 실행한 다음 버튼을 클릭합니다. 다음 페이지 또는 첫 페이지로 이동하는 것을 확인할 수 있습니다.

InDesign
08
실습

버튼을 이용해 슬라이드 이미지 효과 만들기

✕

여러 개의 이미지가 순차적으로 슬라이드되는 이미지 효과를 만들어 봅니다.

Before

After

- **예제파일** : 10\이미지 슬라이드.indd, travel01.jpg~travel04.jpg
- **완성파일** : 10\이미지 슬라이드_완성.indd

01 10 폴더에서 '이미지 슬라이드.indd' 파일을 불러옵니다.

5페이지에 이미지를 불러와 슬라이드 효과를 적용하겠습니다. ❶ 5페이지로 이동한 다음 도구 패널에서 ❷ 사각형 프레임 도구(⊠)를 선택합니다.

예제의 5페이지에는 버튼 이미지가 있습니다. ●

02 ❶ 버튼이 있는 부분을 제외하고 문서 전체에 걸쳐 드래그하여 사각형을 그립니다. 사각형이 선택된 채 ❷ 메뉴에서 (파일) → 가져오기(Ctrl+D)를 실행합니다.

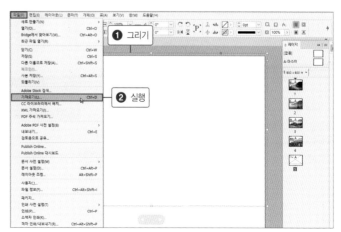

03 [가져오기] 대화상자가 표시되면 ❶ 10 폴더에서 ❷ 'travel01.jpg' 파일을 선택하고 ❸ 〈열기〉 버튼을 클릭하여 이미지를 가져옵니다.

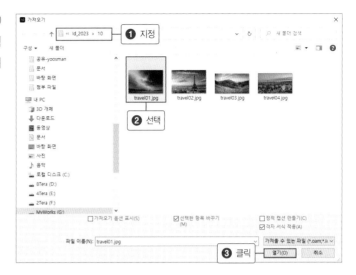

04 사각형에 맞춰 이미지 크기를 조절하기 위해 ❶ 이미지에서 마우스 오른쪽 버튼을 클릭하고 ❷ 맞춤 → 비율에 맞게 프레임 채우기(Ctrl+Alt+Shift+C)를 실행하여 이미지를 프레임 비율에 맞게 채웁니다.

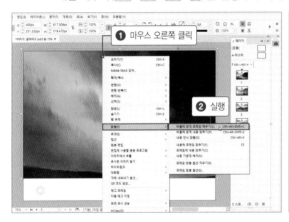

05 불러온 이미지 프레임을 선택하고 Alt를 누른 채 드래그하여 복제합니다. Ctrl+D를 누르고 [가져오기] 대화상자에서 10 폴더의 'travel02.jpg' 파일을 불러와 이미지를 교체합니다. 같은 방법으로 'travel03.jpg', 'travel04.jpg'도 불러와 4개의 이미지를 불러옵니다. 겹쳐진 4개의 이미지를 드래그하여 모두 선택한 다음 문서 중심에 위치시킵니다.

TIP

이미 위치한 이미지를 복제한 다음 다른 이미지를 가져오는 이유는 이미지 프레임의 크기가 똑같게 하기 위함입니다.

06 ① 선택 도구(▶)를 선택한 다음 ② 4개의 이미지를 드래그하여 모두 선택합니다. ③ Shift+F7을 눌러 정렬 패널을 표시한 다음 ④ '수평 가운데 정렬' 아이콘(━)과 '수직 가운데 정렬' 아이콘(╫)을 각각 클릭하여 4개 이미지가 정확하게 겹치도록 합니다.

07 4개의 이미지가 선택된 상태에서 ① 개체 상태 패널을 표시하고 하단의 ② '선택 항목을 다중 상태 개체로 변환' 아이콘(▣)을 클릭하면 이미지가 묶음으로 변경되고 등록됩니다.

08 문서에서 ① 하단의 오른쪽 버튼을 선택합니다. 단추 및 양식 패널에서 ② 이벤트를 '클릭할 때'로 지정한 다음 ③ 동작의 '+' 아이콘을 클릭하고 ④ 다음 상태로 이동을 실행합니다.

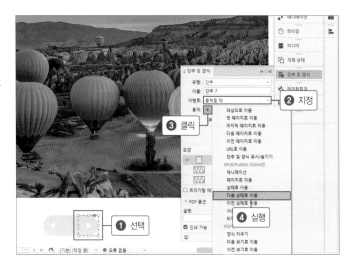

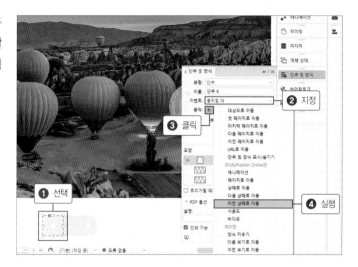

09 이어서 ➊ 왼쪽 버튼을 선택하고 단추 및 양식 패널에서 ➋ 이벤트를 '클릭할 때'로 지정합니다. ➌ 동작의 '+' 아이콘을 클릭한 다음 ➍ 이전 상태로 이동을 실행합니다.

10 ➊ Shift+Alt+Enter를 눌러 [EPUB 상호 작용 미리 보기] 창이 표시되면 왼쪽 하단의 ➋ '미리 보기 재생' 아이콘(▶)을 클릭합니다. 버튼을 클릭하면 이미지가 슬라이드처럼 변경됩니다.

InDesign

09

실습

문서에 애니메이션 효과 적용하기

애니메이션 패널을 설정해 오브젝트에 간단한 애니메이션 효과를 적용할 수 있습니다.

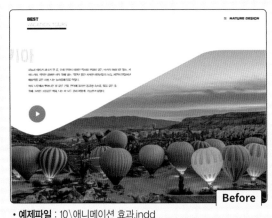

Before

· 예제파일 : 10\애니메이션 효과.indd

After

· 완성파일 : 10\애니메이션 효과_완성.indd

01 10 폴더에서 '애니메이션 효과.indd' 파일을 불러옵니다.

❶ 왼쪽 상단의 'BEST VACATION TOUR'를 선택한 다음 애니메이션 패널의 ❷ 사전 설정에서 '+' 아이콘을 클릭하고 ❸ 위쪽에서 날아오기를 실행합니다. ❹ 이벤트는 '페이지를 불러올 때'로 지정합니다.

02 ❶ 2페이지로 이동한 다음 ❷ '카파도 키아'를 선택합니다. 애니메이션 패널의 ❸ 사전 설정에서 '+' 아이콘을 클릭하고 ❹ 왼쪽에서 날아오기를 실행한 다음 ❺ 이벤트는 '페이지를 불러올 때'로 지정합니다.

초록색 화살표는 애니메이션 경로를 나타냅니다. ●———

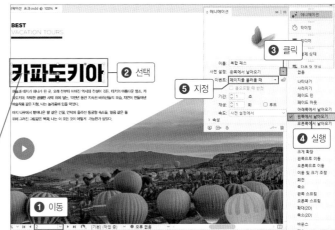

03 Shift+Alt+Enter를 눌러 [EPUB 상호 작용 미리 보기] 창이 표시되면 이벤트를 '페이지로 불러올 때'로 지정했기 때문에 미리 보기 창에서 바로 애니메이션이 나타나는 것을 확인할 수 있습니다.

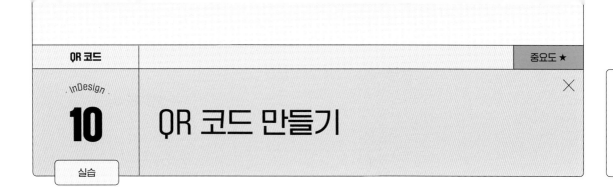

QR 코드		중요도 ★

.InDesign.

10

실습

QR 코드 만들기

하이퍼링크가 포함된 QR 코드 마크를 간단하게 제작해 봅니다.

Before

After

· 예제파일 : 10\QR코드.indd
· 완성파일 : 10\QR코드_완성.indd

(01) 10 폴더의 'QR코드.indd' 파일을 불러 옵니다.

메뉴의 (개체) → QR 코드 생성을 실행합니다.

실행

(02) [QR 코드 생성] 대화상자에서 (내용) 탭의 ❶ 유형을 '웹 하이퍼링크'로 지정하고 ❷ URL에 웹 주소를 입력 합니다. 예제에서는 'www.adobe.com'을 입력했습니다.

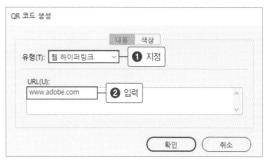

QR 코드 생성

내용   색상

유형(T): 웹 하이퍼링크 ∨ ──❶ 지정

URL(U):
www.adobe.com ──❷ 입력

확인   취소

03 ❶ 〔색상〕 탭을 선택한 다음 ❷ QR 코드의 색상을 선택하고 ❸ 〈확인〉 버튼을 클릭합니다. 예제에서는 'R=187 G=92 B=177'을 선택했습니다.

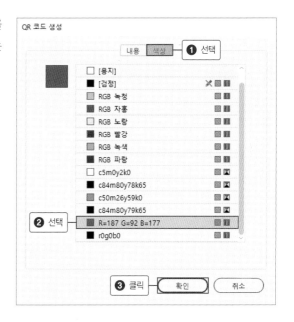

04 커서에 QR 코드가 나타납니다. 원하는 위치에 원하는 크기로 드래그하면 QR 코드를 문서에 손쉽게 만들 수 있습니다. 휴대폰을 이용하여 QR 코드를 스캔해서 적용한 웹주소가 제대로 인식되는지 확인합니다.

InDesign

11 멀티미디어 삽입하기

실습

전자책 페이지에 동영상을 삽입하여 더욱 흥미롭게 연출해 봅니다.

Before

After

- **예제파일** : 10\멀티미디어 삽입.indd, coverr-hot-air-balloons-near-mountains-5422-1080p.mp4
- **완성파일** : 10\멀티미디어 삽입_완성.indd

01 10 폴더의 '멀티미디어 삽입.indd' 파일을 불러옵니다.

미디어 패널에서 '비디오 또는 오디오 파일 가져오기' 아이콘()을 클릭합니다.

클릭

02 [미디어 가져오기] 대화상자가 표시되면 ❶ 10 폴더의 ❷ 'coverr-hot-air-balloons-near-mountains-5422-1080p.mp4' 파일을 선택하고 ❸ 〈열기〉 버튼을 클릭합니다. 예제에서는 무료 동영상 소스 제공 사이트(https://coverr.co)에서 다운로드하여 사용했습니다.

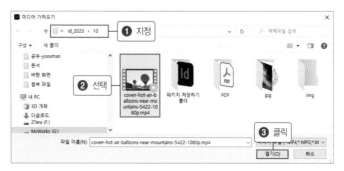

❶ 지정

❷ 선택

❸ 클릭

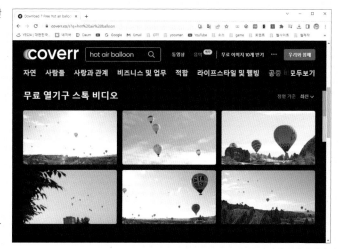

동영상 출처 : https://coverr.co/videos/hot-air-
balloons-near-mountains-u0VbSZox6V

(03) ❶ 화면 오른쪽에 드래그하여 동영상을
배치합니다. 미디어 패널에 등록된 동영
상이 나타나면 미리 보기 화면도 볼 수 있습니
다. 미디어 패널의 ❷ 옵션에서 '페이지를 불러
올 때'를 체크 표시합니다.

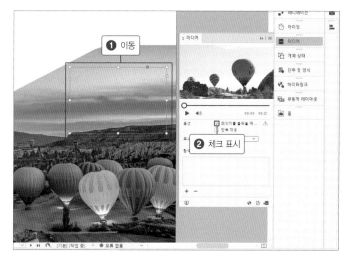

(04) Shift + Alt + Enter 를 눌러 [EPUB 상호 작
용 미리 보기] 창이 표시되면 자동으로
동영상이 위치한 곳에서 재생되는 것을 확인할
수 있습니다.

인쇄용 PDF를 내보내는 것처럼 작업이 마무리되면 여러 가지 형식으로 디지털 작업물을 내보낼 수 있습니다. EPUB, 대화형 PDF 내보내기, HTML과 같은 내보내기 형식에 대해 알아보겠습니다.

리플로우 가능 EPUB은 기기에 따라 변경되도록 텍스트를 이미지로 만들지 않으며 원하는 대로 글꼴 크기를 확대, 축소하거나 글꼴을 선택한 다음 즐겨 찾기를 만들 수 있는 유연한 형식입니다. EPUB 문서를 만든 다음 각각 사용 목적과 환경에 맞도록 설정하여 내보내야 이러한 설정이 유지됩니다. 파일을 만들고 메뉴에서 (파일) → 내보내기를 실행하거나 Ctrl + E를 눌러 표시되는 [내보내기 옵션] 대화상자에서 파일 형식을 'EPUB (리플로우 가능)'으로 지정했을 때 표시되는 [EPUB − 리플로우 기능 레이아웃 내보내기 옵션] 대화상자의 각 탭을 살펴봅니다.

❶ 일반 • • •

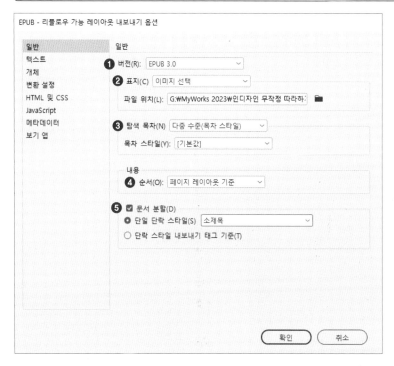

TIP ◁┐

책 형식의 경우 책을 열고 책 패널 메뉴에서 **책을 EPUB로 내보내기**를 실행할 수 있습니다.

❶ 버전 : 뷰어 또는 기기에 따라 'EPUB 2.0.1'과 '3.0' 중에서 선택합니다.

TIP

EPUB 3.0은 CSS3와 HTML5를 기반으로 오디오, 미디어를 삽입할 수 있고, 메타데이터 및 메타메스(수식을 그래픽이 아닌 텍스트로 표현)를 선택할 수 있습니다. 또한 가로쓰기 및 세로쓰기와 SVG 그래픽 파일 처리도 가능한 장점이 있습니다. 그러나 최종 뷰어에 따라 지원되는 버전이 다르므로 꼭 확인하여 내보내야 합니다. 리디북스는 EPUB 3.0을 지원하지 않지만 교보 eBOOK은 지원됩니다.

❷ 표지

ⓐ 없음 : 표지 이미지가 추가되지 않습니다.

ⓑ 첫 페이지 래스터화 : 문서의 첫 페이지를 래스터화하여 표지로 사용할 이미지를 만듭니다.

ⓒ 이미지 선택 : 컴퓨터에서 표지로 사용할 이미지 파일을 선택합니다.

❸ 탐색 목차 : EPUB 뷰어에서 표시될 목차에 관한 옵션을 지정합니다.

ⓐ 파일 이름 : 파일 이름에 따라 목차를 만듭니다.

ⓑ 다중 수준(목차 스타일) : 선택한 스타일에 따라 목차를 만듭니다. 목차 스타일 메뉴에서 eBook 목차를 위한 목차 스타일을 지정합니다. 메뉴에서 (레이아웃) → **목차 스타일**을 실행하여 만들 수 있습니다.

❹ 순서 : 페이지 요소를 내보내는 순서를 지정합니다.

ⓐ 페이지 레이아웃 기준 : 페이지에서 항목 위치가 읽기 순서를 결정합니다. 페이지 레이아웃 기준을 선택하면 왼쪽에서 오른쪽 방향, 위에서 아래 방향, 바인딩 방향에 따라 읽기 순서를 결정합니다. 여러 열로 구성된 복잡한 문서의 경우 디자인 요소가 원하는 읽기 순서로 표시되지 않을 수 있습니다.

ⓑ XML 구조와 동일 : 구조 보기의 태그 순서가 읽기 순서를 결정합니다.

ⓒ 집필 패널과 동일 : 집필 패널의 요소 순서가 읽기 순서를 결정하며 선택한 집필만 내보냅니다.

❺ 문서 분할 : 단일 단락 스타일의 문서에서 지정한 특정 스타일을 선택하면 해당 스타일이 지정된 단락을 기준으로 페이지가 분할됩니다.

---

❷ 텍스트 ● ● ●

EPUB - 리플로우 가능 레이아웃 내보내기 옵션

일반	텍스트
텍스트	
개체	옵션
변환 설정	❶ ☐ 강제 줄바꿈 제거(R)
HTML 및 CSS	
JavaScript	각주
메타데이터	❷ 배치(P): 섹션 끝(미주) ⌄
보기 앱	
	❸ 목록
	글머리 기호(B): 순서가 없는 목록에 매핑 ⌄
	번호(N): 순서가 있는 목록에 매핑 ⌄

(확인) (취소)

TIP

순서가 없는 목록은 〈ul〉, 순서가 있는 목록은 〈ol〉로 지정하며 텍스트로 변환하면 〈p〉 태그로 서식이 지정됩니다.

❶ **강제 줄바꿈 제거** : 내보낸 eBook에서 모든 강제 줄바꿈을 제거합니다.

❷ **배치**

　ⓐ **단락 뒤** : 단락 뒤에 각주를 배치합니다.

　ⓑ **섹션 끝(미주)** : 각주를 미주로 변환합니다. 리플로우 가능 EPUB의 경우 미주로 변환해야 합니다.

　ⓒ **팝업 내(EPUB3)** : 각주를 각 위치에서 팝업으로 표시합니다.

❸ **목록** : 문서 내 목록 콘텐츠에 대해 글머리 기호는 '순서가 없는 목록'이나 텍스트, 번호는 '순서가 있는 목록'이나 텍스트로 지정할
수 있습니다. 순서가 있는 목록은 글머리 기호를 1, 2, 3, 4처럼 지정된 번호순으로 표시할 수 있습니다.

---

❸ 개체　• • •

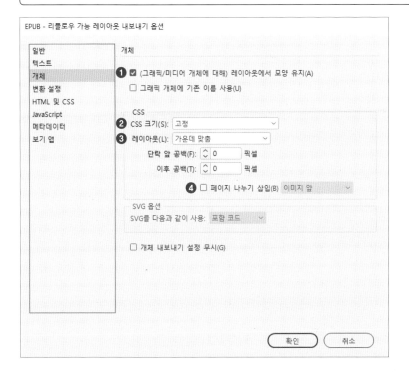

❶ **(그래픽/미디어 개체에 대해) 레이아웃에서 모양 유지** : 레이아웃에서 이미지 개체 특성을 상속하려면 선택합니다.

❷ **CSS 크기** : '고정' 또는 '텍스트 플로우를 기준'으로 지정할 수 있습니다.

❸ **레이아웃** : 왼쪽, 가운데, 오른쪽으로 이미지 맞춤을 지정합니다. 위, 아래 패딩을 지정할 수도 있습니다.

❹ **페이지 나누기 삽입** : 이미지로 페이지를 나눌 수 있습니다. 페이지 나누기는 이미지 앞, 이미지 뒤 또는 이미지 앞과 뒤에 삽입할
수 있습니다.

❹ 변환 설정 • • •

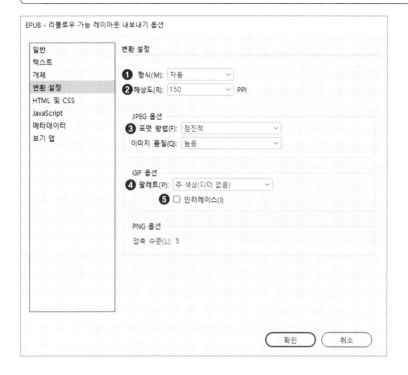

❶ **형식** : 문서에서 사용한 이미지를 GIF, JPEG 또는 PNG로 변환하도록 선택할 수 있습니다. 'PNG'를 선택하면 이미지 압축 설정이 비활성화됩니다. 손실 없는 이미지 또는 투명도를 포함한 이미지에 대해서는 PNG를 사용합니다. 인디자인이 각 이미지에 대해 적합한 형식을 결정하도록 하려면 '자동'을 선택합니다.

❷ **해상도** : 이미지 해상도를 인치당 픽셀 수(ppi)로 선택합니다. 현재 모든 eBook 장치 평균은 '150ppi'지만 '72ppi'로 지정하면 파일이 조금 더 압축됩니다.

❸ **포맷 방법** : JPEG 그래픽 이미지를 얼마나 빠르게 표시할지 지정합니다.

  ⓐ **기준선** : 다운로드 전에는 프레임만 표시되고, 다운로드 후에만 이미지가 표시됩니다.

  ⓑ **점진적** : 다운로드할 때 이미지를 단계적으로 점점 더 세밀하게 표시합니다. 이 기능을 이용해 만든 파일은 크기가 약간 늘어나며 파일 보기를 위한 램(RAM)이 추가로 필요합니다.

❹ **팔레트** : GIF 파일을 최적화할 때 인디자인이 색상을 처리하는 방식을 제어할 수 있습니다. GIF 형식은 256색을 초과할 수 없는 제한된 색상 팔레트를 사용합니다.

  ⓐ **적응 색상(디더 없음)** : 디더링(색상의 작은 점을 혼합하여 추가 색상을 시뮬레이션) 없이 그래픽 대표 색상 샘플을 사용하여 팔레트를 만듭니다.

  ⓑ **웹** : 윈도우 및 맥 OS 시스템 색상의 하위 세트인 웹에 적합한 색상 팔레트를 만듭니다.

  ⓒ **시스템(Win) 또는 시스템(Mac)** : 내장 시스템 색상 팔레트를 사용하여 팔레트를 만듭니다. 이 옵션을 선택하면 예기치 않은 결과가 발생할 수 있습니다.

❺ **인터레이스** : 누락된 줄을 채워 점진적으로 이미지를 불러들입니다. 해당 기능을 체크 표시하지 않으면 이미지가 흐릿하게 표시되다가 최고 해상도에 다가갈수록 조금씩 선명해집니다.

❺ HTML 및 CSS / Javascript • • •

CSS(Cascading Style Sheet)는 웹 페이지에서 내용 모양을 조정하는 서식 지정 규칙 컬렉션입니다. CSS 를 사용하여 페이지 서식을 지정하면 프레젠테이션에서 내용이 분리됩니다. 클래스 포함 여부를 지정하거나 글꼴 또는 별도의 JavaScript와 CSS 파일을 포함할 수 있습니다.

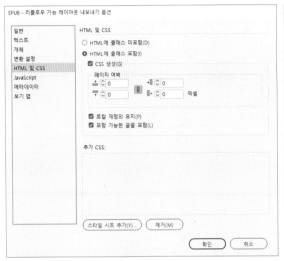 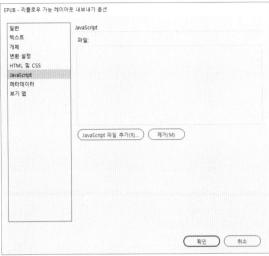

❻ 메타데이터 • • •

문서(또는 책을 선택한 경우 스타일 소스 문서)의 메타데이터가 내보낸 파일과 함께 포함됩니다. 식별자, 제목, 만든 사람, 날짜, 설명, 발행자, 권한 주제와 같은 내용이 포함될 수 있습니다.

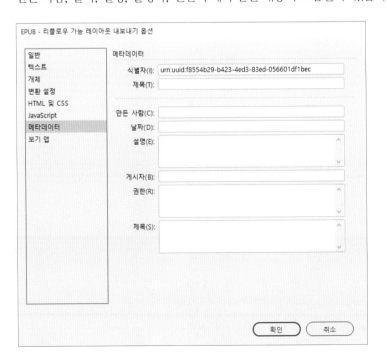

InDesign

13

이론

PC용 EPUB 뷰어 알아보기

❶ Adobe Digital Edition 4.5

Adobe 공식 사이트에서 다운로드할 수 있으며, EPUB 2.0 및 3.0을 모두 지원합니다. 표지가 표시되며 용지 및 글꼴 크기 등을 설정할 수 있습니다. 다운로드한 전자책뿐 아니라 가지고 있는 파일을 확인하기 편리합니다. EPUB 3.0 버전으로 내보내어 확인했을 때 원하는 글꼴과 이미지가 훨씬 자연스럽게 표현됩니다.

https://www.adobe.com/kr/solutions/ebook/digital-editions.html

❷ 리디북스 ● ● ●

국내 전자책 서비스 기업으로 공식 웹사이트에서 뷰어를 다운로드할 수 있습니다. EPUB 2.0 규격 파일을 지원하며 설정 아이콘을 클릭하여 파일을 업로드할 수 있습니다. 전용 글꼴의 가독성이 좋고 다양한 설정이 가능하며, 책을 음성으로 읽어주는 TTS(Text To Speech) 기능도 추가되어 있습니다.

https://ridibooks.com/

❸ 아이스크림 이북 리더 ● ● ●

아이스크림 이북 리더(Icecream Ebook Reader)는 북마크, 메모, 읽은 페이지로 이동 등 꼭 필요한 기능만 넣은 이북 리더로 EPUB, MOBI, PDF, TXT 등을 지원합니다. 라이브러리에 보관된 책을 찾을 때 제목이 아닌 저자로도 검색할 수 있으며, 책 추가일과 독서 진행률을 한눈에 파악할 수도 있습니다.

https://icecreamapps.com

대화형 PDF 내보내기

단추, 동영상 및 사운드 클립, 하이퍼링크, 책갈피 및 페이지 전환으로 대화형 문서를 만듭니다. 먼저 메뉴에서 〔파일〕 → 내보내기(Ctrl+E)를 실행하고, 파일 형식을 'Adobe PDF(대화형)'로 지정합니다. [대화형 PDF로 내보내기] 대화상자에서 각각의 탭을 선택한 다음 옵션을 설정하여 대화형 문서로 내보냅니다.

❶ 일반 ・・・

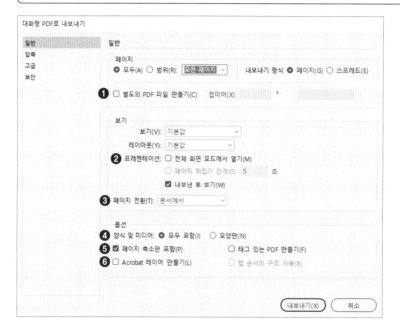

❶ **별도의 PDF 파일 만들기** : 각 페이지 또는 스프레드에 대해 별도의 PDF를 만듭니다.

❷ **프레젠테이션** : 어도비 아크로뱃 또는 어도비 리더에서 메뉴나 패널을 표시하지 않고 PDF를 표시하려면 '전체 화면 모드에서 열기' 에 체크 표시합니다. 페이지를 자동으로 넘기려면 '페이지 뒤집기'에 체크 표시한 다음 간격을 초 단위로 설정합니다.

❸ **페이지 전환** : 페이지 전환 패널에서 효과를 '문서에서'로 지정합니다. 또는 내보내기에서 모든 페이지에 적용할 하나의 페이지 전환 을 지정할 수 있습니다.

❹ **양식 및 미디어** : 내보낸 PDF 파일의 동영상, 사운드 및 단추를 대화형으로 설정하려면 '모두 포함'을 선택합니다. 표준 상태 단추 와 비디오 포스터를 정적 요소로 포함하려면 '모양만'을 선택합니다.

❺ **페이지 축소판 포함** : PDF의 각 페이지에 축소판 미리 보기를 포함합니다. 5.0 이상 버전에서는 PDF의 페이지 패널을 클릭할 때 마다 동적으로 축소판을 만들며, 축소판을 포함하면 용량이 커집니다.

❻ **Acrobat 레이어 만들기** : 인디자인 레이어를 PDF에 Acrobat 레이어로 저장합니다.

❷ 압축 • • •

❶ **압축** : 'JPEG(손실)'은 이미지 품질이 낮아질 수 있지만, 정보 손실을 최소화하면서 파일 크기를 줄일 수 있습니다. 손실 압축을 하지 않고 파일을 내보내려면 'JPEG 2000(무손실)'으로 지정합니다. '자동'으로 지정하면 색상 및 회색 음영 이미지에 맞는 최적의 품질이 결정됩니다.

❷ **JPEG 품질** : 내보내는 이미지의 상세 품질을 지정합니다.

❸ **해상도(ppi)** : 내보내는 PDF의 비트맵 이미지 해상도를 지정합니다.

❸ 고급 • • •

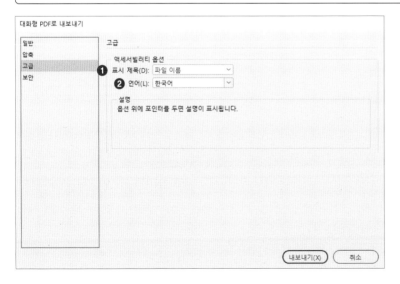

❶ **표시 제목** : '문서 제목', '파일 이름' 중에서 PDF를 열 때 아크로뱃 제목 표시줄에 표시할 내용을 선택합니다.

❷ **언어** : PDF에 사용할 문서 언어를 선택합니다. 내보낸 PDF에 사용할 기본 언어를 결정합니다.

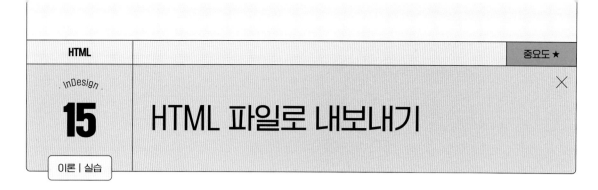

HTML 파일로 내보내기

인디자인 내용을 HTML로 내보내어 웹 사용 양식으로 쉽게 가져올 수 있습니다. HTML 내용을 같은 이름의 CSS 스타일 클래스로 표시하여 내보낸 내용에 적용된 단락, 문자, 개체, 표 및 셀 스타일 이름을 유지하므로 매우 유용합니다.

❶ 일반 •••

하이퍼링크(웹 페이지 링크 및 같은 문서의 텍스트 기준점으로 이동하도록 텍스트에 적용된 링크 제외), XML 태그, 책, 책갈피, SING 글리플릿, 페이지 전환, 색인 표시자, 선택하지 않은 개체, 페이지와 접해 있지 않은 대지의 개체 또는 마스터 페이지 항목은 내보내지지 않습니다.

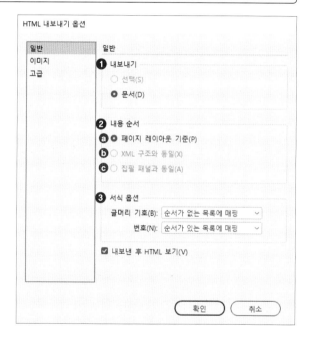

❶ **내보내기** : 선택한 항목만 내보낼 것인지 또는 전체 문서를 내보낼 것인지 결정합니다. '문서'를 선택하면 모든 스프레드의 모든 페이지 항목을 내보냅니다. 단, 보이지 않는 레이어의 페이지 항목과 재정의되지 않은 마스터 페이지 항목은 예외입니다. XML 태그와 만들어진 색인 및 목차도 무시됩니다.

❷ **내용 순서** : 페이지 개체의 읽기 순서를 지정할 수 있습니다.

ⓐ **페이지 레이아웃 기준** : 페이지에서 항목 위치가 읽기 순서를 결정합니다. 페이지 레이아웃 기준을 선택하면 왼쪽에서 오른쪽으로, 위에서 아래 방향, 바인딩 방향에 따라 읽기 순서를 결정합니다.

TIP
여러 열로 구성된 복잡한 문서의 경우 디자인 요소가 원하는 읽기 순서로 표시되지 않을 수 있습니다.

ⓑ **XML 구조와 동일** : 구조 보기의 태그 순서가 읽기 순서를 결정합니다.

ⓒ **집필 패널과 동일** : 집필 패널의 요소 순서가 읽기 순서를 결정하며 선택한 집필만 내보냅니다.

❸ **서식 옵션** : 문서 내 목록 콘텐츠에 대해 글머리 기호는 '순서가 없는 목록'이나 텍스트, 번호는 '순서가 있는 목록'이나 텍스트로 지정할 수 있습니다. 순서가 있는 목록은 글머리 기호를 1, 2, 3, 4처럼 지정된 번호순으로 표시할 수 있습니다. 자동 글머리 기호를 사용하면 하위 글머리 기호도 포함됩니다.

❷ 이미지　　　•••

하이퍼링크(웹 페이지 링크 및 같은 문서의 텍스트 기준점으로 이동하도록 텍스트에 적용된 링크 제외), XML 태그, 책, 책갈피, SING 글리플릿, 페이지 전환, 색인 표시자, 선택하지 않은 개체, 페이지와 접해 있지 않은 대지의 개체 또는 마스터 페이지 항목은 내보내지지 않습니다.

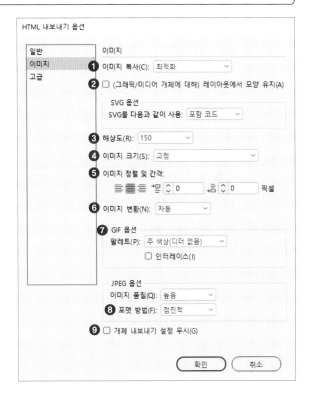

❶ **이미지 복사** : 이미지를 HTML로 내보내는 방식을 지정합니다.

ⓐ **원본** : 원본 이미지를 '⟨document_name⟩–web–images' 하위 폴더로 내보냅니다.

ⓑ **최적화** : 설정을 변경하여 이미지를 내보내는 방법을 결정할 수 있습니다.

ⓒ **서버 경로에 연결** : 이미지를 하위 폴더로 내보내지 않고 이미지 파일 앞에 표시되는 로컬 URL(예 : "images/")을 입력할 수 있습니다. 특히 이미지를 웹 호환 이미지로 직접 변환할 때 효과적입니다.

❷ **(그래픽/미디어 개체에 대해) 레이아웃에서 모양 유지** : 레이아웃에서 이미지 개체 특성을 상속하려면 선택합니다.

❸ **해상도** : 이미지 해상도를 인치당 픽셀 수(ppi)로 선택합니다. 일반 웹 페이지를 제작할 때 해상도는 72dpi입니다.

❹ **이미지 크기** : 고정 또는 텍스트 플로우를 기준으로 설정할 수 있습니다. 텍스트 플로우를 기준으로 선택하면 문서의 페이지 너비를 기준으로 상대 비율 값이 설정됩니다.

❺ **이미지 정렬 및 간격** : 왼쪽, 가운데, 오른쪽 이미지 맞춤을 지정합니다. 위, 아래 패딩을 지정할 수도 있습니다.

❻ **이미지 변환** : 문서에서 사용한 이미지를 GIF, JPEG 또는 PNG로 변환되도록 선택할 수 있습니다.

❼ GIF 옵션 : GIF 파일을 최적화할 때 인디자인이 색상을 처리하는 방식을 제어할 수 있습니다.

❽ 포맷 방법 : JPEG 그래픽 이미지를 얼마나 빠르게 표시할지 지정합니다.

❾ 개체 내보내기 설정 무시 : 개별 이미지에 적용된 개체 내보내기 옵션이 있다면 이를 무시합니다.

❸ 고급　　　　　　　　　　　　　　　　　　　　　　　• • •

CSS 및 JavaScript 옵션을 설정하기 위해서는
〔고급〕 탭을 사용합니다.

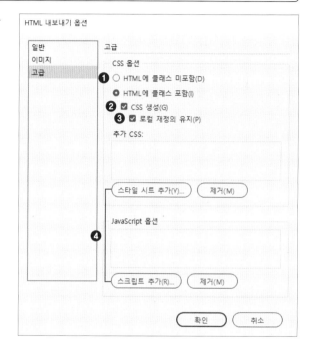

❶ HTML에 클래스 미포함 : HTML에 클래스를 포함하지 않도록 합니다. HTML 내보내기가 실행되는 동안 태그에 있는 클래스 및 ID 특성을 없앱니다. HTML에 있는 모든 중복된 div 태그도 제거됩니다.

❷ CSS 생성 : 내보낸 파일에 CSS를 생성할지 지정합니다.

❸ 로컬 재정의 유지 : 이탤릭체나 볼드체 같은 로컬 서식을 포함할지 선택합니다.

❹ 스타일 시트/스크립트 추가 : 별도의 CSS, JavaScript 문서를 추가 적용할 수 있습니다.

01 문서를 HTML로 내보내고 브라우저에서 확인해 봅니다. 10 폴더에서 'HTML로 내보내기.indd' 파일을 불러옵니다.

길게 만들어 디자인으로 구성한 웹 페이지이므로 일반 글꼴을 사용하는 것이 좋습니다.

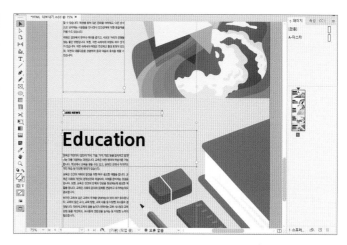

02 이 문서 그대로 HTML을 만들면 변환되면서 정렬이 흐트러져 원하는 상태로보이지 않을 것입니다. 따라서 ❶ Ctrl+A를 눌러 모든 이미지와 텍스트를 선택하고 ❷ 마우스오른쪽 버튼을 클릭한 다음 ❸ 그룹(Ctrl+G)을 실행하여 그룹화합니다.

TIP ◁

모든 개체를 완벽하게 HTML로 변경하지 못하지만, 요소들을 그룹으로 묶고, 가능한 요소들을 이미지로처리하면 더 완벽한 결과를 얻을 수 있습니다. 예제에서는 부분별 그룹으로 묶고, 마지막으로 전체를 그룹으로 묶어 HTML 코드에서 〈div〉 코드로 구역이잘 설정되도록 정리하였습니다.

03 ❶ 메뉴에서 (파일) → 내보내기(Ctrl+E)를 실행합니다. [내보내기] 대화상자가 표시되면 ❷ 저장 위치를 지정하고 ❸ 파일 이름을 입력합니다. ❹ 파일 형식을 'HTML (*.html)'로 지정하고 ❺ 〈저장〉 버튼을 클릭합니다.

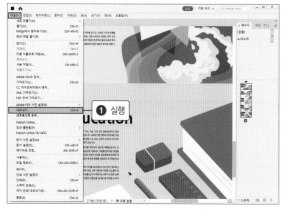

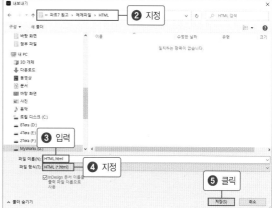

04 [HTML 내보내기 옵션] 대화상자가 표시되면 ❶ 〔이미지〕 탭을 선택합니다. ❷ '(그래픽/미디어 개체에 대해) 레이아웃에서 모양 유지'에 체크 표시한 다음 ❸ 이미지 크기를 '고정'으로 지정하고 ❹ 〈확인〉 버튼을 클릭합니다.

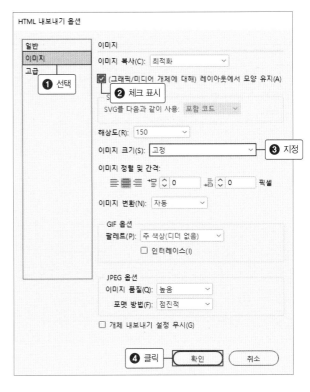

TIP ⬅

지정한 이름과 .html 확장자(HTML로 내보내기.html) 문서가 만들어집니다. 일반 웹 이미지 해상도는 72~150dpi를 권장합니다.

05 HTML로 변환되면 웹브라우저를 통해 HTML 문서가 열립니다. 저장된 위치를 살펴보면 HTML 형식으로 저장되어 있습니다.

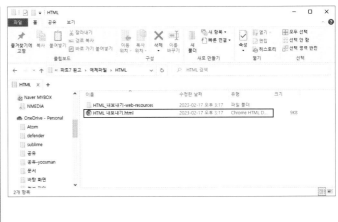

Publish Online

중요도 ★

.InDesign.
16

실습

Publish Online 이용하기

• **예제파일** : 10\Publish Online.indd

• • •

---

01 10 폴더의 'Publish Online.indd' 파일을 불러옵니다.

메뉴에서 (파일) → Publish Online을 실행합니다.

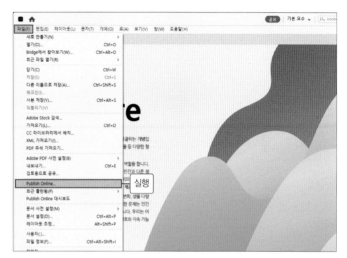

TIP ⬅

인디자인에서 만든 대화형 문서를 온라인에 바로 게시하고 소셜 네트워크나 이메일을 통해 또는 개별 URL로 공유하거나 웹 페이지 또는 블로그에 삽입할 수 있습니다. HTML 문서는 대화형 요소를 지원하며 모든 최신 버전의 데스크톱, 태블릿 및 모바일 브라우저에서 볼 수 있으므로 매우 유용합니다.

---

02 [문서를 온라인으로 게시] 대화상자가 표시되면 (일반) 탭에서 ❶ 게시할 문서의 제목과 설명을 입력합니다. ❷ 게시할 문서의 페이지를 선택한 다음 ❸ 내보내기 형식을 '단일' 또는 '스프레드'로 지정합니다.

---

03 ❶ (고급) 탭을 선택한 다음 표지 이미지를 선택합니다. 문서에 있는 ❷ 이미지 형식, 해상도 및 품질을 지정한 다음 ❸ 〈게시〉 버튼을 클릭합니다.

04 파일이 업로드되면 〈문서 보기〉 버튼을 클릭하여 브라우저에서 문서를 확인합니다.

TIP

〈복사〉 버튼을 클릭하면 문서의 URL이 복사됩니다. 이 주소로 문서를 다른 사람에게 보내거나 게시 또는 공유할 수 있습니다. 페이스북, 트위터 또는 이메일에서 온라인 문서를 공유하려면 〈복사〉 버튼을 클릭합니다.

05 문서가 게시되면 양쪽 끝 화살표를 클릭해 페이지를 이동하거나 삽입된 대화형 기능을 확인할 수 있습니다.

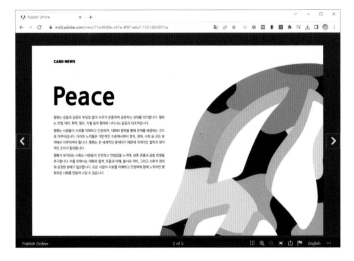

06 문서를 게시한 다음 메뉴에서 (파일) → 최근 출판됨을 실행하면 최근 게시된 문서를 5개까지 표시합니다.

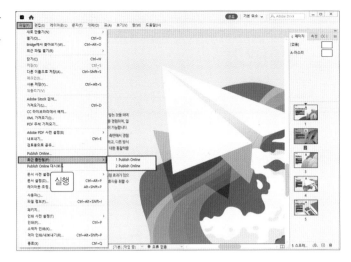

TIP ◁

기존 문서를 다시 게시하려면 이 창에서 문서 업데이트를 선택한 다음 메뉴에서 업데이트할 문서를 실행합니다.

07 게시된 문서를 확인하거나 관리하고 삭제하려면 메뉴에서 (파일) → Publish Online 대시보드를 실행합니다.

08 문서를 배포하면 Publish Online 대시보드에서 'Analytics'을 클릭하여 뷰(View), 독자(Reader), 방문자 평균 소요 시간(Average Read Time), 문서를 보는 데 사용된 기기에 관한 데이터 등을 확인할 수 있습니다.

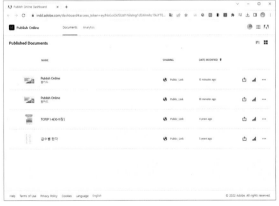

찾아보기

고객센터

책을 읽다가 막히는 부분이 있나요?

책을 읽다가 막히는 부분이 있으면, 길벗출판사 홈페이지의 '1:1 문의' 게시판에 질문을 올려보세요. 길벗출판사 직원들과 〈무작정 따라하기〉 시리즈 저자들이 친절하게 답변해 드립니다.

1단계 길벗출판사 홈페이지(www.gilbut.co.kr)로 찾아오세요.

2단계 내용 문의 요청하기 기능을 이용하려면, 길벗출판사 홈페이지의 회원으로 가입해야 합니다. '회원가입'을 클릭해 무료 회원으로 가입한 후 가입 시 입력한 이메일 주소와 비밀번호를 입력해 로그인 하세요.

3단계 '고객센터' 메뉴를 클릭한 후 FAQ 게시판에서 자주 묻는 질문에 관한 답변을 확인합니다. 그래도 해결되지 않는 부분이 있다면 '1:1 문의' 메뉴를 클릭하고 질문을 등록하세요. 답변을 얻을 수 있습니다.

베타테스터가 되고 싶어요

여러분도 길벗의 베타테스트에 참여해 보세요!

길벗출판사는 독자의 소리와 평가를 바탕으로 더 나은 책을 만들려고 합니다. 원고를 미리 따라 해보면서 잘못된 부분은 없는지, 더 쉬운 방법은 없는지 길벗과 함께 책을 만들어 보면서 여러분의 소중한 의견을 전달해 주세요.

1단계 길벗출판사 홈페이지(www.gilbut.co.kr)로 찾아오세요.

2단계 '고객센터 → 이벤트, 설문, 모집' 게시판을 이용하려면, 길벗출판사 홈페이지의 회원으로 가입해야 합니다. '회원가입'을 클릭해 무료 회원으로 가입한 후 가입 시 입력한 이메일 주소와 비밀번호를 입력해 로그인하세요.

3단계 '고객센터 → 이벤트, 설문, 모집' 메뉴를 클릭하여 게시판을 열고, 모집 중인 베타테스터를 선택한 후 신청하세요.